Das Mittelalter in Daten

Das Mittelalter in Daten

Literatur, Kunst, Geschichte
750–1520

Unter Mitwirkung von Hartmut Beckers (†),
Dorothea und Peter Diemer, Harald Ehrhardt,
Jörg O. Fichte, Albert Gier, Helmut Hucke,
Peter Christian Jacobsen, Chris E. Paschold,
Alfred Thomas, Hildegard L. C. Tristram

herausgegeben von Joachim Heinzle

Durchgesehene und ergänzte Neuausgabe

Philipp Reclam jun. Stuttgart

Universal-Bibliothek Nr. 17040
Alle Rechte vorbehalten
© 2002 Philipp Reclam jun. GmbH & Co., Stuttgart
Satz: Burkhardt & Hagedorn, Stuttgart
Druck und Bindung: Reclam, Ditzingen. Printed in Germany 2002
RECLAM und UNIVERSAL-BIBLIOTHEK sind eingetragene Marken
der Philipp Reclam jun. GmbH & Co., Stuttgart
ISBN 3-15-017040-0

www.reclam.de

Für Georg Friedrich

Inhalt

Vorwort 9
Einleitung 11
   Konzeption und Einrichtung 11
   Literaturhinweise 17
   Abkürzungen 25
Daten zur Literatur, Kunst und Geschichte
750–1520 27
Register-Tabellen zur Literatur 287

Vorwort

Das »Mittelalter in Daten« war längere Zeit vergriffen. Ich freue mich, es jetzt in einer überarbeiteten Fassung wieder vorlegen zu können.

Die neue Ausgabe unterscheidet sich von ihrer Vorgängerin in der Organisation des Datenmaterials. Die Gliederung nach Doppelseiten wurde durch fortlaufende Fünfjahresblöcke ersetzt. Dadurch war es möglich, trotz des kleineren Formats die Zahl der Einträge wesentlich zu erhöhen. Der Vorteil sollte die Einbuße an Übersichtlichkeit aufwiegen, die bei den längeren Blöcken unzweifelhaft gegeben ist. Um ihr entgegenzuwirken, wurde eine neue Typographie mit auffälligen Kopfzeilen und Marginal-Indices entwickelt. Der Übersichtlichkeit dient auch die Streichung der Wiederholungsdaten. Daß einige Kritiker diese Daten als irritierenden Ballast empfunden haben, hat es mir leichter gemacht, auf sie zu verzichten.

Sämtliche Einträge sind noch einmal überprüft, von Fehlern befreit und gegebenenfalls dem veränderten Forschungsstand angepaßt worden. Die Zusätze betreffen vor allem die Bereiche Kunst, Lateinische Literatur und Deutsche Literatur. Bei den Korrekturen und Ergänzungen haben Herausgeber und Autoren dankbar die Hinweise und Anregungen der vielen Rezensenten aufgegriffen, die die erste Ausgabe kritisch überprüft haben. Sie wünschen sich auch für diese zweite Ausgabe scharfe Kritikeraugen. Denn nichts ist gewisser, als daß sie alte Fehler übersehen und neue gemacht haben.

Ich danke Jörg O. Fichte, Albert Gier, Alfred Thomas, Hildegard L. C. Tristram und ganz besonders Dorothea und Peter Diemer sowie Peter Christian Jacobsen, daß sie sich der sauren Mühe unterzogen haben, ihre Datenbestände zu revidieren.

Marburg, im Mai 2001   Joachim Heinzle

Einleitung

Konzeption und Einrichtung

1. Das vorliegende Werk präsentiert in synoptischem Überblick Daten der Literatur-, Kunst-, und Ereignisgeschichte des Mittelalters aus der Zeit von 750 bis 1520. Es ist von Vertretern verschiedener Disziplinen erarbeitet worden: die Daten der außerdeutschen Literaturen sammelten Hartmut Beckers (†) (niederländische Literatur), Harald Ehrhardt (skandinavische Literaturen), Albert Gier und Chris E. Paschold (romanische Literaturen), Jörg O. Fichte (englische Literatur), Peter Christian Jacobsen (mittellateinische Literatur), Alfred Thomas (slavische Literaturen), Hildegard L. C. Tristram (keltische Literaturen); der kunstgeschichtliche Teil stammt von Peter und Dorothea Diemer; ergänzende musikgeschichtliche Informationen steuerte Helmut Hucke bei; die Daten der Ereignisgeschichte und der deutschen Literatur schließlich stellte der Herausgeber zusammen, der auch für das Werk insgesamt verantwortlich zeichnet.

2. Konzipiert ist das Werk aus literaturwissenschaftlich-germanistischer Sicht. Das bedeutet, daß die Angaben zur Kunst- und zur Ereignisgeschichte darauf berechnet sind, einen Kontext der literarischen Entwicklung zu markieren, und daß innerhalb dieser der deutschsprachigen Literatur die relativ höchste Datendichte zugemessen ist (und mit ihr im Feld der Ereignisdaten der deutschen Geschichte, die ihren tragenden Grund bildet). Die Entwicklung der deutschen Literatur bestimmt auch den zeitlichen Gesamtrahmen.

Ausdrücklich sei angemerkt, daß die Akzentuierung der deutschsprachigen Literatur auch in bezug auf die lateinische gilt, die auf den ersten Blick überrepräsentiert erscheinen mag. In Wahrheit ist die Auswahl gerade hier extrem knapp: man muß sich vor Augen halten, daß Schriftlichkeit das ganze Mittelalter hindurch weit überwiegend lateinische Schriftlichkeit war und daß diese in allen europäischen Ländern produziert wurde. Wegen ihrer grundlegenden Bedeutung für die gesamte Schriftlichkeit des Mittelalters wurde der Block der lateinischen Literatur im Feld der literarhistorischen Daten gleichwohl an die Spitze gestellt.

Trotz aller Beschränkung – die den Bearbeitern ein gerüttelt Maß an Selbstverleugnung abverlangte – ist die Datendichte auch außerhalb des Bereichs der deutschen Literatur vergleichsweise hoch. Das Werk sollte daher auch für die anderen mediävistischen Disziplinen ein nützliches Arbeitsinstrument sein.

3. Das Material ist fortlaufend chronologisch in Blöcken zu je fünf Jahren angeordnet. Jeder Block beginnt mit einer Auswahl von Daten der Ereignisgeschichte. Darauf folgen, mit Randbuchstaben markiert, die Felder Kunst (K), Musik (M), Literatur (L).

4. Zur Kunstgeschichte sind außer den Objekten gelegentlich Abhandlungen vermerkt und wird auf Ereignisse hingewiesen, die ein bezeichnendes Licht auf die Produktion der jeweiligen Zeit werfen (z. B. um 1100: Theophilus presbyter); die Vermerke stehen am Ende des betreffenden Blocks in eckigen Klammern.

Der Benutzer muß wissen, daß im Bereich der bildenden Kunst eine datenbezogene Präsentation nur in sehr eingeschränktem Maße möglich ist. Die Fixierung auf Daten bedeutet eine Fixierung auf Objekte, die datierbar sind – und das heißt in aller Regel: auf solche, die in schriftlichen Quellen erwähnt werden (oder mit Schriftwerken gegeben sind: Buchillustration). Die schriftlichen Quellen erfassen aber bei weitem nicht alle einschlägigen Lebensbereiche, und sie haben eine klare Präferenz für bestimmte Werkgattungen (vor allem für Sakralbauten). Auch sind sie in den einzelnen Epochen und in den einzelnen Gebieten unterschiedlich dicht gesät, so daß zur gattungsmäßigen Begrenzung des Blickfelds eine zeitliche und räumliche tritt (z. B. sind die charakteristischen frühmittelalterlichen Steinkreuze

Irlands nicht in der Weise zu datieren, wie es für die Zwecke einer Datensammlung nötig wäre). Betroffen sind von dieser Quellenproblematik durchaus auch Hauptwerke. Weitgehend unberücksichtigt bleiben mußten ferner zerstörte Werke, deren Fehlen, wenn wir recht sehen, für die Rekonstruktion der historischen Zustände und Entwicklungen ein gravierenderer Mangel ist als die Dunkelziffer im Bereich der Literaturgeschichte. Besonders schmerzlich ist die gesamte Problematik im Bereich der Objekte der Alltagskultur (einschließlich der technischen Denkmäler). Auf der anderen Seite ist die Masse an erhaltener Substanz unübersehbar groß und – zumal in der hier interessierenden europäischen Dimension – kulturell denkbar uneinheitlich. Auch deshalb wäre es eine Illusion zu glauben, man könne einen übergreifenden Maßstab finden, der es erlaubt, das Wichtigste herauszuheben und dabei womöglich noch Länder und Gattungen proportional zu berücksichtigen.

5. Die musikgeschichtlichen Daten können nur sporadische Orientierungspunkte markieren. Auch hier setzt die Eigenart der Überlieferung einer datenbezogenen Präsentation enge Grenzen.

Für die Musiker des 15./16. Jahrhunderts, über deren Leben wir einigermaßen gut unterrichtet sind, ohne doch ihr Schaffen im einzelnen chronologisch genau fixieren zu können, sind das Datum der ersten Bezeugung ihrer Tätigkeit und das Todesdatum als Eckpunkte vermerkt (z. B. Heinrich Isaac: »1484; gest. 1517« [1484 ist Isaac zuerst nachweisbar, und zwar in Innsbruck; er scheint sich dort auf der Durchreise nach Florenz aufgehalten zu haben, wo er seit 1485 als Sänger im Dienst der Medici bezeugt ist]).

6. Das literarhistorische Feld ist in Sprachblöcke aufgegliedert. Dabei gelten die Reihenfolge und die Siglen:

L   Lateinisch
D   Deutsch
Nl Niederländisch
E   Englisch

Nw	Norwegisch
Is	Isländisch
Dä	Dänisch
Schw	Schwedisch
Ir	Irisch
Ky	Kymrisch
Bre	Bretonisch
Kor	Kornisch
F	Französisch
Ok	Okzitanisch
Sp	Spanisch
Ka	Katalanisch
Por	Portugiesisch
It	Italienisch
Aksl	Altkirchenslavisch
Ser	Serbisch
Bul	Bulgarisch
Tsch	Tschechisch
Ru	Russisch
Pl	Polnisch

Geplant war ursprünglich, auch die byzantinische Literatur und die arabischen und jüdischen Literaturen einzubeziehen. Der Plan ließ sich aus verschiedenen Gründen nicht verwirklichen. Ein gewisser Ersatz ist dadurch gegeben, daß bedeutende Autoren und Werke aus diesen Bereichen über die lateinischen Übersetzungen präsent sind.

7. Innerhalb der Datenblöcke gilt grundsätzlich das annalistische Prinzip. Das heißt: die Autoren und Werke sind (von wenigen Ausnahmen abgesehen) nicht nach sachlichen Gesichtspunkten gruppiert, sondern chronologisch aneinandergereiht.

8. Aufgrund der Eigenart der Überlieferung (und zufolge spezifischer Schwächen der Forschung) sind viele Datierungen unsicher oder ungenau. Das ist immer zu bedenken, auch wenn kein Fragezeichen hinter der jeweiligen Angabe

ausdrücklich daran erinnert: das Fragezeichen bleibt gravierenden Fällen von Unsicherheit vorbehalten.

Die Unsicherheit der Datierungen läßt die Forschung entweder resignieren (daher die sachlich nicht zu begründende Häufung von Daten an den Jahrhundertmitten und Jahrhundertwenden) oder veranlaßt sie, immer wieder neue, präzisierende oder revidierende (und dabei selbst um Jahrzehnte differierende) Ansätze vorzuschlagen. Solche Divergenzen konnten nur in Ausnahmefällen dokumentiert werden.

Ausmaß und Grad der Unsicherheit sind in den verschiedenen Epochen und in den verschiedenen Bereichen unterschiedlich groß. In einigen können die Ansätze weithin nur als – mehr oder weniger fundierte – Hypothesen gelten: so z. B. in der altirischen Prosa-Literatur, deren Hauptbestand in Hss. erst des 12. Jh.s überliefert ist, oder in der niederländischen Literatur vor Maerlant (s. dazu die Überlegungen von Gerritsen und van Ostroom, S. 21).

9. Die Unsicherheit der Datierungen hat zur Folge, daß häufig statt präziser Punktdaten Zeitspannen genannt werden müssen. Solche Angaben erfolgen entweder pauschal (Typus: »2. H. 12. Jh.«) oder mit Ziffernpaaren (Typus: »1105/12«, heißt: »Autor wirkte / Werk entstand irgendwann zwischen 1105 und 1112«).

10. Wenn sich der Zeitraum, über den hin ein Autor mehr oder weniger kontinuierlich gewirkt hat oder ein Werk entstanden ist, präziser angeben läßt, kann dies durch einen Bindestrich zwischen den Eckdaten markiert werden (Typus: »1090–1115«, heißt: »Autor wirkte / Werk entstand von 1090–1115«).

11. Die Notwendigkeit, immer wieder Zeitspannen statt punktgenauer Daten anzugeben, führt an die Grenzen der annalistischen Präsentation. In der ersten Ausgabe des Werks wurden die betreffenden Einträge über die gesamte Zeitspanne hinweg mitgeführt. Jetzt stehen die Einträge nur noch am Beginn der Spanne, so daß der Benutzer, der wissen will, mit welchen Werken er zu einem bestimmten Zeitpunkt zu rechnen hat, zurückblättern muß. Bei den über

mehrere Jahrhunderte gehenden Erstreckungsdaten im Bereich der keltischen Literaturen wäre das freilich absurd. Daher sind diese Daten zu Beginn der jeweiligen Jahrhunderte wiederholt.

12. Ein besonderes Problem stellen Pauschalangaben des Typs: »Anfang 12. Jh.« / »Ende 12. Jh.« dar. Es ist schlechterdings unmöglich, von Fall zu Fall zu entscheiden, wie groß hier die Toleranz ist, d. h., ob z. B. »Anfang 12. Jh.« auch noch »1118« oder »Ende 12. Jh.« auch noch »1182« heißen kann. Daher wurde eine mechanische Regelung getroffen: die »Anfang«-Daten stehen im ersten, die »Ende«-Daten im vorletzten Fünfjahres-Block des betreffenden Jahrhunderts, d. h. am Beginn des ersten bzw. letzten Dezenniums (»Anfang 12. Jh.« also im Block »1101–1105«, »Ende 12. Jh.« im Block »1091–1095«).

13. Fraglich kann nicht nur die Datierung, sondern auch die Verfasserschaft von Texten sein. Ein Fragezeichen nach dem Autornamen oder dem Werktitel macht darauf aufmerksam.

14. Als bloße Datensammlung konzipiert, kann das Werk nur in Ausnahmefällen erläuternde Hinweise geben. Dies betrifft vor allem die keltischen und slavischen Literaturen, die der großen Mehrzahl auch der Mediävisten hierzulande besonders fernstehen: hier sind nach Maßgabe des Möglichen knappe Erklärungen bzw. (in spitzen Klammern) Übersetzungen beigegeben. Im übrigen sei zur Aufschließung der Daten auf die folgenden Literaturhinweise verwiesen.

Literaturhinweise

Die Literaturhinweise nennen eine knappe Auswahl an Handbüchern, denen die Bearbeiter der Synopse besonders verpflichtet sind und mit deren Hilfe die Daten aufgeschlossen werden können. Darüber hinaus benutzte Spezialliteratur zu einzelnen Autoren und Werken konnte nicht angegeben werden; auch sei darauf aufmerksam gemacht, daß die verzeichnete kunsthistorische Literatur nicht zu allen genannten Werken führt: sie kann nur einen Einstieg und einen gewissen Ersatz für die hier fehlenden Abbildungen bieten.

Allgemeines

R. L. Storey: Chronology of the Medieval World. 800 to 1491, London 1973.

Lexikon des Mittelalters, Bde. 1-10, München/Zürich (Bd. 10: Stuttgart/Weimar) 1980-1999.

Ereignisgeschichte

Der große Ploetz. Auszug aus der Geschichte, Freiburg i. Br. ³²1998.

H. Kinder / W. Hilgemann: dtv-Atlas zur Weltgeschichte, Bd. 1, München 1964 [laufend Neudrucke] (dtv 3001).

I. Geiss: Geschichte griffbereit, Bde. 1-6, Reinbek bei Hamburg 1979-1983 [laufend Neudrucke bzw. Neuauflagen] (rororo handbuch 6235-6240).

Handbuch der europäischen Geschichte, hrsg. von Th. Schieder, Bde. 1-3, Stuttgart 1976-1987.

Hans K. Schulze: Vom Reich der Franken zum Land der Deutschen. Merowinger und Karolinger, Berlin 1987; Hans K. Schulze: Hegemoniales Kaisertum. Ottonen und Salier, Berlin 1991; Hartmut Boockmann: Stauferzeit und spätes Mittelalter. Deutschland 1125-1517, Berlin 1987 (Siedler Deutsche Geschichte. Das Reich und die Deutschen).

Kunst

Propyläen-Kunstgeschichte, Bde. 5 [Das Mittelalter I, hrsg. von H. Fillitz]. 6 [Das Mittelalter II, hrsg. von O. von Simson]. 7 [Spätmittelalter und beginnende Neuzeit, hrsg. von J. Białostocki], Berlin 1969–1972, Neudruck 1984.

Universum der Kunst, begr. von A. Malraux, hrsg. von P. Duval / H. Landais / P. Quoniam / A. Beuret, München 1965 ff., Bde. 12, 1968 [J. Hubert / J. Porcher / W. F. Volbach: Frühzeit des Mittelalters]. 13, 1969 [J. Hubert / J. Porcher / W. F. Volbach: Die Kunst der Karolinger]. 20, 1973 [L. Grodecki / F. Mütherich / J. Taralon / F. Wormald: Die Zeit der Ottonen und Salier]. 29, 1983 [X. Barral i Altet / F. Avril / D. Gaborit-Chopin: Romanische Kunst in Mittel- und Südeuropa 1060–1220]. 30, 1984 [F. Avril / X. Barral i Altet / D. Gaborit-Chopin: Romanische Kunst in Nord- und Westeuropa 1060–1220]. 36, 1990 [W. Sauerländer: Das Jahrhundert der großen Kathedralen 1140–1260]. 34, 1988 [A. Erlande-Brandenburg: Triumph der Gotik 1260–1380]. 35, 1989 [R. Recht / A. Châtelet: Ausklang des Mittelalters 1380–1500]. 19, 1972 [L. Heydenreich: Italienische Renaissance I]. 7, 1965 [A. Chastel: Italienische Renaissance II]. 8, 1966 [A. Chastel: Italienische Renaissance III]. 22, 1975 [L. Heydenreich / G. Passavant: Italienische Renaissance IV].

[Ohne Einzelverzeichnung der Bände sei ferner verwiesen auf die Reihen:] Deutsche Kunstdenkmäler. Ein Bildhandbuch, hrsg. von R. Hootz, Darmstadt (ab Bd. 3: München/Berlin) [und:] Bildhandbuch der Kunst, München [wendet das Prinzip der ersten Reihe auf die außerdeutschen Länder an].

L. von Wilckens: Grundriß der abendländischen Kunstgeschichte, Stuttgart 1967.

Peter Betthausen u. a.: Europäische Kunstgeschichte in Daten, Dresden 1984.

Musik

Die Musik in Geschichte und Gegenwart, hrsg. von F. Blume, Bde. 1–17, Kassel 1949–1986.

Das große Lexikon der Musik, hrsg. von M. Honnegger / G. Massenkeil, Bde. 1–8, Freiburg i. Br. / Basel / Wien 1978–82.

The New Grove Dictionary of Music and Musicians, hrsg. von St. Sadie, Bde. 1–20, London 1980.

Literatur

Allgemeines

Kindlers neues Literaturlexikon, hrsg. von W. Jens, Bde. 1–22, München 1988–1998.

Lateinische Literatur

M. Manitius: Geschichte der lateinischen Literatur des Mittelalters, Bde. 1–3, München 1911–31 (Handbuch der Altertumswissenschaft 9).

W. Buchwald / A. Hohlweg / O. Prinz: Tusculum-Lexikon griechischer und lateinischer Autoren des Altertums und des Mittelalters, München ³1982.

Mittellateinisches Wörterbuch bis zum ausgehenden 13. Jahrhundert, hrsg. von der Bayerischen Akademie der Wissenschaften und der Deutschen Akademie der Wissenschaften zu Berlin. Abkürzungs- und Quellenverzeichnis, München 1959; 2., verb. Aufl. München 1996.

Index scriptorum novus mediae latinitatis ab anno DCCC usque ad annum MCC, Kopenhagen 1973.

Mediae latinitatis lexicon minus comp. J. F. Niermeyer. Abbreviationes et index fontium comp. C. van de Kieft, Leyden 1976.

Lexikon für Theologie und Kirche, hrsg. von J. Höfer / K. Rahner, Bde. 1–11, Freiburg i. Br. ²1957–67; ³1993–2001.

Th. Kaeppeli / E. Panella: Scriptores ordinis praedicatorum medii aevi, 4 Bde., Rom 1970–1993.

Die patristische und scholastische Philosophie, hrsg. von B. Geyer, in: F. Überweg: Grundriß der Geschichte der Philosophie, Tl. 2, Berlin ¹¹1928.

Repertorium fontium historiae medii aevi, Bde. 1 ff., Rom 1962 ff.

W. Wattenbach: Deutschlands Geschichtsquellen im Mittelalter. Vorzeit und Karolinger, hrsg. von W. Levison / H. Löwe, 6 Hefte, Weimar 1952–1991.

W. Wattenbach: Deutschlands Geschichtsquellen im Mittelalter. Die Zeit der Sachsen und Salier, hrsg. von R. Holtzmann, Neuausg. bes. von F.-J. Schmale, Tle. 1.2, Berlin 1938.43, Tl. 3, Darmstadt 1971.

Die deutsche Literatur des Mittelalters. Verfasserlexikon, hrsg. von K. Ruh u. a., Bde. 1 ff., Berlin ²1978 ff.

Index scriptorum operumque Latino-Belgicorum medii aevi. Nouveau répertoire des œuvres médiolatines belges, publ. sous la direction de L. Genicot et P. Tombeur, Bde. 1 ff., Brüssel 1973 ff.

M. C. Díaz y Díaz: Index scriptorum latinorum medii aevi Hispanorum, Bde. 1.2, Salamanca 1958.59, Madrid 1959.

Deutsche Literatur

Die deutsche Literatur des Mittelalters. Verfasserlexikon, hrsg. von K. Ruh u. a., Bde. 1 ff., Berlin ²1978 ff.

H. de Boor / R. Newald: Geschichte der deutschen Literatur von den Anfängen bis zur Gegenwart, München 1973–1994, Bde. 1, ⁹1979 [H. de Boor: Die deutsche Literatur von Karl dem Großen bis zum Beginn der höfischen Dichtung 770–1170]. 2, ¹¹1991 [H. de Boor: Die höfische Literatur. Vorbereitung, Blüte, Ausklang 1170–1250]. 3/1, ⁵1997 [H. de Boor: Die deutsche Literatur im späten Mittelalter. Zerfall und Neubeginn 1250–1350]. 3/2, 1987 [Die deutsche Literatur im späten Mittelalter 1250–1370, hrsg. von I. Glier], 4/1, ²1994, und 4/2, 1973 [H. Rupprich: Die deutsche Literatur vom späten Mittelalter bis zum Barock].

K. Bertau: Deutsche Literatur im europäischen Mittelalter, Bde. 1.2, München 1972.73.

M. Wehrli: Geschichte der deutschen Literatur vom frühen Mittelalter bis zum Ende des 16. Jahrhunderts, Stuttgart ³1997 (Reclams Universal-Bibliothek 10294).

Geschichte der deutschen Literatur von den Anfängen bis zum Beginn der Neuzeit, hrsg. von J. Heinzle, Tübingen 1994 ff., Bde. 1/1, ²1995 [W. Haubrichs: Die Anfänge: Versuche volkssprachiger Schriftlichkeit im frühen Mittelalter (ca. 700–1050/60)]. 1/2, ²1994 [G. Vollmann-Profe: Wiederbeginn volkssprachiger Schriftlichkeit im hohen Mittelalter (1050/60–1160/70)]. 2/1, 1999 [L. Peter Johnson: Die höfische Literatur der Blütezeit (1160/70–1220/30)]. 2/2, ²1994 [J. Heinzle: Wandlungen und Neuansätze im 13. Jahrhundert (1220/30–1280/90)].

J. Bumke / Th. Cramer / D. Kartschoke: Geschichte der deutschen Literatur im Mittelalter, Bde. 1 [D. Kartschoke: Geschichte der deutschen Literatur im frühen Mittelalter]. 2 [J. Bumke: Geschichte der deutschen Literatur im hohen Mittelalter]. 3 [Th.

Cramer: Geschichte der deutschen Literatur im späten Mittelalter], München 1990 (dtv 4551. 4552. 4553).

Niederländische Literatur

J. van Mierlo: Beknopte geschiedenis van de oud- en middelnederlandse letterkunde, Antwerpen/Brüssel/Gent/Leuven 1946.

G. P. M. Knuvelder: Handboek tot de geschiedenis der Nederlandse letterkunde, Teil 1, 's-Hertogenbosch ⁵1970. [Dazu: W. P. Gerritsen: Geschiedsverhaal of schetskaart. Overwegingen bij Knuvelders Handboek, in: De Nieuwe Taalgids 68 (1975), S. 89–109. – F. P. van Oostrom: Schetskaart of geschiedsverhaal? Over methode en praktijk van (een) geschiedsschrijving van den Mnl. letterkunde, in: Tussentijds. Bundel studies aangeboden aan W. P. Gerritsen, hrsg. von A. M. J. van Buuren u. a., Utrecht 1985, S. 198–216.]

C. C. de Bruin: Mittelniederländische Literatur, in: Kurzer Grundriß der germanischen Philologie bis 1500, hrsg. von L. E. Schmitt, Bd. 2, Berlin 1971, S. 186–241.

Medieval Dutch Literature in its European Context, hrsg. von E. Kooper, Cambridge 1994.

B. Besamusca: Repertorium van de Middelnederlandse Karelepiek, Utrecht 1983.

H. Kienhorst: De handschriften van de Middelnederlandse ridderepiek, Deventer 1988 (Deventer Studiën 9).

Englische Literatur

D. Pearsall: Old English and Middle English Poetry, London/Henley/Boston 1977.

W. F. Schirmer, Geschichte der englischen und amerikanischen Literatur, Bd. 1, Tübingen ⁶1983.

The Cambridge History of Medieval English Literature, hrsg. von D. Wallace, Cambridge 1999.

K.-H. Göller: Geschichte der altenglischen Literatur, Berlin 1971 (Grundlagen der Anglistik und Amerikanistik 3).

M. Alexander: Old English Literature, London/Basingstoke 1983.

The Cambridge Companion to Old English Literature, hrsg. von M. Godden und M. Lapidge, Cambridge 1991.

The Blackwell Encyclopedia of Anglo-Saxon England, hrsg. von M. Lapidge u. a., Oxford 1999.

A Manual of the Writings in Middle English 1050–1500, hrsg. von J. B. Sebers (Bd. 3 von A. E. Hartung), Bde. 1 ff., New Haven 1967 ff.

J. A. W. Bennett / D. Gray: Middle English Literature, Oxford 1986 (The Oxford History of English Literature, 1/2).

Skandinavische Literaturen

J. de Vries: Altnordische Literaturgeschichte, Bde. 1.2, Berlin ²1964.67 (Grundriß der germanischen Philologie 15.16).

G. W. Weber: Die Literatur des Nordens, in: Europäisches Spätmittelalter, hrsg. von W. Erzgräber, Wiesbaden 1978 (Neues Handbuch der Literaturwissenschaft 8), S. 487–518.

K. Schier: Die Literaturen des Nordens, in: Europäisches Hochmittelalter, hrsg. von H. Krauss, Wiesbaden 1981 (Neues Handbuch der Literaturwissenschaft 7), S. 535–574.

P. Foote: Skandinavische Dichtung der Wikingerzeit, in: Europäisches Frühmittelalter, hrsg. von K. von See, Wiesbaden 1985 (Neues Handbuch der Literaturwissenschaft 6), S. 317–357.

Keltische Literaturen

D. B. Gregor: Celtic. A comparative study of the six Celtic languages: Irish, Gaelic, Manx, Welsh, Cornish, Breton, seen against the background of their history, literature, and destiny, Cambridge 1980.

J. Pokorny / Hildegard L. C. Tristram: Die keltischen Literaturen, in: Kindlers Neues Literaturlexikon, hrsg. von W. Jens, Bd. 20, München 1992, S. 203–230.

B. Maier: Lexikon der keltischen Religion und Kultur, Stuttgart 1994.

B. Mazer: Die Kelten: Ihre Geschichte von den Anfängen bis zur Gegenwart, München 2000.

R. Thurneysen: Die irische Helden- und Königsage bis zum siebzehnten Jahrhundert, Halle 1921, Neudruck Hildesheim 1980.

M. Dillon: Early Irish Literature, Chicago 1948.
A Guide to Welsh literature, hrsg. von A. O. H. Jarman / G. R. Hughes, Bde. 1.2, Swansea 1976.79.
The Oxford Companion to the Literature of Wales, hrsg. von M. Stephens, Oxford 1986.
Histoire littéraire et culturelle de la Bretagne, hrsg. von J. Balcou / Y. Le Gallo, Bd. 1, Paris 1987.
P. B. Ellis: The Cornish Language and its Literature, London 1974.
B. Murdoch: Cornish Literature, Cambridge 1993.

Romanische Literaturen

Grundriß der romanischen Literaturen des Mittelalters, hrsg. von H. R. Jauß / E. Köhler [u. a.], Bd. 1 ff., Heidelberg 1968 ff.
K. Engelhardt / V. Roloff: Daten der französischen Literatur, Bd. 1, München 1979 (dtv 3192).
E. Bossuat u. a.: Dictionnaire des Lettres Françaises. Le Moyen Age, Ed. entièrement revue et mise à jour par G. Hasenohr et M. Zink, Paris 1992.
G. Gröber: Geschichte der mittelfranzösischen Literatur, Bde. 1.2, Berlin / Leipzig ²1933.37 [bearbeitet von St. Hofer].
M. de Riquer: Los trovadores, Bde. 1–3, Barcelona 1975.
A. D. Deyermond: Historia de literatura española, Bd. 1, Barcelona 1973.
Geschichte der spanischen Literatur, hrsg. von Ch. Strosetzki, Tübingen 1991.
M. Franzbach: Geschichte der spanischen Literatur im Überblick, Stuttgart 1993.
M. de Riquer: Historia de la literatura catalana, Bde. 1.2, Barcelona 1964.
A. Terry: Catalan Literature, London / New York 1972.
A. F. G. Bell: A literatura portuguesa (História e crítica), Coimbra 1931.
Dicionário cronológico de autores portugueses, Bd. 1, Lisboa 1985.
N. Sapegno: Compendio di storia della letteratura italiana, Bd. 1, Firenze ⁷1970.
W. Th. Elwert: Die italienische Literatur des Mittelalters, München 1980 (UTB 1035).

G. Petronio: Geschichte der italienischen Literatur, Bd. 1, Tübingen/Basel 1992.

Slavische Literaturen

H. Birnbaum: On Medieval and Renaissance Slavic Writing, The Hague / Paris 1974.

Ch. A. Moser: A History of Bulgarian Literature 865–1944, The Hague / Paris 1972.

W. Baumann: Die Literatur des Mittelalters in Böhmen. Deutsch-lateinisch-tschechische Literatur vom 10. bis zum 15. Jahrhundert, München/Wien 1978 (Veröffentlichungen des Collegium Carolinum 37).

A. Thomas: Anne's Bohemia. Czech Literature and Society, 1310–1420 (Medieval Cultures 13), Minneapolis/London 1998.

D. Tschižewskij: Geschichte der altrussischen Literatur im 11., 12. und 13. Jahrhundert. Kiever Epoche, Frankfurt a. M. 1948.

D. S. Lihačev: Russische Literatur und europäische Kultur des 10. – 17. Jahrhunderts, Berlin 1977.

G. Podskalsky: Christentum und theologische Literatur in der Kiever Rus' (988–1237), München 1982.

Cz. Miłosz: The History of Polish Literature, London 1969.

Abkürzungen (außer leicht auflösbaren)

A.	Anfang
ae.	altenglisch
afrz.	altfranzösisch
ahd.	althochdeutsch
as.	altsächsisch
Bibl.	Bibliothek, Bibliothèque, Bibliotheca etc.
Bibl. nat.	Bibliothèque nationale
Dr.	Drittel
dt.	deutsch
E.	Ende
Frgm.	Fragment
frz.	französisch
H.	Hälfte
Hs(s).	Handschrift(en)
Jh.	Jahrhundert
mhd.	mittelhochdeutsch
mnl.	mittelniederländisch
ndl.	niederländisch
Red.	Redaktion
Übers(s).	Übersetzung(en)
V.	Viertel

Siglen der Sprachblöcke: s. S. 13 f.

Daten zu Literatur, Kunst und Geschichte
750–1520

750-755

751-768 Pippin der Jüngere König der Franken: Beginn der Karolinger-Herrschaft
751 Aistulf, König der Langobarden, erobert Ravenna: Ende der byzantinischen Herrschaft in Mittelitalien; die Langobarden bedrohen Rom
752 Pippin erobert das arabische Aquitanien (Südwestfrankreich)
752-759 Pippin erobert das arabische Septimanien (Südostfrankreich)
754 Abmachung von Ponthion und Quierzy zwischen Pippin und Papst Stephan II.: Verbindung zwischen Papsttum und fränkischem Königtum; Einführung der römischen Liturgie im Frankenreich
754 Wynfrid-Bonifatius von heidnischen Friesen erschlagen
754 Konzil von Hiereia verbietet Bilderverehrung: Höhepunkt des Bilderstreits in der oströmischen Kirche
754 Feldzug Pippins gegen die Langobarden

Castelseprio (Varese), Santa Maria foris portas [mit Ausmalung] (2. H. 8. Jh.?). – Maastricht, St. Servatius: Relief mit Flucht nach Ägypten und Kindermord (um/nach ca. 750). – Altarplatte des Bischofs Lopicenus [Modena, Dommuseum] (vor 756?) **K**

Einführung der römischen Liturgie (»Cantus romanus«) im Frankenreich: Grundlage der Entstehung des »Gregorianischen Gesangs« (754) **M**

L Phlebotomia Hippocratis [älteste Überlieferung] (8. Jh.). – Carmen ad Deum (8. Jh.?). – Wynfrid-Bonifatius: Briefwechsel (716-754). – Lull von Mainz: Briefe (745-786). – Indiculus superstitionum et paganicorum (2. H. 8. Jh.). – **L**

Liber de numeris (um 750/770?). – Anso: Vita Erminonis Lobiensis (um 751/768). – Nibelung: Fortsetzung der Fredegar-Chronik (751–768). – Dicta abbates Pirminii de singulis libris cannonnicis scarapsus (vor 753). – Magingaoz von Würzburg: Briefe (754–768)

D Älteste Vokabularien: Vocabularius sancti Galli (2. H. 8. Jh.); Abrogans (um 750?). – Malbergische Glossen in Hs. A2 der Lex Salica [älteste Überlieferung] (751/768)

E Waldere (2. H. 8. Jh.?)

Ir Naturlyrik; Gelegenheitsgedichte; heroische Prosaerzählungen; Fianaigecht ⟨Finnballaden und -erzählungen⟩; Gesetzestraktate [Senchas Már ⟨Große Tradition⟩, Críth Gablach ⟨Verzweigter Kauf⟩ u. a.] (8. Jh.). – Táin Bó Fraích ⟨Der Viehraub des Fróech⟩ (8. Jh.). – Blathmac mac Con Brettan: Gedichte (um 750/770)

Ky Surexit Memorandum [Buch von St. Chad] (um 750)

Bre Cartularium von Redon (8.–11. Jh.)

756–760

756	Feldzug Pippins gegen die Langobarden
756	Pippin nimmt Aistulf die von den Byzantinern eroberten Gebiete ab und gibt sie an den Papst weiter (»Pippinische Schenkung«): Grundlage des Kirchenstaates
756–788	Emir Abd ar-Rahman I. von Córdoba: Begründung des Reichs der Omaijaden in Spanien (bis 1010)
757	Herzog Tassilo von Bayern huldigt Pippin
757–796	König Offa von Mercia: Vorherrschaft Mercias in England
752–759	Pippin erobert das arabische Septimanien

K Benevent, Santa Sofia (760 geweiht)

L Ambrosius Autpertus: Kommentar zur Apokalypse des *L*
Johannes (um 758/767)

761–765

763   Tassilo von Bayern löst sich aus der Abhängigkeit
            vom Frankenreich (bis 781)

Cividale, Dom: Ziborium im Baptisterium, Reliefplatte des **K**
Patriarchen Sigualdus (um 762/776)

L Willibald von Mainz: Vita s. Bonifatii (um 763/765). – *L*
Paulus Diaconus: Gedicht an Adelperga (763). – Arbeo von
Freising: Vita Corbiniani (um 764/765)

766–770

751–768 Pippin der Jüngere König der Franken
768–814 Karl der Große König der Franken

Regensburg, St. Emmeram (älteste Teile 768–791)   **K**

L Lex Salica [emendata] (768?). – Aethicus Ister: Cosmo- *L*
graphia (nach 768?). – Arbeo von Freising: Vita Haimhram-
mi (um 770)

771–775

772–804 Sachsenkriege und Sachsenmission Karls des Gro-
        ßen
773–774 Karl der Große erobert das Langobardenreich und
        wird zum König der Langobarden gekrönt

Cividale, Tempietto Longobardo [mit Stuck- und Malerei- **K**
dekor] (vor 774?). – Brescia, San Salvatore (vor 774?). –
St. Denis, Abteikirche (775 geweiht [Teile der Krypta erhal-
ten])

L *L* Alkuin: Briefe (um 773–804). – Paulus Diaconus: Historia Romana (vor 774). – Anso: Vita prima Ursmari Lobiensis (vor 776)

776-780

777	Reichstag zu Paderborn: erzwungene Massentaufe von Sachsen
778	Spanienfeldzug Karls des Großen; Niederlage (gegen Basken?) bei Roncesvalles (Tod des Grafen Roland: Rolandsage)
778	Aufstand der Sachsen unter Widukind

K Tassilo-Kelch [Kremsmünster, Abtei] (777? [vor 788]). – Sitten/Sion, Kathedrale: Altheus-Reliquiar (um 780/799?). – Rom, Santa Maria in Cosmedin (Umbau um 780)

L *L* Petrus von Pisa: Grammatik (4. V. 8. Jh.). – Beatus von Liébana: Apokalypsenkommentar [Urfassung] (776). – Paulinus von Aquileia: De conversione Saxonum [?] (777); Gedichte, Hymnen (um 780/800). – Hugeburc von Heidenheim: Vita Willibaldi episcopi Eichstetensis, Vita Wynnebaldi abbatis Heidenheimensis (um 778/787)

D Hammelburger Markbeschreibung (777)

781-785

782	Massenhinrichtung von Sachsen in Verden an der Aller
785	Widukind getauft

K Godescalc-Evangelistar (Paris, Bibl. nat., Ms. n. a. lat. 1203): Miniaturen (781/783). – Santianes de Pravia (Asturien), Kirche (vor 783). – Dagulf-Psalter (Paris, Louvre): Miniaturen und Elfenbeindeckel (783/795). – Córdoba, Mezquita [Moschee] (ältester Teil seit 785)

L Alkuin: Gedichte und Versinschriften [vor 782 (?) Versus *L* de sanctis Eboricensis ecclesiae] (vor 782[?]–804); Lehrschriften zum Trivium (um 782/796). – Paulus Diaconus: Gesta episcoporum Mettensium (782/786); Auszug aus Sextus Pompeius Festus, De verborum significatu (nach 782). – Poet. Briefwechsel zwischen Paulus Diaconus, Petrus von Pisa und Karl dem Großen (782–786). – Elipandus von Toledo: Epistola ad Migetium (vor 783?). – Ambrosius Autpertus: De conflictu vitiorum et virtutum (vor 784). – Beatus von Liébana: Adversus Elipandum libri II (785/786). – Capitulatio de partibus Saxoniae (785? [nach 782])

786–790

786–809 Kalif Harun al-Raschid in Bagdad
787 Ökumenisches Konzil von Nicäa restituiert Bilderverehrung
788 Reichsversammlung in Ingelheim setzt Herzog Tassilo von Bayern ab: Ende des letzten Stammesherzogtums
756–788 Emir Abd ar-Rahman I. von Córdoba
789–812 Slavenkriege Karls des Großen

Linz, St. Martin [mit älterer Substanz] (vor 788?). – Psalter *K* aus Mondsee (Montpellier, Bibl. Interuniversitaire, section Médecine, Ms. 409): Miniaturen (vor 788). – Istanbul, Hagia Sophia: Apsismosaik der Hodegetria (nach 789). – Abtei Centula (St. Riquier) [zerstört] (790/799)

L Paulus Diaconus: Vita b. Gregorii papae, Historia Lango- *L* bardorum, Homiliar [mit Epistola generalis Karls des Großen] (um 787/799). – Epistola de litteris colendis (um 787). – Karl der Große: Admonitio generalis (789). – Libri Karolini (um 790). – Capitulare de villis (790/800?). – Angilbert von St. Riquier: Hofdichtung (790–800)

D Samanunga worto (um 790/800)

791-795

791–796	Avarenkriege Karls des Großen
793	Normannen zerstören Kloster Lindisfarne
794	Synode von Frankfurt verwirft Bilderzerstörung ebenso wie Bilderverehrung und verurteilt den Adoptianismus
795	Karl der Große errichtet die spanische Mark

K Rupertus-Kreuz [Bischofshofen, Pfarrkirche] (E. 8. Jh.). – Wiener Krönungsevangeliar (Wien, Schatzkammer der Hofburg): Miniaturen (E. 8. Jh.). – Regensburg, St. Emmeram: Ringkrypta (vor 796)

L *L* Codex epistolaris Karolinus (791). – Elipandus von Toledo: Epistolae ad episcopos Franciae, ad Karolum Magnum (792/793). – Alkuin: Gedichte und Versinschriften [793 De clade Lindisfarnensis monasterii] (vor 782[?]–804). – Paulinus von Aquileia: Libellus sacrosyllabus (794). – Theodulf von Orléans: Gedichte, De spiritu sancto, De ordine baptismi (um 794–820). – Benedikt von Aniane: Codex regularum, Concordia regularum (E. 8. Jh.)

D Ahd. Isidor/Monsee-Wiener Fragmente (E. 8. Jh.). – Basler Rezepte (E. 8. Jh.). – St. Galler Paternoster und Credo (E. 8. Jh.). – Sächs. Taufgelöbnis (E. 8. Jh.)

Bre Erste volkssprachige Glossen [Landévennec u. a.] (E. 8. Jh.)

796-800

757–796	König Offa von Mercia
797	Staatsstreich in Byzanz: Alleinherrschaft der Kaiserin Irene – Rom betrachtet den Kaiserthron als vakant
797	Karl der Große nimmt diplomatische Verbindung mit Harun al-Raschid auf

798 Salzburg zum Erzbistum erhoben
800 Karl der Große von Papst Leo III. in Rom zum Kaiser gekrönt

Egino-Codex (Berlin, Staatsbibl., Ms. Phill. 1676; aus Verona): Miniaturen (796/799). – Mosaikbildnisse Karls des Großen und Papst Leos III. [ehem. Triclinium des Lateran; Reste im Vatican, Museo Sacro] (799/800). – Evangeliar der Aachener Domschatzkammer: Miniaturen (um 800/810). – Gotländische Bildsteine der Lärbro-Gruppe (um 800). – Grenoble, St. Laurent: Krypta (um 800). – Adelhauser Tragaltar [Freiburg i. Br., Augustinermuseum] (um 800). – Book of Kells (Dublin, Trinity College Library, cod. 58): Miniaturen (um 800). – Evangeliar von Soissons (Paris Bibl. nat., Ms. lat. 8850): Miniaturen (um 800). – Britford (Wiltshire), St. Peter: Bauplastik (um 800). – Aachen, Pfalzkapelle [»Dom«] (800 geweiht) **K**

Tonar von St. Riquier (Paris, Bibl. nat., Ms. lat. 13159): erstes Zeugnis der Red. des »Gregorianischen Gesangs« und des Systems der »Kirchentonarten« (kurz vor 800) **M**

L Alkuin: Vita s. Willibrordi prosaica et metrica (um 796/797?); Adversus Felicem libri VII (799). – Paulinus von Aquileia: Gedichte, Hymnen [796 Versus de Herico duce] (um 780/800); Liber exhortationis (um 796/799). – Capitulare Saxonicum (797). – Theodulf von Orléans: Gedichte [798 Contra iudices] (um 794–820). – Elipandus von Toledo: Epistola ad Alcuinum (798). – Dungal: Carmina, Epistolae (um 800/827). – Eigil von Fulda: Vita Sturmi (um 800) **L**

D Ahd. Priestereid (um 800). – Freisinger Paternoster (um 800?). – Wessobrunner Gebet und Schöpfungsgedicht (um 800?). – Reichenauer, Murbacher, St. Pauler Glossare (um 800)

E Cynewulf: Christ II, Elene, Juliana, Fates of the Apostles (um 800)

Ir Liber Ardmachanus ⟨Buch von Armagh⟩ (um 800/810).
– Mailänder Glossen (um 800). – Scéla Muicce Meic Dathó
⟨Erzählung vom Schwein des Mac Dathó⟩ (um 800). – Longes Mac nUislenn ⟨Die Verbannung der Söhne Uisliu's⟩:
Deirdre-Sage (um 800). – Oengus Céle Dé von Tallaght: Félire Oengusso [Vers-Martyrologium] (um 800)

801–805

802–803 Reichstag zu Aachen: Karl der Große veranlaßt Aufzeichnung der Leges Saxonum, Thuringorum, Frisionum und Neufassung der Lex Salica
802–811 Kaiser Nikephoros von Byzanz: Neuordnung des Staats; Ablehnung der Ansprüche Karls des Großen
802–839 König Egbert von Wessex: Vorherrschaft von Wessex in England
803 Karl der Große vernichtet das Avarenreich
772–804 Sachsenkriege und Sachsenmission Karls des Großen

K Müstair, Klosterkirche: Ausmalung (1. V. 9. Jh.). – »Desiderius-Kreuz« [Brescia, Museo Civico] (A. 9. Jh.). – Mals, St. Benedikt [mit Malereien] (A. 9. Jh.). – Grimfridus-Kelch aus Paris [Washington, Dumbarton Oaks] (A. 9. Jh.). – Kelch aus Kolín [Prag, Nationalgalerie] (A. 9. Jh.). – Arat-Miniaturen in der Sammelhs. Köln, Diözesanmuseum und Dombibl., Hs. 83 II (um 805)

L *L* Waltharius (9. Jh. [oder um 930 von Ekkehard I. von St. Gallen?]). – Carmen de exordio gentis Francorum (A. 9. Jh.). – De Karolo Magno et Leone papa (nach 800). – Lex Frisionum, Lex Thuringorum (802). – Alkuin: De fide sanctae et individuae trinitatis (802); Bibelkommentare, hagiograph. Schriften (vor 804). – Aedilwulf: Carmen (nach 803). – Modoin (Naso) von Autun: Ecloga ad Karolum (804/814)

D Abecedarium Nordmannicum (1. H. 9. Jh.). – Kasseler Glossen [Gesprächsbüchlein] (1. V. 9. Jh.). – Fränk. Taufgelöbnis (A. 9. Jh.). – Altbair. Beichte und Altbair. (St. Emmeramer) Gebet (A. 9. Jh.). – Fränk. Gebet (A. 9. Jh.). – Weißenburger Katechismus (A. 9. Jh.). – Ahd. Lex Salica (A. 9. Jh.). – Exhortatio ad plebem christianam (A. 9. Jh.)

Schw Runenstein von Rök [Östergötland (Schweden)] (1. H. 9. Jh.)

Ir Lebor Gabála Érenn ⟨Buch der Eroberung Irlands⟩ (9.–12. Jh.). – Natur-, Liebes- und Gelegenheitslyrik (9. Jh.). – Liadain ocus Cuirithir ⟨Liebesklagen⟩ (9. Jh.). – Heroische Prosaerzählungen (9. Jh.). – Immram Curaig Máele Dúin ⟨Ruderfahrt des Máel Dúin⟩ und andere immrama ⟨Ruderfahrten⟩ (9. Jh.). – Bethu Brigte ⟨Brigittenleben⟩ (9. Jh.)

Ky Naturpoesie, Gnomai, Rätsel (9.–12. Jh.). – Dichtung der Cynfeirdd [elegische und prophet. Poesie] (9.–11. Jh.). – Canu Heledd ⟨Lieder der Heledd⟩ (9./10. Jh.). – Canu Llywarch Hen ⟨Lieder des Ll. H.⟩ (9./10. Jh.). – Englynion y Beddau ⟨Grabesstrophen⟩ (9./10. Jh.). – Prophet. Dichtungen aus den Myrddin- ⟨Merlin-⟩ und Taliesin-Sagen [darunter: Yr Afallenau ⟨Die Apfelbäume⟩] (9./10. Jh.)

Bre Glossen (9.–10. Jh.)

806–810

808–810 Krieg zwischen Franken und Dänen (König Göttrik); Dänen errichten Schutzwall längs der Südgrenze (Danewerk)
786–809 Kalif Harun al-Raschid in Bagdad

Germigny-des-Prés (bei Orléans), Kirche Theodulfs von **K** Orléans (um 806). – Book of Armagh (Dublin, Trinity College Library, cod. 52): Zeichnungen (um 807). – Cruz de los Angeles [Oviedo, Dom] (808). – Lorscher Evangeliar (Hs.:

Bukarest, Nationalmuseum; Rom, Bibl. Vaticana, Pal. lat. 50
– Deckel: Rom, Museo Sacro; London, Victoria & Albert
Museum): Miniaturen und Elfenbeindeckel (um 810). –
Wandmalerei aus Ravenna, San Vitale: »Die hll. Petrus,
Apollinaris und Martin« [Ravenna, Museo Nazionale]
(810–817)

L *L* Origo gentis Langobardorum (807/810). – Smaragdus
von St. Mihiel: Psalmen-Kommentar, Donat-Kommentar
(vor 809?); De processione sancti spiritus (809). – Hrabanus
Maurus: De laudibus sanctae crucis (um 810); Briefe, Gedichte (um 810–855)

811–815

802–811 Kaiser Nikephoros von Byzanz
811–813 Kaiser Michael I. von Byzanz
811   Beginn systematischer Bautätigkeit in Haithabu
789–812 Slavenkriege Karls des Großen
812   Vertrag von Aachen: Kaiser Michael I. von Byzanz erkennt das Kaisertum Karls des Großen an
813   Entdeckung des (angeblichen) Grabes des Apostels Jacobus des Älteren in Galizien: Wallfahrtsort Santiago de Compostela
768–814 Karl der Große
814–840 Kaiser Ludwig der Fromme
815   Synode in der Hagia Sophia verurteilt erneut Bilderverehrung

K Steinbach (bei Michelstadt), Einhards-Basilika (um 812–817). – Oviedo, San Julián de los Prados [mit Ausmalung] (nach 812). – Talisman Karls des Großen [Reims, Kathedrale] (vor 814?). – Rom, Santi Nereo ed Achilleo: Mosaik der Apsisstirnwand (815/816)

L *L* Claudius von Turin: Briefe, Bibelkommentare, ikonoklast. Schriften (811 – um 825). – Smaragdus von St. Mihiel:

Expositio libri comitis (um 812); Via regia (vor 813?). – Amalarius von Metz: Expositio missae, Canonis missae interpretatio (813/814). – Dicuil: De astronomia [Computus] (814/818). – Agobard von Lyon: De grandine et tonitruis (815/817)

816–820

816–817 Klosterreform unter Leitung Benedikts von Aniane
817 Ordinatio Imperii regelt Herrschaftsverhältnisse und Nachfolge im fränkischen Reich zwischen Ludwig dem Frommen und seinen Söhnen: Lothar Mitkaiser, Pippin König von Aquitanien, Ludwig (der Deutsche) König von Bayern
820–829 Kaiser Michael II. von Byzanz

Rom, Santa Prassede und Santa Maria in Domnica [mit Mosaiken] (817/824). – Kreuz Paschalis' I. [Rom, Bibl. Vaticana] (817/824). – Utrecht-Psalter (Utrecht, Universitätsbibl., Ms. 32): Miniaturen (um 820–835)   K

L Agobard von Lyon: Briefe (um 816–840); Adversus legem Gundobadi, De divinis sententiis contra iudicium Dei (817/822); Adversum dogma Felicis (818/819). – Smaragdus von St. Mihiel: Kommentar zur Regula Benedicti (um 816/817). – Hrabanus Maurus: Commentaria in libros veteris et novi testamenti (818–842); De institutione clericorum (819); De computo (820). – Einhard: Vita Karoli Magni (820/830)   L

D Murbacher Hymnen (um 820?). – Ahd. Benediktinerregel (um 820?). – Altalemann. Psalmenübers. (um 820?)

821–825

821–823 Bürgerkrieg in Byzanz; bilderfreundliche Partei unter Gegenkaiser Thomas scheitert

K Fulda, St. Michael (822 geweiht). – Altarverkleidung des Volvinius [Mailand, Sant'Ambrogio] (nach 824)

L *L* Hilduin von St. Denis: Übers. der Werke des Ps.-Dionysius Areopagita (um 822). – Gottschalk der Sachse: Lyrik (nach 822). – Einhard: Briefe (823–840). – Amalarius von Metz: Liber officialis (823/835). – Agobard von Lyon: Liber de dispensatione ecclesiasticarum rerum (823/824); De picturis et imaginibus (825). – Smaragdus von St. Mihiel: Carmina (vor 825/830); Diadema monachorum (vor 825). – Walahfrid Strabo: Carmina (um 825–849); Versus de beati Blaithmaic Scoti vita et fine (um 825). – Jonas von Orléans: Vita und Translatio s. Huberti (um 825). – Dicuil: De mensura orbis terrae (825)

826–830

826	König Harald Klak von Dänemark in Mainz getauft und mit dem Missionar Ansgar nach Dänemark gesandt
827–902	Araber erobern Sizilien
820–829	Kaiser Michael II. von Byzanz
829	König Egbert von Wessex vereinigt alle angelsächsischen Königreiche
829–831	Erster Missionsaufenthalt Ansgars in Schweden
829–842	Kaiser Theophilos von Byzanz: Höhepunkt des arabischen Einflusses auf die byzantinische Kultur
829	Ludwig der Fromme bestimmt für seinen nachgeborenen Sohn Karl (den Kahlen) ein neues Teilreich (Alamannien); der Verstoß gegen die Ordinatio Imperii provoziert
830	Empörung der Söhne Lothar, Ludwig und Pippin
um 830	Erste Normannenherrschaft in Irland (Armagh)

K Ardennen-Kreuz [Nürnberg, Germanisches Nationalmuseum] (2. V. 9. Jh.). – Berner Physiologus (Bern, Burgerbibl., Cod. 318; aus Reims): Miniaturen (2. V. 9. Jh.). – Hs. Rom,

Bibl. Vaticana, Vat. Reg. lat. 124 (Hrabanus Maurus: De laudibus sanctae crucis; Fuldaer Abschrift für Erzbischof Haistolf von Mainz): Miniaturen (um 826). – San Vincenzo al Volturno, Klosterkirche: Malereien (826/843). – Rom, San Giorgio in Velabro (um 827 begonnen). – Budrio (Romagna), Pfarrkirche: Steinkreuz (827). – St. Galler Klosterplan [St. Gallen, Stiftsbibl.] (kurz vor 830). – Leidener Aratea (Leiden, Universitätsbibl., Ms. Voss. Q. 79): Miniaturen (um 830/840)

L Ermoldus Nigellus: Carmen in honorem Hludowici, Carmen in laudem Pippini regis (um 826/828). – Agobard von Lyon: Contra praeceptum impium de baptismo Iudaicorum mancipiorum, De insolentia Iudeorum, De cavendo convictu et societate Iudeorum, De Iudaicis superstitionibus et erroribus (826/828). – Radbert von Corbie (Paschasius Radbertus): Vita Adalhardi, De fide spe et caritate (nach 826); Matthaeus-Kommentar [Buch I–IV] (vor 831). – Walahfrid Strabo: Visio Wettini, De vita et fine Mammae monachi (um 827); De imagine Tetrici (829). – Dungal: Responsa contra perversas Claudii Taurinensis episcopi sententias (827). – Jonas von Orléans: De institutione laicali (vor 828); De institutione regia (830/834). – Historia Brittonum (»Nennius«) (829/830). – Annales regni Francorum (bis 829). – Lupus von Ferrières: Briefe (829–862). – Hrabanus Maurus: De oblatione puerorum (nach 829). – Frechulf von Lisieux: Chroniken (vor 830). – Einhard: Translatio et miracula ss. Marcellini et Petri (um 830) L

D Tatian (2. V. 9. Jh.). – Aufzeichnung des Hildebrandsliedes (um 830/840)

831–835

829–831	Erster Missionsaufenthalt Ansgars in Schweden
831	Bistum Hamburg gegründet (Bischof Ansgar): Zentrum der Nordeuropa-Mission
831	Araber erobern Palermo

833 Neuerliche Empörung der Söhne gegen Ludwig den Frommen
833–834 Ludwig der Fromme vorübergehend abgesetzt
834 Plünderungszug von Normannen ins Loiregebiet und nach Friesland

K Seligenstadt, Einhardsbasilika (831–835). – Rom, San Marco (um 833). – Ebo-Evangeliar (Epernay, Bibl., Ms. 1): Miniaturen (vor 835)

L *L* Radbert von Corbie (Paschasius Radbertus): De corpore et sanguine Domini (um 831/833). – Amalarius von Metz: Liber de ordine antiphonarii (um 832/850). – Walahfrid Strabo: Bearbeitung der Vita et miracula s. Galli (um 833/834). – Gesta abbatum Fontanellensium (833/840). – Hrabanus Maurus: De reverentia filiorum erga patres et subditorum erga reges (833/834). – Agobard von Lyon: Liber apologeticus pro filiis Ludowici adversus patrem (833). – Prudentius von Troyes: Fortsetzung der Annales Bertiniani (835–861). – Agnellus von Ravenna: Liber pontificalis ecclesiae Ravennatis (835/846). – Florus von Lyon: Schriften gegen Amalarius von Metz (835–838)

836–840

838 Schlacht bei Dazmana: Kaiser Theophilos von Arabern (Kalif Mutasim) geschlagen
839 Karl der Kahle erhält nach Pippins Tod dessen Teilreich Aquitanien
802–839 König Egbert von Wessex
814–840 Kaiser Ludwig der Fromme
840–843 Machtkampf zwischen den Söhnen Ludwigs des Frommen

K Bibel von Moutier-Grandval (London, British Library, Add. Ms. 19546; aus Tours): Miniaturen (um 840)

L Rudolf von Fulda: Vita s. Leobae (um 836). – Radbert *L* von Corbie (Paschasius Radbertus): Vita Walae (836/852). – Thegan: Gesta Hludowici imperatoris (837/838). – Walahfrid Strabo: De cultura hortorum (838[842?]/848); Libellus de exordiis et incrementis quarundam in observationibus ecclesiasticis rerum (840/842). – Wandalbert von Prüm: Vita et miracula s. Goaris (um 839). – Paulus Albarus von Córdoba: Briefe, Carmina (um 840–860). – Florus von Lyon: Querela de divisione imperii (um 840/843); Expositio missae, Martyrologium (um 840?). – Haimo von Auxerre: Bibelkommentare, Homiliar (840/860). – Jonas von Orléans: De cultu imaginum (840). – Candidus-Brun von Fulda: Vita Eigili abbatis metrica et prosaica (um 840). – Hrabanus Maurus: De praescientia et praedestinatione, de gratia et libero arbitrio (um 840). – Otfrid von Weißenburg: Bibelkommentare (um 840?)

D Heliand (vor 840?)

Ir Orthanach ua Caelláma: Gedichte (vor 839). – Gedichte im Reichenauer Schulheft (um 840)

841–845

841	Schlacht bei Fontenoy: Ludwig der Deutsche und Karl der Kahle besiegen Lothar
841	Araber errichten Sultanat von Bari
841	Normannen gründen Fürstentum Dublin
829–842	Kaiser Theophilos von Byzanz
842–867	Kaiser Michael III. von Byzanz
842	Straßburger Eide: Ludwig der Deutsche und Karl der Kahle bekräftigen ihr Bündnis gegen Lothar
843	Machtkampf zwischen den Söhnen Ludwigs des Frommen (seit 840) beendet mit dem Vertrag von Verdun: Teilung des Frankenreichs zwischen Lothar (Kaiserwürde, Mittelreich [mit Italien]), Lud-

wig dem Deutschen (Ostreich) und Karl dem Kahlen (Westreich)
843-855 Kaiser Lothar I.
843-876 König Ludwig der Deutsche
843-877 König Karl (II.) der Kahle
843-858 Kenneth Mac Alpin (Cináed mac Ailpin): Vereinigung des gälischen und piktischen Schottland
843 Restitution der Bilderverehrung in der oströmischen Kirche auf Betreiben der Kaiserinwitwe Theodora: Ende des Bilderstreits
844 Normannen plündern Lissabon und Sevilla
844-877 Rhodri Mawr, König über die walisischen Herrschaften Gwynned, Powys, Cerdigion und Ystrad Tywi: Versuch der Einigung von Wales
845 Normannen plündern Paris, zerstören Hamburg
845 Schlacht bei Ballon: Nominoe, Graf der Bretonischen Mark, besiegt Karl den Kahlen und läßt sich zum König der Bretagne salben: Bretagne unabhängig
845-882 Erzbischof Hinkmar von Reims

K Monte Naranco bei Oviedo: Belvedere (nach 842). – Sakramentar von Marmoutier (Autun, Bibl. municipale, Ms. 19 bis): Miniaturen (844/845). – Viviansbibel (Paris, Bibl. nat., Ms. lat. 1): Miniaturen (um 845/846)

M Aurelianus Reomensis: Musica disciplina (um 843): ältester erhaltener Musiktraktat des Mittelalters

L *L* Sedulius Scotus: Carmina (nach 840 – nach 855). – Astronomus: Vita Hludowici Pii imperatoris (nach 840). – Dhuoda: Liber manualis (841/843). – Hrabanus Maurus: De disciplina ecclesiastica (841/842); Paenitentialia [ad Otgarium und ad Heribaldum] (841/842 [und 853]); De rerum naturis (842/852); Martyrologium (um 843). – Angilbertus: Versus de bella que fuit acta Fontaneto (841). – Rudolf von Fulda: Miracula sanctorum in Fuldensium ecclesiam translatorum (842/847). – Aurelianus Reomensis: Musica disciplina (um

843). – Nithard: Historiarum libri IV (843). – Rathramnus
von Corbie: De corpore et sanguine Domini (843). – Hinkmar von Reims: Briefe (845–882)

DF Straßburger Eide (842)

846-850

846–870 Großfürst Rastislav von Mähren: Mähren führende slavische Macht; Annäherung an Byzanz
850 Normannen setzen sich in England fest

Rom, San Martino ai Monti und Malereien in der Unterkirche von San Clemente (847–855). – Monte Naranco bei Oviedo: San Miguel de Liño (848). – Evangeliar des Kaisers Lothar (Paris, Bibl. nat., Ms. lat. 266; aus Tours): Miniatur (849/851). – Drogo-Sakramentar (Paris, Bibl. nat., Ms. lat. 9428; aus Metz): Miniaturen (um 850). – Raganaldus-Sakramentar (Autun, Bibl. municipale, ms. 19 bis): Miniaturen (um 850). – Oseberg-Schiff [Oslo-Bygdøi, Norweg. Volksmuseum] (um 850) **K**

L Ps.-Isidorische Fälschungen (um 847/852). – Wandalbert von Prüm: Metr. Martyrologium und andere Kalendergedichte (um 848). – Walahfrid Strabo: Psalmenkommentar (vor 849). – Gottschalk der Sachse: Schriften zur Prädestinationslehre, grammat. Werke (849 – um 869). – Hinkmar von Reims: Schriften zum Prädestinationsstreit (849/850 [und 856/857, 859/860]). – Radbert von Corbie (Paschasius Radbertus): Matthaeus-Kommentar [Buch V–XII] (nach 849). – Rathramnus von Corbie: De praedestinatione (849/850). – Ratpert von St. Gallen: Gedichte, Casus s. Galli (um 850–884). – Sedulius Scotus: Bibelkommentare, Grammatikerkommentare, Collectaneum (um 850). – Florus von Lyon: Carmina (um 850). – Johannes Scotus (Eriugena): Kommentar zu Martianus Capella (um 850). – Ermenrich von Ellwangen: Epistola ad Grimaldum (850/855) **L**

45

D As. Genesis (um 850?). – Altwestfäl. Taufgelöbnis (um 850). – Carmen ad Deum [Übers.] (um 850). – St. Galler Schreibervers (um 850)

851-855

853   Olaf der Weiße begründet zweite Normannenherrschaft in Irland (Dublin)
843–855 Kaiser Lothar I.
855–875 Kaiser Ludwig II.
855–869 Lothar II. König über den Nordteil des Mittelreichs

K Repton (Derbyshire), St. Wystan: Krypta (3. V. 9. Jh.)

M Musica Enchiriadis: erste eingehende Darstellung der Mehrstimmigkeit [Organum] (2. H. 9. Jh.)

L *L* Musica Enchiriadis (2. H. 9. Jh.). – Florus von Lyon: Schriften zum Praedestinationsstreit gegen Johannes Scotus (um 851/852). – Eulogius von Córdoba: Actus ss. martyrum Georgii, Aurelii atque Nathaliae, Memoriale sanctorum (851/856); Documentum martyriale, Epistolae, Oratio ad virgines Floram et Mariam (851). – Johannes Scotus (Eriugena): De divina praedestinatione (851). – Hrabanus Maurus: Paenitentialia [ad Otgarium und ad Heribaldum] ([841/842 und] 853); De anima (855/856). – Paulus Albarus von Córdoba: Indiculus luminosus (854). – Sedulius Scotus: Liber de rectoribus Christianis (855/859)

D As. Psalmenfragmente (2. H. 9. Jh.)

Nw Bragi Boddason inn gamli: Ragnarsdrápa (2. H. 9. Jh.). – Thjóðólfr ór Hvíni: Ynglingatal, Haustlöng (2. H. 9. Jh.)

Ir Kompilation der Genealogien (2. H. 9. Jh.)

856–860

856 Normannen setzen sich an der Seinemündung fest
843–858 Kenneth Mac Alpin
858–867 Papst Nikolaus I.: Universalitätsanspruch des Papsttums
858–867 Photios (zum ersten Mal) Patriarch von Konstantinopel (wieder: 877–886)
859 Normannen erstmals im Mittelmeer
um 860 Entdeckung Islands
860 Russischer Angriff auf Byzanz

Auxerre, Abteikirche St. Germain [mit Malereien] (vor 857). **K**
– Elfenbeinrelief der Kreuzigung [Narbonne, Kathedrale] (um 860/880). – Metzer »Reiterstatuette Karls des Großen« [Paris, Louvre] (um 860/870?)

L Hinkmar von Reims: Schriften zum Prädestinationsstreit ([849/850 und] 856/857, 859/860); Collectio de ecclesiis et capellis (857/858); De divortio Lotharii et Tetbergae reginae (860). – Eulogius von Córdoba: Liber apologeticus martyrum (857). – Anastasius Bibliothecarius: Briefe (858–879). – Johannes Scotus (Eriugena): Übers. von Werken des Gregor von Nyssa (De opificio hominis), des Maximus Confessor (Ambigua in Gregorium Nazianzenum) und des Ps.-Dionysius Areopagita (1. Fassung) aus dem Griech. (vor 860); Graeco-lat. Gedichte (um 859/869). – Ado von Vienne: Martyrologium (860/875). – Epistolae ad divortium Lotharii II. regis pertinentes (860–868). – Paulus Albarus von Córdoba: Passio s. Eulogii (um 860) **L**

D Kölner Bibliotheksinschrift (um 860?)

861-865

862 Beginn der Waräger-Herrschaft (Rurikiden) in Novgorod
863 Rastislav von Mähren beruft die griechischen Missionare Konstantin (Kyrill) und Methodius: Beginn der Slavenmission
um 865-930 Harald Schönhaar erster König von Norwegen
865 Bulgaren-Chan Boris nimmt unter byzantinischem Druck die Taufe an

K Flavigny (Nordburgund), ehem. Klosterkirche: Krypta (vor 864?). – Torcello, Kathedrale: Mosaikboden des Bischofs Deusdedit II. (864-867)

L *L* Hinkmar von Reims: Forts. der Annales Bertiniani (861-882). – Anastasius Bibliothecarius: Übers. griech. hagiograph. Schriften (861-879). – Rudolf von Fulda: Translatio s. Alexandri (863/865). – Rimbert (u. a.?): Vita s. Anscarii (865/888). – Heiric von Auxerre: Vita s. Germani, Miracula s. Germani (865/875). – Johannes Scotus (Eriugena): Übers. der Schriften des Ps.-Dionysius Areopagita aus dem Griech. [2. Fassung und Kommentar] (865/870). – Christian von Stablo: Expositio in Evangelium Matthaei, In Lucam (865/870)

D Otfrid von Weißenburg: Evangelienbuch (863/871)

866-870

866 Beginn der planmäßigen Eroberung Englands durch die Normannen
867 Patriarch Photios löst die oströmische Kirche von Rom
858-867 Papst Nikolaus I.

858–867	Photios (zum ersten Mal) Patriarch von Konstantinopel (wieder: 877–886)
842–867	Kaiser Michael III. von Byzanz
867–886	Kaiser Basileios I. von Byzanz
855–869	Lothar II. König über den Nordteil des Mittelreichs, das im
870	Vertrag von Meersen zwischen Ludwig dem Deutschen und Karl dem Kahlen geteilt wird
870	Eingliederung Bulgariens in die byzantinische Kirchenorganisation
um 870	Beginn der Besiedlung Islands, Reykjavík gegründet
846–870	Großfürst Rastislav von Mähren
870–894	Großfürst Svatopluk von Mähren: Ausbau des großmährischen Reichs

Elfenbeinthron Karls des Kahlen (»Cathedra Petri«) [Rom, **K**
St. Peter] (um 870). – Lorsch, Torhalle (um 870?). – Codex
aureus von St. Emmeram (München, Bayer. Staatsbibl., Clm
14000): Miniaturen (870). – Bibel von St. Paul vor den Mauern (Rom): Miniaturen (um 870)

Hs. Heidelberg, Universitätsbibl., cod. Pal. lat. 52 (Otfrid **M**
von Weißenburg: Evangelienbuch, Hs. P): erstes Zeugnis für
die Verbindung von Neumen mit einem deutschen Text (um
870?)

L Johannes Scotus (Eriugena): Periphyseon sive De divi- **L**
sione naturae (866). – Radbert von Corbie (Paschasius Radbertus; Ps.-Hieronymus): Brief zur Assumptio Mariae (vor
868). – Rathramnus von Corbie: Contra Graecorum opposita (868). – Anastasius Bibliothecarius: Übers. der Akten des
8. ökumenischen Konzils von Konstantinopel (869/879). –
Hinkmar von Reims: De cavendis vitiis et virtutibus exercendis (um 869). – Ado von Vienne: Chronicon (870 abgeschlossen)

Aksl Klemens (Kliment) von Ohrid: Vita des Konstantin-Kyrill (869/885)

871-875

871-899 König Alfred der Große von Wessex: Konsolidierung der angelsächsischen Herrschaft im Kampf gegen die Dänen
872 Schlacht am Hafrsfjord (bei Stavanger): König Harald von Norwegen besiegt Kleinkönige und schafft damit Voraussetzung für ein zentrales Königtum
um 874 Fürst Bořwoj von Böhmen von Methodius getauft
855-875 Kaiser Ludwig II.
875 Karl der Kahle erhält den Süden des Mittelreichs (Italien) und wird von Papst Johann VIII. zum Kaiser gekrönt

K »Alfred Jewel« [Oxford, Ashmolean Museum] (871/899). – Rom, Santa Maria de Gradellis: Wandmalereien [sog. Tempel der Fortuna virilis] (872-882?). – Torre de' Passeri (Abruzzen), San Clemente di Casauria: Krypta (872). – Hs. Montecassino, Archivio dell'abbazia, ms. Casin. 3 (De fide Sanctae Trinitatis): Miniaturen (ab 874). – Witgarius-Cingulum (Augsburg, Diözesanmuseum) [vor 876]. – Psalter Ludwigs des Deutschen (Berlin, Staatsbibl., Ms. theol. lat. 2° 58; aus St. Omer): Miniaturen (vor 876)

L *L* Libellus de conversione Baiuvariorum et Carantanorum (871). – Milo von St. Amand: De sobrietate (vor 872). – Johannes Diaconus (Hymmonides): Vita Gregorii Magni (um 872/880 [873/876?]); Versiculi de cena Cypriani (875). – Anastasius Bibliothecarius: Chronographia tripartita (872/879). – Hinkmar von Reims: De regis persona et regio ministerio (um 873); De fide Carolo regi servanda (875). – Heiric von Auxerre: Collectanea (um 873). – Paulus Diaconus

Neapolitanus: Übers. der griech. Legenden von Maria Aegyptiaca und Theophilus (vor 875). – Adrevaldus: Miracula s. Benedicti (um 875). – Bischof Salomo III. von Konstanz: Briefe (875–889)

D Muspilli (vor 876?)

Ky Edmyg Dinbych ⟨Encomium von Tenby⟩ (875–900)

876–880

843–876 König Ludwig der Deutsche
876 Teilung des ostfränkischen Reichs unter den Söhnen Ludwigs des Deutschen:
876–880 Karlmann (Bayern, südöstliche Marken)
876–882 Ludwig III. [der Jüngere] (Mainfranken, Thüringen, Rätien)
876–887 Karl III. der Dicke (Alamannien, Churrätien)
877 Kapitular von Quierzy: Karl der Kahle akzeptiert Erblichkeit der Lehen
843–877 Kaiser Karl (II.) der Kahle
844–877 Rhodri Mawr
877–886 Photios (zum zweiten Mal) Patriarch von Konstantinopel (zuerst: 858–867)
878 Schlacht bei Edington: König Alfred der Große von Wessex besiegt die Dänen
879 Karl III. der Dicke übernimmt die Herrschaft in Italien
879 Königreich Niederburgund (Hauptstadt Arles) unter Boso von Vienne
880 Vertrag von Ribemont (bei St. Quentin): Ludwig III. erhält die Westhälfte Lotharingiens
880 Svatopluk von Mähren unterstellt sein Reich dem Papst

Richildis-Kästchen aus Ellwangen [Stuttgart, Württemberg. **K** Landesmuseum] (876/877). – Mailand, San Satiro: Cappella della Pietà (876)

L L Agius von Corvey: Vita der Hathumod von Gandersheim (um 876). – Usuard von St. Germain-des-Prés: Martyrologium (vor 877). – Andreas von Bergamo: Forts. der Historia Langobardorum (um 877). – Hucbald von St. Amand: De harmonica institutione (877/900). – Hinkmar von Reims: Vita s. Remigii (878). – Johannes Diaconus (Hymmonides): Nikolaus-Vita (um 880)

D Lorscher Beichte [Aufzeichnung] (4. V. 9. Jh.). – Augsburger (Rheinfränk.) Gebet (vor ca. 880)

881–885

881	König Karl III. der Dicke von Papst Johannes VIII. zum Kaiser gekrönt
881	Schlacht bei Saucourt: Sieg des westfränkischen Königs Ludwig (III.) über die Normannen
845–882	Erzbischof Hinkmar von Reims
882	Tod des ostfränkischen Königs Ludwig III. (des Jüngeren) (seit 876): Kaiser Karl III. der Dicke Alleinherrscher im ostfränkischen Reich
882	Oleg der Weise vereinigt den Norden (Novgorod) und Süden (Kiev) Rußlands: Reich von Kiev
885	Kaiser Karl III. der Dicke übernimmt die Herrschaft auch im westfränkischen Reich

K San Leo Pieve (Marken): Altarziborium (881/882). – Psalterium aureum (St. Gallen, Stiftsbibl., Cod. 22; aus St. Gallen): Miniaturen (vor 883). – Hs. Bern, Burgerbibl., Cod. 264 (Psychomachie; aus St. Gallen): Miniaturen (vor 883). – Rom, San Clemente: Wandmalerei mit den hll. Methodius und Cyrill in der Unterkirche (nach 884). – Corvey, Abteikirche: Westwerk (vor 885)

M Notker I. von St. Gallen (Balbulus): Prooemium zur Sequenzensammlung [Liber Yymnorum] (um 884)

L Hinkmar von Reims: De ordine palatii (882). – Notker I. *L*
von St. Gallen (Balbulus): Stephanus-Hymnen (883?); Gesta
Karoli (883–887?); Liber Ymnorum (um 884 abgeschlossen);
Metrum de vita s. Galli (884/890). – Fulko von Reims: Briefe (883–900)

D Ludwigslied (881/882). – Ratpert von St. Gallen: Galluslied (vor 884)

F Eulalia-Sequenz (um 881)

886–890

867–886	Kaiser Basileios I. von Byzanz
877–886	Photios (zum zweiten Mal) Patriarch von Konstantinopel (zuerst: 858–867)
886–912	Kaiser Leon VI. der Weise von Byzanz
887	Kaiser Karl III. der Dicke (seit 876) auf einem Reichstag zu Tribur abgesetzt
887–899	Arnulf von Kärnten König des ostfränkischen Reiches
888	Karl III. der Dicke gestorben
888–924	Markgraf Berengar von Friaul König von Italien
888–898	Graf Odo von Paris König des Westfrankenreichs
888	Königreich Burgund (Hochburgund) unter Rudolf I.

Ziborium König Arnulfs von Kärnten [München, Schatz- *K*
kammer] (um 890)

L Annales Fuldenses (bis 887). – Poeta Saxo: Annales de *L*
gestis Karoli Magni imperatoris (887/891?). – Vita des Erzbischofs Rimbert von Hamburg-Bremen (888/909). – Abbo
von St. Germain-des-Prés: Bella Parisiacae urbis (888/
889–897). – Notker I. von St. Gallen (Balbulus): Formelbuch (890)

E Überss. König Alfreds des Großen: Cura Pastoralis; Beda, Historia Ecclesiastica Gentis Anglorum; Orosius, Historiae Adversus Paganos; Boethius, Consolatio Philosophiae; Augustinus, Soliloquia (890–899)

Ir Máel Muru Othna: genealog. und topograph. Gedichte (vor 887)

Bul Konstantin von Preslav: Učitelnoe evangelie ⟨Belehrendes Evangelium⟩, darin: Azbučna molitva ⟨Alphabetgedicht⟩, Istoriki ⟨Chronik⟩ (890/893)

891–895

891 Schlacht bei Löwen: Arnulf von Kärnten besiegt die Normannen – Ende der Normannengefahr im ostfränkischen Reich
892–893 Arnulf von Kärnten führt im Bündnis mit Ungarn Krieg gegen das großmährische Reich
893–927 König Simeon der Große von Bulgarien
893–898 Karls des Dicken Enkel Karl (»der Einfältige«) Gegenkönig im Westfrankenreich
870–894 Großfürst Svatopluk von Mähren
894 Simeon der Große von Bulgarien besiegt Byzanz
895 Böhmen löst sich aus der Vorherrschaft Mährens und schließt sich dem Ostfrankenreich an

K Cimitile, Santi Martiri: Wandmalereien [Passion, Heilige] (891–915). – San Salvador de Valdedios [Oviedo] (893). – Glasfensterfragment »Kopf eines Heiligen« aus Lorsch [Darmstadt, Hess. Landesmuseum] (E. 9. Jh.)

L *L* Ende des karolingischen Teils des Liber Pontificalis (891). – Asser: De rebus gestis Alfredi (893). – Remigius von Auxerre: Kommentare zur Bibel, zu spätantiken Grammatikern und klass. Autoren (E. 9. Jh. / vor 908). – Erchembert von

Monte Cassino: Historia Langobardorum Beneventanorum (E. 9. Jh.)

D Werdener Urbar (E. 9. / A. 10. Jh.). – Altniederfränk. Psalmen (E. 9. / A. 10. Jh.). – Ahd. Psalm 138 (E. 9. Jh.). – Georgslied (E. 9. Jh.). – St. Galler Spottvers (E. 9. Jh.). – 1. Trierer Teufelsspruch [Aufzeichnung] (E. 9. Jh.)

E Angelsächs. Chronik (ab 891)

Ir Flannacán mac Cellaig: Gedichte (vor 896). – Vita tripartita Patricii (E. 9. Jh.). – Tecosca Cormaic ⟨Lehren des Cormac⟩ (E. 9. Jh.)

Aksl Vita des Methodius (E. 9. Jh.)

896–900

896	Arnulf von Kärnten von Papst Formosus zum Kaiser gekrönt
896	Landnahme der Ungarn (Magyaren) unter Fürst Arpad in Pannonien
888–898	Graf Odo von Paris König des Westfrankenreichs
898–923	Karl der Einfältige König des Westfrankenreichs
899	Schlacht an der Brenta: Niederlage König Berengars von Italien gegen die Ungarn
871–899	König Alfred der Große von Wessex
899–955	Ungarnzüge gegen Mitteleuropa und Byzanz
887–899	König (Kaiser) Arnulf von Kärnten
um 900–936	König Gorm der Alte von Dänemark (Begründer der Jelling-Dynastie)
900–911	Ludwig das Kind König des ostfränkischen Reichs

Reichenau-Oberzell, St. Georg (896/899 geweiht). – San **K** Miguel de Tarrasa (bei Barcelona): Ausbau (um 900). – Cimitile, Chiesa dei Santi Martiri: Protiro (um 900). – Trier, St. Maximin: Malereien in der Krypta (um 900). – Elfen-

55

beintafeln des Tuotilo [St. Gallen, Stiftsbibl.] (um 900). – Meschede (Sauerland), St. Walburga (um 900)

M Neumen in der Hs. des Petruslieds (um 900)

L *L* Notker I. von St. Gallen (Balbulus): Martyrologium (um 896). – Ave maris stella (vor 900). – Regino von Prüm: Epistola de harmonica institutione, Tonarius (um 900). – Bovo von Corvey: Kommentar zu Boethius, De consolatione Philosophiae [III m. 9 »O qui ...«] (um 900). – Visio Karoli III. (um 900?). – Tuotilo: Weihnachtstropus (um 900). – Radbod von Utrecht: Homilien (über die hl. Amalberga u. a.), hagiograph. Schriften (Vita altera s. Bonifatii?) und Gedichte, Versus de hirundine (um 900)

D As. Segen contra vermes [Aufzeichnung] (um 900). – Rheinfränk. Psalterübers. (um 900). – Freisinger Gebete (um 900). – Petruslied [Aufzeichnung] (um 900). – Altdt. (Pariser) Gespräche (um 900)

E Parker-Hs. (Cambridge, Corpus Christi College, 173): Angelsächsische Chronik mit Gesetzen der Könige Ine von Wessex und Alfred der Große (um 900)

NwIs Thórbjörn hornklofi: Glymdrápa, Haraldskvæði (um 900)

Ir Cath Maige Tuired ⟨Schlacht von Mag Tuired⟩ (um 900). – Caillech Bérri ⟨Die alte Frau von Bearra⟩ (um 900)

Ky Preiddau Annwfn ⟨Erbeutungen aus der Unterwelt⟩ (um 900)

Bul Hrabr der Mönch: O pismeneh ⟨Über die Buchstaben⟩ (um 900)

901–905

827–902 Eroberung Siziliens durch die Araber (abgeschlossen durch die Einnahme von Taormina)

L Navigatio s. Brendani (10. Jh.?). – Auxilius und Eugenius *L* Vulgarius: Schriften zum Streit um Papst Formosus (A. 10. Jh.). – Eugenius Vulgarius: Sylloge carminum (A. 10. Jh.). – Abbo von St. Germain-des-Prés: Predigten (1. V. 10. Jh.)

D Pfälzer Beichte, Vorauer Beichte [Aufzeichnung] (10. Jh.). – Wiener Hundesegen, Lorscher Bienensegen, Trierer Pferdesegen, Trierer Blutsegen [Aufzeichnung] (10. Jh.). – Essener Heberolle (1. H. 10. Jh.). – Christus und die Samariterin (A. 10. Jh.?)

Ir Lebor Gabála Érenn ⟨Buch der Eroberung Irlands⟩ (9.–12. Jh.). – Natur-, Liebes- und religiöse Lyrik (10. Jh.). – Cath Almaine ⟨Schlacht von Allen⟩ (10. Jh.). – Fingal Rónáin ⟨Mord an Rónán⟩ und andere Prosaerzählungen (10. Jh.). – Remscéla ⟨Vorerzählungen⟩ zur Táin Bó Cuailnge ⟨Viehraub von Cuailnge⟩ (10. Jh.)

Ky Naturpoesie, Gnomai, Rätsel (9.–12. Jh.). – Dichtung der Cynfeirdd [elegische und prophet. Poesie] (9.–11. Jh.). – Canu Heledd ⟨Lieder der Heledd⟩ (9./10. Jh.). – Canu Llywarch Hen ⟨Lieder des Ll. H.⟩ (9./10. Jh.). – Englynion y Beddau ⟨Grabesstrophen⟩ (9./10. Jh.). – Prophet. Dichtungen aus den Myrddin- ⟨Merlin-⟩ und Taliesin-Sagen [darunter: Yr Afallenau ⟨Die Apfelbäume⟩] (9./10. Jh.). – Gesetze des Hywel Dda (ab 10. Jh.)

Bre Glossen (9.–10. Jh.)

F Vie de saint Léger (10. Jh.)

Ok Lat.-okzitan. Alba (10. Jh.)

Tsch Hospodine pomiluj ny ⟨Kyrie eleison⟩ (10. Jh.)

906–910

906–907 Vernichtung des mährischen Reichs durch die Ungarn: Aufspaltung der slavischen Welt

907	Ungarn erobern die Ostmark des Ostfrankenreichs
910–950	Hywel Dda König über die walisischen Herrschaften Gwynedd, Dyfed, Ceredigion und Ystrad Tywi
910	Herzog Wilhelm von Aquitanien stiftet das Kloster Cluny

K Cruz de la Victoria [Oviedo, Dom] (908). – Stola des hl. Cuthbert [Durham, Domschatz] (909/916). – Oviedo, Foncalada [Brunnenhaus] (vor 910). – Caja de las Agatas [Oviedo, Cámara Santa] (910)

L *L* Regino von Prüm: De synodalibus causis et disciplinis ecclesiasticis (um 906); Chronica (908). – Odo von Cluny: Vita s. Geraldi (907/924); Collationes (910/924)

Ir Cormac mac Cuilennáin: Genealogien und Glossar (vor 908)

911–915

900–911	Ludwig das Kind König des ostfränkischen Reichs
911–918	Konrad I. von Franken König des ostfränkischen Reichs
911	Vertrag von St. Clair-sur-Epte: Normannenführer Rollo von König Karl dem Einfältigen mit der Normandie belehnt
912	Normannenführer Rollo läßt sich taufen: fortan Herzog Robert von der Normandie
912–961	Emir (ab 929 Kalif) Abd ar-Rahman III. von Córdoba
886–912	Kaiser Leon VI. der Weise von Byzanz
913	Byzanz gesteht Simeon von Bulgarien den Kaisertitel zu
915	König Berengar (I.) von Italien von Papst Johannes X. zum Kaiser gekrönt

Lourosa (Coimbra), São Pedro (um 912). – San Miguel de K
Escalada (913)

L Notker I. von St. Gallen (Balbulus): Opuscula [Epistola L
ad Lantbertum, Versus de fungo u. a.] (vor 912). – Gesta Berengarii (915/924)

916–920

916–919 Niall Glúndub Hochkönig von Irland
911–918 Konrad I. von Franken König des ostfränkischen
 Reichs
919–936 Heinrich I. von Sachsen König des ostfränkischen
 (deutschen) Reichs (Sächsisches Herrscherhaus:
 bis 1024)
920–944 Kaiser Romanos I. Lakapenos von Byzanz

Bibel der Kathedrale von León: Miniaturen (920) K

L Flodoard von Reims: Annalen (919–966) L

921–925

921–926/927 Sitric König von Dublin und York
898–923 Karl der Einfältige König des Westfrankenreichs
888–924 König (Kaiser) Berengar (I.) von Italien
924   Simeon von Bulgarien unterwirft die Serben
925   Heinrich I. gewinnt Lothringen zurück

San Salvador de Priesca [Asturien] (921 geweiht). – Santa K
María de Lebeña [Asturien] (nach 924)

L Älteste Aufzeichnung des Ostertropus »Quem quaeritis« L
(923/936). – Odo von Cluny: Occupatio (924/942)

926–930

921–926/927 Sitric König von Dublin und York
893–927 Kaiser Simeon der Große von Bulgarien
928–929 Slavenkämpfe Heinrichs I.
929 Herzog Wenzel I. von Böhmen huldigt Heinrich I.
929 Emir Abd ar-Rahman III. von Córdoba nimmt Kalifen-Titel an
930 Allthing in Island: Begründung des sog. Isländischen Freistaats
um 865–930 König Harald Schönhaar von Norwegen
um 930–960 König Hákon der Gute von Norwegen
um 930 Sekte der Bogomilen in Bulgarien

L *L* Flodoard von Reims: De triumphis Christi sanctorumque Palaestinae, apud Antiochiam, in Italia (um 930–939). – Ekkehard I. von Sankt Gallen: Vita Waltharii manufortis [= Waltharius-Epos?, s. aber oben: 9. Jh.?] (um 930). – Odilo von Soissons: Translatio s. Sebastiani [mit Conquestio Ludowici Pii] (um 930)

Is Kormákr Ögmundarson: Sigurðar drápa (um 930/970)

Ky Armes Prydain ⟨Die Weissagung Britanniens⟩ (um 927/937)

Bul Simeon der Große: Sbornik ⟨Sammelschriften⟩: Zusammenstellung bzw. Übers. theolog. Schriften (um 927). – Joan Exarch: Šestodnev ⟨Hexaëmeron⟩ (um 930)

931–935

933 Schlacht bei Riade: Heinrich I. besiegt die Ungarn

K Santiago de Peñalba, Klosterkirche (931–937)

L *L* Rather von Verona: Praeloquia (935/937)

936–940

um 900–936	König Gorm der Alte von Dänemark
919–936	König Heinrich I.
936–973	Kaiser Otto I. der Große
936–937	Sicherung der Ostgrenze des deutschen Reichs: Errichtung von Marken unter den Markgrafen Hermann Billung und Gero
937	Schlacht bei Brunanburh: König Æthelstan von England (Wessex) besiegt die Könige von Dublin, Schottland und Strathclyde
938–939	Fürstenrevolten gegen Otto I.
940	Erster Frankreichzug Ottos I.

K Medina Azahara (bei Córdoba): Palaststadt begonnen (936). – Quedlinburg, Stiftskirche: Wiperti-Krypta (936 geweiht)

L Rather von Verona: Briefe (936–946). – Atto von Vercelli: De pressuris ecclesiasticis (um 940 [oder nach 943?])

E Battle of Brunanburh (nach 937)

941–945

942	Friede von Visé zwischen König Ludwig IV. von Frankreich und Otto I.: Ludwig verzichtet auf Lothringen
920–944	Kaiser Romanos I. Lakapenos von Byzanz
945–959	Kaiser Konstantin VII. Porphyrogennetos von Byzanz

K Trier, St. Maximin (942 Altarweihe). – Werden a. d. Ruhr, St. Liudger: Westwerk (943 geweiht)

L Johannes von St. Paul in Rom: Vita Odos von Cluny (nach 942). – Atto von Vercelli: De pressuris ecclesiasticis (nach 943 [oder um 940?])

946-950

946 Zweiter Frankreichzug Ottos I.
948 Synode von Ingelheim: Gründung der Bistümer Schleswig, Ribe, Århus in Dänemark sowie Oldenburg, Havelberg und Brandenburg im Slavenland
910-950 Hywel Dda König über die walisischen Herrschaften Gwynedd, Dyfed, Ceredigion und Ystrad Tywi
950 Otto I. unterwirft Herzog Boleslav von Böhmen: Erneuerung der deutschen Lehnsherrschaft über Böhmen

K Mailand, Linus-Kapelle an San Nazaro (948). – Beauvais, Notre-Dame de la Basse-Œuvre (949 begonnen). – Messingkreuz aus Santiago de Peñalba [León, Museum] (vor 951)

M Hss. St. Gallen, Stiftsbibl., 359, und Laon, Bibl. municipale, 239: erste vollständig mit musikalischer Notation (linienlose Neumen) versehene Gesangbücher (um 950)

L *L* Adso von Montier-en-Der: Epistola ad Gerbergam de ortu et tempore Antichristi (949/954). – Atto von Vercelli (?): Polipticum (950/960). – Flodoard von Reims: Historia Remensis ecclesiae (um 950). – Fridegodus von Canterbury: Breviloquium vitae b. Wilfredi (um 950)

D Mainzer Beichte [Aufzeichnung] (um 950). – Ahd. Segen pro nessia [Aufzeichnung] (um 950). – Merseburger Zaubersprüche [Aufzeichnung] (um 950). – Paderborner Psalterfragment (um 950)

Is Egill Skallagrímsson: Höfuðlausn (um 950)

951-955

951-952 1. Italienzug Ottos I.: Otto nennt sich König der Franken und Langobarden

953–954 Aufstand der Herzöge Liudolf von Schwaben und Konrad von Lothringen gegen Otto I. niedergeschlagen
955 Ungarnzüge gegen Mitteleuropa und Byzanz (seit 899) beendet durch die Schlacht auf dem Lechfeld: vernichtende Niederlage der Ungarn gegen Otto I.
955 Schlacht an der Recknitz: Otto I. besiegt die Slaven

Verona, Santo Stefano (nach 951). – Glocke aus Trassierra K [Córdoba, Museo arqueologico] (955)

L Leo Archipresbyter von Neapel: Historia de proeliis L [Übers. des griech. Alexanderromans des Ps.-Kallisthenes] (nach 950). – Rather von Verona: Briefe [Ad Agapitum II] (951–953); Phrenesis (955/956)

E Interlinear-Übers. der Lindisfarne Gospels [Hs. London, British Library, Cotton Nero D.IV] (2. H. 10. Jh.)

Is Einarr Helgason skálaglamm: Vellekla (2. H. 10. Jh.). – Eiríksmál (2. H. 10. Jh.)

Ir Imthúsa Alexandair ⟨Irrfahrten des Alexander⟩ (nach 950)

956–960

945–959 Kaiser Konstantin VII. Porphyrogennetos von Byzanz
959–975 König Edgar von England
um 930–960 König Hákon der Gute von Norwegen
um 960–992 Herzog Mieszko I. von Polen: Beginn der Piasten-Herrschaft
um 960 König Harald Blauzahn von Dänemark getauft: Beginn einer kirchlichen Organisation in Dänemark

K Carpignano Salentino (Apulien), Höhlenkirche Cripta delle Sante Marina e Cristina: Wandmalerei des Theophylaktos (959). – San Miguel de Cogolla (León), Klosterkirche (959 [oder 984] geweiht). – Baso-Tuch [Köln, Domschatz] (um 960). – Illuminierte Bibel [León, San Isidoro] (960)

L *L* Liutprand von Cremona: Antapodosis (958/962). – Hrotsvit von Gandersheim: Erste Legendendichtungen (vor 959). – Rather von Verona: Dialogus confessionalis (um 960). – Mainzer Krönungsordo (960)

Is Egill Skallagrímsson: Arinbjarnarkviða, Sonatorrek (um 960)

961–965

912–961 Kalif Abd ar-Rahman III. von Córdoba
961–965 2. Italienzug Ottos I.
962 Otto I. krönt sich selbst zum König der Langobarden und wird in Rom von Papst Johannes XII. zum Kaiser gekrönt
963 Kriegszug Markgraf Geros zur Oder: Mieszko I. von Polen wird für die Gebiete zwischen Oder und Warthe Otto I. tributpflichtig
963–969 Kaiser Nikephoros Phokas von Byzanz

K Gernrode, St. Cyriakus (961 begonnen). – Kelch und Patene des hl. Gauzlinus [Nancy, Kathedrale] (vor 962). – Córdoba: Mezquita (Moschee): letzte Vergrößerung und Mihrab (962 begonnen). – Hs. New York, Pierpont Morgan Library, M. 644 (Beatus von Liébana: Apokalypsenkommentar; aus San Miguel de Escalada?): Miniaturen (962?). – Elfenbeinreliefs vom »Magdeburger Antependium« [Berlin, Staatsbibl.; Compiègne, Musée Vivenel; Darmstadt, Hess. Landesmuseum; London, British Museum; Liverpool, National Museums; München, Bayer. Nationalmuseum; Paris, Louvre] (nach 962). – Runenstein von Jelling [älteste Christus-Darstellung des Nordens] (um 965?)

L Folkwin von Lobbes: Gesta abbatum Sithiensium (um L 961). – Sigehard von Trier: Miracula s. Maximini (962/963). – Rather von Verona: De translatione s. Metronis (962); Sermones (963–968); Briefe, Invektiven, Dekrete [963 De contemptu canonum, 964 Invectiva in Bucconem] (936–968); Chronographia (964). – Hrotsvit von Gandersheim: Legendenbuch, Dramen [Gallicanus, Dulcitius, Calimachus, Abraham, Pafnutius, Sapientia] (nach 962). – Liutprand von Cremona: Historia Ottonis imperatoris (964/965). – Gunzo von Novarra: Epistola ad Augienses (965)

Nw Eyvindr Finnsson skáldaspillir: Hákonarmál (bald nach 960)

966–970

966 Taufe Mieszkos I. von Polen und Errichtung des Bistums Posen: Christianisierung Polens
966–972 3. Italienzug Ottos I.
968 Synode von Ravenna: Gründung des Erzbistums Magdeburg (Slavenmission)
963–969 Kaiser Nikephoros Phokas von Byzanz
969–976 Kaiser Johannes Tzimiskes von Byzanz

Reichskrone [Wien, Schatzkammer der Hofburg] (3. Dr. K 10. Jh.?). – Köln, St. Pantaleon (nach 966). – Gero-Codex (Darmstadt, Landesbibl., Cod. 1948; von der Reichenau): Miniaturen (vor 969). – Pontificale des Bischofs Landulfus von Benevent (Rom, Biblioteca Casanatense, Cas. 724): Miniaturen (969/970). – Codex Wittekindeus (Berlin, Staatsbibl., Ms. theol. lat. 2° 1): Miniaturen (um 970/980). – Hs. Hannover, Niedersächs. Landesbibl., Ms. I. 189 (Viten der Heiligen Kilian und Margareta; aus Fulda): Miniaturen (um 970)

L Adalbert von Magdeburg: Continuatio Reginonis L (966–968?). – Rather von Verona: Briefe, Invektiven, Dekrete [966 Itinerarium, 967 De clericis sibi rebellibus, 968

65

Liber apologeticus] (936–968); Qualitatis coniectura (966).
– Widukind von Corvey: Res gestae Saxonicae (um 967–973). – Ruotger: Vita Brunonis (967/969). – Hrotsvit von Gandersheim: Gesta Oddonis (vor 968). – Liutprand von Cremona: Relatio de legatione Constantinopolitana (um 968). – Benedikt von S. Andrea: Chronicon (um 968/972). – Folkwin von Lobbes: Vita Folcuini Morinensis (970/984). – Johannes von Gorze (?): Miracula s. Gorgonii, Vita s. Glodesindis [?] (um 970). – Älteste Passio Ursulae (um 970). – Æthelwold von Winchester: Regularis concordia [darin: älteste überlieferte Visitatio sepulchri I] (um 970)

E Blickling Homilies (um 970)

971–975

971 Ostbulgarien byzantinische Provinz, Westbulgarien selbständiges Reich
966–972 3. Italienzug Ottos I.
972 Ottos I. Sohn Otto (II.) mit der byzantinischen Prinzessin Theophanu vermählt
973 Reichstag in Quedlinburg: Gründung des Bistums Prag
936–973 Kaiser Otto I. der Große
973–983 Kaiser Otto II.
974 Kriegszug Ottos II. gegen König Harald Blauzahn von Dänemark: Eroberung des Danewerk
974 Herzog Heinrich der Zänker von Bayern erhebt sich gegen Otto II.
975 Kriegszug Ottos II. gegen Herzog Boleslav II. von Böhmen; Gründung des Bistums Olmütz
959–975 König Edgar von England

K Æthelwold-Benedictionale (London, British Library, Add. ms. 49598): Miniaturen (971/984). – Gunthertuch (Konstantinopler Seidenwirkerei) [Bamberg, Diözesanmuseum] (971). – Ziborium in Sant'Ambrogio, Mailand (972/973?). –

Erstes Mathilden-Kreuz [Essen, Münster] (973/982). – Hs. Oxford, Bodleian Library, MS Junius XI (Cædmon-Gruppe geistlicher Epik): Miniaturen (um 975/1000). – Beatus-Hs. der Kathedrale von Gerona: Miniaturen (975). – Saint-Michel-de-Cuxa (Pyrenäen), Klosterkirche (975 Altarweihe). – Gero-Kreuz [Köln, Dom] (vor 976)

L Heriger von Lobbes: Gesta pontificum Tungrensium et Leodiensium, Vita Remacli Stabulensis (972/980). – Ekkehard I. von St. Gallen: Sequenzen (vor 973). – Hrotsvit von Gandersheim: Primordia coenobii Gandeshemensis (vor 973). – Vita Mathildis reginae prior (um 975)

D Fuldaer Beichte [älteste Aufzeichnung] (um 975)

E Sammelhss. mit Stabreimdichtung: Vercelli, Biblioteca Capitolare CXVII [Cynewulf: Christ II, Elene, Juliana, Fates of the Apostles; Andreas; Dream of the Rood; Soul and Body I]; Exeter Cathedral 3501 (Exeter Book) [Christ, Guthlac A und B, Phoenix, Wanderer, Seafarer, Widsith, Riming Poem, Physiologus, Deor, Wulf and Eadwacer, Riddles, Wife's Lament, Judgment Day I, Descent into Hell, Pharaoh, Husband's Message, Ruin, Soul and Body II]; Oxford, Bodleian Library, Junius 12 [Genesis A und B, Exodus, Daniel, Christ and Satan]; London, British Library, Cotton Vitellius A.XV (Nowell Codex) [Beowulf, Judith, Wunder des Ostens, Alexanders Brief an Aristoteles] (um 975/1025)

Ir Cináed úa hArtacáin: Gedichte (vor 974)

976–980

976	Herzog Heinrich der Zänker von Bayern abgesetzt
969–976	Kaiser Johannes Tzimiskes von Byzanz
976–1025	Kaiser Basileios II. von Byzanz: größte Entfaltung der byzantinischen Macht
976–1002	Wesir al-Mansur von Córdoba: Wiederherstel-

	lung der arabischen Herrschaft über ganz Spanien
978	König Lothar von Frankreich überfällt Otto II. in Aachen; Rachefeldzug Ottos
978–1016	König Æthelred II. von England: Erhebung einer allgemeinen Steuer zur Bezahlung von Tributen an Dänen (Danegeld)
978–1015	Großfürst Vladimir I. der Heilige von Kiev
980–983	Italienzug Ottos II.

K »Goldene Madonna« [Essen, Münster] (um 980). – Weihwassergefäß (Situla) im Mailänder Dom (um 980). – Füssen, St. Mang: Wandbild in der Krypta (um 980). – Egbert-Codex (Trier, Stadtbibl., Cod. 24; von der Reichenau): Miniaturen (um 980). – Wikingerburg Trelleborg [Dänemark] (um 980). – Zyfflich (Niederrhein), St. Martin: Kapitelle aus dem Vorgängerbau (um 980)

L L Heriger von Lobbes: Vita metrica Ursmari Lobiensis (vor 980). – Notker III. von St. Gallen (Labeo/Teutonicus): Quomodo VII circumstantie rerum in legendo ordinande sint, De arte rhetorica [lat.-dt.] (um 980?/1022). – Gerbert von Aurillac (ab 999 Papst Silvester II.): Isagoge geometriae (um 980/982). – Folkwin von Lobbes: Gesta abbatum Lobbiensium (um 980)

D Notker III. von St. Gallen (Labeo/Teutonicus): Rhetor. Schriften (De arte rhetorica [lat.-dt.], Kleine ahd. Rhetorik, De syllogismis [lat.-dt.]), Überss. und Erläuterungen (Boethius, De consolatione philosophiae; Boethius, De sancta trinitate [?]; Aristoteles/Boethius, Categoriae; Aristoteles/Boethius, De interpretatione; Boethius, De institutione arithmetica [?]; Martianus Capella, De nuptiis Philologiae et Mercurii; Disticha Catonis; Vergil, Bucolica; Terenz, Andria; Psalter; Gregor der Große, Moralia in Job), De musica (um 980?–1022)

E Vercelli Homilies (4. V. 10. Jh.)

981-985

980–983	Italienzug Ottos II.
982	Schlacht bei Cotrone: Niederlage Ottos II. gegen die Araber
983	Aufstand der Slaven in Ostelbien gegen die deutsche Herrschaft: Elbslaven wieder weitgehend unabhängig
973–983	Kaiser Otto II.
983–1002	Kaiser Otto III.
983/984	Erich der Rote entdeckt Grönland
984–991	Kaiserin Theophanu Regentin für ihren Sohn Otto III.
985	Herzog Heinrich der Zänker erhält Bayern zurück

K Elfenbeintafel »Christus segnet Otto II. und Theophanu« [Paris, Musée Cluny] (982/983). – Elfenbeintafel »Christus segnet Otto II. und seine Familie vor Christus, Maria und dem hl. Mauritius« [Mailand, Museo Sforzesco] (983). – Trierer Registrum Gregorii (Chantilly, Musée Condé): Miniatur »Huldigung an Otto II.« (kurz nach 983). – Evangeliar der Ste. Chapelle (Paris, Bibl. nat., ms. lat. 8851): Miniaturen (984). – San Miguel de Cogolla (León), Klosterkirche ([959 oder] 984 geweiht). – Deckel des Codex Aureus von Echternach [Nürnberg, Germanisches Nationalmuseum] (985/991). – Exultet-Rolle (Rom, Bibl. Vaticana, Vat. lat. 8920): Miniaturen (985/987). – Reliquiar der hl. Fides [Conques, Ste. Foy] (985?)

L Gerhard von Augsburg: Vita s. Oudalrici episcopi (982/993). – Gumpold von Mantua: Wenzelsvita (um 983). – Gerbert von Aurillac (ab 999 Papst Silvester II.): Briefe (983–997). – Wulfstan von Winchester: Vita s. Æthelwoldi episcopi (984/990). – Walther von Speyer: Vita et passio s.

Christophori prosaica et metrica (984). – Abbo von Fleury: Briefe (985–1004)

986–990

986–1014	König Sven Gabelbart von Dänemark
987–996	König Hugo Capet von Frankreich: Beginn der Kapetinger-Herrschaft
988	Vladimir I. von Kiev heiratet die byzantinische Prinzessin Anna und läßt sich taufen
989	Beginn der Christianisierung Rußlands von Byzanz aus

K Tropar von St. Martial, Limoges (Paris, Bibl. nat., Ms. lat. 1118): Miniaturen (nach 988). – Acqui Terme (Alessandria), Dom (vor 990 begonnen). – Mettlach a. d. Saar, »Alter Turm« (um 990)

L *L* Abbo von Fleury: Passio s. Eadmundi, Quaestiones grammaticales (987/988). – Reginold von Eichstätt: Willibald-Offizium mit lat.-griech.-hebräischer Sequenz (um 989?). – Wulfstan von Winchester: Narratio metrica de s. Swinthuno (vor 990)

E Ælfric: Catholic Homilies und (Übers. des) Heptateuch (989–992)

Ir Saltair na rann ⟨Strophenpsalter⟩ (um 988)

991–995

991	Schlacht von Maldon: Sieg Olaf Tryggvasons (von Norwegen) über Byrhtnoð von East Anglia
984–991	Kaiserin Theophanu Regentin für ihren Sohn Otto III.

991–995   Kaiserin Adelheid für ihren Enkel Otto III.
          Regentin
um 960–992   Herzog Mieszko I. von Polen
992–1025   Herzog Boleslav I. Chrobry von Polen
995–1022   Olaf Schoßkönig: erster christlicher König von
           Schweden
995–1000   Olaf Tryggvason: erster christlicher König von
           Norwegen
995   Otto III. tritt die Regierung an

Egbertschrein [Trier, Dom] (vor 993). – Wieselburg (Nie- K
derösterreich), St. Ulrich (um 993/994). – Reliquienbeutel
aus Trier [Nürnberg, German. Nationalmuseum] (um 993).
– Codex Aemilianensis (Escorial, Bibl.): Miniaturen (994). –
Liuthar-Evangeliar (Aachen, Dom): Miniaturen (um 995). –
Bradford-on-Avon, St. Laurence's Chapel (E. 10. / A.
11. Jh.). – Earls Barton, Turm (E. 10. / A. 11. Jh.). – Brea-
more (Hampshire), St. Mary (E. 10. / A. 11. Jh.). – Barton-
on-Humber, St. Peter (E. 10. / A. 11. Jh.). – Reichenau-
Oberzell, St. Georg: Malereien (E. 10. Jh.). – Novara, Bapti-
sterium: Malereien (E. 10. Jh.). – Perugia, San Pietro (E.
10. Jh.). – Elfenbeinrelief »Inspiration des hl. Gregor«
[Wien, Kunsthist. Museum] (E. 10. Jh.). – Evangeliar Ottos
III. (München, Bayer. Staatsbibl., Clm 4453; von der Reiche-
nau): Miniaturen (E. 10. Jh.). – Goldbach (bei Überlingen),
Sylvesterkapelle: Ausmalung (E. 10. Jh.)

L Heriger von Lobbes: Liber de corpore et sanguine Do- L
mini, Regulae de numerorum abaci rationibus (nach 990).
– Gerbert von Aurillac (ab 999 Papst Silvester II.): Akten
des Konzils von St. Basle (991). – Abbo von Fleury: Liber
apologeticus (994); Collectio canonum (994/996). – Pur-
chard von Reichenau: Gesta Witigowonis (994/997). – Ri-
cher von St. Remi: Historiarum libri IV (995–998). – Ver-
sus de Unibove (E. 10. / A. 11. Jh.?). – Ecloga Theoduli
(E. 10. / A. 11. Jh.?). – Leo von Vercelli: Gedichte (E. 10. /
A. 11. Jh.)

D Reichenauer Beichte, Sächs. Beichte [Aufzeichnung] (E. 10. Jh.). – Hirsch und Hinde (E. 10. Jh.). – Gernroder Predigt [As. Psalmenkommentar] (E. 10. Jh.)

E Battle of Maldon (nach 991)

Is Úlfr Uggason: Húsdrápa (E. 10. Jh.). – Hallfrøðr Óttarson vandræðaskáld: Hákonardrápa, Óláfsdrápa, Eiríksdrápa (E. 10. / A. 11. Jh.). – Eilífr Goðrúnarson: Thórsdrápa (E. 10. / A. 11. Jh.)

Ir Airbertach mac Coisse: Schulpoesie (E. 10. Jh.). – Togail Troí ⟨Zerstörung Trojas⟩ I (E. 10. Jh.)

996–1000

996	1. Italienzug Ottos III.: Kaiserkrönung
987–996	König Hugo Capet von Frankreich
997	2. Italienzug Ottos III.
997	Martyrium des hl. Adalbert in Preußen
997–1038	König Stephan I. der Heilige von Ungarn
998	Synode von Pavia: Otto III. verfügt Rückgabe von entfremdetem Kirchengut
999–1003	Papst Silvester II. (Gerbert von Aurillac)
um 1000	Normannen in Labrador: »Erste Entdeckung Amerikas«
1000	Otto III. stiftet Erzbistum Gnesen: kirchliche Selbständigkeit Polens
1000	Stephan I. als »Apostolischer« König von Ungarn gekrönt
1000	Sven Gabelbart König auch in Norwegen
1000	Christianisierung Islands auf Beschluß des Allthings
1000–1035	König Sancho der Ältere von Navarra, Kastilien, Aragón
995–1000	Olaf Tryggvason: erster christlicher König von Norwegen

Sakramentar von St. Gereon in Köln (Paris, Bibl. nat., Ms. **K**
lat. 817): Miniaturen (996/1002). − Romainmôtier (Vaud),
St. Pierre et St. Paul (996 begonnen). − Montier-en-Der, Abteikirche (998 geweiht). − Breviar des Mailänder Erzbischofs
Arnolfo II. (London, Brit. Library, ms. Egerton 3763): Miniaturen (nach 998). − Rom, San Sebastianello [mit Malerei]
(um 999). − Odbert-Psalter (Boulogne-sur-mer, Bibl., Ms.
20; aus St. Bertin): Miniaturen (999). − Reichenau-Mittelzell,
St. Markus: Schiff (um 1000). − Lothar-Kreuz [Aachen,
Dom] (um 1000). − Mainzer Elfenbein-Madonna [Mainz, Altertumsmuseum] (um 1000). − Köln, St. Pantaleon: Westbau
(um 1000). − Krakau, Wawel, Marienkapelle [teilweise erhaltene Rundkirche] (um 1000). − Otranto, S. Pietro: Ausmalung (um 1000). − Willigis-Tür am Mainzer Dom (um 1000)

Winchester-Tropar (Cambridge, Corpus Christi College, **M**
Cod. 473; aus der Kathedrale von Winchester): erste größere
Sammlung mehrstimmiger Stücke [für die Liturgie, in linienlosen Neumen] (kurz vor 1000 bis um 1050)

L Abbo von Fleury: Carmen acrosticum ad Ottonem impe- **L**
ratorem (996). − Adalbero von Laon: Carmen ad Rotbertum
regem (996/1031 [1028/31?]). − Johannes Canaparius (?):
Älteste Vita des hl. Adalbert von Prag [»römische Vita«]
(998/999). − Adalbold von Utrecht: De ratione inveniendi
crassitudinem sphaerae (999/1003). − Odilo von Cluny: Vita
Maioli abbatis, Epitaphium Adalheide auguste (um 1000). −
Heribert von Eichstätt (?): Modus Ottinc (um 1000). − Ps.-
Odo: Dialogus de musica (um 1000). − De Heinrico [lat.-
dt.] (um 1000?)

D Jüngere bair. Beichte (um 1000?). − Salzburger Bienensegen (um 1000). − Rheinfränk. Cantica-Fragmente (um
1000). − Trierer Capitulare (um 1000?). − As. Beda-Homilie
(um 1000). − De Heinrico [lat.-dt.] (um 1000?)

Ir Táin Bó Cuailnge ⟨Viehraub von Cuailnge⟩ I (um
1000). − Togail Bruidne Dá Derga ⟨Zerstörung der Hal-

73

le der beiden Roten⟩ (um 1000). – Sagenlisten (um 1000). – Metr. Verslehren (um 1000). – Metr. Dindsenchas (um 1000)

Sp Siete infantes de Lara [älteste Fassung – nicht erhalten] (um 1000?)

1001–1006

1001	Erzbistum Gran gegründet: kirchliche Selbständigkeit Ungarns
976–1002	Wesir al-Mansur von Córdoba
983–1002	Kaiser Otto III.
1002–1024	Kaiser Heinrich II. der Heilige
999–1003	Papst Silvester II. (Gerbert von Aurillac)
1003	Herzog Boleslav Chrobry von Polen annektiert Böhmen und Mähren
1003–1018	Kriege Heinrichs II. gegen Boleslav Chrobry
1004	1. Italienzug Heinrichs II.: Krönung zum König von Italien

K Englisches Reliquienkreuz [Brüssel, Kathedrale – Inschrift nimmt Bezug auf The Dream of the Rood] (A. 11. Jh.). – San Baudelio de Berlanga (Soria): Einsiedelei (A. 11. Jh.). – Dijon, St. Bénigne (1001 begonnen). – Sakramentar des Bischofs Warmund von Ivrea (Ivrea, Bibl. capitolare, Cod. LXXXVI): Miniaturen (vor 1002?). – Breviar des Mailänder Erzbischofs Arnulf II. (London, British Library, Egerton MS. 3763): Miniaturen (1002). – Basler Antependium [Paris, Musée Cluny] (nach 1002). – Ambo Heinrichs II. [Aachen, Dom] (nach 1002). – Reims, St. Remi: Schiff (1005 begonnen)

L *L* Modus qui et Carelmanninc, Modus Florum, Modus Liebinc (A. 11. Jh.). – Vita Mathildis reginae posterior (1002/1012). – Leo von Vercelli: Totenklage auf Otto III. (1002). – Fulbert von Chartres: Briefe und Gedichte (um 1004–28). –

Brun von Querfurt: Vita s. Adalberti [1. Fassung] (1004). –
Froumund von Tegernsee: Briefbuch [Briefe und Gedichte]
(um 1005)

D Segen (z. T. Aufzeichnung älterer Texte): Epilepsie-
Segen (Contra caducum morbem), Pariser Pferdesegen,
Pariser Segen gegen das Überbein, 2. Trierer Teufels-
spruch, Straßburger Blutsegen, Zürcher Hausbesegnung
(11. Jh.). – St. Galler Schularbeit (1. H. 11. Jh.). – Trie-
rer Reimspruch (A. 11. Jh.). – Bingener Memorienstein
mit dt. Inschrift (A. 11. Jh.)

E Ælfric: Lives of the Saints (1002)

Is Arnórr Thórðarson jarlaskáld: Magnúsdrápa hrynhent,
Magnúsdrápa dróttkvætt, Thorfinnsdrápa, Erfidrápa Ha-
ralds harðráða (11. Jh.). – Steinn Herdísarson: Óláfsdrápa
(11. Jh.). – Thjóðólfr Arnórsson: Magnúsflokkr, Sexstefja
(11. Jh.). – Thórarinn loftunga: Glælognskviða (11. Jh.). –
Thórmóðr Kolbrúnarskáld: Thorgeirsdrápa (11. Jh.). –
Darraðarljóð (11. Jh.). – Sighvatr Thórðarson: Vikingavísur,
Austrfararvísur, Bersöglisvísur, Erfidrápa Óláfs helga (1. H.
11. Jh.)

Ir Lebor Gabála Érenn ⟨Buch der Eroberung Irlands⟩
(9.–12. Jh.). – Natur-, Liebes- und Gelegenheitslyrik, reli-
giöse Lyrik (11. Jh.). – Fís Adamnán ⟨Vision des Adamnán⟩
und andere religiöse Prosa aus dem Lebor na hUidre
(11. Jh.). – Mesca Ulad ⟨Trunkenheit der Ulter⟩ (11. Jh.). –
Bórama ⟨Viehabgabe⟩: Leinstersage (11. Jh.). – Predigten
aus dem Lebor Brec (11. Jh.)

Ky Naturpoesie, Gnomai, Rätsel (9.–12. Jh.). – Dich-
tung der Cynfeirdd [elegische und prophet. Poesie]
(9.–11. Jh.). – Trioedd Ynys Prydain ⟨Triaden Britan-
niens⟩ (11. Jh.?)

Bre Cartularium von Landévennec (11. Jh.)

FOk Sponsus (11. Jh.)

75

Sp Ḫarǧas [romanische Schlußstrophen in arabischen Gedichten] (11.–12. Jh.)

1006–1010

1007	Heinrich II. stiftet Bistum Bamberg: Slavenmission
1008	König Olaf Schoßkönig von Schweden getauft
1010	Sturz der Omaijaden-Dynastie in Spanien; Zerfall des Reiches in kleinere Herrschaften (Reyes de Taifas)

K Grabkreuz der Königin Gisela von Ungarn [München, Schatzkammer] (um 1006). – Tournus, St. Philibert (nach 1006). – Perikopenbuch Heinrichs II. (München, Bayer. Staatsbibl., Clm 4452): Miniaturen (1007/12). – San Vincenzo a Galliano [mit Malereien] (1007 geweiht). – Kelch und Patene (mozarabisch) im Domschatz von Braga (vor 1008). – Torcello, Kathedrale: Ausbau (1008). – Saint-Martin-du-Canigou (Pyrenäen), Klosterkirche (Weihedaten: 1009, 1014, 1026). – Hildesheim, St. Michael (1010–33 [und 1162–86]). – Sternenmantel Heinrichs II. und Mantel der Kunigunde [Bamberg, Dom] (1010/20)

L *L* Burchard von Worms: Decretum (1008–12? [vor 1023]). – Brun von Querfurt: Vita s. Adalberti [2. Fassung], Vita quinque fratrum (1008)

1011–1015

1013	König Sven Gabelbart von Dänemark erobert den größten Teil Englands
1013–1014	2. Italienzug Heinrichs II.
1014	Heinrich II. zum Kaiser gekrönt
1014	Schlacht von Clontarf (bei Dublin): Sieg der Iren (Brian Ború) über die Norweger – Zusammenbruch der Normannenherrschaft in Irland

986–1014   König Sven Gabelbart von Dänemark und (seit 1000) Norwegen
1015–1028 König Olaf II. der Heilige von Norwegen: Vollendung der Christianisierung Norwegens
978–1015   Großfürst Vladimir I. der Heilige von Kiev

K Rom, Sant'Urbano alla Caffarella: Wandmalereien des Bonizo (1011). – Bernay, Abteikirche (1013 begonnen?). – Piacenza, Sant'Antonino (1014 begonnen). – Hildesheim, Dom: Bernward-Tür (1015) und Bernward-Säule (1015/22). – Merseburg, Dom: Krypta (ab 1015). – Châtillon-sur-Seine, St. Vorles (vor 1016)

L Radulf von Lüttich und Ragimbold von Köln: Briefwechsel zu geometr. Fragen (1012/28). – Thietmar von Merseburg: Cronica (1012–18). – Thangmar: Erster Teil (?) der Vita Bernwards von Hildesheim (um 1015/23?). – Olbert von Gembloux: Miracula s. Veroni (um 1015/1020). – Dudo von St. Quentin: Historia Normannorum (1015/26)

E Wulfstan: Sermo Lupi ad Anglos (1014)

1016–1020

1016   Salerno ruft gegen die Sarazenen normannische Pilger zu Hilfe: Normannen in Süditalien
978–1016   König Æthelred II. von England
1016–1042 Dänische Herrschaft in England
1018–1035 König Knut der Große von Dänemark und (seit 1016) England
1003–1018 Kriege Heinrichs II. gegen Herzog Boleslav Chrobry von Polen beendet mit dem Frieden von Bautzen
1018   Bulgarien dem byzantinischen Staat einverleibt
1019–1054 Großfürst Jaroslav der Weise von Kiev

K Lektionar des Stephanus (Siena, Bibl. degli Intronati, ms. F III3): Initialen (1017). – Paderborn, Meinwerk-Kapelle (1017). – Saint-Genis-des-Fontaines (Pyrénées-Orientales), Kirche [mit skulptiertem Türsturz] (1019/20). – Cardona, San Vicente (1019 begonnen). – Tournus, St. Philibert (1019 Chorweihe). – Briga Novarese, San Tommaso: Ausmalung (um 1020). – Uta-Evangelistar (München, Bayer. Staatsbibl., Clm 13601; aus Regensburg): Miniaturen (um 1020). – Ladenburg, St. Gallus: Krypta (1020). – Leoben-Göss, St. Andreas: Krypta (1020 geweiht). – Chartres, Kathedrale: Krypta (1020 begonnen)

L *L* Notker III. von St. Gallen (Labeo/Teutonicus): autobiograph. Brief an Bischof Hugo von Sitten (vor 1017?). – Heribert von Eichstätt: Hymnen (1020/30)

D Tanzlied von Kölbigk [nur lat. überliefert] (um 1020)

1021–1025

1021–1022 3. Italienzug Heinrichs II.
995–1022 König Olaf Schoßkönig von Schweden
1002–1024 Kaiser Heinrich II. der Heilige
1024–1039 Kaiser Konrad II. (salisches Herrscherhaus: bis 1125)
992–1025 Herzog (seit 1024 König) Boleslav I. Chrobry von Polen
1025–1034 König Mieszko II. von Polen
976–1025 Kaiser Basileios II. von Byzanz

K Auxerre, Dom: Krypta (nach 1020). – San Pedro de Roda [Katalonien] (1022 geweiht). – Hs. Monte Cassino, Abtei, ms. 132 (Hrabanus Maurus: De originibus rerum): Miniaturen (1023). – Reichskreuz [Wien, Schatzkammer der Hofburg] (um 1024). – Limburg an der Haardt (bei Dürkheim), Klosterkirche [Ruine] (um 1025 begonnen)

L Rainer von Gent: Vita (tertia) Gisleni Hanoniensis, In- **L** ventio et miracula Gisleni (nach 1020). – Alpert von Metz: De diversitate temporum (1021–25). – Bebo (von Bamberg?): Briefe an Kaiser Heinrich II. (1021). – Ekkehard IV. von St. Gallen: Carmen de laude s. Galli (vor 1022). – Egbert von Lüttich: Fecunda ratis (1022/24). – Burchard von Worms: Lex familiae Wormatiensis ecclesiae (um 1023/25). – Landolfus Sagax: Historia Miscella (vor 1023). – Gesta episcoporum Cameracensium [1. Red.] (um 1024/25). – Guido von Arezzo: Micrologus, Regulae rhythmicae (1025/ 1026)

1026–1030

1026–1027	1. Italienzug Konrads II.; in seiner Abwesenheit Revolte Herzog Ernsts von Schwaben
1026	Konrad II. zum König von Italien gekrönt
1027	Konrad II. zum Kaiser gekrönt
1028	König Olaf II. der Heilige von Norwegen (seit 1015) muß das Land verlassen; Knut der Große auch König von Norwegen
1030	Normannen unter Robert Guiscard setzen sich in Unteritalien fest
1030	Schlacht bei Stiklastadir: König Olaf II. der Heilige von Norwegen fällt im Kampf gegen Dänen und Adelsopposition
1030	Annexionszug König Mieszkos II. von Polen ins Reich

Celles (Namur), St. Hadelin (2. V. 11. Jh.?). – Hs. London, **K** British Library, Cotton MS Claudius B.IV (Ælfric-Hexateuch): Miniaturen (2. V. 11. Jh.). – Hs. London, British Library, Cotton MS Tiberius B.V (wissenschaftl. Sammelhs.): Miniaturen (2. V. 11. Jh.). – Trier, Dom (1028 begonnen). – Orléans, St. Aignan: Krypta (vor 1029). – Speyer, Dom (um 1030 begonnen). – Codex Aureus von Echternach (Nürnberg, Germanisches Nationalmuseum, Hs. 156142): Miniaturen (um 1030). – Montmajour, Kloster: Petruskapelle (vor 1030 geweiht?). – Perrecy-les-Forges (Burgund), Prioratskirche (vor 1030). – Pont du Diable [bei St. Guilhem-le-Désert] (vor 1030). – Saint-Benoît-sur-Loire, Westturm der Klosterkirche (1030 im Bau)

M Guido von Arezzo: System der Notation von Neumen auf Linien (um 1028 Papst Johannes XXI. vorgestellt)

L *L* Adalbold von Utrecht: Kommentar zu Boethius, De consolatione Philosophiae (III m. 9), Vita Heinrici II. imperatoris (vor 1026); Vita b. Walburgis Heidenheimensis [?] (vor 1026/27). – Radulfus Glaber: Historiae (1026/45). – Ekkehard IV. von St. Gallen: Benedictiones super lectores per circulum anni, Versus ad picturas domus Domini Moguntinae (1027/35). – Ademar von Chabannes: Chronica sive Historiae Francorum (bis 1028); Epistola de apostolatu s. Martialis (1029). – Guido von Arezzo: Epistola de ignoto cantu (nach 1028). – Gerhard von Csanád: Deliberatio supra Hymnum trium puerorum (um 1030/46). – Asilo von Würzburg: Rhythmimachia [älteste Fassung] (um 1030)

1031–1035

1031	Feldzug Konrads II. gegen Polen: Mieszko II. muß annektierte Gebiete zurückgeben
1031	Graf Dietrich von Wettin mit der Ostmark belehnt
1033	Mieszko II. von Polen unterwirft sich Konrad II. und verzichtet auf den Königstitel
1033	Konrad II. zum König von Burgund gekrönt: Vereinigung des Königreichs Burgund mit dem deutschen Reich
1025–1034	(König) Mieszko II. von Polen
1000–1035	König Sancho der Ältere von Navarra, Kastilien, Aragón

1035–1065 König Ferdinand I. der Große von Kastilien und
         (seit 1037) León
1018–1035 König Knut der Große von Dänemark, England
         (seit 1016) und Norwegen (seit 1028)
1035–1047 König Magnus der Gute von Norwegen

Echternach, St. Willibrord: Krypta (1031 geweiht). – Fuilla K
(Roussillon), Kirche (1031 geweiht). – Aquileia, Dom (1031
geweiht). – Ripoll, Santa Maria (1032 geweiht). – Vignory
(Haute-Marne), St. Etienne: Schiff (nach 1032). – Hastière,
Liebfrauenkirche (um 1033/35). – Ademar de Chabannes:
Zeichnungen [Leiden, Universitätsbibl., ms. Voss. lat. 8° 15]
(vor 1034). – Köln, St. Aposteln: Schiff [umgebaut erhalten]
(vor 1036). – Abbadia San Salvatore (Siena), Krypta (vor
1036)

L Carmen pro schola Wirziburgensi (1031). – Otloh von L
St. Emmeram: De doctrina spirituali (um 1032); Dialogus de
tribus quaestionibus (1032/62). – Meginfried von Magdeburg: Vita des hl. Emmeram (um 1033). – Ademar von Chabannes: Eparchius-Hymnen (vor 1034). – Ekkehard IV. von
St. Gallen: Casus s. Galli (1034/72). – Wolfher von Hildesheim: Vita Godehardi [1. Fassung] (um 1035). – Eberwin
von Trier: Vita Symeonis reclusi (um 1035). – Arnold von
St. Emmeram: De miraculis b. Emmerammi (vor 1036–50)

1036–1040

1036–1042 König Knut Hardeknut von Dänemark
1037–1038 2. Italienzug Konrads II.: Auseinandersetzung
         mit Erzbischof Aribert von Mailand
997–1038 König Stephan I. der Heilige von Ungarn
1039–1063 Gruffydd ap Llywelyn König über die walisischen Herrschaften Gwynedd und Powys
1024–1039 Kaiser Konrad II.
1039–1056 Kaiser Heinrich III.
1040   Verkündung des Gottesfriedens in Frankreich

K Beromünster (Luzern), St. Michael (um 1036). – Florenz, Baptisterium (1036 begonnen). – Rouen, Kathedrale: Krypta (vor 1037). – Trier, Porta Nigra: Ausbau zur Simeonskirche (ab ca. 1037). – Kiev, Sophienkirche (ab 1037). – Hersfeld, Klosterkirche [Ruine] (1038 begonnen). – Essen, Münster: Westbau (1039 begonnen). – Maastricht, St. Servatius (1039 Langhaus geweiht). – Aosta, Kathedrale und S. Orso: Malereien über den Gewölben (um 1040/50). – Marseille, St. Victor (1040 frühe Teile geweiht). – Jumièges, Abteikirche (1040 begonnen)

L *L* Petrus Damiani: Briefe, Carmina (um 1040/62). – Wipo: Gesta Chuonradi II. imperatoris (um 1040/46)

1041–1045

1036–1042 König Knut Hardeknut von Dänemark
1016–1042 Dänische Herrschaft in England
1042–1066 König Edward der Bekenner von England
1043 Normannen erobern Apulien
1043–1072 Erzbischof Adalbert von Bremen: Mission im Norden

K Speyer, Dom: Krypta (1041 geweiht). – Monte Sant'Angelo (Apulien), Michaelsheiligtum: Ambo (1041). – Kassette zum Stowe-Missale (älteste Teile) [Dublin, National Museum of Ireland] (1042/52). – Limburg a. d. Hardt (bei Dürkheim), Klosterkirche [Ruine] (1042 geweiht). – Evangeliar Heinrichs III. (Escorial, Cod. Vitrinas 17; aus Echternach): Miniaturen (1043/46). – Feldebrö (Ungarn), St. Martin (vor 1044?). – Hildesheim, Dom (ab 1044 neu gebaut). – Würzburg, Dom: Krypta (1045). – Gerace, Kathedrale (1045 geweiht)

L *L* Wipo: Tetralogus (1041). – Sigeward von Fulda: Vita Meinulfi (vor 1043). – Bern von Reichenau überreicht Heinrich III. Gesamtausgabe seiner musiktheoret., liturg.-theolog., hagiograph. Schriften, Briefe und Gedichte (1043). –

Ecbasis cuiusdam captivi (1043/46). – Annales Romani (1044–73)

1046–1050

1046–1047	1. Italienzug Heinrichs III.
1046	Synoden von Sutri und Rom: Heinrich III. ordnet die kirchlichen Verhältnisse
1047	Heinrich III. zum Kaiser gekrönt
1035–1047	König Magnus der Gute von Norwegen
1047–1066	König Harald III. der Harte von Norwegen
1049–1054	Papst Leo IX.: Anfänge der Kirchenreform
1050	Berengar von Tours als Ketzer verurteilt

Arles-sur-Tech (Roussillon), Ste. Marie: Portal (um 1046?). K – Trier, Dom: Westbau (1046 vollendet). – Nivelles, Ste. Gertrude (1046 geweiht). – Stará Boleslav (Tschechien), Wenzelskirche [Krypta erhalten] (1046 geweiht). – Verdun, Kathedrale (nach 1047 begonnen [später verändert]). – Grabstein des Abtes Isarn von St. Victor [Marseille, Musée Borély] (um 1048). – Méobecq (Indre), St. Pierre (1048 geweiht). – Utrecht, St. Peter (1048 geweiht). – Regensburg, St. Emmeram: Vorhalle [mit Skulpturen] (1049 begonnen). – Reims, St. Remi: Schiff (1049 geweiht). – Köln, St. Maria im Kapitol: Krypta (1049 geweiht). – Ottmarsheim (Elsaß), Stiftskirche (1049 geweiht). – Poitiers, St. Hilaire (1049 geweiht). – Vignory (Haute-Marne), St. Etienne: Chor (nach 1049). – Reliquienkreuz der Äbtissin Berta aus Borghorst [Münster, Landesmuseum] (um 1050 [und nach 1100]). – Stow (Lincolnshire), St. Mary (um 1050). – Urnes (Norwegen), Stabkirche (um 1050 [oder später]). – Katalanische Bibeln von Roda [Paris, Bibl. nat., ms. lat. 6) und Ripoll (Rom, Bibl. Vaticana, Vat. lat. 5729): Miniaturen (um 1050). – Hs. Paris, Bibl. nat., Ms. lat. 8878 (Beatus von Liébana: Apokalypsenkommentar; aus St. Sever): Miniaturen (um 1050). – Missale von St. Denis (Paris, Bibl. nat., Ms. lat. 9436): Miniaturen (um 1050). – Encomium Emmae Reginae (Hs. London, British Library, Add. MS 33241): Miniaturen [Widmungsbild] (um 1050). – Hs. London, British Library, Cotton MS Vitellius C. III (Herbarium): Miniaturen (um 1050). – Evangelistar aus dem Salzburger Dom (München, Bayer. Staatsbibl., Clm 15713): Miniaturen (um 1050)

M Musikalische Notation (linienlose Neumen) in der Hs. der Carmina Cantabrigiensia [Cambridge, University Library, cod. Gg 5.35] (um 1050)

L *L* Anselm von Besate: Rhetorimachia (1046/48). – Jotsaldus: Ritmus de patre Odilone, Planctus und Vita Odilos von Cluny (um 1048/52). – Barlaam und Josaphat [älteste Übers.] (um 1048/49). – Berengar von Tours: Liber de sacra coena (vor 1050). – Wipo: Ostersequenz »Victimae paschali laudes«, Carmina (vor 1050). – Alfanus von Salerno: Hymnen und Gedichte (um 1050/85). – Otloh von St. Emmeram: Vita s. Wolfkangi (um 1050). – Onulf von Speyer: Rhetorici colores (um 1050?). – Sammlung der Carmina Cantabrigiensia (um 1050). – Warnerius von Basel: Eklogen (um 1050). – Papias: Elementarium doctrinae erudimentum (um 1050?). – Ruodlieb ([2. H. 11. Jh. oder] um 1050?)

E Apollonius of Tyre (um 1050?)

Ir Lebor Bretnach ⟨Buch von Britannien⟩ [Nennius] (um 1050). – Sex aetates mundi (um 1050)

1051–1055

1053	Schlacht bei Cività: Niederlage eines päpstlichen Heeres gegen die Normannen
1054	Endgültiger Bruch zwischen Ost- und Westkirche
1049–1054	Papst Leo IX.
1019–1054	Großfürst Jaroslav der Weise von Kiev
1055	2. Italienzug Heinrichs III.

Essen, Münster: Außenkrypta (1051) K

L Novus Cato (2. H. 11. Jh.). – Ruodlieb (2. H. 11. Jh. L [oder um 1050?]). – Sigebert von Gembloux: Passio (metrica) s. Luciae virginis, Vita Deoderici primi Mettensis episcopi (1051/71). – Petrus Damiani: Liber gratissimus (1052). – Hermann von Reichenau: Schriften zum Quadrivium, liturg. Dichtungen und Kompositionen, Chronica, De octo vitiis principalibus, De musica (vor 1054). – Arnulf von Lisieux: Deliciae cleri (1054/56). – Wibert von Toul: Vita Leonis IX. papae (nach 1054). – Berthold von Reichenau: Vita Hermanns von Reichenau (1055/56). – Franko von Lüttich: De quadratura circuli (vor 1056)

D Freckenhorster Heberolle (2. H. 11. Jh.)

Is Markús Skeggjason: Eiríksdrápa (2. H. 11. Jh.)

Ir Flann Mainistrech: Gedichte über die synchronistische Geschichte Irlands (vor 1056)

Ky Pedeir Ceinc y Mabinogi ⟨Vier Zweige des Mabinogi⟩ (2. H. 11. / A. 12. Jh.?). – Ymddiddan Myrddin a Thaliesin ⟨Unterredung Merlins und Taliesins⟩ (2. H. 11. Jh.). – Cyfoesi Myrddin a Gwenddydd ei Chwaer ⟨Weissagungen Merlins und Gwenddydds, seiner Schwester⟩ (2. H. 11. Jh.). – Culhwch ac Olwen (2. H. 11. Jh.).

Ru Ilarion von Kiev: Slovo o zakone i blagodati ⟨Predigt über Gesetz und Gnade⟩ (1051)

1056–1060

1039–1056 Kaiser Heinrich III.
1056–1106 Kaiser Heinrich IV.
1056–1062 Kaiserin Agnes Regentin für ihren unmündigen Sohn Heinrich IV.
1056–1075 Erzbischof Anno II. von Köln

1056	Erstes Auftreten der Pataria in Mailand: Protestbewegung gegen den verweltlichten Klerus
1058–1061	Papst Nikolaus II.
1059	Lateransynode: Papstwahlordnung, Verbot von Laieninvestitur und Simonie
1059	Synode von Melfi: Normannen erkennen Lehenshoheit des Papstes über Apulien und Kalabrien an; Robert Guiscard Dux Apuliae et Calabriae
1060	Normannen (Roger I.) beginnen mit der Eroberung Siziliens gegen die Sarazenen

K Hezilo-Radleuchter [Hildesheim, Dom] (nach 1055). – Exultetrolle (Avezzano, Diözesanmuseum): Miniaturen (1056). – Leyre (Nordspanien), Klosterkirche: Krypta (1057 geweiht). – Imad-Madonna [Paderborn, Diözesanmuseum] (vor 1058). – Mont-Saint-Michel: Vierungspfeiler (1058 im Bau). – Quarante (bei Béziers), Klosterkirche (1058 geweiht). – Bucco-Kreuz [Halberstadt, Domschatz] (um 1059). – Caen, Abteikirche Ste. Trinité (1059–66 und später). – Elfenbeinplatten vom Schrein der Heiligen Johannes der Täufer und Pelayo [León, San Isidoro] (1059). – Werden a. d. Ruhr, St. Liudger: Krypta (1059). – Köln, St. Georg (um 1060 begonnen). – Süsteren (Niederlande), St. Amelberga (um 1060). – St. Savin-sur-Gartempe, Klosterkirche (1060 begonnen). – Brauweiler (bei Köln), Abteikirche: Krypta (vor 1061)

L *L* Humbert von Silva Candida: Adversus Simoniacos (1056/58). – Anselm von Lüttich: Gesta pontificum Tungrensium, Traiectensium et Leodiensium [2., erhaltene Fassung] (1056). – Meinhard von Bamberg: De fide, varietate symboli, ipso symbolo et pestibus haeresium (1057/65); Briefe (um 1060–75)

D Ezzos Gesang (1057/65). – Altdt. Genesis (um 1060/80?)

Ok Chanson de Sainte Foy (um 1060)

Ru Ostromirs Evangelium (1056/57)

1058–1061 Papst Nikolaus II.
1056–1062 Kaiserin Agnes Regentin für ihren unmündigen Sohn Heinrich IV.
1062 Erzbischof Anno II. von Köln entführt den unmündigen Heinrich IV.
1062–1065 Erzbischof Anno II. von Köln Regent für den unmündigen Heinrich IV. (ab 1063 gemeinsam mit Erzbischof Adalbert von Bremen)
1039–1063 Gruffydd ap Llywelyn König über die walisischen Herrschaften Gwynedd und Powys
1035–1065 König Ferdinand I. der Große von Kastilien und León
1065–1109 König Alfons VI. von Kastilien und León

Speyer, Dom [ältere Teile] (1061 geweiht). – Angers, K St. Martin (vor 1063). – Loarre (Aragón), Burg (um 1063). – Venedig, S. Marco (1063 begonnen). – Werden, St. Luzius (1063 geweiht). – Pisa, Dom (1063 begonnen). – Pomposa (Ferrara), Abteikirche: Turm (1063 begonnen). – León, San Isidoro (1063 geweiht – Ausstattung mit Isidorschrein und Elfenbeinkreuz [Madrid, Museo Arqueológico], von Ferdinand I. von Kastilien und León und seiner Gemahlin gestiftet). – Nevers, St. Etienne (bald nach 1063 begonnen). – Schaffhausen, Abteikirche (1064 geweiht). – Conques (Aveyron), Ste. Foy (vor 1065 begonnen). – Augsburg, Dom: Bronzetür (vor 1065). – Caen, Abteikirche St. Etienne (um 1065–77 und später). – Köln, St. Maria im Kapitol mit geschnitzter Holztür (1065 geweiht). – Frómista (Palencia), San Martín (vor 1066 begonnen). – Amalfi, Dom: Bronzeportal (vor 1066)

L Otloh von St. Emmeram: Liber visionum, Vita s. Bonifatii (1062/66). – Anselm von Canterbury: Orationes sive Meditationes, Epistolae (1063–1109). – Williram von Ebersberg: Paraphrase des Hohen Liedes [lat. und dt.] (um 1065).

– Bernhard von Hildesheim: Hildesheimer Briefsammlung (1065–85)

D Williram von Ebersberg: Paraphrase des Hohen Liedes [lat. und dt.] (um 1065)

1066–1070

1047–1066 König Harald III. der Harte von Norwegen
1042–1066 König Edward der Bekenner von England
1066 Schlacht von Hastings: Herzog Wilhelm von der Normandie erobert England
1066–1087 König Wilhelm I. der Eroberer von England

K Verona, San Fermo (nach 1065). – Siegburg, Abteikirche: Krypta [ältere Teile] (1066). – Teppich von Bayeux [Bayeux, Musée] (nach 1066). – Köln, St. Georg und Chor von St. Gereon (vor 1067). – Hs. Florenz, Bibl. Laurenziana, Ms. Ashburnham 17 (Ildefons von Toledo: De virginitate perpetua Sanctae Mariae): Buchschmuck (1067). – Jumièges, Notre-Dame (1067 geweiht). – Acqui, Kathedrale (1067 geweiht). – Astrolabium aus St. Emmeram [Regensburg, Museum der Stadt] (vor 1069?). – Elne (Roussillon), Kathedrale (1069 Altarweihe). – Rom, San Paolo fuori le mura, Bronzetür des Staurakios von Chios (1070). – Quedlinburg, Stiftskirche (1070 begonnen)

L *L* Wido von Amiens: Carmen de Hastingae proelio (1066/1076). – Otloh von St. Emmeram: Liber de temptatione cuiusdam monachi (1067/68). – Wilhelm von Hirsau: Musica (vor 1069). – Lanfranc von Bec: De corpore et sanguine Domini adversus Berengarium Turonensem (1069). – Gottfried von Winchester: Liber proverbiorum (um 1070/1107). – Sigebert von Gembloux: Vita s. Guicberti Gemblacensis (1070/99). – Odo von Meung (?): De viribus herbarum [Macer floridus] (um 1070). – Wilhelm von Jumièges: Historia Normannorum (um 1070). – Waifarius (Guaifarius) von Salerno: Viten, Gedichte, Homilien (um 1070)

D Otlohs Gebet (um 1067). – Merigarto (um 1070). – Älterer (Ahd.) Physiologus (um 1070)

1071–1075

1071	Schlacht bei Mantzikert: vernichtender Sieg der Seldschuken über Byzanz
1071	Normannen erobern das byzantinische Bari
1043–1072	Erzbischof Adalbert von Bremen
1073–1085	Papst Gregor VII.
1073–1074	Aufstand der Sachsen gegen Heinrich IV.
1074	Aufstand der Kölner Bürgerschaft gegen Erzbischof Anno II.
1074	Fastensynode in Rom: Verbot der Priesterehe
1075	Fastensynode in Rom: Verbot der Laieninvestitur (Dictatus Papae) – Beginn des Investiturstreits
1075	Schlacht bei Homburg an der Unstrut: Heinrich IV. besiegt die aufständischen Sachsen
1056–1075	Erzbischof Anno II. von Köln

Hs. Rom, Bibl. Vaticana, Ms. lat. 1202 (Vita sancti Benedicti; *K* aus Monte Cassino): Miniaturen (um 1071). – Tarent, Dom (1071 begonnen). – Monte Cassino, Abteikirche [Reste der Ausstattung erhalten] (1071 geweiht). – Exulet-Rolle aus Monte Cassino (London, British Library, Ms. Add. 30337): Miniaturen (kurz nach 1071?). – St. Sever (Landes), Klosterkirche (vor 1072 begonnen). – Sant'Angelo in Formis (bei Caserta): Malereien (1072/86). – Hss. Montecassino, Archivio dell'abbazia, Casin. 98 und 99 (Homiliare): Buchschmuck (1072). – Mili (Sizilien), Basilianerkirche (nach 1072). – Kelch des hl. Dominikus von Silos [Santo Domingo de Silos, Abtei] (vor 1073). – Poitiers, St. Jean-de-Montierneuf (1074/75 Altarweihe). – Winkel (Rheingau), »Graues Haus« (um 1075). – La-Charité-sur-Loire, Klosterkirche: Chor (vor 1076 begonnen)

L L Sigebert von Gembloux: Vita s. Maclovii (1071/92); Gesta abbatum Gemblacensium (1071/75?); Passio ss. Thebeorum, Mauricii, Exuperii et sociorum (um 1074); Vita Lamberti Leodiensis, Epistola cuiusdam adversus laicorum in presbyteros coniugatos contumeliam (1075/80). – Arnulf von Mailand: Gesta archiepiscoporum Mediolanensium (1072–77). – Adam von Bremen: Historia Hammaburgensis ecclesiae (1072–75/76). – Papst Gregor VII.: Registrum epistolarum (1073–83). – Wilhelm von Poitiers: Gesta Guilelmi ducis Normannorum (1073/74). – Kaiser Heinrich IV.: Briefe (1075–1106). – Annales Altahenses (um 1075). – Carmen de bello Saxonico (um 1075)

Ir Gilla Cóemáin: Gedichte über die vorchristliche Geschichte Irlands (um 1072)

Ru Svjatoslav Izbornik ⟨Gesammelte Schriften des Svjatoslav⟩ [Übers. theolog. Schriften aus dem Griech.] (1073)

1076–1080

1076	Synode von Worms: Heinrich IV. und die deutschen Bischöfe erklären Papst Gregor VII. für abgesetzt
1076	Fastensynode in Rom: Papst Gregor VII. bannt Heinrich IV.
1076	Fürstentag zu Tribur: Heinrich IV. von den deutschen Fürsten mit Absetzung bedroht
1077	Gang nach Canossa: Heinrich IV. erzwingt Lösung vom Bann
1077–1080	Gegenkönig Rudolf von Schwaben
um 1080	Markgräfin Mathilde von Tuscien vermacht ihren Eigenbesitz an Besitzungen und Herrschafts-

	rechten in Italien und Oberlothringen (»Mathildische Güter«) der römischen Kirche
1080	2. Bannung Heinrichs IV.
1080	Schlacht von Hohenmölsen: Niederlage und Tod Rudolfs von Schwaben
1080–1086	König Knut der Heilige von Dänemark

St. Guilhem-le-Désert, Abteikirche (1076 Altarweihe). – **K**
Monte Sant'Angelo, Michaelsheiligtum: Bronzetür (1076). – Bayeux, Kathedrale [älteste Teile] (1077 geweiht). – Florenz, San Miniato al Monte (1077 vollendet). – St. Albans, Abteikirche (1077 begonnen). – Santiago de Compostela, Kathedrale (1078 begonnen). – London, Tower (um 1078 begonnen). – Winchester, Kathedrale (1079 begonnen). – Crodo-Altar [Goslar, Städt. Museum] (um 1080). – Scheide des Reichsschwertes [Wien, Schatzkammer der Hofburg] (um 1080). – Toulouse, St. Sernin (um 1080 begonnen). – Acerenza (Basilicata), Kathedrale (um 1080). – Bronzegrabplatte Rudolfs von Schwaben [Merseburg, Dom] (um 1080). – St. Benoît-sur-Loire, Klosterkirche: Chor (vor 1080 begonnen). – Serramonacesca (Abruzzen), San Liberatore a Maiella (1080). – Sigtuna (Uppland/Schweden), Kirche (1080 begonnen)

L Marbod von Rennes: Briefe, Heiligenleben, religiöse **L**
Dichtungen, Hymnen, Epigramme, didakt. Poesie (4. V. 11. Jh. – 1123). – Bernold von St. Blasien (von Konstanz): Streitschriften (1076–1100). – Bernhard von Utrecht: Kommentar zur Ecloga Theoduli (1076/99). – Constantinus Africanus: Theoricae pantegni, Viaticum peregrinantis, Megatechne (1076/87). – Anselm von Canterbury: Monologion (1076/1077); Proslogion (1077/78); De grammatico, De veritate, De libertate arbitrii (um 1080/85). – Wilhelm von Hirsau: Constitutiones Hirsaugienses (um 1077). – Lampert von Hersfeld: Annalen (um 1077). – Alberich von Montecassino: Breviarum de dictamine, Flores rhetorici (um 1080). – Anselm von Laon: Bibelexeget. Schriften [Teile der Glossa

ordinaria] (1080/1117). – Anselm II. von Lucca: Collectio canonum (1080/85)

D Annolied (um 1080)

1081-1085

1081-1118 Kaiser Alexios I. Komnenos von Byzanz: Reorganisation des Reichs
1081-1084 1. Italienzug Heinrichs IV.
1081-1088 Graf Hermann von Salm (Luxemburg) Gegenkönig
1084 Heinrich IV. durch Gegen-Papst Klemens III. zum Kaiser gekrönt
1084 Bruno von Köln in La Chartreuse (Kartäuserorden)
1085 Heinrich IV. verkündet Gottesfrieden für das Reich
1073-1085 Papst Gregor VII.
1085 König Alfons VI. von Kastilien und León erobert Toledo

K Lessay (Manche), Klosterkirche (nach 1080 begonnen). – Mainz, Dom (1081 begonnen). – Apsismalerei aus San Pere de Burgal [Barcelona, Museo de Arte de Catalunya] (nach 1081). – Speyer, Dom: Umbau [mit Wölbung des Mittelschiffs] (seit ca. 1082). – Hirsau, St. Peter und Paul (1082 begonnen). – Borgovico di Como, San Giorgio: Apsismalerei (1082). – Zaragoza, Aljaferia (vor 1083). – Ely, Kathedrale (1083 begonnen). – Salerno, Kathedrale (1084 oder 1085 geweiht). – Vyšehrad-Codex (Prag, Universitätsbibl., MS XIV A 13): Miniaturen (um 1085). – Buchdeckelpaar aus Santa Cruz de la Serós (Huesca) [New York, Metropolitan Museum] (vor 1085)

L *L* Bruno von Merseburg: Saxonicum bellum (nach 1082). – Heinrich von Augsburg: Planctus Evae (vor 1083). – Sigebert von Gembloux: Chronica [1. Fassung] (1083/1104). – Petrus Crassus: Defensio Heinrici IV. regis (1084). – Manegold von Lautenbach: Liber contra Wolfelmum, Liber ad Gebehardum (um 1085). – Bruno von Segni: Libellus de simoniacis, Sententiarum libri VI (1085/1102). – Anselm II. von Lucca: Liber contra Wibertum (1085/86). – Benzo von Alba: Libri ad Heinricum IV. imperatorem (1085/86). – Bonizo von Sutri: Liber ad amicum (1085/86?)

Ir Máel Ísu Ó Brolcháin: religiöse Gedichte (vor 1086)

1086–1090

1080–1086	König Knut der Heilige von Dänemark
1086	Festigung der Königsherrschaft in England: Untertaneneid von Salesbury; Domesday Book
1086	Herzog Vratislav II. von Heinrich IV. zum König von Böhmen erhoben
1066–1087	König Wilhelm I. der Eroberer von England
1088	Gegenkönig Hermann von Salm (seit 1081) gefallen
1088–1099	Papst Urban II.
1090–1097	2. Italienzug Heinrichs IV.
1090	Sizilien normannisches Königreich
1090–1095	Almoraviden erobern das muslimische Spanien

Beatus-Hs. im Kathedralarchiv von Burgo de Osma: Miniaturen (1086). – Bari, San Nicola (1087 begonnen). – Exultetrolle aus Monte Cassino (Rom, Bibl. Vaticana, Barb. lat. 592): Miniaturen (1087?). – Abteikirche Cluny III (1088 begonnen). – St. Martin-de-Londres (Hérault), Klosterkirche (nach 1088). – Gloucester, Kathedrale (1089 begonnen). – Avila, Stadtmauer (1090 begonnen). – Regensburg, St. Jakob (Schottenkloster) (1090 begonnen) *K*

L Anselm von Canterbury: De casu diaboli (nach 1085/95). *L* – Vita des Anselm von Lucca (um 1087). – Carmen in victoriam Pisanorum (1087). – Bernold von St. Blasien (von Konstanz): Micrologus de ecclesiasticis observationibus (um 1089). – Bonizo von Sutri: Liber de vita christiana (um 1089). – Norbert von Iburg: Vita Bennos II. von Osnabrück (1090/1110). – Ivo von Chartres: Briefe (um 1090–1115). – Gilbert Crispin: Disputatio Iudei et Christiani (1090/95?). – Odo von Tournai: Rhythmimachia (um 1090). – Sextus Amarcius Gallus Piosistratus: Sermones (um 1090)

Ir Annalen des Tigernach (vor 1088?)

F Vie de saint Alexis (um 1090)

1091–1095

1093   Lombardenbund gegen Heinrich IV.
1094   Rodrigo Diaz de Vivar (El Cid) erobert Valencia
1090–1095 Almoraviden erobern das muslimische Spanien
1095   Synoden von Piacenza und Clermont: Papst Urban II. ruft zum Kreuzzug auf

K Hirsau, St. Peter geweiht (1091). – Beatus-Hs. aus Silos (London, British Library, Add. Ms. 11695): Miniaturen (1091). – Lincoln, Kathedrale (1092 begonnen). – »Sigmund-Relief« [Winchester, City Museum] (vor 1093/94). – Grabmal des Alfonso Ansúrez aus Sahagún [Madrid, Museo Arqueológico Nacional] (um 1093). – Maria Laach, Abteikirche (1093 begonnen). – Durham, Abteikirche (1093 begonnen). – Tuscania, San Pietro: Altarziborium (1093). – Lambach, Stiftskirche: Malereien (nach 1093). – Charlieu (Burgund), Klosterkirche St. Fortunat: Westportal (um 1094?). – Venedig, San Marco (1094 Reliquienübertragung). – San Juan de la Peña (Aragon), Klosterkirche (1094 begonnen). – Abteikirche Cluny III (1095 Choraltäre geweiht). – Como, Sant'Abbondio (1095 geweiht). – Bibel von Stavelot (London, British Library, Add. ms. 28107): Miniaturen (1095). – Cruas a. d. Rhone, Klosterkirche mit Mosaikinschrift in der Apsis (1095 geweiht). – Hs. Poitiers, Bibl. mu-

nicipale, ms. 250 (136) [Vita der hl. Radegunde]: Miniaturen
(E. 11. Jh.). – St. Savin-sur-Gartempe, Klosterkirche: Malereien (E. 11. Jh.). – Civate (Como), San Pietro al Monte [mit Stuck und Malerei] (E. 11. Jh.). – Rom, San Clemente: Malereien (Clemens- und Alexius-Zyklus) in der Unterkirche (E. 11. Jh.)

L Ivo von Chartres: Kanonist. Sammlungen [Decretum, L Panormia, Prologus] (1091–95). – Anselm von Canterbury: Epistola de incarnatione verbi (vor 1092/94); Cur deus homo (1094/98). – Liber de unitate ecclesiae conservanda (1092/93). – Sigebert von Gembloux: Liber decennalis (1092). – Wilhelm von Apulien: Gesta Roberti Guiscardi (1095/99). – Rupert von Deutz (?): De calamitatibus ecclesiae Leodiensis opusculum metricum (1095). – Baudri von Bourgueil: Carmina (E. 11. Jh. – vor 1130). – Freisinger Ordo Rachelis und Herodes (Weihnachtsspiel) [Hs.] (E. 11. / A. 12. Jh.). – Hildesheimer Nikolausspiele I und II (E. 11. / A. 12. Jh.)

D Noker: Memento mori (E. 11. Jh.). – Summarium Heinrici (E. 11. Jh.?)

Ok Guilhelm de Peitieu: Lyrik [Beginn der Trobadordichtung] (E. 11. Jh. – 1126)

1096–1100

1096–1099	1. Kreuzzug
1096	Judenverfolgung durch die Kreuzfahrer (Speyer, Worms, Mainz, Trier)
1090–1097	2. Italienzug Heinrichs IV.
1097	Fürstenversammlung von Ljubeč: Neuordnung des russischen Staates
1098	Robert von Molesme gründet den Zisterzienserorden

1099	Kreuzfahrer erobern Jerusalem und errichten Königreich Jerusalem unter Gottfried von Bouillon
1088–1099	Papst Urban II.
1100	Robert von Abrissel gründet den Orden von Fontevrault

K »Voile de Ste. Anne« (fatimidisch, aus Damiette) [Apt, Kathedralschatz] (1096–97). – Toulouse, Saint-Sernin (1096 Chorweihe). – Canterbury, Kathedrale: Krypta (1096 im Bau). – Novalesa (Piemont), Wandmalereien (nach 1096). – Civate, San Calogero: Wandmalereien (nach 1096). – Sarkophag der Doña Sancha [Jaca, Benediktinerinnenkirche] (um 1097). – Nevers, St. Etienne (1097 geweiht). – Mailand, Sant'Ambrogio (1098 begonnen?). – Modena, Kathedrale (1099 begonnen). – Alpirsbach, Klosterkirche (1099 geweiht [unvollendet]). – Schöpfungsteppich [Gerona, Dommuseum] (um oder nach 1100). – Speyer, Dom: Afrakapelle (um 1100). – Hs. Paris, Bibl. nat., Ms. lat. 5058 (Flavius Josephus: De bello Judaico [lat. Übers.]; aus Moissac): Frontispiz und Initialen (um 1100). – Moissac, Kloster: Kreuzgang (um 1100). – Rouen, Synagoge (um 1100). – Loches (Indreet-Loire), Donjon (um 1100). – Gozbert-Rauchfaß [Trier, Dom] (um 1100). – Castel Sant'Elia di Nepi: Malereien (um 1100). – Poitiers, St. Jean: Malereien [Kaiser Konstantin zu Pferd] (um 1100). – Augsburg, Dom: Prophetenfenster (um 1100 [oder um 1130?]). – Rom, Casa di Crescenzio (um 1100?). – L'Aquila, San Pietro ad Oratorium (1100). – Kelch der Doña Urraca [León, San Isidoro] (vor 1101). – [Theophilus presbyter: Schedula diversarum artium (um 1100)]

M Mehrstimmige Musizierpraxis in der Schule von St. Martial in Limoges (um 1100 – 2. H. 12. Jh.)

L *L* Rangerius von Lucca: Vita metrica s. Anselmi Lucensis episcopi (1096/99). – Hildebert von Le Mans (Lavardin): Epistolae (um 1098/1133). – Thiofrid von Echternach: Flores epitaphii sanctorum (1098/1105). – Gaufredus Malaterra: De rebus gestis Rogerii, Calabriae et Siciliae comitis et Roberti Guiscardi ducis fratris eius (1098/1101). – Raimund von Aguilers: Historia Francorum qui ceperunt Hierusalem (nach 1099). – Hildebert von Le Mans (Lavardin): Carmina [Rom-Elegien, Vita b. Mariae Aegyptiacae u. a.] (um 1100/ 1133). – Leo Marsicanus: Chronica monasterii Casinensis (um 1100). – Embricho von Mainz: Vita Mahumeti (um 1100?). – Petrus Pictor: Carmina [De laude Flandriae u. a.] (um 1100). – Eupolemius: Allegorisch-bibl. Epos (um 1100). – Erste hochmittelalterliche Sammlungen von Marienmirakeln (um 1100). – Theophilus presbyter: Schedula diversarum artium (um 1100). – Theobaldus: Physiologus (um 1100). – Serlo von Bayeux: Gedichte (um 1100). – Honorius Augustodunensis: Elucidarium, Sigillum (um 1100). – Johannes von Afflighem (Cotto): De musica cum tonario (um 1100). – Gesta Francorum et aliorum Hierosolimitanorum (vor 1101)

D Mittelfränk. Reimbibel (um 1100/20). – Arzenîbuoch Ipocratis, Innsbrucker Arzneibuch, Innsbrucker (Prüler) Kräuterbuch, Prüler Steinbuch (um 1100?)

Nl Leidener Williram (um 1100)

Ir Fled Dúin na nGed ⟨Das Fest von Dún na nGed⟩ (um 1100). – Aislinge Meic Con Glinne I ⟨Gedicht des Mac Conglinne⟩ (um 1100)

Kor Vocabularium Cornicum (um 1100)

F Chanson de Roland (um 1100)

1101–1105

1101–1134 König Alfons I. der Kämpfer von Aragón
1104 Fürstenverschwörung gegen Heinrich IV. unter Führung von dessen Sohn Heinrich (V.)

1104 Bistum Lund zum Erzbistum erhoben: Skandinavien aus der Bindung an das Erzbistum Bremen gelöst

K Berzé-la-Ville, Prioratskirche: Malereien (A. 12. Jh.). – Fontevrault, Abteikirche (A. 12. Jh. begonnen). – Lébény (Ungarn), St. Jakob (A. 12. Jh.). – Hs. Gent, Universitätsbibl., Hs. 92 (Lambert von St. Omer: Liber Floridus [Autograph]): Miniaturen (A. 12. Jh.). – Hs. Oxford, University College, MS 165 (Beda: Prosa-Vita des hl. Cuthbert): Miniaturen (A. 12. Jh.). – Reliquienkreuz der Äbtissin Berta aus Borghorst [Münster, Westfäl. Landesmuseum] ([um 1050 und] nach 1100). – Metalldeckel eines Evangeliars aus Helmarshausen und des Liber Aureus aus Prüm [Trier, Dom] (1101/06?). – Santa Maria del Patír (Kalabrien), Kloster (1101–05). – Lund, Kathedrale (nach 1103 begonnen). – Maguelone (Hérault), Kathedrale: Chor (nach 1104 begonnen). – Bari, San Nicola: Eliasthron (vor 1105?). – Venedig, S. Marco: Pala d'Oro vergrößert [Teile erhalten?] (1105)

L *L* Vitalis von Blois: Geta, Aulularia (1. H. 12. Jh.). – Ludus Danielis von Beauvais (1. V. 12. Jh.?). – Lambert von St. Omer: Liber floridus (A. 12. Jh.). – Sigebert von Gembloux: Epistola de differentia quattuor temporum (um 1101); Epistola Leodicensium adversus Pascalem papam (1103); Chronica [2. Fassung] (1105/12). – Gesta Trevirorum [Rezension A] (um 1101). – Hildebert von Le Mans (Lavardin): De querimonia (nach 1101). – Thiofrid von Echternach: Vita Willibrordi prosaica et metrica, Miracula Willibrordi (1102/1106). – Marbod von Rennes: Liber X capitulorum (1102?). – Frutolf von Michelsberg: Chronicon universale, Breviarium de musica cum tonario (vor 1103). – Guibert von Nogent: Dei gesta per Francos (1104/08). – Raginald von Canterbury: Vita metrica Malchi (1104/07). – Hilarius von Orléans: Gedichte, geistliche Spiele, Briefe (1105/25). – Gottschalk von Aachen: Sequenzen (vor 1106)

D Von Gottes Gewalt [Drei Jünglinge im Feuerofen / Ältere Judith] (1. Dr. 12. Jh.). – Lob Salomonis (1. Dr. 12. Jh.). – Summa Theologiae (1. V. 12. Jh.). – Rheinauer Gebete (A. 12. Jh.)

E Worcester Fragments [Soul's Address to the Body, Durham, The Grave] (nach 1100)

Is Ívarr Ingimundarson: Sigurðarbölkr (12. Jh.). – Übers. von Gregors des Großen Homilien und Dialogi (A. 12. Jh.)

NwIs Rögnvaldr kali Kolsson: Lausavísur (1. H. 12. Jh.)

Ir Lebor Gabála Érenn ⟨Buch der Eroberung Irlands⟩ (9.–12. Jh.). – Fianaighecht ⟨Finnballaden und -erzählungen⟩, Macgnímartha Finn ⟨Jugendtaten des Finn⟩ (12. Jh.). – Buile Shuibhne ⟨Wahnsinn des Sweeney⟩ (12. Jh.). – Annalen von Inisfallen (A. 12. Jh. – 1326). – Cath Ruis na Ríg ⟨Schlacht von Ros na Ríg⟩ (1. V. 12. Jh.). – Cogadh Gaedhil re Gallaibh ⟨Kampf der Iren gegen die Wikinger⟩ (A. 12. Jh.). – Lebor na hUidre ⟨Book of the Dun Cow⟩ [= Hs. Dublin, Royal Irish Academy, 23 E 25] (vor 1106)

Ky Naturpoesie, Gnomai, Rätsel (9.–12. Jh.). – Dichtung der Gogynfeirdd ⟨der nicht mehr so frühen Dichter⟩: Naturpoesie, Gnomai, Rätsel, religiöse Lyrik, Eschatologie, Liebeslyrik, Panegyrik (12.–13. Jh.)

F Erste Chansons de toile (A. 12. Jh.)

1106–1110

1106 Kaiser Heinrich IV. (seit 1056) zur Abdankung gezwungen
1106–1125 Kaiser Heinrich V.
1108–1137 König Ludwig VI. der Dicke von Frankreich: Aufstieg der Kapetinger
1065–1109 König Alfons VI. von Kastilien und León

1110 Ostkolonisation: Schauenburger in der Grafschaft Holstein
1110–1111 1. Italienzug Heinrichs V.

K Oberpleis (bei Bonn), St. Pankratius (nach 1105). – Klosterrath / Rolduc (Niederlande), Abteikirche: Krypta (1106). – Lüttich, St. Barthélemy: Taufbecken des Reiner von Huy (1107/18). – Leuchter aus Gloucester [London, Victoria & Albert Museum] (1107/13). – Piacenza, S. Savino (1107 geweiht). – Lyon, St. Martin d'Ainay (1107 geweiht). – La Charité-sur-Loire, Klosterkirche: Chorumgang, Portale (1107 begonnen). – Zürich, Großmünster, Chor geweiht (1107). – Vienne, Kathedrale: Hochaltar (1107 geweiht). – Monopoli (Apulien), Dom (1107 begonnen). – Erdweg-Petersberg (Dachau), Kirche (1107). – Cluny, Ecuries de St. Hugues (nach 1107 vollendet). – León, Pánteon de los Reyes mit Ausmalung (vor 1109). – Emailgrabplatte des Grafen Wilhelm von Flandern [St. Omer, Museum] (um 1109). – Bamberg, St. Jakob (1109). – Murano, Santi Cornelio e Cipriano (1109). – Hs. Dijon, Bibl. municipale, Ms. 12–15 (Bibel; aus Cîteaux): Miniaturen (1109). – Hirsau, Abteikirche: »Eulenturm« (um 1110/20)

L *L* Baudri von Bourgueil: Historia Hierosolymitana (um 1106). – Regensburger Liebesbriefe (um 1106?). – Vita Heinrici IV. imperatoris (1106?). – Ekkehard von Aura: Chronik [Rezensionen 1 und 2] (1106, 1107). – Petrus Alfonsi: Disciplina clericalis, Dialogus contra Iudaeos (nach 1106). – Anselm von Canterbury: De concordia praescientiae, praedestinationis et gratiae Dei cum libero arbitrio (1107/08). – Hugo von Fleury: Historia ecclesiastica (1109/1110). – Eadmer: Vita s. Anselmi archiepiscopi Cantuariensis, Historia novorum in Anglia (nach 1109). – Gesta Roderici Campidocti (vor 1110). – Honorius Augustodunensis: Clavis physicae, Gemma animae, Sacramentarium (um 1110/30); Inevitabile, Speculum ecclesiae, Summa totius,

Imago mundi (um 1110). – Rangerius von Lucca: De anulo et baculo (1110)

Ru Hoženie Daniila Rus'kija zemli igumena 〈Pilgerfahrt des Daniil〉 (1106/07)

1111–1115

1110–1111 1. Italienzug Heinrichs V.
1111 Vertrag von Sutri und Frieden von Ponte Mammolo: Versuche zur Einigung im Investiturstreit zwischen Heinrich V. und Papst Paschalis II.
1111 Heinrich V. zum Kaiser gekrönt
1115 Markgräfin Mathilde von Tuscien gestorben
1115–1153 Abt Bernhard von Clairvaux

Hs. Dijon, Bibl. publique, Ms. 168–170, 173 (Gregor der **K** Große: Moralia in Job; aus Cîteaux): Miniaturen (1111). – Calci (Pisa), Sant'Ermolao (1111). – Paulinzella, Klosterkirche [Ruine] (1112 begonnen). – Hs. Cambridge, Corpus Christi College, MS 373 (Ekkehard von Aura: Chronik): Miniaturen (1113/14). – Wissel (Niederrhein), Stiftskirche (nach 1113). – Zillis (Graubünden), St. Martin: Bilderdecke (nach 1113). – Hs. Rom, Bibl. Vaticana, Ms. lat. 4922 (Donizo von Canossa: Vita Mathildis [Widmungsexemplar für Mathilde]): Miniaturen (1114/15). – Chichester, Kathedrale: Schiff (1114 begonnen). – Moissac, Klosterkirche: Portal (um 1115). – Toulouse, Saint Sernin: »Porte Miègeville« (um 1115). – Saint Albans, Abteikirche (1115 geweiht). – Hamersleben, St. Pankratius: Chor (1115 im Bau?)

L Adalbertus Samaritanus: Praecepta dictaminum (um **L** 1111/15). – Donizo von Canossa: Vita Mathildis comitissae (1111/14). – Rupert von Deutz: Liber de divinis officiis (1111/12); De sancta trinitate et operibus eius (1113/17); De voluntate Dei (1114/16); Commentum in evangelium s. Iohannis (1115/16). – Sigebert von Gembloux: Catalogus il-

101

lustrium virorum (1111/12). – Robertus Monachus: Historia Hierosolymitana (1112/18). – Radulfus Tortarius: Briefgedichte, Versifikation von Valerius Maximus [De memorabilibus] (vor 1114). – Guibert von Nogent: De vita sua Monodiarum libri tres (1114/15). – Bernhard von Clairvaux: Sermones, Briefe (um 1115–53). – Hugo von Fleury: Liber qui modernorum regum Francorum continet actus (um 1115). – Heinrich von Pisa (?): Liber Maiorichinus [Liber de bello Maioricano sive Triumphus Pisanorum] (um 1115). – Radulf von Caen: Gesta Tancredi (um 1115)

1116–1120

1116–1118 2. Italienzug Heinrichs V.
1116 Heinrich V. zieht die Mathildischen Güter ein
1081–1118 Kaiser Alexios I. Komnenos von Byzanz
1119 Anfänge des Templerordens in Jerusalem
1120 Norbert von Xanten gründet den Prämonstratenserorden

K Rom, Santi Giovanni e Paolo (um 1116). – St. Gilles (Gard), Abteikirche (1116 Grundsteinlegung). – Pavia, San Michele (um 1117 begonnen). – Siponto, Santa Maria (1117 geweiht). – Perigueux, Kathedrale (vor 1118 begonnen). – Canosa di Puglia, Grabbau Boemunds I. (vor 1118). – Krakau-Wrawel, Kathedrale: Krypta (vor 1118). – Gebetbuch Erzbischof Arnulfs II. von Mailand (London, British Library, MS. Egerton 3763): Miniaturen (vor 1118). – Soest, St. Patrokli (1118 geweiht [Westbau später]). – Bourg-St. Andéol, Kirche (1119 geweiht). – Cahors, Kathedrale (1119 Altarweihe). – Fontevrault, Klosterkirche: Chor (1119 geweiht). – Troia, Kathedrale: Bronzetür (1119). – Saulieu, St. Andoche: Schiff (nach 1119?). – Angoulême, Kathedrale: Roland-Fries (um 1120). – Modena, Dom: Porta della Pescheria [mit Darstellung aus der Artus-Sage] (um 1120). – Tournus, St. Philibert: Chor (1120 geweiht). – Vézelay, Sainte Madeleine (1120 begonnen). – Volterra, Dom (1120 geweiht)

L Petrus Abaelardus: Planctus (1117/42); Theologia »Summi boni« (1118/20). – Baudri von Bourgueil: Vita des Robert von Abrissel (1117/30). – Rupert von Deutz: Commentaria in Canticum Canticorum de incarnatione Domini (1117/26); Commentaria in Apocalypsim Johannis apostoli (1117/20); De omnipotentia Dei (1117); Vita S. Heriberti Coloniensis archiepiscopi (um 1119). – Ekkehard von Aura: Chronik [Rezension 3 – »anonyme Kaiserchronik«] (1117 [1114?]). – Wilhelm von St. Thièrry: De contemplando Deo, De natura et dignitate amoris (um 1119/20); Liber de natura corporis et animae, Commentarius in Cantica Canticorum e scriptis s. Ambrosii (nach 1119). – Guibert von Nogent: De sanctis et pignoribus sanctorum (um 1119). – Hugo von Bologna: Rationes dictandi prosaice (1119/24). – Cosmas von Prag: Chronica Boemorum (1119–25). – Wilhelm von Malmesbury: Gesta regum Anglorum (um 1120–42). – Hugo von St. Victor: De institutione novitiorum (um 1120/30). – Visitatio sepulchri III (um 1120?). – Ordericus Vitalis: Historia ecclesiastica (1120–41)

D Von Christi Geburt (um 1120/40). – Friedberger Christ und Antichrist (um 1120/30). – Altdt. Exodus (um 1120?). – Millstätter Physiologus (um 1120/30); Jüngerer Physiologus (um 1120)

Ir Hs. Oxford, Bodleian Library, Rawlinson B 502 (1120–1130)

Bre Cartularium von Quimperlé (1120–25)

F Benedeit: Voyage de Saint Brendan (um 1120). – Philippe de Thaon (?): Lapidaire (um 1120)

FOk Albéric de Pisançon: Alexanderroman (um 1120)

1121–1125

1122   Wormser Konkordat zwischen Heinrich V. und Papst Calixt II.: Ende des Investiturstreits

1122–1151 Abt Suger von St. Denis
1123 Ostkolonisation: Wettiner in der Mark Meißen
1106–1125 Kaiser Heinrich V.
1125–1137 Kaiser Lothar von Supplinburg

K Périgueux, Kathedrale (nach 1120 begonnen). – Nonantola, Klosterkirche (1121 begonnen). – Tarquinia, Santa Maria di Castello (1121 begonnen). – Bivongi (Kalabrien), San Giovanni Vecchio (1122 geweiht?). – Piacenza, Dom (1122 begonnen). – Albanipsalter (Hildesheim, St. Godehard): Miniaturen (vor 1123). – Rom, Santa Maria in Cosmedin [Ausbau] (um 1123). – Tahull (Lérida), Santa Maria (1123 geweiht). – Lund, Dom: Krypta (1123 Hauptaltar geweiht). – Angoulême, Kathedrale (vor 1124 begonnen). – Paulinzella, Klosterkirche (1124 geweiht). – Friesach (Kärnten), Bergfried (1124/30). – Tournai, Kathedrale (um 1125 begonnen). – Pantheon-Bibel (Rom, Bibl. Vaticana, Vat. lat. 12958): Miniaturen (um 1125)

L *L* Albert von Aachen: Historia Hierosolymitanae expeditionis (1121/40). – Petrus Venerabilis: Briefe (um 1122–52). – Richer von Metz: Vita s. Martini (nach 1122). – Petrus Abaelardus: Theologia christiana, Sic et non (1123/28). – Rupert von Deutz: Commentaria in XII prophetas minores (1123/25); De victoria verbi Dei (1124/25); De gloria et honore filii hominis super Matthaeum, Super quaedam capitula regulae divi Benedicti (um 1125/27); Anulus sive Dialogus inter Christianum et Iudaeum (um 1125). – Wilhelm von Conches: Philosophia mundi (um 1124). – Hugo von St. Victor: Didascalicon (vor 1125). – Bamberger Codex Udalrici (1125). – Ekkehard von Aura: Chronik [Rezension 4] (1125)

Is Ari Thorgilson inn fróði: Íslendingabók (um 1125)

F Philippe de Thaon: Bestiaire (um 1125)

Ok Jaufre Rudel: Lyrik (1125–48)

1126–1130

1126–1157 König Alfons VII. von Kastilien und León
1126–1139 Heinrich der Stolze Herzog von Bayern
1127–1135 Gegenkönig Konrad (III.) von Schwaben
1128 Konzil von Troyes: Ordensregel für den Templerorden (Bernhard von Clairvaux)
1130–1154 Roger II. nach dem Tod Robert Guiscards König von Sizilien (Insel Sizilien, Kalabrien, Apulien): Unteritalien mit Sizilien in normannischer Hand vereint (»Monarchia Sicula«)

K Souillac (Lot), Abteikirche: Portalskulpturen (2. V. 12. Jh.). – Ríp/Georgsberg (Tschechien), Georgsrotunde (1126 und früher). – Hs. München, Bayer. Staatsbibl., Clm 14355 (Rupert von Deutz: De divinis officiis; aus Regensburg, St. Emmeram): Miniaturen (1127). – Rom, San Clemente (1128 geweiht). – Freckenhorst, Stiftskirche [Taufstein] (1129 geweiht). – Hochelten (Niederrhein), St. Vitus (1129 geweiht). – Quedlinburg, Stiftskirche (1129 geweiht). – Rom, San Crisogono (1129). – Totenbuch und Benediktsregel aus St. Gilles [London, British Library, Ms. Add. 16979]: Miniatur (1129). – Idensen, Kirche: Malereien (um 1129). – Rochester, Donjon (um 1130). – Hs. Berlin, Staatl. Museen, Kupferstichkabinett, Ms. 78 A 4 (Passio der hl. Lucia; aus Metz, St. Vincent): Miniaturen (um 1130). – Augsburg, Dom: Prophetenfenster ([um 1100 oder] um 1130?). – Abteikirche Cluny III (1130 geweiht). – Autun, Saint Lazare (1130 Zwischenweihe). – Canterbury, Kathedrale: Krypta und Chor (1130 geweiht)

L Wilhelm von Conches (?): Moralium dogma philosophorum (2. V. 12. Jh.?). – Speculum virginum (2. V. 12. Jh.). – Philo (nach 1125). – Bernhard von Clairvaux: De diligendo Deo, Ad milites Templi de laude nove militie (1126/41). – Fulcher von Chartres: Historia Hierosolymitana (bis 1127). – Rupert von Deutz: De glorificatione Trinitatis et processione Spiritus sancti (1127/28); De meditatione mortis (1128/29); De incendio Tuitiensi (1128). – Bernardus Silvestris (?): Kommentare zu Martianus Capella und Vergils »Aeneis« (nach 1127 / vor 1150?). – Jakob von Venedig: Übers. aristotel. Schriften aus dem Griech. (um 1128). – Gerhoh von Reichersberg: Opusculum de edificio Dei (1128). – Paulus von Bernried: Vita s. Gregorii papae VII (1128). – Johannes Hispalensis: Übers. arithmet., astronom.-astrolog., medizin. u. a. Traktate aus dem Arab. (um 1130/57). – Hugo von St. Victor: De sacramentis christianae fidei (um 1130?). – Petrus Abaelardus: Ad Astralabium filium (um 1130?)

D Frau Ava: Johannes, Leben Jesu, Das Jüngste Gericht (vor 1127?). – Rheinauer Paulus (um 1130/40). – Vorauer Bücher Mosis [mit Vorauer Marienlob?] (um 1130/40?). – Millstätter Sündenklage (um 1130). – Melker Marienlied (um 1130? [oder um 1140/60?])

Is Gizurr Hallsson (?): Veraldar saga (um 1130/50)

Ir In Cath Catharda ⟨Pharsalia⟩ (um 1130/50)

F Gormont et Isembart (um 1130)

Ok Marcabrú: Lyrik (1130–1149)

1131–1135

1132–1133	1. Italienzug Lothars von Supplinburg
1133	Lothar von Supplinburg zum Kaiser gekrönt
1133	Erste Klostergründung in Island: Thingeyrar
1101–1134	König Alfons I. der Kämpfer von Aragón
1134	Ostkolonisation: Askanier (Albrecht der Bär) in der Nordmark
1127–1135	Gegenkönig Konrad (III.) von Schwaben unterwirft sich Lothar von Supplinburg

Schloß Favara bei Palermo (nach 1130 begonnen). – Cambridge, Holy Sepulchre (nach 1130). – Dalby (bei Lund), Heiligkreuzkirche: Südportal und Vorhalle (nach 1130). – Rom, Santa Maria in Trastevere [Apsis mit Mosaik] (nach 1130). – Paris, St. Martin-des-Champs: Klosterkirche (nach 1130 begonnen). – Pürgg (Steiermark), Johanneskapelle (nach 1130). – Palermo, Cappella Palatina (1131 begonnen). – Cefalù, Dom (1131 Grundsteinlegung). – Noyon, Kathedrale (nach 1131 begonnen). – Novara, Dom (1132 geweiht). – Vercelli, Dom (1132 geweiht). – Pavia, S. Pietro in Ciel d'Oro (1132 geweiht). – Regensburg-Prüfening, Klosterkirche (1132 geweiht). – Bari, San Nicola: Altarziborium (1132). – Hs. Berlin, Staatsbibl., Ms. lat. qu. 198 (medizinischer Traktat; aus Südfrankreich [Montpellier?]): Miniaturen (1132). – Krönungsmantel aus Palermo [Wien, Schatzkammer der Hofburg] (1133/34). – Hildesheim, St. Godehard (1133 begonnen). – Hss. Chalon-sur-Saône, Bibl. municipale, Mss. 7–9 (Gregor der Große: Moralia in Job; aus La Ferté-sur-Grosne): Initialen (1134). – Assisi, San Rufino (ab 1134 erneuert). – Znojmo / Znaim (Tschechien), Burg: Ausmalung der Rundkirche (1134). – Romans, St. Barnard: obere Partien des Schiffs (nach 1134). – Chartres, St. Père (nach 1134?). – Bury-Bibel (Cambridge, Corpus Christi College, MS 2): Miniaturen (um 1135). – Königslutter, Abteikirche (ab 1135). – Ferrara, Kathedrale (1135 begonnen). – Fountains Abbey, Zisterzienserkirche: Langhaus (1135 begonnen)

L Adelard von Bath: De eodem et diverso, Übers. astronom. und mathemat. Schriften aus dem Arab. (nach 1130/1146). – Petrus Abaelardus: Historia calamitatum (1131/36); Hymnarius Paracletensis (um 1132/36); Briefwechsel mit Heloïsa [?] (1132/36). – Gerhoh von Reichersberg: Dialogus inter clericum secularem et regularem (1131); Liber de eo quod princeps huius mundi iam iudicatus sit (1135). – Plato von Tivoli: Übers. mathemat. und astrolog. Schriften aus dem Arabischen [Quadripartitum des Ptolemaeus, zusammen mit Abraham bar Hiyya] (1132/46). – Petrus Venerabilis: Contra Petrobrusianos haereticos (nach 1133). – Laurentius von Durham: Hypognosticon (1134). – Bernhard von Clairvaux: Sermones super Cantica canticorum (1135–53). – Petrus Lombardus: Commentarius in Psalmos (1135–37)

Ru Nestorchronik (um 1133)

1136–1140

1136–1137	2. Italienzug Lothars von Supplinburg: Kampf gegen Roger II.
1108–1137	König Ludwig VI. der Dicke von Frankreich
1137–1180	König Ludwig VII. von Frankreich
1137	König Ludwig VII. von Frankreich heiratet Eleonore von Aquitanien
1125–1137	Kaiser Lothar von Supplinburg
1137	Heinrich der Stolze Herzog von Sachsen
1138–1152	Kaiser Konrad III. (staufisches Herrscherhaus: bis 1254)
1126–1139	Heinrich der Stolze Herzog von Bayern und (seit 1137) Sachsen
1139	Konrad III. vergibt Bayern an Markgraf Leopold IV. von Österreich, Sachsen an Albrecht den Bären; Revolte von Heinrichs des Stolzen Bruder Welf: Beginn der Rivalität zwischen Welfen und Staufern
1140	Schlacht bei Weinsberg: Niederlage Welfs gegen Konrad III.

K Heiligenkreuz, Zisterzienserkloster (ab 1136). – Exultetrolle aus Fondi (Paris, Bibl. nat., Ms. nouv. acq. lat. 710): Miniaturen (um 1136). – Erfurt, St. Jakob (1136 begonnen). – Winchester, Hospital of Saint Cross: Kirche (nach 1136). – Speyer, Dom: Godehardkapelle (1137 geweiht). – Knechtsteden, Stiftskirche (1138 begonnen). – Blois, St. Lomer (1138 begonnen). – Utrecht, Marienkirche [zerstört] (1138 geweiht). – Sarzana, Dom: Croce dipinta des Guillielmus (1138). – Verona, San Zeno Maggiore: Fassade (um 1138). – Großcomburg, Stiftskirche: Radleuchter und Antependium (vor 1139 bzw. um 1140). – Fontenay, Abteikirche (1139 begonnen). – Verona, Dom (1139 begonnen). – Langres, Kathedrale (nach 1139 begonnen). – Vendôme, Abteikirche [Glasmalerei »Vierge de Vendôme«] (um 1140/45 begonnen). – Le Mans, Kathedrale: Glasmalereien (um 1140–45). – Etampes, Stiftskirche: Chor (um 1140). – Palermo, Capella Palatina (1140 geweiht). – Bibel des Corbolinus aus Pistoia (Florenz, Bibl. Laurenziana, ms. Conventi soppressi 630): Initialen (1140). – St. Denis, Abteikirche: Westbau (1140 geweiht [Türme unvollendet]). – Gjellerup (Dänemark), Kirche: Tympanon des Südportals (1140)

L Walter von Compiègne: Otia de Machomete (nach 1137?). – Historia Compostellana (bis ca. 1138/39). – Geoffroi von Monmouth: Historia regum Britanniae [älteste Fassung] (um 1138). – Suger von St. Denis: Vita Ludovici regis (1138/44); De consecratione ecclesiae s. Dionysii (1140). – Hermannus de Carinthia: Überss. von mathemat.-physikal. Schriften aus dem Arab. (Elemente des Euklid, Planisphaerium des Ptolemaeus) und von Schriften zum Islam [Koran, De generatione Mahumet, Doctrina Mahumet] (1138 – um 1143). – Annalista Saxo (Arnold von Berge?): Chronik (um 1139/55 [1148/52?]). – Petrus Lombardus: Collectanea in epistolas Pauli (1139–41). – Ps.-Turpin: Historia Karoli Magni et Rotholandi (nach 1139). – Dominicus Gundissalinus (Gundisalvi): Überss. und Kompilationen arab.-jüd. Philosophen (Avicenna; Gabirol) und philosoph.-theolog. Schriften [De anima, De immortalitate animae, De divisione philosophiae] (um 1140 – nach 1181). – Petrus Helie: Summa Prisciani (um 1140/50). – Gratian: Decretum [letzte Red.] (um 1140). – Gilbert von Poitiers: Kommentar zu den Opuscula sacra des Boethius (um 1140). – Thierry von Chartres: Epatheucon (um 1140). – Petrus Abaelardus: Apologia contra Bernardum (1140)

D Der arme Hartmann: Rede vom Glauben (um 1140/60).
– Melker Marienlied ([um 1130? oder] um 1140/60?). – Kaiserchronik (um 1140/50?). – Pfaffe Lambrecht: Tobias (um 1140/50). – Jüngere Judith (um 1140?). – Baumgartenberger Johannes Baptista (um 1140). – Das Himmlische Jerusalem (um 1140). – Vom Recht (um 1140)

NwIs Rögnvaldr kali Kolsson und Hallr Thórarinsson: Háttalykill inn forni (um 1140/50)

Ok Cercamon: Lyrik (1137–49)

1141-1145

1142	Friede von Frankfurt legt den Konflikt zwischen Welf und Konrad III. bei: Heinrichs des Stolzen Sohn Heinrich der Löwe mit Sachsen belehnt; Albrecht der Bär behält die Nordmark
1142–1180	Heinrich der Löwe Herzog von Sachsen
1143–1155	Aufstand der Kommune in Rom gegen den Papst
1143–1180	Kaiser Manuel I. von Byzanz
1144	Seldschuken (Emir Imaddedin Zenki von Mossul) erobern Edessa
1145	Arnold von Brescia in Rom: Radikalisierung der Kommunalbewegung

K Chichester, Kathedrale: Steinrelief »Erweckung des Lazarus« (nach 1140). – Castelritaldi (Umbrien), Pieve (1141). – San Salvador de Oña (Burgos), Kapitelsaal (1141). – Lincoln, Kathedrale: Fassade [unterer Teil] (nach 1141). – Sens, Kathedrale (vor 1142 begonnen). – Trani, Kathedrale (1142 Reliquientransfer in die neue Krypta). – Kreuzfahrerburg Krak des Chevaliers in Syrien (1142 begonnen). – Krakau, Wawel, Krypta (1142). – Grissian, St. Jakob (1142 geweiht [Ausmalung später]). – Thalbürgel, Klosterkirche (1142 begonnen). – Steinfeld (Eifel), Stiftskirche (1142 begonnen). – Palermo, Capella Palatina: Mosaiken (um 1143). – Le Puy,

Kathedrale: Holztür (1143/55). – Palermo, Santa Maria dell'Ammiraglio [La Martorana] (1143 begonnen). – Verona, S. Fermo: Unterkirche (1143). – St. Denis, Abteikirche: Chor (1144 geweiht). – Jerichow, Stiftskirche (nach 1144 begonnen). – Prag, Burg: Georgsbasilika (vor 1145). – Chartres, Kathedrale: Westportale [»Königsportal«] (um 1145 begonnen). – Alexander-Reliquiar [Brüssel, Musées Royaux d'Art et d'Histoire] (1145). – Lund, Dom: Chor (1145 geweiht). – Narni, Kathedrale Santi Giovenale e Cassio geweiht (1145). – Rom, San Saba (1145)

L Wilhelm von Malmesbury: Historia novella (nach 1140). *L* – Petrus Abaelardus: Dialogus inter philosophum, Iudaeum et christianum (um 1141). – Anselm von Mainz: Vita des Eb. Adalbert von Mainz (1141/42). – Hildegard von Bingen: Scivias (1141-51); Epistolae (um 1145-79). – Laurentius von Durham: Consolatio de morte amici (1141). – Aelred von Rievaulx: De speculo caritatis (um 1142). – Petrus Venerabilis: Brief an Heloïsa zum Tode Abaelards (um 1143/ 1144); Summa totius haeresis Saracenorum, Epistola de translatione sua (als Einleitung zu den von ihm veranlaßten Überss. arab. Schriften und des Koran durch Robert von Chester und Hermannus de Carinthia, Petrus von Toledo und Petrus von Poitiers), Contra sectam vel haeresim Sarracenorum libri II (um 1143). – Gerhoh von Reichersberg: Tractatus in psalmos (1144-67/68). – Wilhelm von Conches: Dragmaticon (1144/49). – Wilhelm von St. Thièrry: Epistola ad fratres de Monte Dei (1144). – Gerhard von Cremona: Übers. von philosoph. und naturwissenschaftl. Werken griech. (Aristoteles, Themistius, Archimedes, Euklid, Ptolemaios u. a.) und arab. Autoren aus dem Arab., Revision älterer Überss. (um 1145-87). – Bernardus Silvestris: Cosmographia (1145/53). – Suger von St. Denis: De rebus in administratione sua gestis (1145/51). – Petrus Venerabilis: De miraculis (1145/47)

Ru Galizianer Evangelium (1144)

1146–1150

1146	Bernhard von Clairvaux ruft zum Kreuzzug auf
1147–1149	2. Kreuzzug unter Führung Kaiser Konrads III. und König Ludwigs VII. von Frankreich
1147	Schwere Niederlagen der Kreuzzugsheere
1147	Wendenkreuzzug Heinrichs des Löwen
1148	Kaiser Konrad III. und König Ludwig VII. treffen in Jerusalem zusammen; gemeinsame Expeditionen gegen Damaskus und Askalon scheitern
1150	Heinrich der Löwe erhebt erneut Ansprüche auf Bayern

K Maulbronn, Zisterzienserkloster (um 1146/47 begonnen). – Autun, Kathedrale (1146/47 bezugsfertig [doch unvollendet]). – Zwei Evangelistenbilder aus einem Evangeliar aus St. Lambert, Liessies [Avesnes, Musée de la Société archéologique] (1146). – Halberstadt, Liebfrauenkirche (vor 1147 begonnen). – Châlons-sur-Marne, Kathedrale: Kreuzigungsfenster (um 1147). – Grabfigur des Grafen Heinrich von Sayn [Nürnberg, Germanisches Nationalmuseum] (1147/48). – Lucca, S. Frediano (1147 vollendet). – Angers, Kathedrale (1148/53 begonnen). – Rom, Santa Maria in Trastevere (1148 vollendet). – Rom, San Lorenzo fuori le mura: Hochaltarziborium (1148). – Trier, St. Matthias (1148 geweiht). – Brauweiler (bei Köln), Abtei: Kapitelsaal mit Malereien (vor 1149 begonnen). – Jerusalem, Grabeskirche: Querhausportale (um 1149). – Heilsbronn (Ansbach), Klosterkirche (1149 geweiht). – Cahors, Kathedrale: Tympanon (um/nach 1150). – Frauenchiemsee, Klosterkirche: Wandmalereien (um 1150). – Rosheim (Elsaß), St. Peter und Paul (um 1150). – Gerlachus-Fenster [Münster, Westfäl. Landesmuseum; aus Arnstein] (um 1150). – Alet (Aude), Klosterkirche (um 1150 begonnen?). – St. Gilles (Gard), Abteikirche: Fassade (um 1150). – St. Antonin (Tarn-et-Garonne), Haus der Familie Granholet (um 1150). – Borgund (Norwegen), Stabkirche (um 1150). – Helmstedt, Abteikirche: Schmuckfußboden (um 1150). – Venedig, San Marco: Mittelportal [»Arco dei mestieri«] (um 1150). – Salzburg, Klosterkirche Nonnberg: Wandmalereien im Westteil (um 1150). – Frauenwörth (Chiemsee), Klosterkirche: Wandmalereien (um 1150). – Tragaltar des Eilbertus [Berlin, Kunstgewerbemuseum; aus Köln] (um 1150). – Antependium von Lisbjerg (bei Århus) [Kopenhagen, Nationalmuseum] (um 1150). – Freudenstadt, Stadtkirche: Lesepult (um 1150). – Madonnen von Viklau und Mosjö [Stockholm, Statens Historiska Museum] (um 1150). – Lambeth-Bibel (London, Lambeth Palace Library, MS 3; Maidstone, Museum): Miniaturen (um 1150). – Bibel von Floreffe (London, British Library, Add. ms. 177738): Miniaturen (um 1150). – Værnes (Nord-Trøndelag), Kirche: Holzstatue des hl. Olav (um 1150). – Ripoll, Santa Maria: Fassaden-Skulpturen (um 1150). – Köln, Groß-St.-Martin (1150 begonnen). – Genua, Kathedrale: Wandmalereien mit Darstellung der Eroberung von Menorca, Tortosa und Almeria (ab 1150)

L Arno von Reichersberg: Scutum canonicorum (1146/47). *L* – Otto von Freising: Chronica sive Historia de duabus civitatibus (1146). – Gilbert von Poitiers: De trinitate (um 1147?). – Wibald von Stablo: Briefe (erhalten zu 1147–54 und 1156–57). – Bernhard von Clairvaux: De consideratione (1148/53). – Bruder Marcus: Visio Tnugdali (1148/53). – Anselm von Havelberg: Dialogi (1149/51). – Bernhard von Morlas: De contemptu mundi (vor 1150). – Pamphilus de amore (um 1150/85). – Burgundio von Pisa: Übers. griech. Werke (um 1150/85). – Arno von Reichersberg: Exameron (um 1150/60). – Antidotarium Nicolai, Liber iste, Circa instans (um 1150). – Liebeskonzil von Remiremont (um 1150). – Anonymus Mellicensis (Wolfger von Prüfening): De scriptoribus ecclesiasticis (um 1150). – Nivardus von Gent (?): Ysengrimus (um 1150). – Petrus Lombardus: Vollendung der Glossa ordinaria (um 1150?). – Geoffroi von Monmouth: Vita Merlini (um 1150). – Pylatus (um 1150). –

Bernardus Silvestris: Mathematicus (um 1150? [vor 1159]). – Markward von Fulda: Gesta Marquardi (1150/65)

D Hamburger Jüngstes Gericht (vor ca. 1150?). – Rittersitte (vor ca. 1150). – Pfaffe Lambrecht: Alexander (um 1150/60). – Arnsteiner Mariengebet (um 1150). – Die Wahrheit (um 1150). – Brandans Meerfahrt (um 1150). – Adelbrecht: Johannes der Täufer (um 1150?). – Von der babylonischen Gefangenschaft (um 1150). – Klagenfurter Gebete (um 1150?)

Is Gizurr Hallsson (?): 1. grammatischer Traktat (1150/80). – Elucidarius (um 1150). – Plácidus drápa (um 1150). – Runólfr Ketilsson: Leiðarvísan (um 1150). – Eiríkr Oddsson: Hryggjarstykki (um 1150)

Ir Táin Bó Cuailnge ⟨Viehraub von Cuailnge⟩ II (vor 1150). – Togail Troí ⟨Zerstörung Trojas⟩ II (um 1150)

Ky Cyfranc Llud a Llefelys ⟨Kampf von Ll. und Ll.⟩ (um 1150/1200). – Breuddwyd Macsen Wledig ⟨Traum des Maximianus⟩ (um 1150)

F Charroi de Nîmes, Couronnement de Louis, Pèlerinage de Charlemagne (um 1150). – Jeu d'Adam (um 1150). – Vie de saint Grégoire (um 1150?)

Ok Bernart de Ventadorn: Lyrik (1147–70). – Peire d'Alvernha: Lyrik (1149–68). – Daurel et Beton (um 1150)

FOk Girart de Roussillon (um 1150/75)

1151–1155

1122–1151	Abt Suger von St. Denis
1138–1152	Kaiser Konrad III.
1152–1190	Kaiser Friedrich I. Barbarossa
1152	Königin Eleonore von Frankreich von Ludwig VII. geschieden, heiratet Heinrich Plantagenet, Herzog der Normandie und Graf von Anjou, Maine, Touraine

1115–1153 Abt Bernhard von Clairvaux
1153   Vertrag von Konstanz: Papst Eugen III. sagt Barbarossa Kaiserkrönung zu, Barbarossa verspricht dem Papst Schutz gegen die Römer und Sizilien
1154–1155 1. Italienzug Barbarossas
1154–1189 Heinrich Plantagenet als Heinrich II. König von England
1130–1154 König Roger II. von Sizilien
1154–1166 König Wilhelm I. der Böse von Sizilien
1155   Kaiserkrönung Barbarossas
1155   Arnold von Brescia hingerichtet: Ende des Aufstands der Kommune in Rom (seit 1143)

Canterbury, Kathedrale: Malereien der Anselmkapelle (3. V. **K** 12. Jh.). – Erfurt, Dom: Marienretabel [Stuck] (3. V. 12. Jh.). – Basel, Münster: Aposteltafel (nach ca. 1150). – Palermo, Cappella Palatina: Osterleuchter (1151/54). – S. Benedetto Po, Klosterkirche: Fußboden (1151). – Schwarzrheindorf, St. Klemens: Malereien (1151). – Zamora, Kathedrale (1151 begonnen). – Hs. Wiesbaden, Hess. Landesbibl., Hs. 1 (verschollen) [Hildegard von Bingen: Scivias; aus Rupertsberg]: Miniaturen (nach 1151). – Maria Laach, Abteikirche: Grabmosaik des Abts Gilbert (1152). – Vienne, St. André-le-Bas (1152). – Salamanca, Alte Kathedrale (1152 begonnen). – Magdeburger Bronzegüsse: Grabmal des Friedrich von Wettin [Magdeburg, Dom] (1152). – Romena (Arezzo), San Pietro (1152 begonnen). – Kelch [Coimbra, Museu Nacional de Machado de Castro] (1152). – Münzenberg (Hessen), Burg mit Palas (nach 1152 / vor 1174). – Bonn, Münster: Chor (1153 geweiht). – Melfi (Basilicata), Kathedrale: Turm, von Noslo Remerii (1153). – Senlis, Kathedrale (1153 begonnen). – Pisa, Baptisterium (1153 begonnen). – Trondheim, Dom [ältere Teile] (nach 1153). – Tür der Kathedrale von Novgorod (1154 vollendet). – Laon, Kathedrale (1155/1160 begonnen). – Winchester-Bibel (Winchester, Dombibl.): Miniaturen (ab ca. 1155). – Regensburg, Domkreuzgang: Allerheiligenkapelle (1155 begonnen). – Leitzkau (bei Zerbst), Sancta Maria in monte (1155 geweiht). – Köln, St. Gereon: Bodenmosaik der Krypta (vor 1156)

M Mehrstimmige Musizierpraxis in der Schule von Notre-Dame in Paris (2. H. 12. Jh. – 1. Dr. 13. Jh.)

L *L* Matthaeus von Vendôme: Piramus et Tisbe, Milo, Epistole, Ars versificatoria (2. H. 12. Jh.). – Marcus Valerius: Bucolica (2. H. 12. Jh.?). – Petrus von Blois: Gedichte, Briefe (2. H. 12. Jh.). – Walter von Châtillon: Gedichte (2. H. 12. Jh.). – Adam von St. Victor: Sequenzen (2. H. 12. Jh.). – Babio (2. H. 12. Jh.). – Hildegard von Bingen: Natur- und heilkundl. Schriften, Ordo virtutum, Lieder (1151/58). – Elisabeth von Schönau: Visiones (1152/60). – Baldericus von Florennes: Vita des Eb. Albero von Trier (1152). – Richard von St. Victor: De trinitate, De gratia contemplationis seu Beniamin maior (1153/73). – Johannes von Salisbury: Briefe (1153–76). – Laurentius von Durham: Dialogi (vor 1154). – Petrus Venerabilis: Adversus Iudeorum inveteratam duritiem (vor 1155). – Ebo von Michelsberg: Vita Ottos von Bamberg (um 1155). – Petrus Lombardus: Sententiarum libri IV (1155–58). – Vita Bischof Meinwerks von Paderborn (1155/65). – Johannes von Salisbury: Entheticus (1155)

D Trierer Silvester (2. H. 12. Jh.)

E Letzter Eintrag in der angelsächsischen Chronik von Peterborough (1154)

Is Einarr Skúlason: Sigurðardrápa, Geisli (um 1153). – Nikulás Bergsson: Leiðarvísir (1154/59)

F Roman des sept sages [Versfassung] (2. H. 12. Jh.). – Prise d'Orange (nach 1150). – Wace: Roman de Brut (1155)

It Ritmo laurenziano, Ritmo cassinese, Ritmo di Sant'Alessio (2. H. 12. Jh.)

1156	Friede von Benevent zwischen Papst Hadrian IV. und Wilhelm I. von Sizilien
1156	Markgrafschaft Österreich als selbständiges Herzogtum unter dem Babenberger Heinrich II. Jasomirgott mit besonderen Rechten (»Privilegium minus«) von Bayern abgetrennt; Heinrich der Löwe mit Bayern belehnt
1157	Reichstag zu Besançon: Auseinandersetzung zwischen Kardinal Roland Bandinelli und Kanzler Rainald von Dassel über das Verhältnis zwischen Kaisertum und Papsttum
1157–1182	König Waldemar I. der Große von Dänemark
1126–1157	König Alfons VII. von Kastilien und León
1158–1214	König Alfons VIII. von Kastilien
1158–1162	2. Italienzug Barbarossas
1158	Reichstag auf den Ronkalischen Feldern: Barbarossa stellt Reichsrechte gegenüber den italienischen Städten fest
1159	Schismatische Papstwahl: Alexander III. (Roland Bandinelli) (–1181) und Viktor IV. (–1164)
1160	Synode von Pavia, von Barbarossa einberufen, bestätigt Papst Viktor IV.; Barbarossa von Alexander III. exkommuniziert

Hs. Avranches, Bibl. municipale, E. Le Héricher Ms 159 **K** (Chronik des Robert de Torigny; aus Mont-St. Michel): Miniaturen (1156–57). – Sarkophagdeckel der Doña Blanca [Nájera, Santa Maria la Real] (1156). – Marienberg (Südtirol), Klosterkirche: Krypta (1156 geweiht). – Elfenbeinkreuz der Gunild-Helena [Kopenhagen, Nationalmuseum] (vor 1157?). – Erfurt, Dom: Wolfram-Leuchter (um 1157). – Provins, St. Quiriace (nach 1157 begonnen). – Le Mans, Kathedrale: Schiff (1158 geweiht). – Grabdenkmal des Geoffroy Plantagenet [Le Mans, Musée du Tessé] (um 1158?). – Moscufo (bei Pescara), S. Maria del Lago: Ambo (1159). –

Genua, Porta Soprana [Stadttor] (1159). – Mantes, Stiftskirche (nach 1159 begonnen). – Palermo, San Cataldo (vor 1160). – Maastricht, St. Servatius: Servatiusschrein (begonnen um 1160/70). – Kreuzfuß von St. Omer [St. Omer, Musée des Beaux Arts] (um 1160). – Pürgg (Steiermark), Johanneskapelle: Ausmalung (um 1160). – Taufschale Barbarossas [Berlin, Kunstgewerbemuseum] (um 1160). – Cappenberger Barbarossa-Kopf [Cappenberg, Kathol. Pfarrkirche] (um 1160). – Triumphkreuz von Tryde [Stockholm, Statens Historiska Museum] (um 1160). – Kopffragment der Grabmalfigur Ogers des Dänen [Meaux, Musée municipal] (um 1160). – Chorschrankenreliefs aus Gustorf [Bonn, Rhein. Landesmuseum] (um 1160). – Köln, St. Heribert: Heribertschrein (1160/70)

L *L* Elisabeth von Schönau: Liber viarum Dei (1156/63). – Wibald von Stablo: Briefe (erhalten zu 1147–54 und 1156–57). – Gerhoh von Reichersberg: Liber de novitatibus huius temporis (1156); De investigatione Antichristi [2. Fassung] (1160/62). – Otto von Freising: Gesta Friderici [mit Fortsetzung Rahewins] (1157–60). – Hermannus Iudaeus: De conversione sua (nach 1157?). – Herbord von Michelsberg: Dialogus de vita Ottonis Bambergensis (1158/59). – Hildegard von Bingen: Liber vitae meritorum (1158–63). – Reiner von Lüttich: De ineptiis cuiusdam idiotae (1158/61). – Johannes von Salisbury: Policraticus sive de nugis curialium et vestigiis philosophorum, Metalogicon (1159). – Hugo Primas von Orléans: Gedichte (vor 1160). – Ludus de Antichristo (vor 1160). – Petrus Riga: Aurora (um 1160/90). – Alanus von Lille: Planctus Naturae (um 1160/70 [vor 1176]). – Otto Morena: Historia Friderici I. imperatoris (um 1160). – Metellus von Tegernsee: Expeditio Ierosolimitana (um 1160). – Johannes von Würzburg: Descriptio Terrae sanctae (1160/70)

D Heinrich (sog. Heinrich von Melk): Erinnerung an den Tod (um 1160/80). – Vom Priesterleben [vom sog. Heinrich von Melk?] (um 1160/80). – Donauländischer Minnesang: Dietmar von Aist (um 1160/80?); Kürenberger (um 1160/1170?); Meinloh von Sevelingen (um 1160/70?); Burggrafen von Regensburg/Riedenburg (um 1160/70?). – Mariensequenz aus Seckau (um 1160/70). – Wernher vom Niederrhein: Di vier schîven (um 1160/70). – Herzog Ernst A (um 1160/70?). – König Rother (um 1160/70). – Priester Arnolt: Juliane, Von der Siebenzahl (um 1160?). – Ägidius (um 1160). – Die Hochzeit (um 1160). – Heinrich: Litanei (um 1160)

Ir Lebor na Núachongbála ⟨Book of Leinster⟩ [= Hs. Dublin, Trinity College, 1339 und Killiney A.3] (1160–1200)

F Wace: Roman de Rou (1160/75). – Alexander-Roman [Zehnsilbler-Fassung] (um 1160/65). – Roman de Thèbes (um 1160)

Ok Bertran de Born: Lyrik (1159–95)

1161–1165

1158–1162	2. Italienzug Barbarossas
1163–1164	3. Italienzug Barbarossas; Veroneser Städtebund
1159–1164	Papst Viktor IV.
1164	Konstitutionen von Clarendon (Stärkung der Rechte des englischen Königs gegenüber dem Klerus) führen zum Konflikt zwischen König Heinrich II. und Erzbischof Thomas Becket von Canterbury
1165	Karl der Große in Aachen heiliggesprochen

Trondheim, Dom (1161 Altarweihe). – Hildesheim, St. Michael ([1010–33 und] 1162–86). – Poitiers, Kathedrale (1162 begonnen). – Reims, St. Remi: Chor (1162 begonnen). – Portalskulpturen des Gruamons in Pistoia: San Giovanni Fuorcivitas (1162?). – Paris, Notre-Dame (um 1163 begonnen). – Otranto, Dom: Mosaikfußboden [mit Darstellungen

K

u. a. aus der Alexander- und der Artussage] (1163–65). –
Paris, St. Germain-des-Prés: Chor (1163 geweiht). – Lodi,
San Bassiano (1163 begonnen). – Stifterstein des Priesters
Godefridus [Bubenheim (Pfalz), St. Peter] (1163). – Seckau,
Stiftskirche (1164 geweiht). – Poitiers, Kathedrale: Fenster
der Kreuzigung (um 1165/70). – Aachen, Dom: Barbarossa-
Leuchter (um 1165/70). – Hs. München, Bayer. Staatsbibl.,
Clm 14399 (Ambrosius: Hexaëmeron; aus Prüfening): Mi-
niaturen (um 1165/70). – Barbarossa-Armreliquiar Karls des
Großen [Paris, Louvre] (um 1165). – Plan der Wasseranla-
gen von Christ Church, Canterbury, im Eadwine Psalter
[Cambridge, Trinity College, MS R.17.1] (um 1165). –
Schloß La Zisa bei Palermo (um 1165 begonnen). – Orford
(Suffolk), Burg (1165/66 begonnen). – Hs. München, Bayer.
Staatsbibl., Clm 13002 (Glossarium Salomonis; aus Prüfe-
ning): Miniaturen ([1158 und] 1165). – Fossacesia (Abruz-
zen), San Giovanni in Venere (1165 geweiht). – Jakub
(Tschechien), St. Jakob (1165). – Müstair, Klosterkirche:
Wandmalerei (ab 1165 erneuert)

L *L* Archipoeta: Gedichte (1161–67). – Carmen de gestis Fri-
derici I. imperatoris in Lombardia (1162/66). – Hildegard
von Bingen: Liber divinorum operum (1163–73/74). – Hel-
mold von Bosau: Cronica Slavorum (1163/72). – Arno von
Reichersberg: Apologeticus contra Folcmarum (1163/65). –
Johannes von Salisbury: Historia pontificalis (1163/64?). –
Elisabeth von Schönau: Briefe (vor 1164). – Metellus von
Tegernsee: Quirinalia (1165–75). – Aelred von Rievaulx: De
anima (1165/66)

D St. Trudperter Hohelied (nach 1160?)

DNl Heinrich von Veldeke: Lyrik (um 1165/85?); Servatius
(um 1165/70)

F Floire et Blancheflor (nach 1160). – Marie de France: Lais
(um 1165). – Roman d'Enéas (um 1165)

Ok Giraut de Bornelh: Lyrik (1162–99). – Raimbaut d'Aurenga: Lyrik (um 1165 [?] – 73)

1166–1170

1154–1166	König Wilhelm I. der Böse von Sizilien
1166–1189	König Wilhelm II. der Gute von Sizilien
1166–1168	4. Italienzug Barbarossas: Auseinandersetzung mit den lombardischen Städten und Papst Alexander III.
1167	Lombardischer Städtebund
1167	Bogomilenbischof Niketas von Konstantinopel in der Lombardei und Südfrankreich (»Ketzer-Konzil« in St. Félix-de-Caraman bei Toulouse): Anstoß zur Ausbildung einer Kirchenstruktur in der Sekte der Katharer
1168	Heinrich der Löwe heiratet Mathilde von England
1169	Beginn der Eroberung Irlands durch anglo-normannische Barone
1170	Thomas Becket ermordet

Hs. Paris, Bibl. nat., Ms. lat. 10136 (Annales Ianuenses [Genueser Annalen] des Caffaro): Miniaturen (1166–73). – Soest, St. Patrokli (1166 geweiht). – Braunschweiger Löwe (1166). – Portalskulpturen des Gruamons in Pistoia: Sant' Andrea (1166), San Bartolomeo in Pantano (1167). – Regensburg, St. Emmeram [weitgehender Neubau] (nach 1166). – Büdingen (Hessen), Schloß (nach 1166?). – Antiphonar aus St. Peter in Salzburg [Wien, Österr. Nationalbibl., Cod. ser. nov. 2700]: Miniaturen (vor 1167). – Münstereifel, Romanisches Haus (um 1167). – Fossanova, Zisterzienserkirche (1167 begonnen). – Hartberg (Steiermark), Karner (1167). – Sens, Kathedrale (1168 geweiht). – Giornico (Tessin), San Nicolao (1168). – Reliquiar des Kaisers Heinrich II. [Paris, Louvre] (1168). – Bibel von Calci (Pisa, Museo Nazionale di San Matteo): Miniaturen (1168).

K

– Siegburg, St. Servatius (um 1169). – Evangelistar aus Passau (München, Bayer. Staatsbibl., Clm 16002): Miniaturen (um 1170/80). – Antependium aus Soest [Münster, Westfäl. Landesmuseum] (um 1170/80). – Mönchengladbach, St. Vitus: Westbau (um 1170/80). – Emporenbrüstung aus Gröningen [Berlin, Skulpturengalerie] (um 1170). – Santiago de Compostela, Festsaal im erzbischöfl. Palast (um 1170 begonnen). – »Byzantinische Bibel« (San Daniele del Friuli, Bibl. Guarneriana): Miniaturen (um 1170). – Hs. Paris, Bibl. nat., Ms. lat. 14516 (Richard von St. Victor, In Ezechielem; aus St. Victor): Illustrationen zum Tempel (um 1170?). – Hs. München, Bayer. Staatsbibl., Clm 14159 (Hrabanus Maurus: De laudibus s. crucis; aus Regensburg): Miniaturen (1170/1185)

L *L* Johannes Sarracenus: Übers. der Schriften des Ps.-Dionysius Areopagita (um 1166/67). – Aachener Vita Karls des Großen (1166). – Gerhoh von Reichersberg: De quarta vigilia noctis (1167). – Stephan von Rouen: Draco Normannicus (um 1169). – Hugo Falcandus (?): Liber de regno Siciliae (bis 1169). – Petrus Comestor: Historia scholastica (1169–73). – Wilhelm von Blois: Comedia de Alda (vor 1170). – Roger von Salerno: Chirurgia (um 1170). – Historia Welforum Weingartensis (um 1170)

D Friedrich von Hausen: Lyrik (um 1170–90). – Herger-Spervogel: Lyrik (um 1170/90?). – Wernher von Elmendorf: Moralium dogma philosophorum (um 1170/80). – Anegenge (um 1170/80). – Der heimliche Bote (um 1170/80). – Der Wilde Mann: Von christlicher Lehre, Van der girheit, Veronica, Vespasian (um 1170?). – Linzer Entecrist (um 1170). – Straßburger Alexander (um 1170). – Speculum Ecclesiae (um 1170)

DNl Heinrich von Veldeke: Eneas-Roman [Torso] (um 1170–74?)

Nl Trierer Floyris (um 1170/80)

E Poema morale (um 1170)

F Chanson de Guillaume (um 1170). – Benoît de Sainte-Maure: Roman de Troie (um 1170). – Chrétien de Troyes: Erec et Enide (um 1170). – Thomas d'Angleterre: Tristan (um 1170)

Ok Boeci (um 1170)

1171–1175

1171–1193 Saladin Sultan von Ägypten
1172 Heinrich der Löwe unternimmt Pilgerfahrt nach Jerusalem
1174–1178 5. Italienzug Barbarossas: Auseinandersetzung mit den lombardischen Städten und Papst Alexander III.
1174 Saladin gewinnt Damaskus
um 1175 Petrus Waldes stiftet Bußgenossenschaft (Waldenser)

Wimpfen, Kaiserpfalz (nach ca. 1170). – Roskilde (Dänemark): Kathedrale (nach 1170 begonnen). – Bitonto, Kathedrale (1171 begonnen). – Tarragona, Kathedrale (1171 begonnen). – Tournai, Kathedrale (1171 Schiff und Querhaus geweiht). – Bibel aus Arnstein (London, British Library, MS Harley 2799): Miniaturen (um 1172). – Wimpfen, Pfalz (1172 begonnen). – Köln, Groß St. Martin (1172 Chorweihe). – Lausanne, Kathedrale (um 1173 begonnen). – Ganagobie (Basses-Alpes), Klosterkirche: Mosaik (um 1173?). – Lübeck, Dom (1173/74 begonnen). – Braunschweig, Dom (1173 begonnen). – Grasbrunn-Keferloh (bei München), St. Ägidius (1173). – San Leo (Marken), Dom (1173). – Agde (Hérault), Kathedrale (nach 1173). – Laon, Bischöfliche Doppelkapelle (vor 1174). – Gurk, Dom: Hemmagrab (um 1174). – Worms, Synagoge: Männerbau (1174/75); Dom und Domkreuzgang (1174 begonnen). – Monreale, Benediktinerkloster (1174 gegründet). – Pisa, Campanile (1174 begonnen). – »Hamilton-Psalter« aus Vallombrosa

K

(Berlin, Staatl. Museen, Kupferstichkabinett): Miniaturen (um 1175). – Canterbury, Hospital of St. Thomas (um 1175 gegründet); Kathedrale: Chor (1175 begonnen)

L *L* Theodericus: Libellus de locis sanctis (um 1172). – Hugo de Folieto: De claustro animae, De avibus, De nuptiis (vor 1172/74). – Purgatorium s. Patricii (um 1173?). – Alexander Neckam: De nominibus utensilium, Novus Aesopus, Novus Avianus (1175/82?)

D Priester Wernher: Driu liet von der maget (1172). – Pfaffe Konrad: Rolandslied (1172?). – Windberger Psalter (1174?). – Eilhart von Oberg: Tristrant (um 1175/80?)

F Benoît de Sainte-Maure: Chronique des ducs de Normandie (um 1174). – Pierre de Saint-Cloud: Roman de Renart [Branchen II und Va] (1174–77). – Guernes de Pont-Sainte-Maxence: Vie de Saint Thomas le martyr (um 1175)

Ok Gaucelm Faidit: Lyrik (1172–1203)

1176–1180

1176	Treffen Barbarossas und Heinrichs des Löwen in Chiavenna: Heinrich verweigert Heerfolge
1176	Schlacht bei Myriokephalon: vernichtende Niederlage Kaiser Manuels I. gegen die Türken
1177	Friede von Venedig: Verständigung zwischen Barbarossa und seinen Gegnern in Italien
1174–1178	5. Italienzug Barbarossas
1178	Barbarossa in Arles zum König von Burgund gekrönt
1178–1180	Prozeß Heinrichs des Löwen, endet mit der Absetzung des Herzogs
1180–1181	Reichskrieg gegen Heinrich den Löwen
1143–1180	Kaiser Manuel I. von Byzanz
1137–1180	König Ludwig VII. von Frankreich
1180–1223	König Philipp II. August von Frankreich

Hs. des Hortus deliciarum der Herrad von Hohenburg K
(ehem. Straßburg, Stadtbibl. – verbrannt): Miniaturen (um
1176 begonnen). – Goslar, Neuwerkskirche (1176 Hochaltarweihe). – Steingaden, Klosterkirche (1176 geweiht). –
Mailand, Porta Nuova (1176). – Avignon, Rhonebrücke
(1177 begonnen). – Parma, Dom: Kreuzabnahme-Relief von
Benedetto Antelami (1178). – Alcobaça (Portugal), Abteikirche (1178 begonnen). – Maulbronn, Klosterkirche (1178
geweiht). – Maguelone (Hérault), Kathedrale: Westportal
(1178). – Bari, Dom: Campanile (nach 1178). – Cheb/Eger,
Burgkapelle (1179 begonnen). – Aachen, Dom: Karlsschrein
(um 1180/90). – Holzskulptur »Trauernde Frau« aus Köln
[Esztergom, Christl. Museum] (um 1180). – Seligenthaler
Mitra [München, Bayer. Nationalmuseum] (um 1180). – Pisa, Dom: Tür des Bonanus (um 1180). – Orbais (Marne),
Abteikirche (1180 Altarweihe). – Canterbury, Kathedrale:
Lettner [Fragmente in der Kathedrale und im Royal Museum and Art Gallery] (1180). – Köln, Stadtmauer (1180 begonnen). – Gent, Festung »s'Gravensteen« (1180 ausgebaut). – Lecce, Santi Nicola e Cataldo (1180). – Orbais
(Marne), St. Pierre (1180 Altarweihe). – Lüttich, St. Bartholomäus: Westbau (um 1180). – Palermo, La Cuba: Königsschloß (1180). – Merseburg, Dom: Taufstein (1180)

L Andreas Capellanus: De amore (4. V. 12. Jh.?). – Herrad L
von Hohenburg: Hortus deliciarum (um 1176–96). – Richard von Ely: Dialogus de scaccario (1177/79). – Gesta Friderici I. imperatoris in Lombardia (um 1177/78). – Walter
von Châtillon: Alexandreis (um 1178/82). – Walter von
St. Victor: Contra IV labyrinthos Franciae (1178). – Gillebertus: De superfluitate clericorum (nach 1178). – Hugo
von Honau: Liber de homoysion et homoeysion (vor 1179).
– Nigellus de Longo campo (N. Wireker): Speculum stultorum (vor 1180?). – Serlo von Wilton: Gedichte (vor 1181)

D (Münchner) Oswald, Salman und Morolf, Orendel (4. V.
12. Jh.?). – Bligger von Steinach: Der Umbehanc (nicht er-

halten), Lyrik (4. V. 12. Jh.?). – Albrecht von Johansdorf: Lyrik (um 1180/1210). – Hartmann von Aue: Lyrik (um 1180/1200); Erec, Klage (um 1180). – Heinrich von Rugge: Lyrik (um 1180 / nach 1190). – Mariensequenz aus Muri (um 1180/90). – Daz himelrîche (um 1180/90?). – Rudolf von Fenis: Lyrik (um 1180/90). – Priester Konrad: Predigtbuch (um 1180)

Is (Älteste) Ólafs saga hins helga (um 1180)

F Gui de Nanteuil (4. V. 12. Jh.). – Béroul: Roman de Tristan (nach 1175). – Chrétien de Troyes: Cligés (um 1176); Guillaume d'Angleterre (um 1178); Yvain, Lancelot (um 1180). – Gace Brulé, Conon de Béthune, Blondel de Nesle: Lyrik (um 1180/1210). – Marie de France: Esope (um 1180)

Ok Folquet de Marselha: Lyrik (1178–95). – Raimbaut de Vaqueiras: Lyrik (1180–1205). – Arnaut Daniel: Lyrik (1180–95)

1181–1185

1180–1181 Reichskrieg gegen Heinrich den Löwen endet mit dessen Unterwerfung; Heinrich erhält Braunschweig und Lüneburg zurück und geht ins Exil nach England
1159–1181 Papst Alexander III.
1157–1182 König Waldemar I. der Große von Dänemark
1182–1202 König Knut IV. von Dänemark
1183 Friede von Konstanz: Ausgleich zwischen Barbarossa und den lombardischen Städten
1184 Hoftag zu Mainz (»Mainzer Artus-Pfingsten«): Schwertleite von Barbarossas Söhnen Heinrich (VI.) und Friedrich
1184–1186 6. Italienzug Barbarossas
1185–1195 Kaiser Isaak II. Angelos von Byzanz

Alpais-Ziborium [Paris, Louvre] (nach ca. 1180). – Brügge, **K**
Sint Janshospital [älteste Teile] (um 1181). – Nikolaus von
Verdun: Klosterneuburger Altar (1181 [1330/31 restauriert]). – Worms, Dom (1181 geweiht). – Zwettl, Kloster:
Kapitelsaal (vor 1182). – Paris, Notre-Dame (1182 Chorweihe). – Hs. Valenciennes, Bibl. municipale, Ms. 500 (Vita
sancti Amandi; aus St. Amand): Miniaturen (nach 1182 beendet). – Chinon, Chapelle de Ste. Radegonde: Wandmalerei
[König Heinrich II. von England und seine Söhne zu Pferd]
(vor 1183). – Châlons-sur-Marne, Notre-Dame-en-Vaux
(1183 Stiftskirche [unvollendet] und Kreuzgang geweiht). –
Siegburg, Abtei: Annoschrein (nach 1183). – Modena, Kathedrale (1184 geweiht). – Sevilla, La Giralda [ehem. Minarett, dann Domturm] (1184 begonnen). – Sens, Kathedrale:
Fassade (nach 1184?). – Kaupanger (Norwegen), Stabkirche
(nach 1184). – Weihwasserkessel des Abtes Hartmann
[Mainz, Dommuseum] (um 1185). – Noyon, Kathedrale
(1185 Ostteile benutzbar). – Palermo, Dom: Inschrift in der
Apsis (1185). – London, Templerkirche (The Temple) geweiht (1185)

L Gunther (von Pairis?): Ligurinus (1181–86/87?). – Ala- **L**
nus von Lille: Anticlaudianus (1182–83). – Walter Map: De
nugis curialium (um 1183/93). – Gottfried von Viterbo: Speculum regum (1183); Pantheon (1185/87–90/91); Memoria
saeculorum (um 1185). – Johannes von Alta Silva: Dolopathos (um 1184). – Wilhelm von Tyrus: Historia rerum in
partibus transmarinis gestarum (bis 1184). – Joachim von
Fiore: Concordia Novi et veteris Testamenti und andere
theolog. Schriften (1184/1202). – Johannes von Hauvilla:
Architrenius (1184/85)

D Graf Rudolf (um 1185)

DNl Heinrich von Veldeke: Eneas-Roman [Abschluß] (um
1185)

F Gautier d'Arras: Eracle, Ille et Galeron (vor 1184). – Renaut de Beaujeu: Le Bel Inconnu (um 1185/90). – Alexandre de Bernay: Alexanderroman (um 1185)

Ok Peire Vidal: Lyrik (1183–1204)

Ru Slovo o polku Igoreve ⟨Igorlied⟩ (um 1185/87)

1186–1190

1184–1186	6. Italienzug Barbarossas
1186	Barbarossas Sohn Heinrich (VI.) in Mailand mit Konstanze von Sizilien vermählt
1187	Schlacht von Hattin: Saladin schlägt die Truppen der Kreuzfahrerstaaten und erobert anschließend Akkon und Jerusalem; Papst Gregor VIII. ruft zum Kreuzzug auf
1188	»Hoftag Jesu Christi« in Worms: Barbarossa nimmt das Kreuz
1189–1192	3. Kreuzzug
1154–1189	König Heinrich II. von England
1189	Heinrich der Löwe kehrt aus England zurück und versucht, Sachsen zurückzuerobern
1189–1199	König Richard I. Löwenherz von England
1166–1189	König Wilhelm II. der Gute von Sizilien
1189	Tankred von Lecce unter Mißachtung der Erbansprüche Heinrichs VI. mit Hilfe des Papstes zum König von Sizilien erklärt
1190	Kreuzzug: Barbarossa erobert Iconium
1190	Kreuzzug: Kaiser Friedrich I. Barbarossa (seit 1152) ertrinkt im Fluß Saleph (Kleinasien)
1190–1197	Kaiser Heinrich VI.
1190	Kreuzzug: Richard Löwenherz und Philipp II. August stoßen zu den Kreuzfahrern
1190	Deutsche Brüderschaft für Krankenpflege in Jerusalem gestiftet (Ordo domus S. Mariae Teutonicorum in Jerusalem)

1190 Vorläufiger Friede zwischen Heinrich dem Löwen und Heinrich VI.
1190–1217 Landgraf Hermann I. von Thüringen (bedeutender Förderer der deutschen Literatur)

Hildesheim, St. Michael (1186 nach Erneuerung geweiht). – K Goslar, Neuwerk-Kirche (1186 Hochaltarweihe). – Eberbach (Rheingau), St. Maria (1186 geweiht). – Monreale, Klosterkirche: Bronzetür des Bonanus von Pisa (1186). – Augsburg, St. Ulrich und Afra: Deckelplatte vom Sarg des hl. Ulrich (vor 1187). – Heiligenkreuz, Klosterkirche [unvollständig?] (1187 geweiht). – Fossanova, Zisterzienser-Abteikirche (1187 im Bau). – Kloster Las Huelgas [bei Burgos] (1187 gegründet). – Chichester, Kathedrale (1187 begonnen). – Spoleto, Dom: Croce dipinta des Albertus Sotius (1187). – Angers, Hospital St. Jean (um 1188 vollendet). – Evangeliar Heinrichs des Löwen (Wolfenbüttel, Herzog August Bibl., Cod. Guelf. 105 Noviss. 2° / München, Bayer. Staatsbibl., Clm 30055; aus Helmarshausen): Miniaturen (um 1188?). – Braunschweig, Dom: Marienaltar (1188). – Santiago de Compostela, Kathedrale: Vorhalle, von Meister Mateo (1188 vollendet). – Zwei Limousiner Emailplatten vom Hochaltar der Klosterkirche von Grandmont [Paris, Musée nat. du moyen âge] (nach 1189). – Esztergom, Dom: Porta speciosa [Fragmente Esztergom, Bálint-Balassa-Museum] (um 1190). – Bibel aus Souvigny (Moulins, Bibl. municipale, Ms. 1): Miniaturen (um 1190). – Hs. Den Haag, Koninklijke Bibl., Ms. 76 F 5 (Psalterfragment; aus St. Bertin): Miniaturen [dabei Plan von Jerusalem] (um 1190). – Fontevrault, Abteikirche: Grabmal Heinrichs II. von England (um 1190). – Avila, San Vicente: Südportal und Grabmal des Heiligen (um 1190). – Hs. Fulda, Hess. Landesbibl., Cod. D. 11 (Historia Welforum Weingartensis; aus Weingarten): Miniaturen (vor 1190/1191). – Loro Ciufenna (Arezzo), San Pietro (vor 1191)

L Giraldus Cambrensis: Topographia Hibernica (um 1186/ L 1187); Expugnatio Hibernica (1189). – Radulfus Niger: De re militari et triplici via peregrinationis Ierosolimitane (um 1188). – Joseph von Exeter (Iscanus): Ylias (1188/90). – Petrus von Blois: Briefsammlung, Heinrich II. von England gewidmet (vor 1189). – Boncompagno da Signa: Liber de obsidione Ancone (1189/1201). – Narratio itineris navalis ad terram sanctam (1189). – Hugo Falcandus: Epistola de calamitate Sicilie (um 1190). – Lothar von Segni (ab 1198 Papst Innozenz III.): De miseria humanae conditionis (1190/94). – Nigellus de Longo Campo (N. Wireker): Tractatus contra curiales (1190/91)

D Albert von Augsburg: Ulrichsleben (1187?). – Hartmann von Aue: Gregorius, Armer Heinrich, Iwein (um 1190/1200). – Heinrich von Morungen: Lyrik (um 1190/1220). – Reinmar der Alte: Lyrik (um 1190/1210). – Bernger von Horheim: Lyrik (um 1190/1200). – Lucidarius (um 1190/1195). – Kaiser Heinrich VI.: Lyrik (um 1190). – Alber: Tundalus (um 1190). – Obdt. Servatius (um 1190). – Albrecht von Halberstadt: Metamorphosen (1190 [oder 1210?])

Nl Van bere Wisselau (um 1190/1220). – Van sente Brandane (um 1190/1210)

E Owl and Nightingale (um 1190/1200)

NwIs Ágrip af Nóregs konunga sögum (um 1190)

F Partonopeus de Blois (vor 1188). – Aspremont (um 1188). – Chrétien de Troyes: Perceval (vor 1190). – Robert Bicket: Lai du Cor (um 1190/1200). – Chevalier au cygne (um 1190/1200)

Ok Aimeric de Pegulhan: Lyrik (1190–1221)

1191–1195

1191	Kreuzzug: Richard Löwenherz und Philipp II. August von Frankreich erobern Akkon
1191	1. Italienzug Heinrichs VI.: Kaiserkrönung

1191–1204	Wolfger von Erla Bischof von Passau (bedeutender Förderer der deutschen Literatur)
1192	3. Kreuzzug (seit 1189) endet mit Vereinbarung eines Waffenstillstands
1192–1194	Richard Löwenherz bei der Rückkehr vom Kreuzzug in Deutschland gefangengesetzt
1192	Steiermark kommt durch Erbfall an Herzog Leopold V. von Österreich
1171–1193	Sultan Saladin von Ägypten
1194–1195	2. Italienzug Heinrichs VI.
1194	Heinrich VI. in Palermo zum König von Sizilien gekrönt: »Unio regni ad imperium«
1195	Heinrich der Löwe gestorben
1195	Schlacht bei Alarcos: Kalif Almansor besiegt Alfons VIII. von Kastilien
1185–1195	Kaiser Isaak II. Angelos von Byzanz

Gumlösa (Südschweden), Kirche (1191/92 geweiht). – Rom, **K** San Giovanni a Porta latina (1191 geweiht). – Senlis, Kathedrale (1191 geweiht). – Köln, St. Aposteln (nach 1193 um- und ausgebaut [Dreikonchenanlage]). – Hs. Bern, Burgerbibl., Cod. 120 (Petrus von Eboli: Liber in honorem Augusti): Miniaturen (1194–96). – Chartres, Kathedrale (1194 bis auf Krypta, Türme und Westfassade abgebrannt – Neubau begonnen). – Bourges, Kathedrale: Chor (um 1195 begonnen). – Ingeborg-Psalter (Chantilly, Musée Condé, Ms. 1695): Miniaturen (um 1195). – Verbrüderungsbuch aus St. Martin-du-Canigou (Paris, Bibl. de l'Ecole des Beaux-Arts, Ms. 38): Miniatur (1195). – Lichfield, Kathedrale (1195 begonnen). – Lom (Norwegen), Stabkirche (E. 12. Jh.). – Hylestad/Vegusdal/Austad (Norwegen), Stabkirchenportale mit Darstellungen aus der Sigurdsage (E. 12. Jh.). – Esztergom, Königspalast: Kapelle (E. 12. Jh.). – Basel, Münster: Galluspforte (E. 12. Jh.). – Halberstadt, Liebfrauenkirche: Chorschranken mit Stuckplastik (E. 12. Jh.). – Ferentillo (Terni), San Pietro in Valle: Wandmalereien (E. 12. Jh.). – Ehem. Sigena (Huesca), Kapitelsaal: Ma-

lereien [Reste in Barcelona, Museo de Arte de Cataluña] (E.
12. Jh.). – Kremsmünster, Abtei: Scheibenkreuz (E. 12. Jh.)

L *L* Historia de expeditione Friderici imperatoris [»Ansbert«]
(nach 1190 [mit Fortsetzungen bis 1197]). – Giraldus Cambrensis: Itinerarium Cambriae (um 1191); Descriptio Cambriae (um 1194). – Haymarus Monachus: De expugnata Accone (1191). – Hugucio von Pisa: Magnae derivationes (um
1192). – Heinrich von Settimello: Elegia (um 1193). – Historia peregrinorum (um 1194). – Petrus von Eboli: Liber in
honorem Augusti (1194–96). – Lothar von Segni (ab 1198
Papst Innozenz III.): De missarum mysteriis (1195/97). –
Aegidius von Paris: Karolinus (1195/96)

D Herbort von Fritzlar: Liet von Troye (nach 1190). – Nibelungenlied und Nibelungenklage (1191/1204). – Heinrich:
Reinhart Fuchs (nach 1192?). – Ulrich von Zatzikhoven:
Lanzelet (nach 1194). – Visio Sancti Pauli (E. 12. Jh.). – Bartholomäus (E. 12. Jh.)

Is Hugsvinnsmál [Disticha Catonis] (E. 12. / A. 13. Jh.). –
Gamli kanóki: Jóansdrápa, Harmsól (E. 12. Jh.)

F Marie de France: Purgatoire de saint Patrice (nach 1190).
– Hélinant: Vers de la mort (1194–97). – Jean de Flagy: Garin le Loherain (E. 12. Jh.). – Fierabras (E. 12. Jh.). – Robert
le diable (E. 12. Jh.). – Berner Folie Tristan (E. 12. Jh.)

Ok Raimon de Miraval: Lyrik (1191–1229). – Mönch von
Montaudon: Lyrik (1193–1210). – Gavaudan: Lyrik
(1195–1211). – Guilhelm de Bergadà: Lyrik (E. 12. Jh.). –
Arnaut de Maruelh: Lyrik (E. 12. Jh.)

Sp Disputa del alma y el corpo (E. 12. Jh.)

1196–1200

1196   Fürstentag zu Frankfurt: Heinrichs VI. Sohn
Friedrich (II.) zum deutschen König gewählt

1196–1197	3. Italienzug Heinrichs VI.
1190–1197	Kaiser Heinrich VI.
1198	Doppelwahl in Deutschland:
1198–1208	Philipp von Schwaben
1198–1215	Otto IV. (von Braunschweig: Sohn Heinrichs des Löwen)
1198–1216	Papst Innozenz III. (Lothar von Segni)
1198	Heinrichs VI. Sohn Friedrich (II.) in Palermo zum König von Sizilien gekrönt
1198	Umwandlung des Ordo domus S. Mariae Teutonicorum in Jerusalem in einen ritterlichen Orden: Deutscher Orden
1189–1199	König Richard I. Löwenherz von England
1199–1216	König Johann I. Ohneland von England
1200	König Philipp II. August von Frankreich stattet die Universität Paris mit Privilegien aus

Parma, Baptisterium [mit Malerei und Skulptur] (1196 begonnen). – Cripta di S. Biagio bei San Vito dei Normanni (Apulien): Wandmalereien (1196). – Festung Château-Gaillard [Normandie] (1197/98). – Evangelistar des Speyerer Doms (Karlsruhe, Bad. Landesbibl., Cod. Bruchs. I): Miniaturen (um 1197). – Bari, S. Nicola (1197 geweiht). – Teplá / Tepl (Tschechien): Klosterkirche (1197 begonnen). – Engelberg, Abteikirche: Reliquienkreuz des Abtes Heinrich (nach 1197). – Köln, Dom: Dreikönigenschrein (ab ca. 1198). – Altzella (Nossen), Klosterkirche [Ruine] (1198 Hauptaltarweihe). – Spoleto, Dom (1198 geweiht). – Tournai, Bischofskapelle (1198). – Pistoia, Domturm (1199). – Madonna des Presbyter Martinus aus Sansepolcro [Berlin, Skulpturensammlung] (1199). – Straßburg, Münster: Chor und Querhaus (um 1200 begonnen); Karlsfenster [jetzt Straßburg, Frauenhaus] (um 1200). – Freiburg i. Br., Münster: Böcklin-Kreuz (um 1200). – Mitra aus St. Peter, Salzburg [New York, Cloisters] (um 1200). – Hs. Heidelberg, Universitätsbibl., Cpg 112 (Pfaffe Konrad: Rolandslied [P]): Miniaturen (um 1200). – Estella, Palacio de los Reyes de Na-

varra (um 1200). – Sens, Kathedrale: Mittelportal (um 1200).
– St. Denis, Klosterbrunnen (um 1200). – Ravengiersburg
(Hunsrück), Westbau der Stiftskirche (um 1200). – Hocheppan (bei Bozen), Burgkapelle: Ausmalung (um 1200). –
Aquileia, Dom: Ausmalung der Krypta (um 1200). – Simiane (Basses-Alpes), Burg (um 1200). – Esztergom,
Schloßkapelle (um 1200). – Hagenwil (Thurgau), Weiherburg: Wehrturm (1200)

M Schule von Notre-Dame in Paris: Meister Perotinus (um 1200)

L *L* Petrus Cantor: Distinctiones (Summa Abel), Verbum abbreviatum (vor 1197). – Chronica regia Coloniensis (um 1197/1202 [mit Fortsetzungen bis 1220]). – Petrus von Eboli: De balneis Puteolanis (vor 1198). – Galfridus de Vino Salvo: Poetria nova, Documentum de modo et arte dictandi et versificandi, Summa de coloribus rhetoricis [?] (um 1198/1216). – Alexander de Villa Dei: Alphabetum maius, Doctrinale puerorum (1199); De algorismo, Massa computi (um 1200). – Alexander Neckam: De naturis rerum (um 1200/1210). – Magister Gregorius: Narracio de mirabilibus urbis Rome (um 1200). – Benediktbeurer Weihnachtsspiel (um 1200). – Maastrichter Osterspiel (um 1200). – Magnum Legendarium Austriacum (um 1200). – Asinarius (um 1200). – Aegidius von Paris: Erweiterte Bearbeitung der Aurora des Petrus Riga (um 1200). – Boncompagno da Signa: Rota Veneris, Liber de amicitia (1200/05)

D Walther von der Vogelweide: Lyrik (vor 1198 – um 1230 [?]; früheste datierbare Texte 1198). – Wolfram von Eschenbach: Lyrik (vor ca. 1200 / um 1220?); Parzival (um 1200/10). – Vorauer Hs. frühmhd. Gedichte (um 1200). – Konrad von Fußesbrunnen: Kindheit Jesu (um 1200). – Otto II. von Freising: Laubacher Barlaam (um 1200?). – Millstätter, Trierer, Wolfenbütteler Psalter (um 1200). – Ulrich von Gutenburg: Lyrik (um 1200?)

E Layamon: Brut (um 1200/20). – Orm: Ormulum (um 1200)

Is Oddr Snorrason: Ólafs saga Tryggvasonar (um 1200). – Trójumanna saga (um 1200?). – 2. grammat. Traktat (um 1200). – Rómverja saga (um 1200)

Ir Bardische Poesie (um 1200–1650 [13. Jh.: Giolla Brighde Albanach Mac Con Midhe]). – Acallam na Senórach ⟨Unterredung der Alten⟩ (um 1200)

Ky Schwarzes Buch von Carmarthen (vor 1200). – Peredur (um 1200?). – Geraint ac Enid (um 1200?). – Owain (um 1200?)

F Jean Bodel: Chanson des Saisnes, Fabliaux, Jeu de Saint Nicolas (um 1200). – Robert de Boron: Roman de l'estoire du graal (um 1200). – Renaut de Montauban (um 1200). – Anonyme Lais (um 1200). – Aliscans (um 1200). – Ami et Amile (um 1200). – Bueve de Hanstone (um 1200). – Chevalerie Vivien (um 1200). – Jean Renart: Escoufle (1200/1202)

Ok Comtessa de Dia: Lyrik (um 1200)

Por Johan Soarez de Pavia: Lyrik (um 1200)

Ru Kievo-Pečerskij paterik ⟨Kiever Paterikon⟩ (um 1200/1225)

1201–1205

1182–1202	König Knut IV. von Dänemark
1202–1241	König Waldemar II. der Sieger von Dänemark
1202–1204	Philipp August II. von Frankreich erobert die englischen Lehensländer nördlich der Loire
1202–1204	4. Kreuzzug
1203	1. Eroberung Konstantinopels durch die Kreuzfahrer

1204 2. Eroberung und Plünderung Konstantinopels durch die Kreuzfahrer; Errichtung eines lateinischen Kaisertums
1191–1204 Wolfger von Erla Bischof von Passau
1204–1218 Wolfger von Erla Patriarch von Aquileia
1205 Philipp von Schwaben nochmals gewählt und (in Aachen) gekrönt

K Soest, St. Maria zur Höhe: Scheibenkreuz (1. V. 13. Jh.). – Sahl (Dänemark), Altar (A. 13. Jh.). – Brügge, Sint Janshospital: nördliche Halle (A. 13. Jh.). – Mailand, Dom: Trivulzio-Kandelaber (A. 13. Jh.). – München-Forstenried, Hl. Kreuz: Kruzifixus (A. 13. Jh.). – Nürnberg, Burgkapelle (A. 13. Jh.). – Hamersleben, Stiftskirche: Chorschranken (A. 13. Jh.). – Fidenza, Dom: Prophetenstatuen (A. 13. Jh.). – Maulbronn, Kloster: Laienrefektorium (1201 begonnen). – Ourscamp, Klosterkirche (1201 geweiht). – Foligno, Dom: Fassade (1201). – Viktring (Kärnten), Klosterkirche (1202 geweiht). – Lilienfeld, Stiftskirche (1202 begonnen). – Heisterbach, Zisterzienserkirche (1202 begonnen). – Quedlinburg, Stiftskirche: Agnes-Teppich [Darstellung der Hochzeit von Merkur und Philologia] (vor 1203). – Lérida, Alte Kathedrale (1203 begonnen). – Codex Gigas (Stockholm, Königliche Bibl., MS A 148; aus Podlažice): Miniaturen (1204/27). – Lucca, Dom: Fassade (1204). – Freising, Dom (1205 geweiht). – Tournai, Kathedrale: Marienschrein des Nikolaus von Verdun (1205)

L *L* Klosterneuburger Osterspiel (A. 13. Jh.). – Saxo Grammaticus: Gesta Danorum (1202 [1208?] / 23). – Leonard von Pisa (Fibonacci): Liber abaci [1. Fassung] (1202). – Alexander de Villa Dei (?): Ecclesiale (1203). – Helinandus von Froidmont: Chronik (um 1204? [vor 1216]). – Ps.-Bernhard von Clairvaux: Liber de passione Christi et doloribus [...] matris eius (vor 1205)

D Ulrich von Singenberg (Truchseß von St. Gallen): Lyrik (1. Dr. 13. Jh.). – Otte: Eraclius (A. 13. Jh.?). – Herbort von Fritzlar (?): Pilatus (A. 13. Jh.?). – Otto von Botenlauben: Lyrik (A. 13. Jh.). – Deutsches salernitanisches Arzneibuch (A. 13. Jh.). – Klosterneuburger Osterspiel [dt. Einsprengsel in lat. Text] (A. 13. Jh.). – Uppsalaer Frauengebete [Wien-Uppsalaer Gebetbuch] (A. 13. Jh.). – Walther von der Vogelweide: Lyrik (vor 1198 – um 1230 [?]; 1203 Erwähnung Walthers im Ausgabenregister des Passauer Bischofs Wolfger von Erla). – Konrad von Heimesfurt: Mariae Himmelfahrt, Urstende (um 1205/10?)

Nl Roelantslied (1. H. 13. Jh.)

Nw (Legendarische) Ólafs saga hins helga (A. 13. Jh.)

NwIs Karl Jónsson: Sverris saga (A. 13. Jh.)

Ir Gormlaith-Elegien (13. Jh.?)

Ky Dichtung der Gogynfeirdd ⟨der nicht mehr so frühen Dichter⟩: Naturpoesie, Gnomai, Rätsel, religiöse Lyrik, Eschatologie, Liebeslyrik, Panegyrik (12.–13. Jh.). – Brut y Brenhinedd ⟨Brut der Könige⟩ (13.–15. Jh.)

F Prosa-Lancelot-Graal-Roman (Vulgata-Version): Estoire del Saint Graal, Lancelot propre, Queste del Saint Graal, Mort le roi Artu (1. Dr. 13. Jh.). – Oxforder Folie Tristan (A. 13. Jh.). – Raoul de Houdenc: Méraugis de Portlesguez (A. 13. Jh.). – Bertrand de Bar-sur-Aube: Aimeri de Narbonne, Girart de Vienne (A. 13. Jh.). – Aucassin et Nicolette (A. 13. Jh.). – Jean Bodel: Congés (1202). – Geoffroi de Villehardouin: Histoire de la conquête de Constantinople (nach 1204)

Ok Peire Cardenal: Lyrik (1205–72)

Sp Fuero juzgo (1. H. 13. Jh.)

Tsch Ostrovská píseň ⟨Ostrover Lied⟩ (13. Jh.)

137

1206–1210

1206–1227	Temüdschin Herrscher aller Mongolen (Dschingis Khan)
1208	König Philipp von Schwaben (seit 1198) ermordet
1208	Otto IV. einstimmig zum deutschen König gewählt
1209–1229	Albigenserkriege
1209–1239	Hermann von Salza Hochmeister des Deutschen Ordens
1209	Otto IV. nach massiven Zugeständnissen an die Kirche von Papst Innozenz III. zum Kaiser gekrönt
1209/10	Papst Innozenz III. approbiert die Büßergemeinschaft des Franz von Assisi
1210	Otto IV. von Papst Innozenz III. gebannt

K Ebrach, Michaelskapelle (1207 vollendet). – Spoleto, Dom: Fassadenmosaik des Solsternus (1207). – Tarquinia, Santa Maria di Castello (1207 geweiht). – Troyes, Kathedrale (vor 1208 begonnen). – Chur, Dom: Apostelsäulen im Chor (vor 1208); Schiff (nach 1208). – Rom, San Paolo fuori le mura: Kreuzgang (um 1208 begonnen). – Fossanova, Zisterzienser-Abteikirche (1208 geweiht). – Arnstein, Klosterkirche (1208 geweiht). – Koblenz, St. Kastor: Langhaus (1208 geweiht). – Novara, Palazzo del Commune (1208 begonnen). – Braine, St. Yved (1208 [?] geweiht). – Venedig, San Marco: Pala d'Oro (1209 erw.). – Magdeburg, Dom (1209 begonnen). – Neuss, St. Quirin (1209 begonnen). – Coutances, Kathedrale, Chor (ab ca. 1210?). – Halberstadt, Dom: Triumphkreuz-Gruppe (um 1210/20). – Aime (Savoyen), St. Martin: Wandmalerei (um 1210/20). – Reuner Musterbuch (Wien, Österr. Nationalbibl., Cod. 507): Miniaturen (um 1210/20). – Burg Rodenegg (bei Brixen): Malereien [Iwein-Zyklus] (um 1210/20?). – Ashmole-Bestiarium (Oxford, Bodleian Library, MS Ashm. 1511): Miniaturen (um

1210). – Ancona, Santa Maria in Piazza: Fassade (1210). – Città Castellana, Dom: Vorhalle, von Jacobus Romanus und seinem Sohn Cosmas (1210). – Maulbronn, Zisterzienserkloster: Paradies und Refektorium (1210 vollendet)

L Konrad von Eberbach: Exordium magnum Cisterciense L (1206/21). – Gunther von Pairis: Historia Constantinopolitana (1207/09). – Andreas Sunesen: Hexaëmeron (1208/1219?). – Rigord: Gesta Philippi Augusti (bis 1208). – Arnold von Lübeck: Chronica Slavorum (um 1209); Gesta Gregorii peccatoris (1210/13). – Gervasius von Tilbury: Otia imperialia (1209/14). – Otto von St. Blasien: Chronica (nach 1209). – Wilhelm von Auxerre: Glossen zum Anticlaudian des Alanus von Lille (vor 1210). – Johannes Teutonicus: Glossenapparate zum Decretum Gratiani, Compilatio Quarta und Tertia (1210–16)

D Herzog Ernst B (um 1208/09?). – Neidhart (von Reuental): Lyrik (um 1210/40). – Burkhart von Hohenfels: Lyrik (um 1210 / vor 1230?). – Wirnt von Grafenberg: Wigalois (um 1210/20). – Wolfram von Eschenbach: Willehalm (um 1210/20?). – Der Winsbecke (um 1210/20). – Rudolf von Ems: Der gute Gerhard (um 1210/20). – Gottfried von Straßburg: Tristan und Isold (um 1210). – Athis und Prophilias (um 1210). – Albrecht von Halberstadt: Metamorphosen ([1190 oder] 1210)

Nl Penninc: Roman van Walewein I (um 1210/30). – Perchevael (um 1210/30)

Is Styrmir Kárason: Lífssaga Ólafs hins helga (1210–25)

F Guiot de Provins: Bible (1206)

Ok Uc de St. Circ: Lyrik, Trobador-Biographien (um 1210 – um 1253). – Guilhelm de Tudela: Reimchronik des Albigenserkreuzzugs [Teil 1] (1210–13). – Guilhelm de Cabestany: Lyrik (um 1210)

Sp Poema de mio Cid (um 1207)

Ser Sava: Vita des Hl. Stefan-Simeon Nemanja (um 1208)

1211-1215

1212	Kaiser Heinrichs VI. Sohn Friedrich (II.) zum deutschen König gewählt und gekrönt
1212	Schlacht bei Las Navas de Tolosa: die vereinigten Heere von Kastilien, Aragón, Navarra, Portugal besiegen die Araber
1212	Kinderkreuzzug
1213-1276	König Jakob I. der Eroberer von Aragón
1213	Goldene Bulle von Eger: Friedrich II. erneuert die Zugeständnisse Ottos IV. an die Kirche
1214	Schlacht bei Bouvines: Philipp II. August von Frankreich besiegt im Bündnis mit Friedrich II. eine englisch-welfische Koalition (Johann Ohneland, Otto IV.)
1158-1214	König Alfons VIII. von Kastilien
1198-1215	Kaiser Otto IV.
1215	Friedrich II. nach erneuter Krönung als deutscher König anerkannt
1215	4. Laterankonzil: Verpflichtung der Bischöfe zur Ketzerverfolgung (Inquisition)
1215	Magna Charta Libertatum in England

K Nevers, Kathedrale (um 1211 begonnen). – Landgrafenpsalter [Stuttgart, Württ. Landesbibl., cod. H. B. II]: Miniaturen (1211-13). – Reims, Kathedrale (1211 begonnen). – Kräklingbo (Gotland), Kirche (1211). – Mouzon (Ardennen), Abteikirche (um 1212 begonnen). – Worms, Frauensynagoge (1212-13). – Soissons, Kathedrale: Chor (1212 vollendet). – Moosburg (bei Freising), St. Kastulus mit Portal (1212 geweiht). – Trient, Dom (1212 begonnen). – Canterbury, Kathedrale: Thomas Becket-Fenster (ab 1213). – Deutsch-Altenburg (Niederösterreich), Pfarrkirche: Langhaus (ab 1213). – Xanten, Dom: Westbau (1213 geweiht). – Toulouse,

Kathedrale: Schiff (1213 vollendet). – Todi, Palazzo del Popolo (1213 begonnen). – Rouen, Kathedrale: Chor (ab 1214). – Ratzeburg, Dom: Südvorhalle (um 1215). – Auxerre, Kathedrale: Chor (1215 begonnen). – Como, Broletto (1215). – Brixen, Liebfrauenkirche am Dom: Malereien (vor 1216)

L Alexander Neckam: De laudibus divinae sapientiae *L* (1211). – Eberhard von Béthune: Grecismus (vor 1212). – Annales Marbacenses (bis 1212). – Petrus Vallium Sarnii: Hystoria Albigensis (um 1212–18). – Odo von Magdeburg: Ernestus (1212/18). – Jacobus von Vitry: Vita der Maria von Oignies (1213/14). – Oliver von Paderborn: Kreuzzugsbriefe (um 1214–24); Descriptio terre sancte, Historia de ortu Ierusalem et eius variis eventibus (um 1215). – Tankred von Bologna: Ordo iudiciarius (1214–16). – Robert Grosseteste: Naturwissenschaftl. und bibelexeget. Schriften, Überss. aus dem Griechischen [Aristoteles, Johannes Damascenus] (um 1215/35). – Wilhelm von Auxerre: Summa aurea (um 1215/1220). – Boncompagno da Signa: Rhetorica antiqua [1. Red.] (1215). – Gervasius von Melkley: Ars poetica (vor 1216)

D Moriz von Craûn (nach 1210/15?). – Freidank: Sprüche [»Bescheidenheit«] (um 1215–33). – Karl und Galie (um 1215/20). – Thomasin von Zerklaere: Der welsche Gast (1215/16)

F Li fet des Romains (1213/14). – Raoul de Houdenc: Songe d'enfer (1214/15). – Prosa-Tristan (um 1215/40)

1216–1220

1198–1216 Papst Innozenz III.
1199–1216 König Johann I. Ohneland von England
1216–1272 König Heinrich III. von England
1216   Papst Honorius III. bestätigt den Dominikanerorden
1190–1217 Landgraf Hermann I. von Thüringen

1217–1252 König Ferdinand III. der Heilige von Kastilien
1217–1263 König Hákon Hákonarson von Norwegen
1217–1218 Kreuzzug König Andreas' II. von Ungarn
1204–1218 Wolfger von Erla Patriarch von Aquileia
1219 Kreuzfahrer erobern Damiette
1219 Waldemar II. von Dänemark erobert Estland
1220 Confoederatio cum principibus ecclesiasticis: Friedrich II. gibt wesentliche Königsrechte an die geistlichen Fürsten; Friedrichs Sohn Heinrich (VII.) zum deutschen König gewählt
1220 Friedrich II. zum Kaiser gekrönt

K Rom, San Giovanni in Laterano: Kreuzgang (um 1216). – Rom, San Lorenzo fuori le mura [Erweiterung] (nach 1216). – Elisabeth-Psalter (Cividale, Museo Archeologico): Miniaturen (vor 1217). – Berthold-Missale (New York, Pierpont Morgan Library, M. 710; aus Weingarten): Miniaturen (um 1217). – Casamari, Abtei (1217 geweiht). – Le Mans, Kathedrale: Chor (1217 begonnen). – Lilienfeld, Stiftskirche (1217 Chorweihe). – Freiburg i. Br., Münster, Südquerhaus: Wurzel Jesse-Fenster (vor 1218). – Roermond (Niederlande), Liebfrauenmünster (um 1218 begonnen). – Padua, Palazzo della Ragione (1218/19 [und 1303/ 1306]). – Bourges, Kathedrale: Ostteile (1218 in Benutzung). – Osnabrück, Dom (1218 begonnen). – Koprzywnica (Polen), Klosterkirche (1218 begonnen). – Köln, St. Gereon: Dekagon (1219 begonnen). – Vercelli, S. Andrea (1219 begonnen). – Appoigny (Yonne), Stiftskirche (vor 1220 begonnen). – Altenstadt (bei Schongau), St. Michael (um 1220). – Krautheim an der Jagst, Burgportal (um 1220). – Straßburg, Münster: Engelspfeiler und Südquerhausportal (um 1220/30). – Köln, St. Kunibert: Wurzel Jesse-Fenster (um 1220/30). – Lausanne, Kathedrale: Porta picta (um 1220/30). – Maria Laach, Abtei: Steinskulptur »Samson und der Löwe« (um 1220/30). – Ehem. Paris, Notre-Dame: Königsgalerie [Fragmente in Paris, Musée Cluny] (um 1220/30). – Speyerer Evangelistar (Karlsruhe,

Badische Landesbibl., Cod. Bruchsal 1): Miniaturen (um 1220). – Steinskulptur »Martin und der Bettler« von der Fassade des Doms von Lucca [Lucca, Museo Nazionale] (um 1220?). – Retabel aus der Soester Wiesenkirche [Berlin, Gemäldegalerie] (um 1220?). – Le Puy, Dom und Salle des Morts: Malereien (um 1220?). – Amiens, Kathedrale (1220 begonnen). – Salisbury, Kathedrale (1220 begonnen)

L Jacobus von Vitry: Briefe (um 1216–21); Historia Hierosolimitana abbreviata [I. Historia orientalis / II. Historia occidentalis] (um 1220/23). – Richalm von Schöntal: Liber revelationum (1216/19). – Alexander Neckam: Suppletio defectuum (1216). – Oliver von Paderborn: Historia regum terre sancte [1. Red.] (1219/20); Historia Damiatina (1219 [1. Red.] und 1220 [2. Red.]). – Michael Scotus: Überss. aus dem Arab. [Aristoteles, Avicenna, Averroes] (vor 1220). – Jordan von Sachsen: In Priscianum minorem (vor 1220). – Gesta Ernesti ducis [Erf.] (vor 1220). – Johannes de Garlandia: Gedichte, Lehrschriften [u. a. Carmen de mysteriis ecclesiae, Morale scolarium, Integumentum Ovidii, Stella maris, Compendium grammaticae] (um 1220–58). – Wilhelm Brito: Gesta Philippi II regis Francorum (um 1220). – Leonard von Pisa: Practica geometriae (um 1220? [vor 1240])

D Eberhard von Gandersheim: Gandersheimer Reimchronik (1216/17). – Bruder Wernher: Lyrik (um 1217/50?). – Wolfram von Eschenbach: Titurel (um 1217/20?). – Stricker: Kleinepik, Pfaffe Amis, Reden, Karl der Große, Daniel vom Blühenden Tal (um 1220/50). – Rudolf von Rotenburg: Lyrik (um 1220/50?). – Morant und Galie (um 1220/30). – Ebernand von Erfurt: Heinrich und Kunigunde (um 1220). – Konrad Fleck: Flore und Blanscheflur, Cligés [?] (um 1220?)

Nl Maasländ. Aiol (um 1220)

E Legenden und Traktate der Katherine-Group (um 1220/1225). – Ancrene Riwle (um 1220/25)

Is Morkinsskinna (1217/22). – Snorri Sturluson: Snorra Edda (um 1220)

Schw Äldre Västgötalagen (um 1220)

Ir Muireadhach Albanach Ó Dálaigh: Gelegenheitsgedichte (vor 1220)

F Thibaut IV de Champagne: Lyrik (um 1220 [?] – 53). – Jean Renart: Lai de l'ombre (um 1220). – Huon de Bordeaux (um 1220). – Herbert: Dolopathos (um 1220)

Sp Vida de Santa Maria Egipciaca (um 1220/40)

1221–1225

1221 Kreuzfahrer zur Räumung von Damiette gezwungen
1223 Endgültige Fassung der Franziskanerregel (Regula bullata)
1223 Schlacht an der Kalka: vernichtende Niederlage russischer Fürsten gegen Dschingis Khan
1180–1223 König Philipp II. August von Frankreich

K Tre Fontane (Rom), Klosterkirche: Vorhalle (1221). – Burgos, Kathedrale (1221 begonnen). – Toul, Kathedrale (1221 begonnen). – Krone Kaiser Friedrichs II. [Palermo, Kathedrale, Schatzkammer] (vor 1222). – Amiens, Kathedrale: Bronzegrabmal des Bischofs Evrard de Fouilloy (um 1222). – Marienfeld, Klosterkirche (1222 geweiht). – Cosenza, Kathedrale (1222 geweiht). – Winchester, Schloß: Halle (1222 begonnen). – Mogiła (bei Krakau), Klosterkirche (nach 1222 begonnen). – Ely, Kathedrale: Vierungsturm (nach 1222). – Foggia, Archivolte von einem Palast Kaiser Friedrichs II. (1223). – Venedig, San Marco: Mosaiken im Narthex (nach 1223). – Wartburg: Landgrafenhaus (um 1224). – Volterra, Palazzo Pretorio (ab 1224). – Bourges, Kathedrale: Chor (1224 vollendet). – S. Galgano, Zisterzienser-Klosterkirche (1224 begonnen). – Pannonhalma (Ungarn), Klosterkirche (1224 geweiht). – Schwarzach (Baden), Klosterkirche (nach 1224). – Mont-Saint-Michel, Kloster: Refektorium (vor 1225). – Dijon, Notre-Dame (vor 1225 begonnen). – Perugia, San Prospero (1225 geweiht): Malereien des Buonamico. – Beauvais, Kathedrale (1225 begonnen). – Münster, Dom (1225 begonnen)

L Petrus de Vinea: Briefe (um 1221–49). – Jordan von Sachsen: Briefe (1222–37). – Raimund von Peñafort: Summa de casibus penitentie (1222/29). – Oliver von Paderborn: Historia Damiatina [3. Red.] (1222). – Wilhelm von Auvergne: Magisterium primum sapientiale et divinale (1223/40). – Caesarius von Heisterbach: Dialogus miraculorum (1223/1224). – Franz von Assisi: Regula bullata (1223). – Aegidius von Corbeil: Medizinische Lehrdichtungen, Hierapigra ad purgandos prelatos (vor 1224). – Wilhelm Brito: Philippidos libri XII (1224). – Thomas von Cantimpré: De natura rerum (vor 1225 – um 1241). – Philipp der Kanzler: Summa de bono (um 1225–28). – Robert Grosseteste: Briefe (um 1225–53). – Arnoldus Saxo: De finibus rerum naturalium (um 1225). – Heinrich von Lettland: Chronicon Livoniae (1225–27). – Caesarius von Heisterbach: Libri miraculorum (1225/26)

D Heinrich von dem Türlin: Der Mantel (vor ca. 1225?). – Eike von Repgow: Sachsenspiegel (um 1225/35). – Rudolf von Ems: Barlaam und Josaphat (um 1225)

Is Háttatal (1222/23)

F Gautier de Coinci: Miracles de Notre-Dame (1224/27). – Perlesvaus (um 1225/40). – Henri d'Andeli: Lai d'Aristote (um 1225)

Ok Roman de Jaufre (1225/28)

It Franz von Assisi: Cantico del sole (um 1224/25)

1226	Goldene Bulle von Rimini: Friedrich II. ermächtigt den Deutschen Orden zur Eroberung Preußens
1226	Erneuerung des Lombardischen Städtebunds
1226	Franz von Assisi gestorben
1226–1270	König Ludwig IX. der Heilige von Frankreich
1206–1227	Temüdschin Herrscher aller Mongolen (Dschingis Khan)
1227	Schlacht bei Bornhöved: Koalition norddeutscher Fürsten / Lübeck besiegt Waldemar II. von Dänemark
1227–1241	Papst Gregor IX.
1227	Friedrich II. wegen (angeblichen) Bruchs des Kreuzzugsgelübdes von Gregor IX. gebannt
1228	Franz von Assisi heiliggesprochen
1228–1229	5. Kreuzzug: Friedrich II. erhält durch Vertrag die heiligen Stätten Jerusalem, Bethlehem, Nazareth
1209–1229	Albigenserkriege
1230	Ferdinand III. von Kastilien erbt León
1230	Friede von Ceprano zwischen Friedrich II. und Gregor IX.
1230–1246	Herzog Friedrich II. von Österreich und Steiermark

K Bamberg, Dom: Bamberger Reiter, Grabmal Papst Clemens' II. und andere Skulpturen (nach 1225). – Las Huelgas (bei Burgos), Kapitelsaal (nach 1225). – Braunschweig, Dom (1226 geweiht). – Toledo, Kathedrale (1227 begonnen). – Zwettl, Kloster: Kreuzgang (1227 vollendet). – Mönchengladbach, Münster: Langhaus (ab ca. 1228). – Reichenhall, St. Zeno (1228 geweiht). – Subiaco, Sacro Speco: Wandbild der Kirchweihe (1228). – Carcassonne, Befestigung der Oberstadt, und Angers, Festung (1228 begonnen). – Assisi, San Francesco (1228 begonnen). – Mailand, Broletto Nuovo

[Palazzo della Ragione] (1228 begonnen). – Gent, Hospital
»Bijloke« (nach 1228). – Bitonto, Dom: Ambo des Nicolaus
(1229). – Provins, Befestigung der Oberstadt (1229 begonnen). – Paris, St. Martin-des-Champs: Refektorium (um
1230/40). – Chartres, Kathedrale: Lettner [Reste in der
Krypta und im Louvre] (um 1230/40); Dionysius-Fenster
im Querhaus (um 1230). – Halberstadt, Dom: Karlsteppich,
Stäbe einer Kasel (um 1230/40). – Braunschweig, Dom:
Grabmal Heinrichs des Löwen und seiner Gemahlin (um
1230/40). – Assisi, Santa Maria degli Angeli: Croce dipinta
von Giunta Pisano (um 1230/40). – Wolfenbütteler Musterbuch (Wolfenbüttel, Herzog August Bibl., Cod. Aug. 8°
61.2): Zeichnungen (um 1230/40). – Meßkelche aus Osnabrück (?) [Porvoo (Finnland), Pfarrkirche] und St. Trudpert
[New York, Cloisters] (um 1230/35). – Hildesheim, St. Michael: bemalte Holzdecke (um 1230). – Wells, Kathedrale:
Fassadenskulptur (um 1230). – Hss. Berlin, Staatsbibl., Ms.
germ. 2° 282 (Heinrich von Veldeke: Eneas-Roman [B]);
München, Bayer. Staatsbibl., Clm 4660 (Codex Buranus);
Toledo, Kathedrale (Bible moralisée): Miniaturen (um
1230). – Regensburg, Dom: Stammbaum Christi-Fenster
(um 1230). – Antependium aus Kloster Rupertsberg [Brüssel, Musées Royaux d'Art et d'Histoire] (um 1230). – Freiberg, Dom: Goldene Pforte (um 1230). – Soester Retabel
[Berlin, Gemäldegalerie] (um 1230). – Trier: St. Matthias:
Kreuzreliquiar (um 1230). – Pilis (Ungarn), Kloster: Grabmal der Königin Gertrud [Reste: Budapest, Nationalgalerie]
(um 1230). – Lilienfeld, Stiftskirche (1230 geweiht)

Neumen im Codex Buranus (um 1230) M

L Jacobus von Vitry: Sermones (nach 1226–1240). – Caesa- L
rius von Heisterbach: Vita Engelberti (1226/37). – Thomas
von Celano: Vita prima s. Francisci (1228/29). – Leonard
von Pisa (Fibonacci): Liber abaci [2. Fassung] (1228). – Johannes de Garlandia: Dictionarius (vor 1229). – Burchard
von Ursberg: Chronicon (1229–30). – Sammlung der Car-

mina Burana [Codex Buranus] (um 1230). - Accursius: Glossa glossarum (um 1230). - Bartholomaeus Anglicus: De proprietatibus rerum (1230/40 [nach 1235?]). - Boncompagno da Signa: Liber de malo senectutis et senii (1230/40?). - Philipp der Kanzler: Summa quaestionum theologicarum (1230/36). - Johannes de Sacrobosco: Sphaera mundi (vor 1231/35)

D Wartburgkrieg [älteste Schicht] (2. V. 13. Jh.?). - Aventiurehafte Dietrichepik (2. V. 13. Jh.?): Eckenlied (vor ca. 1230), Albrecht von Kemenaten: Goldemar (vor ca. 1235), Sigenot, Virginal, Laurin, Rosengarten von Worms. - Heinrich von dem Türlin: Die Krone (nach ca. 1225?). - Braunschweiger Stadtrecht (1227). - Marner: Lyrik (um 1230/70). - Reinmar von Zweter: Lyrik (um 1230/50). - Ortnit, Wolfdietrich [A] (um 1230). - Die gute Frau (um 1230?). - Codex Buranus [u. a. Benediktbeurer Passionsspiel] (um 1230). - Rhein. Marienlob (um 1230?). - Ulrich von Türheim: Cligés [Fortsetzung von Konrad Flecks Cligés?] (um 1230/ 1240?). - Mühlhäuser Reichsrechtsbuch (vor 1231)

Nl Wrake van Ragisel (2. V. 13. Jh.). - Maasländ. Minnelieder der Lunder Hs. (2. V. 13. Jh.). - Tristrant (2. V. 13. Jh.). - Pieter Vostaert: Roman van Walewein [Tl. II] (2. V. 13. Jh.). - Renout van Montalbaen (2. V. 13. Jh.)

Nw Riddarasögur (für König Hákon Hákonarson) [Bruder Robert: Tristrams saga ok Ísondar (1226); Elis saga ok Rósamundu, Strengleikar, Ívens saga, Parcevals saga und Valvers tháttr, Erex saga, Möttuls saga, Flóres saga ok Blankiflúr, Partalopa saga, Karlamagnús saga, Flóvents saga, Bevers saga] (1226/63). - Fagrskinna (um 1230)

Is Gísla saga Súrssonar (um 1230/80). - Snorri Sturluson: Heimskringla, Ólafs saga hins helga (um 1230). - Egils saga Skallagrímssonar (um 1230)

F Jean Renart: Guillaume de Dole (um 1228). - Guillaume de Lorris: Roman de la rose [Teil 1] (um 1230)

Ok Reimchronik des Albigenserkreuzzugs [Teil 2] (um 1228/50)

Sp Gonzalo de Berceo: Libro de Alexandre (?), Vida de San Millán de la Cogolla (um 1230)

Por Galegoportugies. Lyrik am kastil. Hof [Bernal de Bonaval, Pero Garcia Burgalês, Afonso Eanes de Coton, Pero Meogo, Martim Soarez; Pero da Ponte (1235–56)] (um 1230/70)

It Sizilian. Dichterschule [Kaiser Friedrich II., Giacomo da Lentini, Petrus de Vinea, Guido delle Colonne u. a.] (um 1230/50)

1231–1235	
1231	Statutum in favorem principum: Privilegien der Confoederatio von 1220 auf die weltlichen Fürsten ausgedehnt
1231	Konstitutionen von Melfi: Neuordnung des Königreichs Sizilien
1234	Graf Thibaut IV. von Champagne (Le Chansonnier) erbt Navarra
1235	Heinrich (VII.) nach Empörung gegen Friedrich II. abgesetzt
1235	Reichstag zu Mainz: Mainzer Reichslandfriede

St. Denis, Abteikirche (seit 1231 Modernisierung). – Padua, **K** Santo (1232 begonnen). – Sulejów Podklasztore (Polen), Klosterkirche (1232 geweiht). – Tišnov/Tischnowitz (Tschechien), Klosterkirche (um 1233 begonnen). – Rankweil, Wallfahrtskirche: wundertätiges Kreuz (vor 1233). – Amiens, Kathedrale: Langhaus (1233 vollendet?). – Cluny, Notre-Dame (nach 1233 begonnen). – Trier, Liebfrauenkirche (nach 1233). – Roncesvalles (Pyrenäen), Hospitalkirche (um 1234). – Capua, Castello delle Torri (1234 begonnen). – Lausanne, Kathedrale: Südquerhausrose (vor 1235). – Matutinale von Scheyern (München, Bayer. Staatsbibl., Clm 17401): Miniaturen (vor 1235). – Wechselburg, Stiftskirche: Triumphkreuz (um 1235/40). – Grabfigur des Philippe de France aus Royaumont [St. Denis, Abteikirche] (um 1235). – Münstereifel, St. Peter: Grabmal des Gottfried von Bergheim (um 1335). – Sens, Salle synodale (1235 begonnen). – Limburg (a. d. Lahn), Dom (1235 geweiht). – Marburg, St. Elisabeth (1235 begonnen); Elisabethschrein (um 1235 begonnen). – Pescia, San Francesco: Franziskustafel von Bonaventura Berlinghieri (1235)

M Ars antiqua: Entwicklung der mehrstimmigen Musik in Paris und Umkreis; Modalnotation zur »Mensuralnotation« weiterentwickelt (2. Dr. 13. Jh. – um 1300)

L *L* Johannes de Garlandia: Parisiana poetria (um 1231/35); De triumphis ecclesiae (nach 1232). – Jordan von Sachsen: Libellus de iniciis ordinis predicatorum (1231–35). – Liber Augustalis [Constitutiones regni utriusque Siciliae = Konstitutionen von Melfi] (1231). – Johannes de Sacrobosco: De computo ecclesiastico (1232/35); Algorismus [De arte numerandi] (um 1235/40). – Robert Grosseteste: Hexaëmeron (um 1232/35); Übers. der Schriften des Ps.-Dionysius Areopagita (um 1235). – Roger von Wendover: Flores historiarum (vor 1234). – Raimund von Peñafort: Liber extra (1234). – Michael Scotus: Kommentar zur Sphaera des Johannes de Sacrobosco, Liber introductorius (vor 1235). – Alexander von Hales: Summa theologica (1235/45). – Alexander Minorita: Expositio in Apocalypsim [Fassung 1] (1235–44). – Boncompagno da Signa: Rhetorica novissima (1235). – Philipp der Kanzler: Sermones, Conductus, Motetten (vor 1236)

D Sächsische Weltchronik (nach 1230 [oder um 1270?]). – Reinbot von Durne: Der heilige Georg (1231/53). – St. Galler Hs. 857 [Sammlung höf. Epik] (2. Dr. 13. Jh.). – Kudrun (2. Dr. 13. Jh.?). – Gottfried von Neifen: Lyrik (vor 1235 /

um 1255?). – Rudolf von Ems: Alexander [I] (vor ca. 1235); Willehalm von Orlens (um 1235/40). – Mainzer Reichslandfriede (1235)

1236-1240

1236   Ferdinand III. von Kastilien und León erobert Córdoba
1237   Schlacht bei Cortenuova: Friedrich II. besiegt die lombardischen Städte
1239   Friedrich II. von Papst Gregor IX. erneut gebannt
1209-1239 Hermann von Salza Hochmeister des Deutschen Ordens
1240   Mongolen erobern Kiev

Gerresheim (bei Düsseldorf), Stiftskirche (1236 geweiht). – **K** Bologna, San Francesco (1236 begonnen [1250 geweiht]). – Krems a. d. Donau, Dominikanerkirche (nach 1236 begonnen). – Prato, Kaiserkastell (1237 begonnen). – St. Germain-en-Laye (bei Paris), Notre-Dame (um 1238). – Aachen, Dom: Marienschrein (vor 1238). – Hs. Brüssel, Bibl. Royale, Ms. 269 (Kölner Königschronik): Miniaturen (nach 1238). – Halberstadt, Dom (vor 1239 begonnen). – Wells, Kathedrale (1239 geweiht). – Mainz, Dom (1239 geweiht). – Dijon, Notre-Dame (vor 1240 vollendet). – Braunschweig, Dom: Malereien (um 1240/50). – Halberstadt, Dom: Halberstädter Schrank (um 1240/50). – Scheibe mit Geburt Christi aus dem Frankfurter Dom [Frankfurt, Histor. Museum] (um 1240/50). – Hs. Cambridge, Trinity College, MS O.9.34 (Thomas of Kent: Roman de toute chevalerie): Miniaturen (um 1240/50). – Reims, Skulpturen der »Maison des Musiciens« [Reims, Musée du Tau] (um 1240/1250). – Heiligenkreuz, Kloster: Kreuzgang und Kapitelsaal (um 1240). – Marburg, St. Elisabeth: Chorverglasung (um 1240). – Goslarer Rathausevangeliar (Goslar, Rathaus): Miniaturen (um 1240). – Toledo, Kathedrale: »Virgen Blanca«

(um 1240). – Bassenheim (Koblenz), Kirche: Steinrelief »Hl. Martin mit Bettler« (um 1240). – Trogir (Dalmatien), Kathedrale: Westportal, von Meister Radovan (1240). – Dijon, Notre-Dame (1240 [nahezu?] vollendet). – Quimper, Kathedrale, Chor begonnen (1240). – Ardagger Stift (Niederösterreich), St. Margareta: Margaretenfenster (vor ca. 1241)

M Johannes de Garlandia: De mensurabili musica (um 1240)

L *L* Caesarius von Heisterbach: Vita der hl. Elisabeth (um 1236/37). – Quilichinus von Spoleto: Historia Alexandri Magni (1236). – Annales s. Pantaleonis Coloniensis (um 1237). – Albertanus von Brescia: Liber de amore et dilectione Dei et proximi (1238). – Gregor (Petrus Carus) von Montesacro: Peri ton ant⟨h⟩ropon theopiisis id est De hominum Deificatione, Carmina (vor 1239). – Johannes de Garlandia: De mensurabili musica (um 1240). – David von Augsburg: De exterioris et interioris hominis compositione (um 1240). – Ludolf von Hildesheim: Summa dictaminum (um 1240?)

D Lamprecht von Regensburg: Sanct Francisken leben (um 1238). – Berthold von Regensburg: Predigten (um 1240–72). – Rudolf von Ems: Alexander [II] (um 1240/54?) – Ulrich von Winterstetten: Lyrik (um 1240/80?). – David von Augsburg: Geistl. Schriften [Die sieben Vorregeln der Tugend, Die sieben Staffeln des Gebets u. a.] (um 1240?)

Nl Hadewijch: Lyrik [strofische Gedichten, Mengeldichten] (vor 1239 / nach 1246?); Visioenen (1239/46). – Segher Diengotgaf: Trojaroman (um 1240/50). – Ogier van Denemerken [1. Teil] (um 1240/50)

Is 3. grammat. Traktat (um 1240)

Sp Gonzalo de Berceo: Vida de Santo Domingo de Silos (um 1236). – Alfonso el Sabio: Lyrik [Cantigas de amor, Cantigas d'escarnho, Cantigas de Santa Maria] (um 1240–84)

It Guido Faba: Gemma purpurea (1239/43)

1227–1241 Papst Gregor IX.
1241 Mongoleneinfall in Polen und Ungarn
1241 Ferdinand III. von Kastilien und León erobert Murcia
1202–1241 König Waldemar II. der Sieger von Dänemark
1242 Schlacht auf dem Peipus-See: Niederlage des Deutschen Ordens gegen Fürst Alexander Nevskij von Novgorod
1243–1254 Papst Innozenz IV.
1244 Choresmische Türken erobern für den Sultan von Ägypten Jerusalem
1245 Konzil von Lyon (Papst Innozenz IV.) erklärt Friedrich II. für abgesetzt und gebannt
1245 Herrschaft der Mongolen in ganz Rußland

K Stendal, Dom (nach 1240 begonnen). – Otterberg, Klosterkirche: Westrose (1241). – Reims, Kathedrale: Chor (1241 vollendet). – Breslau, Rathaus [ältester Teil] (1242). – Poitiers, Kathedrale: Fassade (1242 begonnen). – Nienburg, Klosterkirche (nach 1242). – Neukloster (Mecklenburg): Glasmalereien im Chor (vor 1245). – Salzburg, St. Peter: Westportal (1244/45). – Magdeburg, Dom: Kluge und törichte Jungfrauen am Paradiesportal, Reiterfigur (Otto I.?) [jetzt Magdeburg, Kulturhist. Museum] (um 1245). – Merseburg, Dom: Grabmal des Hermann von Hagen (um 1245). – London, Westminster Abbey (1245 begonnen). – Terracina, Dom, Osterleuchter (1245). – Hainburg a. d. Donau, Wiener Tor (1245?)

L Albertus Magnus: Erste (Pariser) Summe (um 1243/46); Sentenzenkommentar (um 1243/44–49). – Richard von S. Germano: Chronica regni Siciliae (bis 1243). – Rodrigo Ximenez de Rada: Rerum in Hispania gestarum libri IX seu Historia gothica (1243). – Albertanus von Brescia: De doctrina dicendi et tacendi (1245)

D Ulrich von Türheim: Forts. von Gottfrieds Tristan (vor 1243); Rennewart (nach 1243). – Wigamur (vor ca. 1245?). – Tannhäuser: Lyrik, Hofzucht [?] (um 1245/65)

Dä Jyske Lov (1241)

Ir Donnchad Mór Ó Dálaigh: religiöse Poesie (vor 1244)

Sp Post-Vulgata-Graal-Roman (nach 1240). – Gonzalo de Berceo: Milagros de Nuestra Señora (vor 1246)

1246–1250

1230–1246 Herzog Friedrich II. von Österreich und Steiermark
1246-1247 Landgraf Heinrich Raspe von Thüringen deutscher (Gegen-)König
1247–1256 Graf Wilhelm von Holland deutscher (Gegen-)König
1248–1254 6. Kreuzzug: König Ludwig IX. von Frankreich versucht vergeblich, Ägypten zu erobern
1248 Ferdinand III. von Kastilien und León erobert Sevilla
1212–1250 Kaiser Friedrich II.
1250–1254 König Konrad IV.
1250 Schlacht bei Mansurah: vernichtende Niederlage Ludwigs IX. von Frankreich auf dem Zug gegen Kairo

K Rom, Santi Quattro Coronati: Silvesterkapelle mit Malereien (um 1246). – Pisa, Baptisterium: Taufbecken, von Guido Begarelli (1246). – Florenz, Santa Maria Novella (1246 begonnen). – Grabfigur des Grafen Heinrich von Sayn [Nürnberg, German. Nationalmuseum] (um 1247). – Köln, St. Kunibert (1247 geweiht). – Reutlingen, St. Marien (nach 1247 begonnen). – Köln, Dom: Chor (1248 begonnen). – Clermont-Ferrand, Kathedrale (1248 begonnen). – Drontheim,

Dom: Westfassade (1248 begonnen). – Bergen, Hákonshalle (1248 begonnen). – Paris, Ste. Chapelle (1248 geweiht). – Greifswald-Eldena, Kloster [Ruine] (1249 vollendet). – Kaiserswerth (bei Düsseldorf), St. Suitbert (1249 begonnen). – Mistra (bei Sparta): Festung und Stadt gegründet von Guillaume de Villehardouin (1249). – Mainz, Dom: Grabmal des Erzbischofs Siegfried von Eppstein (nach 1249). – Hss. München, Bayer. Staatsbibl., Cgm 19 (Wolfram von Eschenbach: Parzival/Titurel [G]) und Cgm 51 (Gottfried von Straßburg, Tristan [M]): Miniaturen (vor ca. 1250). – Rostock, St. Nikolai (um 1250/60). – Reims, Kathedrale: Innere Westwand mit Skulpturen (um 1250/60). – Hs. Oxford, Bodleian Library, MS Ashm. 304 (Wahrsagebuch): Miniaturen (um 1250/55). – Naumburg, Dom: Lettner und Stifterfiguren (um oder nach 1250). – Friesach (Kärnten), Deutschordenskirche: Wandmalereien in den Fensterlaibungen (um 1250). – Wetter (Hessen), St. Maria: Altarretabel (um 1250). – Assisi, San Francesco: früheste Farbfenster (um 1250). – Behang mit Magdalenenszenen [Wernigerode, Museum] (um 1250). – Monza, Palazzo del Comune [»Arengario«] (um 1250). – Ehem. Barcelona, Palacio Real Mayor: Malereien [jetzt Barcelona, Museo de Historia] (um 1250). – Castel del Monte (vor 1250 begonnen). – Hs. London, British Library, MS Royal 14 C.VII (Matthew Paris: Historia Anglorum und Chronica maior): Miniaturen [des Autors] (1250–59). – Bologna, San Francesco (1250 geweiht [1236 begonnen])

Beginn der schriftlichen Überlieferung der Lieder der Trobadors und Trouvères mit Melodien in den Chansonniers (um 1250). – Franko von Köln: Ars cantus mensurabilis (um 1250)   M

L Albertanus von Brescia: Liber consolationis et consilii (1246/48); Melibeus und Prudentia (1246). – Thomas von Celano: Vita secunda s. Francisci (1246/47). – Robert Grosseteste: Übers. des Eustratius-Kommentars zur Nikomachi-   L

schen Ethik aus dem Griech. (nach 1246/47). – Bernhard
von der Geist: Palpanista (nach 1246). – Rodrigo Ximenez
de Rada: Historia Arabum (vor 1247). – Reinerus Alemannicus: Phagifacetus (vor 1247). – Vinzenz von Beauvais: De
eruditione filiorum nobilium (um 1247/49). – Kaiser Friedrich II.: De arte venandi cum avibus (um 1247/48). – Johannes de Plano Carpini: Historia Mongolorum (1147/52). –
Albertus Magnus: Kommentare zu Ps.-Dionysius Areopagita (1248/56) und Aristoteles [1250–52 zur Nikomachischen
Ethik] (1250–72). – Bonaventura: Bibelkommentar (1248);
Sermones (1250–73). – Alexander Minorita: Expositio in
Apocalypsim [Fassungen 2 und 3] (1248, 1249). – Albert
von Stade: Troilus (1249). – Vita beatae virginis Mariae et
salvatoris rhythmica (vor 1250). – Petrus Hispanus (Papst
Johannes XXI.): Thesaurus pauperum, Summulae logicales
(um 1250). – Robert Kilwardby: De ortu scientiarum (um
1250). – Franko von Köln: Ars cantus mensurabilis (um
1250). – Ps.-Ovidius: De vetula (um 1250). – Eberhardus
Alemannus: Laborintus (um 1250). – Hugo von Mâcon: Gesta militum (um 1250?). – Berthold von Regensburg: 3
Sammlungen Predigten (1250–55)

D Lamprecht von Regensburg: Tochter Syon (1246/52). –
Prosa-Lancelot (vor ca. 1250?). – St. Georgener Prediger
(vor ca. 1250). – Albrant: Roßarzneibuch (vor 1250?). – Rudolf von Ems: Weltchronik (um 1250/54). – Dt. Cato (um
1250). – Tristan als Mönch (um 1250?). – Volmar: Steinbuch
(um 1250?). – Himmelgartner Passionsspiel [Hs.] (um
1250?). – König Tirol (um 1250?). – Heilige Regel für ein
vollkommenes Leben (um 1250). – Biterolf und Dietleib
(um 1250?)

Nl Hadewijch: Brieven (nach 1246). – Ferguut (vor ca.
1250). – Karel ende Elegast (um 1250/80). – Madelgijs [ältere Version] (um 1250/80). – Lantsloot van der Haghedochte
(um 1250/60). – Jan de Clerc: Ogier van Denemerken II
(um 1250/60). – Beatrijs van Nazareth: Seven manieren van

minnen (um 1250). – Claes ver Brechten sone van Haarlem: Willem van Oringen (um 1250)

E King Horn (um 1250?). – Floris and Blancheflur (um 1250?)

Nw Thiðreks saga (um 1250). – Laxdœla saga (um 1250). – Barlaams saga ok Josaphats (um 1250)

Is Völsunga saga (um 1250)

Ir Imthechta Aeniasa ⟨Irrfahrten des Aeneas⟩ (um 1250). – Togail na Tébe ⟨Zerstörung Thebens⟩ (um 1250)

F Gossouin de Metz: Image du monde (1246). – Rutebeuf: satir. Dichtung, Kreuzzugspropaganda, Fabliaux (um 1250–85). – L'Atre périlleux (um 1250). – Vie des pères (um 1250)

Sp Alfonso el Sabio: Lapidario (um 1250). – Poridat de poridades (um 1250). – Razón de amor (um 1250). – Bocados de oro (um 1250). – Poema de Fernán González (um 1250)

1251–1255

1251	Ottokar II. von Böhmen übernimmt als Nachfolger der Babenberger die Herrschaft in Österreich; König Bela IV. von Ungarn besetzt die Steiermark
1252	Bulle »Ad extirpandam«: Anwendung der Folter im Ketzerprozeß
1252	Einführung des Florentiner Guldens
1252	Alexander Nevskij Großfürst von Vladimir
1217–1252	König Ferdinand III. der Heilige von Kastilien und (seit 1230) León
1252–1284	König Alfons X. der Weise (Alfonso el Sabio) von Kastilien
1253–1278	König Přemysl Ottokar II. von Böhmen
1254	6. Kreuzzug (seit 1248) endet erfolglos mit der Rückkehr König Ludwigs IX. nach Frankreich

1250-1254 König Konrad IV.
1243-1254 Papst Innozenz IV.
1254 Rheinischer Städtebund: Sicherung des Landfriedens

K Matrei (Osttirol), St. Nikolaus: Malereien in der Oberkirche (3. V. 13. Jh.). – Glockenkasel aus St. Blasien mit Nikolaus-Vita [Wien, Österr. Museum für angewandte Kunst] (3. V. 13. Jh.). – Chertsey Tiles (Bodenkacheln mit u. a. Tristan-Darstellungen) [London, British Museum] (nach ca. 1250). – Vienne, Kathedrale: Chor (1251 geweiht). – Schulpforta, Klosterkirche: Chor (1251 begonnen). – Lübeck, St. Marien (1251 begonnen); Rathaus: Marktfassade und Laube (nach 1251). – Chur, Domschatz: Luziusreliquiar (1252). – London, Westminster Abbey: Kapitelhaus (um 1253). – Rapolla (bei Melfi), Dom: Portal von Melchiorre da Montealbano (1253). – Assisi, San Francesco (1253 Bau vollendet). – Karytaina (Peloponnes), Burg (1254). – Otterberg, Klosterkirche (1254 geweiht). – Le Mans, Kathedrale: Chor (1254 geweiht). – Utrecht, Dom (1254 begonnen). – Goslar, Hospital »Das Große Heilige Kreuz« (1254 gegründet). – Anagni, Dom: Malereien in der Krypta (vor 1255). – Evreux, St. Taurin: Taurinusschrein (vor 1255). – León, Kathedrale (1255 begonnen)

L *L* Herzog Ernst C (2. H. 13. Jh.). – Wilhelm von Rubruck: Itinerarium ad partes orientales (um 1252). – Bruno de Longoburgo: Chirurgia magna (1252). – Heinrich von Segusia: Summa aurea (1253). – Bonaventura: Bibelkommentar (1253/54); De reductione artium ad theologiam (um 1253/1257?); Quaestiones (1253-56). – Thomas von Aquin: De ente et essentia (um 1255). – Konrad von Mure: De naturis animalium (um 1255). – Simon de Dacia: Domus grammatice (1255/70). – Thomas von Celano (?): Legenda s. Clarae (1255/56). – Wilhelm von St. Amour: Tractatus de periculis novissimorum temporum ex Scripturis sumptis (1255/56)

D Wartburgkrieg [Fortss.] (2. H. 13. Jh.). – Steinmar: Lyrik (2. H. 13. Jh.). – Wilder Alexander: Lyrik (3. V. 13. Jh.). – Friedrich von Sonnenburg: Lyrik (3. V. 13. Jh.). – Sigeher: Lyrik (3. V. 13. Jh.). – Herrand von Wildonie: Verserzählungen, Lyrik [?] (3. V. 13. Jh.). – Berthold von Holle: Demantin, Crâne, Darifant (3. V. 13. Jh.). – Walther und Hildegund (nach ca. 1250?). – Heinrich von Kröllwitz: Vaterunser (1252–55). – Konrad von Würzburg: Lyrik [und Klage der Kunst] (um 1255/87?). – Ulrich von Lichtenstein: Frauendienst (1255?)

Nl Flandrijs (2. H. 13. Jh.). – De riddere metter mouwen (2. H. 13. Jh.). – Johann von Brabant: Lyrik (um 1255/70)

Nw Konungs skuggsjá (um 1255?)

Is Grágás (2. H. 13. Jh.)

Ky Breuddwyd Rhonabwy ⟨Rhonabwys Traum⟩ (nach 1250)

F Prosa-Alexander (2. H. 13. Jh.). – Adam de la Halle: Lyrik (nach ca. 1250 – vor 1289?)

Sp Calila e Dimna (1251). – Libro de los engaños e los asayamientos de las mugeres (1253)

It Sikulo-toskan. Dichterschule [Guittone d'Arezzo (bis 1293/94); Rustico Filippi (bis 1291/95) u. a.] (2. H. 13. Jh.)

1256–1260

1247–1256 Graf Wilhelm von Holland deutscher (Gegen-)König
1257 Doppelte Königswahl in Deutschland:
1257–1272 Richard von Cornwall
1257–1275 Alfons X. der Weise (Alfonso el Sabio) von Kastilien
1258 Robert de Sorbon gründet Studienkolleg an der Universität Paris (»Sorbonne«)

1258–1265 Aufstand der Barone (Simon von Montfort) gegen Heinrich III. von England
1258–1266 Friedrichs II. Sohn Manfred König von Sizilien
1259 Friede von Paris zwischen Heinrich III. von England und Ludwig IX. von Frankreich: Heinrich verzichtet auf Normandie, Maine, Anjou und Poitou und nimmt Aquitanien zu Lehen
1259–1282 Kaiser Michael VIII. Palaiologos von Byzanz (bis 1261 in Nikaia)
1260 Schlacht bei Kroissenbrunn: Ottokar von Böhmen besiegt Bela IV. von Ungarn, der ihm die Steiermark abtreten muß
1260 Mamluken vertreiben Mongolen aus Syrien; dieses mit Ägypten unter Mamluken-Herrschaft vereinigt

K Lincoln, Kathedrale: Angel Choir (1256 begonnen). – Ják (Ungarn), Klosterkirche (1256 geweiht). – Tours, Kathedrale: Chorverglasung (nach 1257). – Freiburg i. Br., Münster: Turm (1258 begonnen). – Venedig, San Marco: Narthexmosaiken (1258 in Arbeit). – Bayonne, Kathedrale (1258 begonnen). – Paris, Notre-Dame: Südportal (1258 begonnen). – »Manfred-Ausgabe« von Friedrich II.: De arte venandi cum avibus (Rom, Bibl. Vaticana, Pal. lat. 1071): Miniaturen (nach 1258). – Altenberg, Klosterkirche (1259). – Gaibana-Epistolar (Padua, Bibl. Capitolare): Miniaturen (1259). – Bonmont-Psalter (Besançon, Bibl. municipale, Ms. 54): Miniaturen (nach 1259). – Toledo, Nuestra Señora del Tránsito [ehem. Synagoge] (vor 1260/61). – Jindřichův Hradec / Neuhaus (Tschechien), Schloß [alte Teile] (um 1260/70). – Maria Laach, Abtei: Grabfigur des Pfalzgrafen Heinrich II. (um 1260/70). – Hs. Oxford, Bodleian Library, MS Ashm. 399 (Medizinische Darstellungen): Miniaturen (um 1260). – Linköping, Dom: Langhaus (um 1260 begonnen). – Bemalte Kirchentür aus Friesach [Graz, Joanneum] (um 1260). – Joigny, Pfarrkirche: Grabmal der Adelaide von Champagne (um

1260). – Psalter Ludwigs des Heiligen [König Ludwigs IX. von Frankreich] (Paris, Bibl. nat., Ms. lat. 10525): Miniaturen (um 1260). – Lausanne, Kathedrale: Chorgestühl (um 1260). – Altartafel (Fragment) im Stiftsmuseum Aschaffenburg (um 1260). – Monza, Dom (1260 begonnen). – Pisa, Baptisterium: Kanzel von Nicola Pisano (1260). – Marburg, Schloß (ab 1260 ausgebaut). – Straßburg, Münster: ehem. Lettner (vor 1261). – Istanbul, Kalenderhane Camii: Wandmalereizyklus zum Leben des hl. Franz von Assisi, entstanden während der Herrschaft der Lateiner [Fragmente in Istanbul, Archäologisches Museum] (vor 1261)

L Bonaventura: Breviloquium (um 1256); Soliloquium (um 1257); Itinerarium mentis ad Deum (1259); De triplici via (1259/69); Legenda s. Francisci maior (1260/62). – Thomas von Cantimpré: Bonum universale de apibus (1256–63). – Vinzenz von Beauvais: Speculum maius (um 1256/59). – Heinrich von Bracton: De legibus et consuetudinibus Angliae (um 1256). – Albert von Stade: Annales (bis 1256). – Albertus Magnus: De vegetabilibus et plantis libri VII (1256/57); De animalibus libri XXVI (um 1258). – David von Augsburg (?): De inquisitione haereticorum (nach 1256). – Thomas von Aquin: Summa contra gentiles (1259 – um 1267). – Justinus von Lippstadt: Lippiflorium (1259/64). – Matthaeus Paris: Chronica maiora (1259). – Hugo Ripelin von Straßburg: Compendium theologicae veritatis (um 1260/70). – Jacobus a Voragine: Legenda aurea (um 1260/1267?). – Wilhelm von Moerbeke: Überss. aus dem Griech. [1260/65 Politik des Aristoteles] (1260–86). – Liber Scale Machometi (1260/64)

D Konrad von Würzburg: Schwanritter, Turnei von Nantes (1257/58?); Herzmaere, Der Welt Lohn, Engelhard (vor 1260?); Silvester (1260/74?). – Ulrich von Lichtenstein: Frauenbuch (1257?). – Heinrich von Hesler: Apokalypse, Erlösung, Evangelium Nicodemi (vor ca. 1260?). – Mechthild von Magdeburg: Das fließende Licht der Gottheit, Bücher I–V (vor 1260), Buch VI (um 1260/71). – Wiener Kleinepik-Hs. A (um 1260/80). – Christherre-Chronik (um 1260/80?). – Osterspiel von Muri [Hs.] (um 1260)

Nl Jacob van Maerlant: Alexanders yeesten, Historie van den grale / Merlijns boec (um 1257/60); Torec [?] (um 1260/1265). – Willem: Van den vos Reinaerde [Reinaert I] (um 1257/71). – Roman der Lorreinen (um 1260/90). – Calstaf und Noydekin: Esopet (um 1260/70). – Diederic van Assenede: Floris ende Blancefloer (um 1260)

Is Vatnsdœla saga (1260/80)

F Richard de Fournival: Bestiaire d'amour (vor 1260). – Rutebeuf: Miracle de Théophile (um 1260)

Ok Guiraut Riquier: Lyrik (um 1260–92)

Sp Alfonso el Sabio: Siete partidas (1256–65). – Libro de Apolonio (um 1260)

Ka Jaume I.: Libre dels feyts (um 1260/70?)

It Guido Guinizelli: Lyrik [Dolce stil novo] (um 1260–76)

1261–1265

1261	Kaiser Michael VIII. Palaiologos beseitigt das lateinische Kaisertum in Byzanz
1261	Grönland fällt an Norwegen
1262	Papst Urban IV. bietet Karl von Anjou Sizilien an
1262	Island fällt an Norwegen
1263	Papst Urban IV. setzt Karl von Anjou als Reichsvikar für Italien ein
1217–1263	König Hákon Hákonarson von Norwegen
1263–1280	König Magnus Hákonarson von Norwegen
1258–1265	Aufstand der Barone (Simon von Montfort) gegen Heinrich III. von England

Coppo di Marcovaldo: Madonna del Bordone [Siena, S. Maria dei Servi] (1261). – Regensburg, Dom: Ottokar-Kreuz (nach 1261). – Kolín (Tschechien), St. Bartholomäus: Schiff (1261 begonnen). – »Reliquaire de la Sainte-Chapelle« [Paris, Musée nat. du moyen âge] (1261). – Troyes, Saint-Urbain (1262 begonnen). – Salamanca, Martinskapelle der Alten Kathedrale: Wandmalerei von Antón Sánchez de Segovia (1262). – Lehnin, Zisterzienser-Klosterkirche (1262 vollendet). – Lübeck, Heiliggeist-Hospital (um 1263 begonnen). – Xanten, Dom: Chor (1263 begonnen). – Lilienfeld, Stift samt Kirche (1263 geweiht). – Reims, Kathedrale: Grabstein des Architekten Hugues Libergier (1263). – Gurk, Dom: Malereien auf der Westempore (um 1264). – Arnolfo di Cambio: Arca di S. Domenico [Bologna, S. Domenico] (1264–67). – Siena, Dom: Ostteile und Bronzekugel über der Kuppel (1264). – Stein a. d. Donau: Minoritenkirche (1264 geweiht). – Kaiserswerth (bei Düsseldorf), St. Suitbert: Suitbertschrein (1264 aufgestellt). – Hs. Paris, Bibl. nat., Ms. fr. 1610 (Benoît de Sainte-Maure, Roman de Troie): Miniaturen (1264). – Krems a. d. Donau, Gozzo-Burg (um 1265)

L Heinrich von Würzburg: Carmen de statu curie Romane (1261/65). – Albertus Magnus: Kommentar zur Metaphysik des Aristoteles (1262/63); Bibelkommentare (um 1264/70). – Johannes von Capua: Directorium vitae humanae, Überss. aus dem Hebräischen (1263/78). – Thomas von Aquin (?): Hymnus »Pange lingua gloriosi corporis mysterium« (1264). – Wilhelm Durandus von Mende: Rationale divinorum officiorum (1265/96)

D Konrad von Würzburg: Heinrich von Kempten (1261/1277). – Ulrich von dem Türlin: Arabel (1261/69)

Nl Jacob van Maerlant: Historie van Troyen (um 1265)

NwIs Brandr Jónsson (?): Alexanders saga, Gyðinga saga (1262/63?). – Sturla Thórðarson: Hákonar saga Hákonarsonar (1264/65)

Ky Llyfr Aneirin ⟨Buch von Aneirin⟩ (um 1265)

F Brunetto Latini: Livre du trésor (um 1265)

Sp Tablas alfonsíes (1262–72)

Ser Domentijan: Vita des Hl. Stefan-Simeon Nemanja (1264)

Ru Vita des Fürsten Alexander Nevskij (um 1263)

1266–1270

1266	König Manfred von Sizilien (seit 1258) fällt in der Schlacht von Benevent gegen Karl von Anjou
1266–1285	Karl von Anjou König von Sizilien
1267–1268	Italienzug Konradins (Sohn Konrads IV.)
1268	Schlacht von Tagliacozzo: Karl von Anjou besiegt Konradin und läßt ihn hinrichten
1269	Ottokar von Böhmen erbt Kärnten und Krain
1270	7. Kreuzzug unter König Ludwig IX. dem Heiligen von Frankreich
1270	König Ludwig IX. der Heilige von Frankreich (seit 1226) stirbt auf dem Kreuzzug

K Nicola Pisano: Kanzel im Dom von Siena (1266/68). – Viterbo, Papstpalast (1266 vollendet) und Loggia del Papa (1267). – Lübeck, Dom: Chor (1266 Neubau begonnen). – Mogiła (bei Krakau), Klosterkirche (1266 geweiht). – London, Westminster Abbey: »Westminster Retabel«, und [nur in Kopien dokumentiert] Westminster Palace: »Painted Chamber« (um 1267). – St. Denis, Abteikirche: Grabmäler französischer Könige und Prinzen (1267 angeordnet). – Clermont-l'Hérault, St. Paul (1267 begonnen). – Minden,

Dom (1267 begonnen). − St. Germer-de-Fly, Klosterkirche (1267 geweiht). − Siena, Palazzo Tolomei (nach 1267?). − Vortragskreuz in Scheibenform [Villingen, Münsterschatz] (vor 1268). − Caerphilly Castle [Wales] (ab 1268 [und nach 1272]). − Ringsted (Dänemark), Klosterkirche (1268 geweiht). − Liturgische Textilien der Äbtissin Kunigunde aus Göss [Wien, Österr. Museum für angewandte Kunst] (vor 1269). − Chichester, St. Mary's Hospital (nach 1269). − Imbach (Niederösterreich), Pfarrkirche (nach 1269 begonnen). − Carcassonne, St. Nazaire: Querhaus (nach 1269). − Stralsund, Nikolaikirche (vor 1270 begonnen). − Ehem. Grottaferrata, Abteikirche: Wandmalereien [jetzt Grottaferrata, Abteimuseum] (um 1270/80). − Doberan, Klosterkirche: Kelchschrank (um 1270−80). − Aigues-Mortes [befestigte Hafenstadt] (um 1270). − Burgos, Kathedrale: Kreuzgangportal (um 1270). − Douce-Apokalypse (Oxford, Bodleian Library, MS Douce 180): Miniaturen (um 1270). − Neapel, San Lorenzo Maggiore (um 1270 begonnen). − Parma, Baptisterium [mit Malerei und Skulptur] (1270 vollendet). − Matera, Dom (1270 vollendet). − Parma, Baptisterium (1270 gewölbt und ausgemalt). − Pistoia, San Giovanni Fuorcivitas: Kanzel von Fra Guglielmo da Pisa (1270)

L Siger von Brabant: Aristotel.-averroist. u. a. Schriften L (um 1266/76). − Roger Bacon: Opus maius, Opus minus, Opus tertium (1266−67). − Thomas von Aquin: Summa theologiae (um 1267/73); Aristoteles-Kommentare (1269−1272). − Martin von Troppau: Chronicon [1. Red.] (1268). − Petrus Peregrinus: Epistola de magnete (1269). − Albertus Magnus: Summa theologiae [?] (um 1270/80). − Gesta Karoli Magni der Regensburger Schottenlegende (um 1270). − Hugo von Trimberg: Laurea sanctorum (um 1270). − Martinus de Dacia: Modi significandi (um 1270)

D Pleier: Garel vom blühenden Tal, Tandareis und Flordibel, Meleranz (vor ca. 1270?). − Buch der Märtyrer [Märterbuch] (vor ca. 1270?). − Der Meißner: Lyrik (um 1270/

1300). – Rumelant von Sachsen: Lyrik (um 1270/90). – Schulmeister von Eßlingen: Lyrik (um 1270/90). – Mai und Beaflor (um 1270/80?). – Sächsische Weltchronik ([nach 1230 oder] um 1270?). – Schwabenspiegel [mit Buch der Könige alter und niuwer ê] (um 1270). – Gottfried Hagen: Reimchronik der Stadt Köln (1270)

Nl Jacob van Maerlant: Rijmbibel (1267/71); Der naturen bloeme (1267); Die heimelicheit der heimelicheiden (um 1270). – Limburgse Sermoenen (um 1270/1300)

Is Codex Regius der Lieder-Edda (um 1270)

F Douin de Lavesne: Trubert (vor 1270). – Jean de Meun: Roman de la rose [2. Teil] (um 1270)

Sp Alfonso el Sabio: Primera crónica general de España [mit Prosa-Auflösung der Siete Infantes de Lara] (um 1270/90). – Historia troyana polimétrica (um 1270)

1271–1275

1271–1295 Chinareise Marco Polos
1216–1272 König Heinrich III. von England
1257–1272 Richard von Cornwall deutscher König
1272–1307 König Edward I. von England
1273–1291 König Rudolf I. von Habsburg
1274 Konzil von Lyon: Union zwischen der römischen und der byzantinischen Kirche
1275 König Alfons X. von Kastilien (Alfonso el Sabio) verzichtet auf die deutsche Königswürde
1275–1290 König Magnus Birgersson Ladulås von Schweden

K Provins, Hôpital général: Grabmal für das Herz des Grafen Thibaut V. von Champagne (nach 1270). – Nivelles, Ste. Gertrude: Gertrudschrein (1272 begonnen). – Ravello, Dom: Kanzel des Nicola da Foggia (1272). – Narbonne, Kathedrale (1272 begonnen). – Caerphilly Castle [Wales] ([ab

1268 und] nach 1272). - Limoges, Kathedrale: Chor (1273 begonnen). - Chorin, Zisterzienserkirche (nach 1273 begonnen). - Coutances, Kathedrale: Chor (vor 1274 vollendet). - Marienburg (um 1274 begonnen). - Mönchengladbach, St. Vitus (1275 geweiht). - Lausanne, Kathedrale (1275 geweiht)

L Albertus Magnus: Kommentar zur Politik des Aristoteles *L* (um 1271). - Martin von Troppau: Chronicon [2. Red.] (1271). - Heinrich von Segusia: Lectura in V libros Decretalium (1271). - Johannes Balbus: Dialogus de quaestionibus animae ad spiritum (1271). - Hieronymus von Moravia: Tractatus de musica (1272/93). - Petrus de Dacia: De virtutibus Christinae Stumbelensis (um 1272/79). - Wilhelm von Tripolis: Liber de statu Saracenorum post Ludowici IX regis de Syria reditum (um 1273). - Raimund Lull: Liber de gentili et tribus sapientibus (1273-75); Ars maior (1273). - Konrad von Mure: Fabularius (1273); Summa de arte prosandi (1275/76). - Humbert von Romans: Opus tripartitum (1274). - Wilhelm von Saliceto: Ars chirurgica (1275). - Durandus von Mende: Speculum iudiciale [1. Fassung] (vor 1276)

D Mechthild von Magdeburg: Das fließende Licht der Gottheit, Buch VII (um 1271/82). - Albrecht: Jüngerer Titurel (vor 1272 [?] / vor 1294). - Konrad von Würzburg: Alexius, Goldene Schmiede (1273/87?). - Deutschenspiegel [mit Buch der Könige] (vor ca. 1275?). - Kleine Heidelberger Liederhs. A (um 1275?)

Nl Jacob van Maerlant: Sint Franciscus leven (1273). - Willem van Affligem: Leven van sinte Lutgarde (1274). - Gheraert van Lienhout (?): De natuurkunde van het geheelal (um 1275)

E Thrush and Nightingale (um 1275). - Fox and Wolf (um 1275). - Dame Sirith (um 1275)

Is Sturla Thórðarson: Landnámabók (1275-80)

Ky Ystoria de Carolo Magno (um 1275/1325). – Llyfr Taliesin ⟨Buch von Taliesin⟩ (um 1275)

F Grandes Chroniques de France (vor 1274). – Adenet le Roi: Berte aus grans piés (um 1274); Cleomadés (1275/85)

Sp Alfonso el Sabio: General Estoria (1272–84)

Ka Raimund Lull: Libre de contemplació en Déu (um 1272); Libre de l'Ordre de cavalleria (1275/81)

It Bonvesin da Riva (Bonvicinus de Ripa): Libro delle tre scritture (vor 1274). – Pietro da Barsegapè: Sermone (1274)

1276–1280

1213–1276   König Jakob I. der Eroberer von Aragón
1276   Feldzug Rudolfs von Habsburg gegen Ottokar II. von Böhmen
1278   König Ottokar II. von Böhmen (seit 1253) fällt in der Schlacht auf dem Marchfeld gegen Rudolf von Habsburg
1278–1305   König Wenzel II. von Böhmen
1279–1325   König Dinis von Portugal
1263–1280   König Magnus Hákonarson von Norwegen

K Assisi, Oberkirche: Fresken (4. V. 13. Jh.). – Padua, Chiesa degli Eremitani (1276 begonnen). – Sirmione, Scaligerburg (1276 begonnen). – Regensburg, Dom (vor 1277 begonnen). – Rom, Capella Sancta Sanctorum (um 1277–80 renoviert und ausgemalt). – Auxerre, Saint-Germain (1277 Umbau begonnen). – Straßburg, Münster: Westbau (1277 Grundsteinlegung). – Rodez, Kathedrale (1277 begonnen). – Weltkarte der Kathedrale von Hereford (nach 1277). – Poreč/Parenzo, Kathedrale: Ziborium (1278). – Pisa, Camposanto (1278 begonnen). – Florenz, S. Maria Novella: Langhaus (1279 begonnen). – Brügge, Tuchhallen (vor 1280 begonnen). – Hss. Escorial, Ms. T. j. 1 und j. b. 2 (Alfonso el Sabio:

Cantigas de Santa Maria): Miniaturen (nach 1279). – Regensburg, St. Emmeram: Grabmal der Königin Hemma (um 1280/90). – Krems a. d. Donau, Dominikanerkirche: Gozzo-Wandmalerei (um 1280). – Auxerre, Kathedrale: Fassadenskulpturen (um 1280). – Dädesjö (Schweden), Alte Kirche: bemalte Holzdecke (um 1280). – Esslingen, St. Vitalis und Dionysius: Chorfenster (um 1280). – Ehem. Köln, Dominikanerkirche (abgerissen): Bibelfenster [jetzt im Kölner Dom] (um 1280). – Lincoln, Kathedrale: Angel Choir (1280 vollendet)

Hss. Escorial, Ms. T.j.1 und j.b.2 (Alfonso el Sabio: Cantigas **M** de Santa Maria): Melodieüberlieferung (nach 1279)

L Wilhelm von Moerbeke: Überss. aus dem Griech. [1278/ **L** 1280 Archimedes] (1260–86). – Saba Malaspina: Rerum Sicularum libri VI (1276 [Forts. bis 1285]). – Aegidius Romanus: De regimine principum (1277/79). – Martin von Troppau: Chronicon [3. Red.] (1277). – Petrus de Dacia: Vita Christinae Stumbelensis (um 1278/82). – Rapularius (vor 1280). – Gesta Romanorum [erste Sammlungen] (um 1280?). – Bartholomaeus von Parma: Astrologische Traktate [1288 Ars geomantiae] (1280–97). – Hugo von Trimberg: Registrum multorum auctorum (1280)

D Hist. Dietrichepik: Dietrichs Flucht, Rabenschlacht, Alpharts Tod (4. V. 13. Jh.). – Passional, Väterbuch (4. V. 13. Jh.). – Walther von Rheinau: Marienleben (4. V. 13. Jh.). – Brun von Schönebeck: Das Hohe Lied (1276). – Augsburger Stadtbuch (1276). – Konrad von Würzburg: Pantaleon (1277/87?); Partonopier und Meliur (1277?). – Jans (Jansen Enikel): Weltchronik, Fürstenbuch (nach 1277). – Ulrich von Etzenbach: Alexander (vor 1278 – nach 1283). – Die Böhmenschlacht (1278?). – Braunschweigische Reimchronik (1279/92). – Rede von den 15 Graden, Die Lilie (vor ca. 1280 [Hs.]). – Frauenlob (Heinrich von Meißen): Lyrik (um 1280/1318). – Hermann Damen: Lyrik (um 1280/1310). – Wernher der Gärtner: Helmbrecht (um 1280/90). – Göttweiger Trojanerkrieg (um 1280). – Konrad von Haslau: Der Jüngling (um 1280?). – Heinrich von Freiberg: Forts. von Gottfrieds Tristan, Legende vom heiligen Kreuz (um 1280?). – Ortolf von Baierland: Arzneibuch (um 1280). – Schwarzwälder Prediger (um 1280). – Baumgarten geistlicher Herzen (um 1280?)

DNl Leben Jesu [Leven van Jezus] (um 1280/1300)

Nl Nibelungenlied T [brabant. Bearb.] (um 1280/90)

E South English Legendary (um 1280)

Is Njáls saga (um 1280)

F Adam de la Halle: Jeu de la feuillée (1276/77)

Ok Flamenca-Roman (um 1280)

Sp Disputa de Elena y Maria (um 1280)

Por König Dinis: Lyrik (um 1280–1325). – Cancioneiro de Ajuda (um 1280?)

It Cecco Angiolieri: Sonette (1280–1300)

1281–1285

1281	Hansekontor »Stalhof« in London eröffnet
1259–1282	Kaiser Michael VIII. Palaiologos von Byzanz
1282	Sizilianische Vesper: Massaker an Franzosen in Palermo, Karl von Anjou verliert die Herrschaft in Sizilien an Peter von Aragon (Schwiegersohn König Manfreds)
1282	Rudolf von Habsburg belehnt seine Söhne mit Österreich und der Steiermark
1283	Eroberung Preußens durch den Deutschen Orden abgeschlossen
1284	Edward I. von England erobert Wales
1252–1284	König Alfons X. der Weise (Alfonso el Sabio) von Kastilien

1285–1314 König Philipp der Schöne von Frankreich
1266–1285 Karl von Anjou König von Sizilien

Lagrasse (Languedoc), Klosterkirche (nach 1280). – Basel, K
Münster: Grabmal der Königin Anna von Hohenberg und
ihres Sohnes Karl (um 1281). – Piacenza, Palazzo del Comune (1281). – Luckau (Brandenburg), St. Nikolai (nach
1281). – Albi, Kathedrale (1282 begonnen). – Padua, »Grab
des Antenor« (1283). – Kappel am Albis (Zürich), Klosterkirche: Hochaltar (1283 geweiht). – Regensburg-Prüfening,
Klosterkirche: Erminold-Grab (1283). – Kolmar, Dominikanerkirche (1283 begonnen). – Agramunt (Lerida), Kirche:
Hauptportal (1283). – Hs. Escorial T-I-6 (Schachbuch des
Königs Alfonso el Sabio von Kastilien): Miniaturen (1283).
– Monpazier (Dordogne) [Ortsgründung von regelmäßigem
Grundriß] (1284). – Montelupo Fiorentino, San Giovanni:
Wandmalereien von Corso di Buono (1284). – Aix-en-Provence, Kathedrale (um 1285 begonnen). – Arnolfo di Cambio, Altarziborium in Rom, San Paolo fuori le mura (1285).
– Duccio di Buoninsegna, Madonna Ruccellai [Florenz, Uffizien] (1285). – [Beauvais: Teileinsturz der Kathedrale
(1284)]

L Alexander von Roes: Memoriale de prerogativa Romani L
imperii (nach 1280). – Occultus Erfordensis (Nikolaus von
Bibra?): Carmen satiricum (1281–84). – Bartholomaeus von
Lucca: Tractatus de origine ac translatione et statu Romani
imperii (um 1281?); Determinatio compendiosa de iurisdictione imperii (1281). – Lux divinitatis [Übers. von Mechthild von Magdeburg: Das fließende Licht der Gottheit] (um
1282/98). – Salimbene de Adam: Chronica (1282–87). – Raimund Lull: Liber intentionum (1282–87). – Burchard von
Barby (de Monte Sion): Descriptio terrae sanctae (um 1283).
– Hugo von Trimberg: Solsequium (1284). – Aegidius Romanus: Aristoteles-Kommentare, De partibus philosophiae
essentialibus (vor 1285); Theoremata de corpore Christi
(1285/92). – Alexander von Roes: Pavo (um 1285)

D Konrad von Würzburg: Trojanerkrieg (1281/87). – »Seifried Helbling«-Gedichte (um 1282/99). – Hildegard von Hürnheim: Secreta secretorum [Übers.] (1282). – Bruder Hermann: Jolande von Vianden (um 1285). – Lohengrin (um 1285)

Nl Jacob van Maerlant: Spieghel historiael (um 1282–1300)

Is Sturla Thórðarson: Íslendiga saga (vor 1284)

F Adam de la Halle: Jeu de Robin et Marion (um 1285). – Jakemes: Le Châtelain de Coucy (um 1285)

Ka Raimund Lull: Romanç d'Evast e Blanquerna (1282/87). – Desclot: Crònica (1284/85)

It Novellino [Cento novelle antiche] (1281/1300)

1286–1290

1286–1319	König Erich Menved von Dänemark
1287	Reichstag zu Würzburg: Allgemeiner Landfriede Rudolfs I.
1288	Schlacht bei Worringen: Herzog Johann I. von Brabant besiegt Erzbischof Siegfried von Köln – Limburg wird brabantisch
1275–1290	König Magnus Birgersson Ladulås von Schweden

K Pluviale in opus anglicanum [Ascoli Piceno, Pinacoteca Comunale] (vor 1288). – Krakau, Marienkirche: Türme (1288 begonnen). – Lüneburg, St. Johannis (1289 begonnen). – Verona, Sant'Anastasia (1289 begonnen). – Heiligenkreuz, Kloster: Brunnenhaus (um 1290). – Chichester, Hospital (um 1290 vollendet). – Freiburg i. Br., Münster: Außenmadonna am Westportal (um 1290). – Prag, Alt-Neu-Synagoge (um 1290). – Brandenburg, Dom: Behang (um 1290). – Köln, Dom: Chorpfeilerfiguren (um 1290). – Diptychon Andreas' IV. von Ungarn [Bern, Historisches Museum]

(1290/96). – Turku (Finnland), Kathedrale (1290 geweiht). – Walkenried, Klosterkirche (1290 geweiht). – Marburg, St. Elisabeth: Hochaltar (1290). – Orvieto, Kathedrale (1290 begonnen). – Rostock, St. Marien: Bronze-Taufbecken (1290)

L Johannes Balbus: Catholicon (1286). – Guido de Columnis: Historia destructionis Troiae (1287). – Alexander von Roes: Noticia seculi (1288). – Bonvicinus de Ripa: De magnalibus urbis Mediolani (1288). – Gertrud von Helfta: Legatus divinae pietatis, Exercitia spiritualia (1289–1302). – Dietrich von Apolda: Vita s. Elisabeth, Vita s. Dominici (1289–97). – Durandus von Mende: Speculum iudiciale [erw. Fassung] (1289–91). – Raimund Lull: Ars inventiva, Ars amativa (1289). – Christan von Lilienfeld: Liturg., moral. und didakt. Dichtungen und Verse [um 1290 Zebedides] (um 1290–1326). – Simon von Kéza: Gesta Hungarorum (um 1290). – Basler Sammlung lat. Gedichte (vor 1291)

D Regenbogen: Lyrik (um 1290/1320). – Johannes Hadlaub: Lyrik (um 1290/1310). – Herzog Ernst D (um 1290?). – Dietrich von der Glesse: Der Gürtel (vor 1291)

Nl Jan van Heelu: De slach van Woeringen [Rijmkroniek] (1288/90). – Dat boec van den houte (um 1290/1330). – Melis Stoke: Rijmkroniek van Holland (1290–1305)

E Havelok (um 1290). – Arthour and Merlin (um 1290). – Amis and Amiloun (um 1290). – Kyng Alisaunder (um 1290). – Sir Tristrem (um 1290). – Land of Cokaygne (um 1290)

Schw Östgötalagen (um 1290)

F La Châtelaine de Vergi (vor 1288). – Drouart la Vache: Livre d'amour (1290)

Ok Matfre Ermengaud: Breviari d'Amor (um 1288/93)

Ka Raimund Lull: Libre de Fèlix (1287/89)

Tsch Alexandreida (um 1290/1300). – Modlitba Kunhutina
⟨Gebet der Kunigunde⟩ (um 1290)

1291–1295

1291	»Ewiger Bund« der Schweizer Urkantone Uri, Schwyz, Unterwalden
1291	Mamluken erobern Akkon: Ende der Kreuzzugsbewegung
1273–1291	König Rudolf I. von Habsburg
1292–1298	König Adolf von Nassau
1293	Erlaß der Ordinamenti di Giustizia in Florenz
1294–1303	Papst Bonifaz VIII.
1271–1295	Chinareise Marco Polos
1295	Model Parliament in England

K Rom, Santa Maria in Trastevere: Mosaiken von Pietro Cavallini (um 1291). – Statue der Königin Eleanor vom Waltham Cross [London, Victoria & Albert Museum] (1291/92). – Farcheville (bei Etampes), Burg (1291). – Doberan, Zisterzienserkirche (nach 1291 begonnen). – Tonnerre, Hospital (um 1293/95). – Rom, Santa Cecilia in Trastevere: Altarziborium von Arnolfo di Cambio und Wandmalereien von Pietro Cavallini (um 1293). – Perugia, Palazzo dei Priori (1293). – Florenz, S. Croce (1294/95 begonnen). – Zurzach (Aargau), St. Verena (ab 1294). – Rom, Santa Maria Maggiore: Apsismosaik von Jacopo Torriti (um 1295). – St. Michael (Steiermark), St. Walpurgis: Glasmalereien (1295–97). – St. Maximin (Provence), Ste. Madeleine (1295 begonnen). – Hs. Paris, Bibl. nat., Ms. lat. 9082 (frz. Übers. von Wilhelm von Tyrus: Historia rerum in partibus transmarinis gestarum): Miniaturen (1295). – Heiligenkreuz, Stiftskirche (1295 Chorweihe). – Breslau, Rathaus: Tuchhallen, Ratskeller, Ratsstube (E. 13. Jh.). – Cimabue: Madonna und Franziskus [Assisi, San Francesco] (E. 13. Jh.). – Hs. Oxford, Bodleian Library, MS Bodl. Rolls 3 [Bildrolle: Genealogie der britischen

Könige] (E. 13. Jh.). – Regensburg, Stuckdekorfragmente aus dem Dollinger-Haus [Stadtmuseum Regensburg] (E. 13. Jh.)

Überlieferung der einstimmigen italienischen Laude mit M Melodien (seit dem späten 13. Jh.)

L Galvano da Levanto: Liber sancti passagii christicola- L rum contra Saracenos pro recuperatione terrae sanctae (1291/95). – Heinrich Rosla: Herlingsberga (nach 1291). – Stephanardus de Vicomercato: Poema de gestis in civitate Mediolani sub Othone Vicecomite archiepiscopo (um 1292). – Roger Bacon: Compendium studii Theologiae (1292). – Lanfranc von Mailand: Chirurgia parva (1293/1294). – Dietrich von Freiberg: Philosoph.-theolog. und naturwissenschaftl. Traktate (um 1294–1318/20). – Bartholomaeus von Lucca: Historia ecclesiastica (bis 1294). – Raimund Lull: De affatu (1295). – Remigio dei Girolami: Contra falsos ecclesie professores (um 1295). – Ludi Floriacenses [Spielsammlung aus Fleury] (E. 13. Jh.). – Jakob von Mailand (?): Stimulus amoris [minor] (E. 13. Jh.)

D Livländische Reimchronik (nach 1290). – Hugo von Trimberg: Der Renner (nach 1290?). – Reinfried von Braunschweig (nach 1291). – Hugo von Langenstein: Martina (1293). – Albrecht von Bardewik: Red. des lübischen Rechts [Bardewikscher Kodex] (1294). – Heinrich von Freiberg: Johann von Michelsberg [Die Ritterfahrt] (um 1295?). – König Wenzel II. von Böhmen (?): Lyrik (E. 13. Jh.). – Gundacker von Judenburg: Christi Hort (E. 13. Jh.). – Der Sälden Hort (E. 13. Jh.). – Amorbacher Spiel von Mariae Himmelfahrt [Hs.] (E. 13. Jh.). – Unser vrouwen klage I und II [älteste Hss.] (E. 13. Jh.)

Nl Heinric (Hein van Aken?): Heinric ende Margriete van Limborch (1291–1320). – Jacob van Maerlant: Vanden lande van Oversee (nach 1291)

Is Ásmundar saga kappabana (E. 13. / A. 14. Jh.). – Líknarbraut (E. 13. Jh.). – Óláfs saga Tryggvassonar hin mesta (E. 13. Jh.)

Sp Castigos e documentos del rey Don Sancho (1292/93). – Gran Conquista de Ultramar (E. 13. Jh.)

Por Rui Queimado, Airas Nunes de Santiago: Lyrik (E. 13. Jh.)

It Dante Alighieri: Vita nova [mit Gedichten im Dolce stil novo] (um 1293). – Francesco da Barberino: Reggimento e costumi di donna (1295–1304). – Guido Cavalcanti, Cino da Pistoia: Lyrik [Dolce stil novo] (E. 13. / A. 14. Jh.)

1296–1300

1297	König Philipp von Frankreich okkupiert Flandern
1298	König Adolf (seit 1292) abgesetzt; Schlacht bei Göllheim: Adolf, von Albrecht von Habsburg besiegt, fällt
1298–1308	König Albrecht I. von Habsburg
1300	Papst Bonifaz VIII. erklärt 1300 zum Heiligen Jahr (»Jubeljahr«)

K Salisbury, Kathedralkreuzgang (1296 begonnen). – Arnolfo di Cambio: Skulpturen für die Fassade des Doms von Florenz [Florenz, Domopera] (nach 1296). – Norwich, Kathedrale: Kreuzgang (1297 begonnen). – Siena, Palazzo Pubblico (1297 begonnen). – Florenz, San Miniato: Apsismosaik [restauriert erhalten] (1297). – Stralsund, Marienkirche (vor 1298 begonnen). – Barcelona, Kathedrale (um 1298 begonnen). – San Gimignano, Torre Grossa (1298 begonnen). – Neubrandenburg, St. Marien (1298 Ostjoche geweiht). – Florenz, Palazzo Vecchio (1299 begonnen). – Hebräische Bibel aus Perpignan mit Abbildungen der Kultgeräte [Paris, Bibl. nat., Ms. hebr. 7] (1299). – Stein (Wachau), Göttweiger

Hof [mit Malereien] (um oder nach 1300). – Ehem. Freiburg
i. Br., Dominikanerkirche: Marienfenster [Freiburg i. Br.,
Augustinermuseum] (um 1300). – Bologna, Piazza San Domenico: Grabmal des Rolandino dei Passageri (um 1300). –
Gewand für eine Statue des hl. Mauritius im Damenstift
Ebstorf (um 1300). – Hs. München, Bayer. Staatsbibl., cgm
6406 (Rudolf von Ems: Weltchronik): Miniaturen (um
1300). – Giotto: Verkündigung des Jubeljahrs [Rom, Lateran] (um 1300). – Hs. Princeton, University Library, Garrett
Ms. 125 (Chrétien de Troyes: Yvain, Lancelot): Miniaturen
(um 1300). – Southwell, Kathedrale, Kapitelhaus (um 1300
vollendet). – Freiburg i. Br., Münster: Innenmadonna des
Westportals (um 1300). – Béziers, Kathedrale (1300 geweiht). – Antiphonar des Neri da Rimini (Venedig, Fondazione Giorgio Cini): Miniaturen (1300)

Johannes de Grocheo: Theoria de musica (um 1300)   M

L Raimund Lull: De anima rationali (1296); De quadratura   L
et triangulatura circuli (1299). – Lanfranc von Mailand:
Chirurgia magna (1296). – Aegidius Romanus: De renuntiatione papae (um 1297). – Arnold von Lüttich: Alphabetum
narrationum (1297–1308). – Johannes von Freiburg: Summa
confessorum (vor 1298). – Gertrud von Helfta: Red. des
Liber specialis gratiae der Mechthild von Hackeborn (um
1298/1300). – Matthaeus von Boulogne: Lamentationes
Matheoli (um 1298). – Petrus de Crescentiis: Ruralium commodorum libri XII (1299–1305). – Ps.-Bonaventura: Arbor
amoris (vor 1300). – Thomas von Erfurt: Tractatus de modis
significandi sive Grammatica speculativa (um 1300/10). –
Johannes Duns Scotus: Theolog. und philosoph. Schriften
(um 1300/08). – Jacobus de Cessolis: Solacium ludi scacorum (um 1300). – Arnald von Villanova: Regimen sanitatis
ad regem Aragonum, Liber de vinis (um 1300). – Paradisus
animae (um 1300). – Johannes de Grocheo: Theoria de musica (um 1300). – Bonvicinus de Ripa: Vita scholastica (um
1300). – Legenda maior der hl. Hedwig von Schlesien (um

1300). – Meditationes vitae Christi (um 1300). – Engelbert von Admont: Speculum virtutum moralium (um 1300). – Rudolf von Schlettstadt: Historie memoriales (um 1300). – Speculum prelatorum (um 1300). – Petrus de Bosco: Summaria brevis [...] felicis expeditionis et abbreviationis guerrarum ac litium regni Francorum (1300)

D Ulrich von Etzenbach: Wilhelm von Wenden (vor 1297). – Meister Eckhart: Predigten (vor 1298–1327); Reden der Unterscheidung (vor 1298). – Die Schlacht bei Göllheim (1298). – Albrecht von Bardewik: Chronik (1298); Kodifizierung des lübischen Seerechts (1299). – Budapester Liederhs. (um 1300). – Lichtentaler Marienklage [Hs.] (um 1300). – Johann von Konstanz: Minnelehre (um 1300). – Heinrich von Neustadt: Appolonius von Tyrland, Von Gottes Zukunft, Visio Philiberti (um 1300?). – Das Wachtelmäre (um 1300?). – Wizlav: Lyrik (um 1300). – Wolfdietrich D (um 1300?)

Nl Madelgijs [erw. Version] (um 1300). – Hein van Aken: Die Rose (um 1300). – Philip Utenbroeke: Spieghel Historiael [2. Partie] (um 1300)

E Cursor Mundi (um 1300)

Nw Amícus saga ok Amilíus (um 1300)

Is Sturlunga saga (um 1300). – Friðjófs saga frækna (um 1300)

Schw Red. des Uppländischen Rechts (um 1296). – Fornsvenska Legendariet (um 1300)

Ir Imthecht na Tromdáime ⟨Wanderung der lästigen Schar⟩ (um 1300)

F Rusticien de Pise: Erinnerungen Marco Polos [frankoital. Version] (1298)

Sp Barlaam y Josapha (um 1300). – Ferrán Martínez (?): Libro del cavallero Zifar (um 1300)

Ka Raimund Lull: Desconhort (um 1300)

Por Martim Codax: Cantigas de amigo (um 1300)

It Dante Alighieri: Rime petrose (1296/97). – Tristano riccardiano (um 1300)

Ser Teodosije aus Hilander: Vita des Hl. Sava (1300)

Tsch Svatý Václave ⟨Hl. Wenzel⟩ (um 1300)

Pl Kazania świetokrzyskie ⟨Predigten vom Hl. Kreuz⟩ (um 1300)

1301–1305

1301	Gründung des Osmanischen Reichs (Sultan Osman I.)
1302	Schlacht bei Kortrijk [Courtrai] (»Sporenschlacht«): Flandrische Zünfte besiegen französisches Ritterheer und bewahren damit die Selbständigkeit des Landes
1302	Bulle »Unam Sanctam«: Weltherrschaftsanspruch des Papsttums

1294–1303 Papst Bonifaz VIII.
1278–1305 König Wenzel II. von Böhmen

Manesse-Codex (Heidelberg, Universitätsbibl., cpg 848): **K** Miniaturen (1. Dr. 14. Jh.). – Hs. Paris, Bibl. nat., Ms. lat. 5690 (Dictys, Florus und Livius): Miniaturen (A. 14. Jh.). – Wien, St. Stephan: Dienstboten-Madonna (A. 14. Jh.). – Christus-Johannes-Gruppe aus Katharinenthal (Schaffhausen) [Antwerpen, Museum Mayer van den Bergh] (A. 14. Jh.). – Antependium aus Nedstryn (Norwegen) [Bergen, Historisches Museum] (A. 14. Jh.). – Lüneburg, Stift Lüne: Altardecke und Hungertuch (A. 14. Jh.). – Heddal (Norwegen), Stabkirche (A. 14. Jh.). – Machsor vom Oberrhein (Leipzig, Universitätsbibl., Ms. V.1102/I–II): Miniaturen (A. 14. Jh.). – Hs. St. Gallen, Bibl. Vadiana, ms. 302 (Rudolf von Ems: Weltchronik): Miniaturen (nach 1300). – »Madonna Kesselstatt« [Trier, Diözesanmuseum] (nach 1300). – Cimabue: Arbeit am Apsismosaik des Pisaner Doms (1301/02). – Giovanni Pisano: Kanzel in St. Andrea, Pistoia (1301). – Augsburg, Dom: Bronzegrabmal des Bischofs Wolfhart Roth (1302). – Arnolfo di Cambio, Grabmal Papst Bonifaz' VIII. [Rom, St. Peter, Grotten] (um 1303). – Padua, Palazzo della Ragione ([1218/19 und] 1303–06). – Kremsmünster, Stiftskirche: Gunther-Hochgrab (vor 1304). – Rom, Santa Maria in Cosmedin: Altarziborium des Deodatus (vor 1304). – Giotto di Bondone: Fresken in der Arena-Kapelle, Padua (1304/05). – Poissy, Saint-Louis (1304 vollendet?). – St. Bertrand-de-Comminges, Kathedrale (ab 1304). – Steyr, Bürgerspital (1305 vollendet)

M Ars nova in Frankreich: Weiterentwicklung der Mensuralnotation; Motetten und mehrstimmige Liedformen (14. Jh.). – »Musik des Trecento« in Italien: eigenständige Entwicklung der mehrstimmigen Liedkunst (14. – A. 15. Jh.)

L *L* Walter Burley: De vita et moribus philosophorum, philosoph.-naturwissenschaftl. Traktate, Kommentare zu aristotel. Schriften (1. H. 14. Jh.). – Speculum sapientiae (1. H. 14. Jh.). – Riccoldo de Monte Croce: Liber peregrinationis (Itinerarium), Contra legem Sarracenorum (nach 1300/20). – Biblia pauperum [Hss.] (seit A. 14. Jh.). – Regimen sanitatis Salernitanum (A. 14. Jh.?). – Aegidius Romanus: De ecclesiastica potestate (um 1301). – Johannes Quidort: De potestate regia et papali (1302). – Petrus von Abano: Conciliator differentiarum philosophorum ac praecipue medicorum (1303–10). – Heinrich von Mondeville: Chirurgia (1304–14). – Dante Alighieri: De vulgari eloquentia (um 1304/05). – Remigio dei Girolami: De bono pacis, De iustitia (1304). – Raimund Lull: Ars generalis ultima (1305–08); De fine, De ascensu et descensu intellectus (1305). – Petrus de Bosco: De recuperatione terre sancte (1305/07)

D Alemannische Vitaspatrum: Verba seniorum (1. H. 14. Jh.) / Viten-Sammlung (1. Dr. 14. Jh.). – St. Galler (mittelrhein.) Passionsspiel [Hs.] (1. H. 14. Jh.). – Manesse-Codex [Große Heidelberger Liederhs. C] (1. Dr. 14. Jh.). – Weingartner Liederhs. B (1. V. 14. Jh.). – Paradisus animae-Übers. [»sünde«-Version] (A. 14. Jh.). – Bruder Philipp: Marienleben (A. 14. Jh.). – Zürcher Liebesbriefe (A. 14. Jh.). – Lutwin: Adam und Eva (A. 14. Jh.?). – Die Erlösung (A. 14. Jh.). – Meister Eckhart (?): Granum sinapis (A. 14. Jh.). – Ottokar von Steiermark: Reimchronik (um 1301/ 1319). – Kreuzfahrt Landgraf Ludwigs des Frommen (1301)

Nl Jan ut den vergiere (1. H. 14. Jh.). – Valentijn ende Nameloos (1. H. 14. Jh.). – Parthonopeus van Bloys (1. H. 14. Jh.)

E Sir Perceval of Galles (1. H. 14. Jh.). – Ywain and Gawain (1. H. 14. Jh.). – Libeaus Desconus (1. H. 14. Jh.). – Horn Child (1. H. 14. Jh.). – Richard Cur de Lion (1. H. 14. Jh.). – The Seege of Troye (1. H. 14. Jh.). – Sir Isumbras (1. H. 14. Jh.). – Robert Mannyng: Handlyng Synne (um 1303)

NwIs Fríssbók (A. 14. Jh.)

NwSchw Ivan Lejonriddaren (1303)

Ir Táin Bó Cuailnge ⟨Rinderraub von Cuailnge⟩ III (14. Jh.). – Bardische grammat. Traktate (14. Jh.)

Ky Brut y Brenhinedd ⟨Brut der Könige⟩ (13.–15. Jh.). – Arthuriana (14.–16. Jh.). – Gramadegau'r Penceirddiaid ⟨Bardische Grammatiken⟩ (14.–16. Jh.). – Brut y Tywysogyon ⟨Brut der Herrscher⟩ (14.–15. Jh.). – Periode der Beirdd yr Uchelwyr ⟨Poets of the Gentry⟩ (14.–15. Jh.). – Relig. und Sach-Prosa (14. Jh.)

Kor Pascon agan Arluth [Passionsgedicht] (14. Jh.)

F Passion du Palatinus (A. 14. Jh.). – Entrée d'Espagne (A. 14. Jh.). – Lion de Bourges (A. 14. Jh.). – Jean de Joinville:

Histoire de St. Louis (um 1305). – Grégoire: Erinnerungen Marco Polos [frz. Version] (um 1305). – Marguerite Porete (?): Le miroir des simples âmes (vor 1306)

It Giovanni Villani: Nuova cronica (1. H. 14. Jh. [vor 1348]). – Nicolò da Verona: Pharsale [frankoit.] (1. H. 14. Jh.). – Fiore di Virtù (A. 14. Jh.). – Tavola ritonda (A. 14. Jh.). – Dante Alighieri: Convivio (1304/09). – Jacopone da Todi: Laudi (vor 1306)

1306–1310

1307	König Philipp von Frankreich konfisziert das Vermögen des Templerordens
1272–1307	König Edward I. von England
1308	König Albrecht I. (seit 1298) ermordet
1308–1313	Kaiser Heinrich VII. (von Luxemburg)
1309	König Philipp von Frankreich erzwingt Verlegung des Papstsitzes nach Avignon:
1309–1377	»Babylonische Gefangenschaft der Kirche«
1309	Vertrag von Soldin: Waldemar von Brandenburg verkauft dem Deutschen Orden Danzig, Dirschau, Schwetz (Landverbindung zwischen dem Ordensstaat Preußen und dem Reich)
1309	Hochmeister Siegfried von Feuchtwangen verlegt den Sitz des Deutschen Ordens von Venedig auf die Marienburg
1310–1313	Italienzug Heinrichs VII.
1310–1346	Heinrichs VII. Sohn Johann König von Böhmen

K Vendôme, La Trinité: Chor (1306 vollendet). – Neapel, Santa Maria di Donnaregina (1307 begonnen). – Giuliano da Rimini: »Christus am Kreuz« [Boston, Gardner Museum] (1307). – Marburg, St. Elisabeth: Grabmal des Landgrafen Heinrich I. (um 1308). – Duccio di Buoninsegna: Maestà [Siena, Domopera] (1308–11). – Köln, Dom: Chorgestühl (1308–11). – Thorn, Jakobskirche (1309 begonnen). –

Nürnberg, St. Sebald: Bauplastik (nach 1309). – Pluviale aus dem Hildesheimer Dom [London, Victoria & Albert Museum] (um 1310/20). – Lorenzo Maitani: Reliefs der Fassade des Doms von Orvieto (1310–30). – Hofgeismar, Liebfrauenkirche: Altar (um 1310). – Norwich, Prior's Door (um 1310). – Wismar, St. Georgen: Chor (um 1310 gedeckt). – Festungen Roquetaillade und Villandraut (Gironde) (um 1310). – Flügelaltäre in den Klosterkirchen von Cismar und Doberan (um 1310). – Neapel, S. Chiara (1310 Grundsteinlegung). – Rhodos, Befestigung der Stadt (ab 1310)

L Thomas de Hibernia: Manipulus florum (1306). – Bartholomaeus von Lucca: Annales sive Gesta Tuscorum (1307). – Arnold von Lüttich: Compendium mirabilium (1308–10). – Petrus von Abano: Lucidator dubitabilium astronomiae (um 1310). – Ps.-Geber: Summa perfectionis (vor 1310)

Nl Lodewijk van Velthem: Roman van Lancelot [sog. Lancelot-gral-compilatie] (um 1310/25)

Is Hauksbók (1306–08)

NwIs Stjórn (um 1310)

NwSchw Hertig Fredrik av Normandie (1308)

F Jacques de Longuyon: Les voeux du paon (um 1310). – Gervais du Bus: Roman de Fauvel (1310–14)

Ka Arnald von Villanova: Informacío espiritual (1310)

It Folgore da San Gimignano: Sonette (um 1308 / vor 1332). – Dino Compagni: Cronica delle cose occorenti ne' tempi suoi (1310–12)

Tsch Apostellegenden, Marienlegende (um 1306)

1311–1315

1311–1312 Konzil von Vienne
1312 Heinrich VII. in Rom zum Kaiser gekrönt

1312   Papst Clemens V. hebt den Templerorden auf
1310–1313 Italienzug Heinrichs VII.
1308–1313 Kaiser Heinrich VII.
1314   Schlacht von Bannockburn: Robert I. von Schottland besiegt Eduard II. von England; Schottland wieder unabhängig
1314   Doppelte Königswahl in Deutschland: Ludwig IV. der Bayer [Wittelsbach] (bis 1347) / Friedrich der Schöne von Österreich [Habsburg] (bis 1330)
1285–1314 König Philipp der Schöne von Frankreich
1315   Schlacht bei Morgarten: Die Schweizer Eidgenossen besiegen Leopold von Österreich

K Gerona, Kathedrale (1312 begonnen). – Giovanni Pisano: Grabmal der Kaiserin Margarete [Genua, Palazzo Bianco] (1312). – Genua, Dom: Langhaus (1312 vollendet). – Pisa, Dom: Kanzel, von Giovanni Pisano (1312 vollendet); Grabmal Kaiser Heinrichs VII., von Tino di Camaino (um 1315). – Santes Creus (Tarragona), Kreuzgang (1313 begonnen). – Ecouis (Eure), Notre-Dame [Skulpturen] (1313 geweiht). – Istanbul, Chora-Kirche / Kariye Camii (ab 1313). – Palma de Mallorca, Kathedrale (1314 begonnen). – Hs. Oxford, Bodleian Library, MS Selden Supra 38 (Gesta infantiae Salvatoris und Apokalypse [anglofrz.]): Miniaturen (um 1315). – Simone Martini: Maestà im Palazzo Pubblico, Siena (1315)

L *L* Meister Eckhart: Entwurf des Opus tripartitum (1311–13). – Engelbert von Admont: De ortu, progressu et fine regnorum et praecipue regni seu imperii Romani (um 1312). – Dante Alighieri: De monarchia (1312/13?). – Nicolaus von Butrinto: Relatio de itinere Italico Henrici VII. ad Clementem V. (1312). – Philipp von Rathsamhausen: Myst.-aszet. Schriften [u. a. Tractatus de postulando Deum, Bipertita dominicae orationis expositio] (um 1313–20). – Albertino Mussato: Historia Augusta de gestis Henrici VII (um

1313); Eccerinis (vor 1315). - Bernardus Guidonis: Practica officii inquisitionis (1314/16). - Nicolaus Treveth: Kommentare zu den Declamationes Senecas d. Ä. und zu den Tragödien Senecas d. J. (um 1314/15). - Nikolaus von Straßburg: Summa philosophiae (um 1315/20). - Adolf von Wien: Doligamus (1315)

D Johann von Würzburg: Wilhelm von Österreich (1314). - Friedrich von Schwaben (nach 1314?). - Älteres Frankfurter Passionsspiel [mit Dirigierrolle] (um 1315/45)

Nl Lodewijk van Velthem: Forts. von Maerlants Spieghel Historiael (um 1315/20)

NwSchw Flores och Blanzeflor (1312)

It Dante Alighieri: Divina Commedia / Inferno (1315)

Tsch Dalimilova kronika ⟨Dalimil-Chronik⟩ (um 1314)

1316-1320

1316-1334 Papst Johannes XXII.
1286-1319 König Erich Menved von Dänemark

Simone Martini: Der hl. Ludwig von Toulouse [Neapel, **K** Museo Capodimonte] (1317). - Pomposa, Refektorium: Ausmalung (1317). - Oppenheim am Rhein, Katharinenkirche: Schiff (ab 1317). - Hs. Rom, Bibl. Vaticana, Vat. lat. 6069 (Venezianisches Brevier): Miniaturen (1318). - Chorin, Klosterkirche (vor 1319 vollendet). - Grabplatte (fläm. Messingarbeit) des Königs Menved von Dänemark und seiner Gemahlin Ingeborg [Ringsted (Dänemark), Kirche] (um 1319). - Granada, Generalife [Palast und Garten] (1319 im Bau). - Sopron (Ungarn), Franziskanerkloster: Kapitelsaal (um 1320/30). - »Tring Tiles« (Bodenkacheln mit Zyklus der Kindheit Jesu) [London, British Museum] (um 1320/1330). - Goldene Haggada aus Katalonien (London, British Library, Add. Ms. 27210): figürliche Miniaturen (um

1320–30). – Hss. Paris, Bibl. nat., Ms. fr. 755 [Roman de Tristan] (um 1320/30) und Ms. fr. 146 [Gervais du Bus: Roman de Fauvel] (um 1320): Miniaturen. – Hs. Prag, Staatsbibl., Ms XIV A 17 (Passionale Abbatissae Cunegundis): Miniaturen (um 1320). – Malterer-Teppich [Freiburg i. Br., Augustinermuseum] (um 1320). – Freiburg i. Br., Münster: Turm (um 1320 vollendet). – Pietro Lorenzetti: Altarbild [Arezzo, Pieve] (1320)

M Hs. London, British Library, Add. 28550: ältestes Denkmal von Musik für ein Tasteninstrument [Tänze und Bearbeitungen von Motetten aus dem Roman de Fauvel des Gervais du Bus in Tabulatur] (um 1320)

L *L* Nicolaus Treveth: Kommentar zu T. Livius [1. und 3. Dekade] (1316–19). – Dante Alighieri: Brief an Cangrande I. (1316); Briefeklogen an Giovanni del Virgilio (1319). – Hervaeus Natalis: De potestate papae (1317/18). – Ferretus de Ferreto: Historia rerum in Italia gestarum (um 1318/37). – Berengar von Landorra: Lumen anime [A] (1318/30). – Wilhelm von Ockham: Sentenzenkommentar (um 1318/20). – Franciscus de Pedemontium: Complementum Mesuae (vor 1320)

D Christine Ebner: Leben und Offenbarungen (1317–56). – Meister Eckhart: Buch der göttlichen Tröstung / Vom edlen Menschen (1318?). – Karlmeinet-Kompilation (um 1320/40). – Egen von Bamberg: Klage der Minne, Das Herz (um 1320/40). – Hartwig von Erfurt: Predigten (um 1320/40). – Friedrich Köditz: Leben des Landgrafen Ludwigs IV. von Thüringen (um 1320/30). – Heidelberger und Kalocsaer Kleinepik-Hss. [H und K] (um 1320/1330). – Luder von Braunschweig (?): Makkabäer (um 1320?). – Schwester Katrei (um 1320). – Sibyllen Lied (1320?)

Nl Jan van Boendale: Die Brabantse yeesten (1316/17). – Sidrac (um 1318/29)

Is Möðruvallabók (1316/50). – »Melabók«-Fassung der Landnámabók (um 1320/30). – Grettis saga Ásmundarson (um 1320/30)

Schw Gutasaga (um 1319?)

F Ovide moralisé (1316–28). – Renart le Contrefait [1. Fassung] (um 1319/22)

It Dante Alighieri: Divina Commedia / Purgatorio (1318), Paradiso (nach 1318)

Tsch Mastičkář ⟨Der Quacksalber⟩ (um 1320/30)

1321–1325

1322	Schlacht bei Mühldorf am Inn: Ludwig der Bayer besiegt Friedrich den Schönen
1323	Bulle »Cum inter nonnullos«: Papst Johannes XXII. verdammt im Armutsstreit mit den Franziskanern die Lehre von der Armut Christi und seiner Jünger
1324	Papst Johannes XXII. bannt Ludwig den Bayern
1279–1325	König Dinis von Portugal

Ely, Kathedrale: Lady Chapel (1321 begonnen). – Gubbio, **K** Palazzo dei Consoli (1322 begonnen). – Köln, Dom: Chor (1322 geweiht) mit Chorschrankenmalerei (um 1322). – Ely, Kathedrale: Vierung (nach 1322). – Pisa, Santa Maria della Spina (1323 begonnen). – Pietro Lorenzetti: Tarlati-Altar in S. Maria della Pieve, Arezzo (1324). – Hs. Paris, Bibl. nat., Ms. fr. 12577 (Chrétien de Troyes: Conte du Graal): Miniaturen (um 1325/30). – Königsfelden, Klosterkirche: Chorverglasung (um 1325 begonnen). – Stundenbuch der Jeanne d'Evreux (New York, Metropolitan Museum): Miniaturen (1325/28). – Esslingen, Frauenkirche (1325 begonnen). – Neapel, Santa Maria di Donnaregina: Grabmal der Maria von Ungarn von Tino di Camaino (1325–26)

M Johannes de Muris: Musica speculativa (1323)

L *L* Wilhelm von Ockham: Philosoph. und theolog. Schriften (1321/48). – Johannes de Muris: Canones tabule tabularum (1321); Musica practica (1322); Arithmetica speculativa (um 1323); Musica speculativa (1323). – Nikolaus von Lyra: Postilla (um 1322/31). – Bernardus Guidonis: Liber sententiarum inquisitionis Tolosanae für die Jahre 1307–23 (um 1323); Speculum sanctorale (1324/30); Legenda s. Thomae de Aquino (1325). – Speculum humanae salvationis [älteste Hs.] (1324). – Marsilius von Padua: Defensor pacis (1324). – Johannes Buridanus: Aristoteles-Kommentare (um 1325 – nach 1350)

D Aufführung eines Zehnjungfrauenspiels in Eisenach [Thüring. Zehnjungfrauenspiel?] (1321). – Johannes von Buch: Glosse zum Landrecht des Sachsenspiegels (um 1325). – Wiener Oswald (um 1325?)

Nl Jan van Boendale: Der leken spieghel (1325–28). – Gherart Appelmans: Glose op het Vaderons (um 1325)

Dä Versifizierte Übersetzung des Descensus ad inferos (um 1325)

Schw Erikskrönikan (um 1322/32)

Ky Llyfr Gwyn Rhydderch ⟨Weißes Buch von Rhydderch⟩ (vor 1325)

Ok Gründung der Akademie der Dichtkunst (»gaia sciensa«) in Toulouse (1323)

Ka Ramon Muntaner: Crònica (1325–28)

1326–1330

1327–1377 König Edward III. von England
1327–1330 Italienzug Ludwigs des Bayern
1328 Ludwig der Bayer zum Kaiser gekrönt

1328-1350 König Philipp VI. von Frankreich (Haus Valois);
 Edward III. von England bestreitet Rechtmäßigkeit der Thronfolge und erhebt selbst Anspruch
 auf die französische Krone
1314-1330 (Gegen-)König Friedrich der Schöne

Rationale mit Stickerei im Regensburger Dom (2. V. 14. Jh.). **K**
- Frz. Elfenbeinkästchen [London, British Museum: Tristan, Liebesburg u. a.; Paris, Louvre: Châtelaine de Vergi] (2. V. 14. Jh.). - Barcelona, Klarissenkirche S. María de Pedralbes (1326/27). - Schwerin, Dom: Chor und Teile des Querhauses vollendet (1327). - Neuberg (Steiermark), Klosterkirche [später verändert] (ab 1327). - Taddeo Gaddi: Ausmalung der Baroncelli-Kapelle in Santa Croce, Florenz (um 1328 begonnen). - Barcelona, S. Maria del Mar (1328 begonnen). - Pietro Lorenzetti: Ausmalung des nördlichen Querhausarms der Unterkirche von San Francesco, Assisi (vor 1329). - Cahors, Kathedrale: Malereien der Westkuppel (vor 1329). - Frauenburg (Ermland), Dom (1329 begonnen). - Augsburg, Dom: Thron Salomons-Fenster (um 1330/40). - Rottweil, Kapellenkirche: Turm (um 1330/40). - Bonamico Buffalmacco: Fresken im Camposanto, Pisa [u. a. Triumph des Todes, Lebende und Tote] (um 1330/40). - Hs. Paris, Bibl. nat., Ms. ital. 115 (Meditationes vitae Christi): Miniaturen (um 1330/40). - Jean Pucelle: Miniaturen der Hs. Paris, Bibl. nat., Ms. n.a.fr. 24541 [Gautier de Coincy: Miracles de Notre Dame] (um 1330/35). - Freiburg i. Br., Münster: Heiliges Grab (um 1330). - Andrea Pisano: Erste Florentiner Baptisteriumstür (1330-33). - Restaurierung des Klosterneuburger Altars [s. zum Jahr 1181] (1330/31). - Ettal, Stiftskirche [jetzt Klosterkirche] (um 1330 begonnen). - Oberwesel, Liebfrauenkirche: Hochaltar (um 1330). - Lich (Hessen), Stiftskirche: Grabmal des Kuno von Falkenstein und seiner Gattin Anna (um 1330). - Agostino di Giovanni, Grabmal des Bischofs Guido Tarlati im Dom von Arezzo (um 1330). - Exeter, Guildhall (1330). - Longthorpe Tower (Cambridgeshire), Great Chamber: Wandmalerei

(um 1330). – Reliefs vom Mainzer Haus am Brand: der deutsche König und seine Wähler [Mainz, Mittelrhein. Landesmuseum] (um 1330). – Rossow (Brandenburg), Dorfkirche: Havelberger (?) Altar (1330?). – Hs. Tournai, Bibl. de la Ville, Ms. 101 (Guillaume de Lorris / Jean de Meung: Roman de la Rose): Miniaturen (1330). – Juan Oliver: Kreuzigungsfresko [Pamplona, Museo de Navarra] (1330). – Lüneburg, Rathaus: Großer Ratssaal (vor 1331)

M Ars nova in Frankreich: Guillaume de Machaut [Lais, Motetten, Balladen, Rondeaux, Virelais; Messe de Nostre Dame; Hoquetus David] (um 1330–77). – Jenaer Liederhs.: bedeutendste Melodieüberlieferung zur mhd. Lyrik [insbes. Spruchdichtung] (um 1330/40)

L *L* Thomas Bradwardine: Mathemat.-naturwiss. Traktate [Arithmetica speculativa, Geometrica speculativa, De continuo; De proportionibus (1328)] (nach [?] 1325/33). – Petrus von Dusburg: Chronica terrae Prussiae (um 1326). – Bartholomaeus von Lucca: Hexaemeron (vor 1327). – Ferretus de Ferreto: De Scaligerorum origine poema (1328/29). – Marsilius von Padua: Tractatus de translatione Romani imperii (nach 1328). – Albertino Mussato: Vita Ludwigs des Bayern (um 1329). – Hermann von Schildesche: Introductorium iuris (um 1330). – Franko von Meschede: Aurea fabrica (um 1330). – Přibík Pulkava z Radenína: Chronik [4 Rezensionen] (bis 1330)

D Hadamar von Laber: Die Jagd (2. V. 14. Jh.). – Die Minneburg (2. V. 14. Jh.). – Tösser Schwesternbuch [Grundschicht, unter Beteiligung der Elsbeth Stagel?] (2. V. 14. Jh.?). – Heinrich Seuse: Büchlein der Wahrheit (um 1327); Büchlein der ewigen Weisheit (um 1330). – Johannes Tauler: Predigten (um 1330 [?] –61). – Heinrich von Beringen: Schachbuch, Lyrik (um 1330/50?). – Adelheid Langmann: Offenbarungen (1330–44). – Jenaer Liederhs. (um 1330/40). – Sprüche der zwölf Meister (um 1330). – Gnadenleben des Friedrich Sunder (um 1330). – Klosterneuburger Evangelienwerk (1330)

Nl Spieghel der sonden (2. V. 14. Jh.). – Lodewijk van Velthem: Boec van coninc Arthur (1326)

E Hs. Auchinleck (Edinburgh, National Library of Scotland, Advocates MS 19.2.1.) [u. a. Guy of Warwick, Sir Bevis of Hampton, Sir Tristrem, Sir Degare, Kyng Alisaunder, Sir Orfeo] (um 1330)

Schw Pentateukparafrasen (um 1330)

Ky Dafydd ap Gwilym: Gedichte (um 1330/60)

F Renart le Contrefait [2. Fassung] (um 1328/42). – Guillaume de Machaut: Lyrik (um 1330–77). – Guillaume de Deguileville: Pèlerinage de la vie humaine (1330/32)

Sp Don Juan Manuel: Libro del cavallero e del escudero (1326); Libro de las armas, Libro enfenido, Libro de los estados (um 1330). – Juan Ruiz: Libro de buen amor [1. Fassung] (um 1330)

Por Pedro, Graf von Barcelos: Livro de Linhagens (um 1330)

1331–1335

1331–1355 Stephan Dušan König der Serben: Begründer des Großserbischen Reiches
1331–1334 Luder von Braunschweig Hochmeister des Deutschen Ordens
1332 Luzern tritt als erste Stadt der Schweizer Eidgenossenschaft bei
1333–1370 König Kasimir III. der Große von Polen
1316–1334 Papst Johannes XXII.

Kuttenberg / Kutná Hora (Tschechien), St. Jakob (nach 1330). – Gloucester, Kathedrale (1331 begonnen). – Ma- *K* rienburg, Schloßkirche (1331 begonnen – bis 1344). – Soest, St. Maria zur Wiese (1331 begonnen?). – Bagnacavallo (Ravenna), San Pietro in Sylvis: Wandmalereien (vor 1332). – Thann (Elsaß), Münster (1332 begonnen). – Nevers, Kathedrale (1332 geweiht). – Gaming (Niederösterreich), Kartause: Kirche (1332 geweiht). – Bernardo Daddi: Madonnen in Florenz (1333 Bigallo; 1335 Domopera). – Simone Martini und Lippo Memmi: Verkündigungstriptychon [Florenz, Uffizien] (1333). – Granada, Alhambra: Palacio de Comares (nach 1333 begonnen). – Lübeck, St. Jakobi: Hochaltar (1334 geweiht). – Florenz, Dom: Campanile (1334 begonnen). – Breslau, St. Marien auf dem Sande (1334 begonnen). – Elfenbeinmadonna in Villeneuve-lès-Avignon (vor 1335?). – Silberschale (mit höfischer Darstellung) aus Bermondsey [Bermondsey, St. Mary Magdalen] (um 1335/45). – Pietro Lorenzetti (?): Illustrationen zur Divina Commedia (Inferno) in der Hs. Perugia, Bibl. comunale, ms. L. 70 (um 1335/40). – Tafelbild »Thron Salomos« aus Bebenhausen [Stuttgart, Staatsgalerie] (um 1335). – Hs. Schaffhausen, Stadtbibl., cod. Gen. 8 (Klosterneuburger Evangelienwerk): Miniaturen (um 1335). – Avignon, Papstpalast: »Tour du Pape« mit Malereien (1335 begonnen)

L *L* Wilhelm von Ockham: Philosoph. und theolog. Schriften [1332/33 Dialogus inter magistrum et discipulum (I); 1332 Opus nonaginta dierum; 1333/34 Tractatus de dogmatibus Johannis XXII papae; 1334 Epistola ad fratres minores; 1335/38 Compendium errorum papae Johannis XXII] (1321/48). – Jacobus von Lüttich: Speculum musicae (nach 1330). – Francesco Petrarca: Epistolae metricae (1331–61). – Etymachie-Traktat [älteste Hs.] (1332). – Lumen anime [B: von Gottfried von Vorau] (1332), [C] (nach 1332). – Johannes Aurifaber: Determinatio de modis significandi (nach 1332). – Heinrich Seuse: Horologium sapientiae (um 1334). – Richard Rolle: Melos Amoris, Incendium Amoris, Emendatio Vitae (1335–49)

D Daniel (um 1331). – Claus Wisse / Philipp Colin: Rappoltsteiner Parzifal (1331–36). – Tilo von Kulm: Von siben ingesigeln (1331). – Nikolaus von Jeroschin: Kronike von Pruzinlant (um 1335). – Esra und Nehemia (um 1335). – Johannes von Buch: Richtsteig Landrechts (um 1335). – Kloster der Minne (um 1335). – Christian Kuchimaister: Nüwe Casus Monasterii Sancti Galli (1335)

F Jean Acart de Hesdin: Prise Amoureuse (1332). – Girart de Rossillon [burgund. Alexandriner-Version] (um 1334)

Sp Don Juan Manuel: El Conde Lucanor (1335)

1336–1340

1336 (?)	Francesco Petrarca besteigt den Mont Ventoux
1337–1453	»Hundertjähriger Krieg« zwischen England und Frankreich
1338	Kurverein zu Rhens (Rhense) stellt fest, daß der gewählte deutsche König der päpstlichen Bestätigung nicht bedarf
1338	Reichstag in Frankfurt: Ludwig der Bayer verkündet das Rhenser Weistum in veränderter Form als Kaisergesetz »Licet juris« (Königswahl verleiht auch Rechte und Titel des Kaisers)
1340	Seeschlacht bei Sluis: England vernichtet französische Flotte; König Edward III. von England nennt sich König von Frankreich
1340–1375	König Waldemar IV. Atterdag von Dänemark

Stundenbuch der Jeanne de Navarre (Paris, Bibl. nat., Ms. *K* nouv. acq. fr. 3145): Miniaturen (1336–40). – Jacopo Cambi: Antependium aus S. Maria Novella, Florenz [Florenz, Museo degli Argenti] (1336). – Maso di Banco: Wandmalerei der Capella Bardi di Vernio in S. Croce, Florenz (nach 1336). – Fénis (Aostatal), Kastell (1337/40). – Ambrogio Lorenzetti: Fresko »Gute und schlechte Regierung« im Palazzo Pubblico, Siena (1337–40). – Ugolino di Vieri: Reliquiar für das Korporale von Bolsena [Orvieto, Dom] (1337/ 1338). – Hs. Paris, Bibl. nat., Ms. fr. 22495 (Roman de Godefroy de Bouillon): Miniaturen (1337). – Venedig, S. Maria Gloriosa dei Frari (1338 begonnen). – Jindřichův Hradec / Neuhaus (Tschechien), Schloß: Wandmalereien [Georgs-Zyklus] (1338). – Pulkau (Niederösterreich), Heiligblutkirche (ab 1338). – Madonnenstatue der Jeanne d'Evreux [Paris, Louvre] (vor 1339). – Nürnberg, Heiliggeist-Hospital (1339 vollendet). – Giovanni di Balduccio: Arca di S. Pietro Martire [Mailand, S. Eustorgio] (1339). – Grabmal des Cangrande I. in Verona (um 1340/50). – Geri di Lapo: Antependium der Kathedrale von Manresa (um 1340/50). – Ehem. Trier, Kartause: Chorstuhlwangen mit Bildnissen Erzbischof Balduins und Kaiser Heinrichs VII. [jetzt Trier, Diözesanmuseum] (um 1340). – Velislav-Bibel (Prag, Staatsbibl., MS XXIII C 124): Miniaturen (um 1340). – Straßburg, Münster: Katharinenkapelle (um 1340). – Kamp (Niederrhein), Klosterkirche: gesticktes Antependium (um 1340). – Simone Martini in Avignon: Fresken über dem Eingang zur Kathedrale [Vorzeichnungen erhalten], Miniatur zu Vergil [für die Hs. »Vergilio di Petrarca«; jetzt Mailand, Bibl. Ambrosiana] (1340–44). – Venedig, Palazzo Ducale (1340 begonnen). – Wien, St. Stephan: Chor (1340 geweiht)

L *L* Wilhelm von Ockham: Philosoph. und theolog. Schriften [1337/40 An princeps Anglie; 1339/40 Tractatus de potestate imperiali; 1340/41 Octo quaestiones super potestate ac dignitate papali] (1321/48). – Francesco Petrarca: Brief an Francesco Dionigi von Borgo San Sepolcro über die Besteigung des Mont Ventoux (1336 [oder um 1353]?); De viris illustribus [1. Fassung] (1338/43); Africa [1. Fassung] (1338–41). – Konrad von Megenberg: Planctus ecclesiae in Germaniam (1337/38). – Johannes von Dambach: Consolatio theologiae (um 1338/39–66). – Petrus von Zittau in Königsaal: Chronica Aulae regiae (um 1338). – Heinrich von Friemar d. Ä.: Opus sermonum de sanctis, De quattuor instinctibus (vor 1340). – Johannes von Viktring: Libri certarum historiarum (um 1340/43). – Johannes de Rupescissa: Liber de consideratione quintae essentiae, Liber lucis (um 1340?). – Johann von Winterthur: Chronica (1340/48). – Lupold von Bebenburg: Tractatus de iuribus regni et imperii Romani, Ritmaticum querulosum et lamentosum dictamen de modernis cursibus et defectibus regni et imperii Romanorum (1340)

D Konrad von Ammenhausen: Schachzabelbuch (1337). – Hiob (1338). – Historien der alden E (nach 1338?). – Elsbeth von Oye: Offenbarungen (vor 1340). – Christine Ebner: Engelthaler Schwesternbuch (um 1340/46). – Lossesche Liedersammlung (um 1340)

Nl Jan van Ruusbroec: Myst.-aszet. Traktate [u. a. Die cierheit der gheestelijker brulocht, Van den seven sloten, Dat boec van den twelf beghinen] (um 1340–80). – Jan van Boendale (?): Boec van der wraken (um 1340/50)

E Harley Lyrics [Hs. London, British Library, Harley 2253] (um 1340). – Dan Michel of Northgate: Aʒenbite of Inwit (um 1340)

Is Bergr Sokkason (?): 4. grammat. Traktat (um 1340)

Ky Gruffudd Gryg: Gedichte (um 1340–1412)

F Perceforest (1337/90)

It Francesco Petrarca: Canzoniere (um 1336–74). – Giovanni Boccaccio: Filocolo (um 1336); Filostrato (um 1338); Il Teseida, Ninfale d'Ameto (1340/41)

1341–1345

1341	Portugiesen entdecken die Kanarischen Inseln
1341	Francesco Petrarca in Rom zum Dichter gekrönt
1345	Weberaufstand in Gent: Stadthauptmann Jakob von Artevelde erschlagen

K Simone Martini in Avignon [1342 Tafelbild »Die heilige
 Familie«; jetzt Liverpool, Walker Museum] (1340-44). –
 Hs. Rom, Bibl. Vaticana, Vat. lat. 8541 (Ungarisches Le-
 gendarium): Miniaturen (vor 1342?). – Kreuz aus Kloster
 Liebenau [Freiburg i. Br., Augustinermuseum] (1342/46). –
 Mecheln, St. Romuald (wohl 1342 begonnen). – Avignon,
 Papstpalast: Küche (1342); Dekoration der Chapelle Saint-
 Martial durch Matteo Giovanetti (1344-45). – Gurk,
 Dom: Vorhalle mit Ausmalung (vor 1343). – Danzig, Ma-
 rienkirche (1343 begonnen). – Thorn, Marienkirche (1343
 begonnen). – Wien, St. Maria am Gestade, Chor (1343 be-
 gonnen). – Zwettl, Zisterzienser-Abteikirche: Chor (1343
 begonnen). – Krakau, Tuchhallen (vor 1344 begonnen). –
 Prag, Dom (1344 begonnen). – Ambrogio Lorenzetti: Ver-
 kündigung [Siena, Pinakothek] (1344). – Neuberg (Steier-
 mark), Klosterkirche [später verändert] (1344 geweiht). –
 Marienwerder, Dom (1344 begonnen). – Vicenza, San Lo-
 renzo, Hauptportal von Andriolo de Sanctis (1344). –
 Paolo Veneziano: Markusaltar in San Marco, Venedig
 (1345). – Vitale da Bologna: »Madonna dei Denti« [Bolo-
 gna, Galleria Davia Bargellini] (1345). – Böhmische Kö-
 nigskrone [Prag, Hradschin] (vor 1346)

L *L* Wilhelm von Ockham: Philosoph. und theolog. Schriften
 [1341/48 Dialogus inter magistrum et discipulum (III)]
 (1321/48). – Hermann von Schildesche: Speculum manuale
 sacerdotum (nach 1340). – Lupold von Bebenburg: De zelo
 christianae religionis veterum principum Germanorum
 (1341/42). – Francesco Petrarca: De secreto conflictu cura-
 rum mearum (1342/43? [1347/53?]); Rerum memorandarum
 libri (1343-45). – Gesta Romanorum [älteste Hs.] (1342). –
 Marsilius von Padua: De iurisdictione imperatoris in causis
 matrimonialibus (1342). – Johannes de Muris: Quadriparti-
 tum numerorum (1343); De arte mensurandi (um 1344). –
 Heinrich Taube von Selbach: Flores Temporum (1343 – er-
 gänzt bis 1363). – Thomas Bradwardine: De causa Dei con-
 tra Pelagium et de virtute causarum (vor 1344). – Revelatio-

nes der hl. Birgitta von Schweden (1344–73). – Richard von Bury: Philobiblon (1344)

D Paradisus animae intelligentis (nach 1340). – Hermann von Fritzlar: Heiligenleben (1343–49). – Margareta Ebner: Offenbarungen (1344–51). – Rossauer Tischzucht [Hs.] (1344). – Mönch von Heilsbronn: Buch von den sechs Namen des Fronleichnams, Buch der Sieben Grade (vor 1346)

Nl Dietsche doctrinale (1345)

F Guillaume de Machaut: Dit dou vergier (vor 1342). – Nicola: Prise de Pampelunc (1343)

Ok Roman von Barlaam und Josaphat (vor 1343)

Sp Juan Ruiz: Libro de buen amor [2. Fassung] (um 1343)

It Giovanni Boccaccio: Amorosa visione (1342); Elegia di Madonna Fiametta (1343/44); Ninfale Fiesolano (1344–46)

Bul Manasses-Chronik (1345)

1346–1350

1346	Schlacht bei Crécy: England besiegt Frankreich
1346	König Johann von Böhmen (seit 1310) fällt in der Schlacht bei Crécy
1346–1378	Karl IV. (von Luxemburg) deutscher (Gegen-)König
1346 (?)	Birgitta von Schweden gründet den Birgittenorden
1314–1347	König Ludwig IV. der Bayer
1347	König Edward III. von England erobert Calais
1347/49	König Edward III. von England stiftet den Hosenbandorden (Order of the Garter): ältester weltlicher Ritterorden
1347	Cola di Rienzo reißt in Rom vorübergehend die Macht an sich
1348	Die große Pest in Europa

1348–1349 Geißlerzüge und Judenpogrome als Reaktion auf die Pest
1348 Karl IV. gründet die Universität Prag
1349 Karl IV. in Aachen (am »rechten Ort«) noch einmal gekrönt (erste Krönung 1346 in Bonn)
1349 Dauphiné fällt an den französischen Thronfolger
1328–1350 König Philipp VI. von Frankreich

K Rom, Santa Maria in Cosmedin: Zugangstreppe (1347 begonnen). – Bernardo Daddi: Madonna in Orsanmichele, Florenz (1347). – Burg Karlstein (Residenz Karls IV.) bei Prag (1348 begonnen). – Siena, Palazzo Pubblico: Torre del Mangia (1348 vollendet). – Hs. New York, Pierpont Morgan Library, ms. M.772 (Guillaume de Deguileville: Pèlerinage de la vie humaine): Miniaturen (1348). – Marburg, St. Elisabeth: Chorverglasung (vor 1349). – Frankfurt, Dom: Grabmal des Gegenkönigs Günther von Schwarzburg (1349). – Straßburg, Dom: Katharinenkapelle (1349 geweiht). – Psalter der Bonne de Luxembourg (New York, The Cloisters, Inv. 69.88): Miniaturen (vor 1349). – Nürnberg, Frauenkirche (1349 am Ort des Judenviertels begonnen). – Exeter, Kathedrale: Fassadensculpturen (um 1350/1365). – Antependium aus Pirna [Meissen, Albrechtsburg] (um 1350/60). – Hs. Paris, Bibl. nat., Ms. fr. 1586 (Guillaume de Machaut): Miniaturen (um 1350/55). – Avio (bei Trient), Burg: Wandmalerei im Wachensaal (um 1350). – Thorn, St. Marien [mit Malereien] (1350 begonnen). – Edshult (Schweden), Kirche: Kreuzigungsgruppe (um 1350). – Hohenfurter Altar [Prag, Nationalgalerie] (um 1350). – Köln, Dom: Klarenaltar (um 1350 [und um 1400]). – Almosentasche im Xantener Dom (um 1350). – Hs. New York, Pierpont Morgan Library, ms. Glazier 24 (Jacques de Longuyon: Les voeux du Paon u. a.): Miniaturen (um 1350). – Bamberg, Dom: Grabmal des Bischofs Friedrich von Hohenlohe (um 1350). – Bildnis König Johanns II. von Frankreich [Paris, Louvre] (um 1350? [vor 1364]). – Madonnenbild aus Glatz [Berlin, Gemäldegalerie] (um 1350). – Prenzlau, Marienkirche: Fassade (vor 1350)

»Musik des Trecento« in Italien: Francesco Landini [Madrigale, Caccie, Ballate] (um 1350–98) M

L Wilhelm von Ockham: Philosoph. und theolog. Schriften L [1346/47 De imperatorum ac pontificum potestate] (1321/ 1348). – Francesco Petrarca: Bucolicum carmen (1346/47 [und 1359]); De vita solitaria [1. Fassung] (1346); De otio religioso [1. Fassung] (1347); De remediis utriusque fortunae (1347 – nach 1353 [1354–66?]). – Hermann von Schildesche: Claustrum animae (1347–49); Postilla super Cantica (1349). – Chronicon (Vita) Ludowici IV imperatoris (nach 1347). – Rainer von Pisa: Pantheologia (vor 1348). – Konrad von Megenberg: Yconomica (1348–52); De mortalitate in Alamannia (1350). – Ludolf von Sachsen: Vita Iesu Christi (1348/68). – Rudolf von Biberach: De septem itineribus aeternitatis, De septem donis spiritus sancti [älteste datierte Hs.] (1348). – Pariser Pestgutachten (1348). – Thomas del Garbo: Pesttraktat (um 1349). – Gottfried von Franken: Palladius abbreviatus [Pelzbuch] (vor 1350). – Petrus Berchorius: Reductorium morale (vor 1350 [um 1340?]). – Willem Jordaens: Conflictus virtutum et vitiorum, Überss. von Schriften Heinrich Seuses und Jans van Ruusbroec ins Lat. (um 1350 [?] / 1372). – Johannes von Hildesheim: Briefe, Gedichte (1350–75). – Kaiser Karl IV.: Vita Karoli quarti (um 1350 [oder um 1370]?). – Konrad von Haimburg: Pia carmina, Lectionarium Mariale (um 1350). – Ludolf von Sudheim: De itinere terre sancte liber (um 1350). – Matthias von Neuenburg: Chronica (1350)

D Klaus Kranc: Propheten (1347/59). – Hausbuch des Michael de Leone (1347–54). – Peter Suchenwirt: Ehrenreden und andere Reimpaargedichte (1347/49–95). – Der König vom Odenwald: Reimpaargedichte (um 1348/54). – Geißlerlieder (1349). – Der große Seelentrost (vor ca. 1350?). –

Konrad von Megenberg: Deutsche Sphaera, Buch der Natur
[Fassung I] (vor 1350). – Heinrich von Mügeln: Lyrik (um
1350/80). – Rulman Merswin: Myst. Schriften (um 1350
Bannerbüchlein) / Schriften des »Gottesfreunds vom Oberland« (um 1350/80). – Heinrich der Teichner: Reimpaargedichte (um 1350/65). – Spiegel der menschlichen Seligkeit
[Versbearb. des Speculum humanae salvationis] (um 1350). –
Elsäss. Legenda aurea (um 1350). – St. Pauler Neidhartspiel,
Spiel von Herbst und Mai (um 1350?). – Engelberger Prediger (um 1350)

Nl Jan van Boendale: Die Brabantse yeesten [erw. Fassung]
(1347). – Jan van Leeuwen: Myst. Traktate (um 1350/55). –
Abele spelen [Lanseloot ende Sanderijn, Esmoreit, Gloriant,
Van den winter ende van den somer] (um 1350)

E Tale of Gamelyn (um 1350). – Athelston (um 1350). –
Cloud of Unknowing (um 1350). – William of Palerne (um
1350)

Is Eysteinn Ásgrímsson: Lilja (um 1350)

Schw Philippus Ragvaldi (?): Konungastyrelsen (um 1350)

Bre Versfragmente des Ivonet Omnes [Liebeslieder] (um
1350)

F Pariser Pestgutachten [frz. Fassung] (1349). – Guillaume
de Machaut: Jugement dou roy de Navarre (nach 1349)

Sp Rodrigo Yáñez: Poema de Alfonso XI (1348). – Santob
de Carrión: Proverbios morales (um 1350/70). – Gran Conquista de Ultramar [endg. Fassung] (um 1350)

SpPor Amadís de Gaula [Urfassung – nicht erhalten] (um
1350?)

It Giovanni Boccaccio: Decameron (1348–51). – Nicolò da
Casola: Attila (um 1350)

Tsch Vèdova Arnošt ⟨Herzog Ernst⟩ (um 1350)

1351–1355

1351–1382	Winrich von Kniprode Hochmeister des Deutschen Ordens: größte Machtentfaltung des Ordensstaates
1354	Volksaufstand in Rom; Cola di Rienzo erschlagen
1354	Osmanen besetzen Gallipoli: erster Stützpunkt des Reiches in Europa
1354–1355	1. Italienzug Karls IV.
1355	Karl IV. zum Kaiser gekrönt
1331–1355	Stephan Dušan König der Serben

K Toledo, Santa Maria la Blanca [ehem. Synagoge] (nach 1350). – Zbraslav/Königsaal (Tschechien), Pfarrkirche: Marienbild (nach 1350). – Hs. Paris, Bibl. de l'Arsenal, ms. 5218 (La queste du saint Graal): Miniaturen [aus Tournai] (1351). – Schwäbisch Gmünd, Münster: Chor (1351 begonnen). – Vitale da Bologna: Wandmalereien in der Abteikirche Pomposa (1351). – Bamberg, Dom: Grabmal des Bischofs Friedrich von Hohenlohe (vor 1352). – Ehem. Straßburg, Münster: Hahn von der astronomischen Uhr [jetzt Straßburg, Musée des arts décoratifs] (1352/54). – Antwerpen, Kathedrale (1352 begonnen). – Tommaso da Modena: Zyklus der Dominikanerheiligen im Kapitelsaal von San Niccolò, Treviso (1352). – Hedwigskodex (ehem. Köln, Sammlung Ludwig, XI 7; jetzt Malibu, Getty Museum): Miniaturen (1353). – Verona, Castelvecchio (1354–56). – Liber viaticus des Johann von Neumarkt (Prag, Nationalmuseum, MS XIII A 12): Miniaturen (1355/64). – Nürnberg, St. Lorenz: Hauptportal (um 1355/60). – Aachen, Dom: Chor (1355 begonnen). – Maria Straßengel (Steiermark), Wallfahrtskirche (1355 geweiht)

L Albert von Sachsen: Kommentare [zu Aristoteles und Wilhelm von Ockham], log., mathemat., physikal. Traktate (1351–53/66). – Francesco Petrarca: De viris illustribus [erw. Fassung] (1351 – nach 1353); Epistolae sine nomine (1351–53); Brief an Francesco Dionigi von Borgo San Sepolcro über die Besteigung des Mont Ventoux ([1336 oder] um 1353?); Invectiva contra quendam magni status hominem sed nullius scientie aut virtutis (1355). – Giovanni Boccaccio: Bucolicum Carmen (1351 begonnen); De montibus silvis fontibus (1355–60). – Konrad von Megenberg: Tractatus de translatione imperii, Tractatus contra Wilhelmum Occam (1354). – Kaiser Karl IV.: Wenzelslegende (1355/61)

D *D* Meister Altswert: Minnereden (2. H. 14. Jh.). – Konrad Harder: Reimpaar-Reden und Lieder (2. H. 14. Jh.). – Johann von Bopfingen: Lyrik (3. V. 14. Jh.). – Kunz Kistener: Die Jakobsbrüder (3. V. 14. Jh.). – Salomon und Markolf [Spruchgedicht] (3. V. 14. Jh.?). – Rulman Merswin: Myst. Schriften [1352 Neunfelsenbuch, Büchlein von den Vier Jahren des anfangenden Lebens] (um 1350/80). – Dt. Fassungen von Gottfrieds von Franken Pelzbuch (nach ca. 1350). – Ulrich Boner: Der Edelstein (nach 1350/51). – Seifrit: Alexander (1352). – Karl und Elegast (1354?). – Der Pfarrer zu dem Hechte: Schachbuch (1355)

E Winner and Waster (1352/53)

Sp Mocedades de Rodrigo (2. H. 14. Jh.)

Por Macias o Namorado, Afonso de Villasandino: Lyrik (2. H. 14. Jh.)

It Francesco Petrarca: Trionfi (1352–74)

1355–1360

1356	Goldene Bulle: Regelung der Wahl des deutschen Königs/Kaisers
1356	Schlacht bei Maupertuis: Niederlage der Franzosen gegen die Engländer (unter dem »Schwarzen Prinzen«); König Johann von Frankreich in englischer Gefangenschaft

1358	Bund »van der düdeschen hanse«
1358	Revolten in Frankreich: Ständeaufstand in Paris (Marcel Etienne), Bauernaufstände (»Jacquerie«)
1360	Friede von Brétigny und Calais: König Edward III. verzichtet gegen Herrschaft über Südwest-Frankreich auf die französische Krone
ca. 1360–1405	Timur Länk (Tamerlan): Versuch der Erneuerung des mongolischen Großreichs

Peter Parler Baumeister am Prager Dom (1356). – Lorenzo Veneziano, Altargemälde im Dom von Vicenza (1356). – Prag, Karlsbrücke (ab 1357) [mit Altstädter Brückenturm (1390–95)]. – Andrea Orcagna, Strozzialtar [Florenz, Santa Maria Novella] (1357). – Bildnis Herzog Rudolfs IV. von Österreich [Wien, Dom- und Diözesanmuseum] (1358/65). – Barcelona, Tinell (um 1359 begonnen). – Wien, St. Stephan (1359 begonnen [Westbau älter]). – Toledo, El Transito [urspr. Synagoge] (vor 1360). – Köln, Dom: Petersportal (um 1360/70). – Niepołomice (Polen), Pfarrkirche: Wandmalerei in der Sakristei (um 1360/70). – Sázava (Tschechien), Kloster: Gewölbemalereien im Kapitelsaal (um 1360/70). – Grabmal des Bernabò Visconti, von Bonino da Campione [Mailand, Castello Sforzesco] (um 1360). – Pavia, Castello Visconteo (ab 1360). – Kolín (Tschechien), St. Bartholomäus: Chor (1360 begonnen)

K

L Giovanni Boccaccio: De casibus virorum illustrium (1356–60). – Johannes de Rupescissa: Vade mecum in tribulatione (1356). – Jordan von Quedlinburg: Meditationes de passione Christi, Predigtzyklen (1357/ 80); Liber Vitas fratrum (1357). – Levold von Northof: Chronica comitum de Marka (1358). – Francesco Petrarca: Itinerarium breve de Ianua usque ad Ierusalem et Terram sanctam (1358/59); Bucolicum carmen ([1346/47 und] 1359). – Nikolaus von Dybin: Schriften zur Rhetorik und Grammatik [u. a. Viaticus dictandi, Sporta florum rethoricalium, Correctoria] (um

L

1360/70?). – Konrad von Waldhausen: Applicatio sentenciarum Valerii Maximi ad theologiam (um 1360?). – Coluccio Salutati: Privatbriefe (1360–1406)

D Heinrich von Mügeln: Der meide kranz (nach 1355). – Johann von Neumarkt: Buch der Liebkosung (1357/63). – Stephan von Dorpat: Schachbuch, Cato (nach 1357). – Konrad von Megenberg: Buch der Natur [Fassung II] (1358/62). – Konrad Steckel: Reise nach China [nach Odorico de Pordenone] (1359). – Heinrich Seuse: Autobiographie (um 1360). – Ulman Stromer: Püchel von meim geslecht und von abentewr (1360–1407)

Nl Bijbelvertaler van 1360: Südmndl. Legenda aurea (1357); Historiebijbel (1360–61). – Augustijnken van Dordt: Didakt. und relig. Kleindichtungen [»sproken«] (1358–70). – Geert Groote: Getijdenboec (um 1360/70)

E Prick of Conscience (um 1360)

Is Skarðsbók (um 1360)

F Chevalier au cygne / Godefroy de Bouillon [erw. Fassung] (um 1356). – Jean de Mandeville: Voyages d'Outremer (1356)

Ok Guilhelm Molinier: Leys d'amors [endg. Fassung] (um 1356)

It Giovanni Boccaccio: Trattatello in laude di Dante (nach 1357)

Tsch Život svaté Kateřiny ⟨Leben der hl. Katharina⟩ (um 1360/75)

Bul Evangelium des Zaren Ivan Alexander (1356)

1361–1365

1361	Osmanen erobern Adrianopel
1362	Statute of Pleading: Zulassung des Englischen als Hof- und Parlamentssprache

1363–1404 Herzog Philipp der Kühne von Burgund
1363 Herzog Rudolf IV. von Österreich erwirbt Tirol
1364–1380 König Karl V. der Weise von Frankreich
1365 Herzog Rudolf IV. von Österreich gründet die Universität Wien
1365 Karl IV. in Avignon; läßt sich in Arles zum König von Burgund krönen

York, Kathedrale: Chor (1361 begonnen). – Paris, Festung K Vincennes (ab 1361). – Venedig, Frari: Chordach (ab 1362). – Septmonts (bei Soissons), Festung (nach 1362). – La Sarraz, Burgkapelle: Grabmal des François I von La Sarraz (um 1363). – Villeneuve-lès-Avignon, Festung Saint-André (ab 1363). – Jean de Liège (?): Kopf der Liegefigur der Bonne de France [Antwerpen, Museum Mayer van den Bergh] (um 1364). – Zepter König Karls V. von Frankreich [Paris, Louvre] (nach 1364). – Habsburgerstatuen vom Südturm von St. Stephan [Wien, Historisches Museum] (vor 1365). – Bologna, Collegio di Spagna, von Matteo Gattaponi (1365/67). – Schloß Karlstein bei Prag: Heiligkreuz-Kapelle [Dekoration mit Halbedelsteinen und Malereien des Meisters Theoderich] (1365 geweiht)

L Francesco Petrarca: Epistolae familiares (um 1361/66 L [ab 1345 gesammelt]); Seniles (1361–74). – Giovanni Boccaccio: De mulieribus claris (1361–62); De genealogiis deorum gentilium (1365). – Ranulphus Higden: Polychronicon (vor 1363/64). – Heinrich von Langenstein: Naturwissenschaftl. Schriften (1363/73). – Guido von Chauliac: Chirurgia magna (1363). – Johannes von Hildesheim: Historia trium regum (vor 1364). – Johann von Neumarkt: Summa cancellariae [älteste Rezension] (um 1364). – Konrad von Megenberg: Lacrima ecclesiae (1364); Commentarius de laudibus B. V. Mariae (nach 1364). – Jan Milíč von Kremsier: Abortivus (1365/66). – Konrad von Waldhausen: Postilla studentium sancte universitatis Pragensis (vor 1366)

D Heinrich von Lammesspringe (?): Magdeburger Schöppenchronik (nach 1360–72). – Fritsche Closener: Vokabular (vor 1362?); Straßburger Chronik (1362). – Heinrich Seuse (und Elsbeth Stagel?): Zusammenstellung der Schriften Seuses im sog. Exemplar (nach 1362). – Schondoch: Der Litauer, Die Königin von Frankreich (1365/1402)

E William Langland: Piers Plowman [A] (um 1362). – Alliterative Morte Arthure (um 1365?/1403)

F Guillaume de Machaut: Voir Dit (1362–65)

It Antonio Pucci: Cantare della guerra de Pisa (1362–65). – Giovanni Boccaccio: Corbaccio (um 1365)

1366–1370

1366	Statute of Kilkenny: Versuch, die Gälisierung der Anglonormannen in Irland zu verhindern
1367–1370	Krieg der Hanse gegen Dänemark; beigelegt im Frieden von Stralsund: Ostseeherrschaft der Hanse
1368–1369	2. Italienzug Karls IV.
1369	Herzog Philipp der Kühne von Burgund heiratet die Erbtochter des Grafen von Flandern und der Freigrafschaft Burgund: Grundlage für den Aufstieg des burgundischen Reichs
1369	Frankreich erneuert den Krieg gegen England
1333–1370	König Kasimir III. der Große von Polen

K Andrea da Firenze: Ausmalung der Spanischen Kapelle in Santa Maria Novella, Florenz (um 1366–68). – Betto di Geri: Antependium des Baptisteriums [Florenz, Domopera] (1366). – Chillon (Waadt), Schloß: Herrenstube (ab 1366). – San Gimignano, Sant'Agostino: Wandmalerei (Marien-Zyklus) von Bartolo di Fredi (ab 1366?). – Třeboň/Wittingau, Klosterkirche (nach 1367 begonnen). – Hennequin du Vivier: Bekrönung des Kantorenstabs der Sainte-Chapelle [Paris, Bibl. nat., Cabinet des Médailles] (vor 1368). – Venedig, Dogenpalast: Fresko des Jüngsten Gerichts (Wandvorzeichnung erhalten) von Guariento (1368). – Vadstena (Schweden), Kirche des Birgittenklosters (1368 begonnen). – Doberan, Klosterkirche (1368 geweiht). – Krakau-Kazimierz, Fronleichnamskirche (1369 begonnen). – Hs. Paris, Bibl. nat., Ms. n. a. fr. 5243 (Rusticien de Pise: Guiron le Courtois): Miniaturen (um 1370/80). – Granada, Alhambra: Löwenhoftrakte (um 1370/80). – Rathenow, St. Maria: Altar (um 1370/80). – Prag, Dom: Mosaik am Südquerhaus (1370/1371). – Hs. Paris, Bibl. nat., Ms. ital. 482 (Boccaccio: Decameron): Miniaturen (um 1370). – Krakau, Marienkirche: Chorfenster (um 1370). – Schotten (Hessen), Stadtkirche: Altar (um 1370). – Ferrara, Castello Estense (ab ca. 1370)

M Mönch von Salzburg: erste mehrstimmige, in rhythmischer Notation aufgezeichnete deutsche Lieder (3. Dr. 14. Jh.). – Spätstufe der Ars nova in Frankreich: Ars subtilior (um 1370/1400)

L Hermann von Wartberge: Chronicon Livoniae (1366/78). – Francesco Petrarca: De sua ipsius et multorum ignorantia (1367/71). – Jan Milíč von Kremsier: Sermo de die novissimo, Libellus de Antichristo (1367); Sermones quadragesimales (um 1370–74). – Coluccio Salutati: Conquestio Phyllidis (um 1367). – Konrad von Waldhausen: Apologia (1368). – Nicolaus von Oresme (Nicole Oresme): De difformitate qualitatum; De origine, natura, iure et mutationibus monetarum (vor 1370); Aristoteles-Kommentare (um 1370/71). – Thomas del Garbo: Summa medicinalis (vor 1370). – Kaiser Karl IV.: Vita Karoli quarti ([um 1350 oder] um 1370?)

D Mönch von Salzburg: Lyrik (3. Dr. 14. Jh.). – Heinrich von Mügeln: Valerius-Maximus-Auslegung (1369). – Marquard von Lindau: theolog. Schriften (u. a. Dekalog-Erklärung, Eucharistie-Traktat), Predigten (um 1370/90). – Gerhard von Minden: Wolfenbütteler Äsop (1370?)

Nl Godeverd van Wevele: Van den twaelf dogheden (um 1370/80)

E Geoffrey Chaucer: Book of the Duchess (um 1370)

F Jean Froissart: Meliador (1369 – nach 1383); L'espinette amoureuse (1369); Chroniques (1370–1400). – Eustache Deschamps: Lyrik (um 1370 – um 1407). – Echecs amoureux (1370–80)

It Fioretti del glorioso messere santo Francesco (um 1370/ 1390). – Caterina da Siena: Briefe (um 1370–80)

1371-1375

1374 Waffenstillstand zwischen England und Frankreich
1340–1375 König Waldemar IV. Atterdag von Dänemark

K Votivbild des Očko von Vlašim [Prag, Nationalgalerie] (1371). – André Beauneveu: Marmorstatue der hl. Katharina in der Liebfrauenkirche Courtrai (1372/73). – Jean de Liège: Liegestatuen vom Grabmal des Königs Karl IV. von Frankreich und der Jeanne d'Evreux aus Kloster Maubuisson [Paris, Louvre] (1372). – Schloß Vincennes bei Paris (um 1373 bis auf die Kapelle vollendet). – Georg und Martin von Klausenburg: Bronzegruppe »Drachenkampf des hl. Georg« [Prag, Hradschin] (1373). – Mölln, Rathaus (1373). – Wapenboec des Herolds Gelre (Brüssel, Bibl. Royale, Ms. 15652–56): Miniaturen (um 1375/80). – Hs. Paris, Bibl. nat., Ms. fr. 2813 (Grandes Chroniques de France; Exemplar König Karls V. von Frankreich): Miniaturen (um 1375/79). – Arbois (Jura), St. Just: Madonnenstatue (um 1375/78). – »Parement de Narbonne« [Paris, Louvre] (um 1375). – Narbonne, Kathedrale: Alabasterstatue »Notre Dame de Bethléem« (um 1375). – Abraham Cresques: Katalanischer Atlas [Paris, Bibl. nat., Ms. espagnol 30] (1375)

L John Wicliff: Postilla super totam Bibliam (1371-76);
Summa theologiae [darin: De dominio divino, De dominio
civili] (1374-76). – Francesco Petrarca: Historia Griseldis
(1373/74); Contra eum qui malidixit Italie (1373). – Geert
Groote: Sermones, Traktate, Briefe (um 1374-84). – Marquard von Lindau: De reparatione hominis (1374). – Coluccio Salutati: Staatsbriefe (1375-1406). – Petrus de Alliaco:
Kommentare zu den Sentenzen des Petrus Lombardus und
zu Boethius (1375)

D Martin von Amberg: Gewissensspiegel (1371/82). – Johann von Neumarkt: Hieronymus-Briefe (1371/75). – Albrecht Lesch: Meisterlieder (um 1372/94?). – Rotlev-Bibel
(um 1375)

Nl Willem van Hildegaerdsberch: Didakt. und relig.
Kleindichtung (1375-1410). – Herold Gelre: Wapenboec
(um 1375/80). – Reynaerts Historie [Reynaert II] (um
1375)

E John Barbour: Bruce (um 1375). – Northern Homily Cycle (um 1375)

Ir Seán Ó Dubhagáin: genealog. und topograph. Gedichte
(vor 1372)

Ky Llyfr Coch Hergest ⟨Rotes Buch von Hergest⟩ (um
1375/1425)

F Nicole Oresme (Nicolaus von Oresme): Aristoteles-Übersetzungen (1371-74). – Jean Froissart: La prison
amoureuse (1372/73). – Chevalier de La Tour Landry: Livre
pour l'enseignement de ses filles (1372)

It Giovanni Boccaccio: Commento [zu Dantes Inferno]
(1373/74)

Tsch Přibík Pulkava z Radenína: Böhmische Kronik
[tschech. Fassung] (um 1374)

1376–1380

1376	Schwäbischer Städtebund
1376–1381	Chioggia-Krieg: Venedig schaltet die Rivalin Genua aus
1377	Papst Gregor XI. kehrt von Avignon nach Rom zurück: Ende der »Babylonischen Gefangenschaft der Kirche« (seit 1309)
1377–1389	Süddeutscher Städtekrieg
1327–1377	König Edward III. von England
1377–1399	König Richard II. von England
1378–1382	Aufstand der Ciompi in Florenz
1378	Doppelte Papstwahl: Urban VI. (–1389) / Clemens VII. (–1394):
1378–1417	Großes Schisma
1346–1378	Kaiser Karl IV.
1378–1400	Kaiser Wenzel I. (bis 1419 König von Böhmen)
1364–1380	König Karl V. der Weise von Frankreich
1380–1422	König Karl VI. von Frankreich
1380	Waffenstillstand zwischen England und Frankreich

K Florenz, Loggia dei Lanzi (1376–82). – Giusto de' Menabuoi: Ausmalung des Baptisteriums von Padua (1376 vollendet). – Brügge, Rathaus (1377 begonnen). – Prag, Dom: Grabmal Ottokars I. (1377) und Triforiumsbüsten (etwa gleichzeitig) von Peter Parler. – Ulm, Münster (1377 begonnen). – Apokalypse von Angers [Bilderteppich: Angers, Musée des Tapisseries] (um 1377). – Hs. Paris, Bibl. nat., Ms. fr. 1584 (Werke von Guillaume de Machaut): Miniaturen (um 1377). – Altichiero: Ausmalung des Oratorio di San Giorgio im Santo, Padua (1378–84). – Canterbury, Kathedrale: Langhaus (1379 begonnen). – Danzig, Rechtsstädtisches Rathaus (1379 begonnen). – Lüttich, St. Jakob: Steingruppe der Marienkrönung (um 1380/90). – Mühlhausen (Thüringen), Marienkirche: Südquerhausfassade mit Figuren [Kaiser Wenzel und seine Gemahlin?] (um 1380). – Witting-

auer Altar [Prag, Nationalgalerie] (um 1380). - Kutná Hora/
Kuttenberg (Tschechien), St. Barbara (um 1380 begonnen). -
Saalfeld, St. Johannis (um 1380 begonnen). - Salisbury, Ka-
thedrale: Turm (um 1380 vollendet). - Bozen, Stadtpfarrkir-
che: Chor (um 1380 umgebaut). - Statuen des französischen
Königs Karl V. und der Jeanne de Bourbon [Paris, Louvre]
(vor 1380). - Hs. Paris, Bibl. nat., Ms. lat. 6069 G (Petrarca:
De viris illustribus): Miniaturen (1380). - 's-Hertogenbosch,
Sint Jans (1380 begonnen). - Magnús Thorhallson: Miniatu-
ren im Flateyjarbók [Reykjavík, Stofnun Árna Magnússonar
Á Íslandi] (1380/94)

L Somnium Viridarii (1376). - Johannes von Rheinfelden: *L*
Ludus cartularum moralisatus (1377 begonnen). - Coluccio
Salutati: De sensibus allegoricis fabularum Herculis [De la-
boribus Herculis] (1378-1405). - Heinrich von Langen-
stein: Kirchenpolit. Traktate (1379-97). - John Wicliff: De
officio regis, De potestate, De ordine christiano, De eucha-
ristia (1379). - Gerard van Vliederhoven: Cordiale (um 1380/
1390). - Konrad von Gelnhausen: Epistola concordiae
(1380). - Dietrich von Nieheim: Liber cancellarie (1380)

D Tileman Elhen von Wolfhagen: Limburger Chronik
(1377/78-1402[?]). - Suchensinn: Lieder (um 1380/1400). -
Johannes Rothe: Lob der Keuschheit (um 1380/90?). - Otto
von Diemeringen: Übers. von Mandevilles Voyages (um
1380). - Weltchronik des sog. Heinrich von München (um
1380?). - Johann von Neumarkt (?): Übers. des Stimulus
amoris [B] (um 1380)

E William Langland: Piers Plowman [B] (um 1377-81). -
Travels of Sir John Mandeville (1380-90). - Geoffrey Chau-
cer: House of Fame (um 1380). - Wycliffite-Bible [frühe
Version von Nicholas of Hereford und John Purvey]
(1380-92)

Is Flateyjarbók (1380/94). - Ólafs saga hins helga hin mesta
(um 1380)

Schw Konung Alexander (um 1380)

F Songe du Vergier (1378)

Sp Pero López de Ayala: Rimado de palaçio (nach 1378)

Tsch Tomáš ze Štítného: Knížky šestery o obecných věcech křesťanských ⟨Sechs kleine Bücher über allgemeine christliche Fragen⟩ (1376). – Tristram a Izalda (um 1380/1400). – Podkoní a žák ⟨Der Stallmeister und der Schüler⟩ (um 1380/1400). – Mála Růžová zahrada ⟨Der kleine Rosengarten⟩ [Laurin], Velká Růžová zahrada ⟨Der große Rosengarten⟩ [Rosengarten von Worms] (um 1380). – Tandariáš a Floribella [Pleier: Tandareis und Flordibel] (um 1380)

1381–1385

1381	Bauernaufstand in England (Wat Tyler, John Ball)
1376–1381	Chioggia-Krieg
1378–1382	Aufstand der Ciompi in Florenz
1382	König Richard II. von England heiratet Anna von Böhmen, Tochter Karls IV.; Schriften Wyclifs gelangen nach Böhmen
1351–1382	Winrich von Kniprode Hochmeister des Deutschen Ordens
1384	Freigrafschaft Burgund, Artois und Flandern kommen zum Herzogtum Burgund

K Wismar, Nikolaikirche (1381 begonnen). – Barcelona, S. María del Mar (1383 vollendet). – Zwettl, Klosterkirche: Chor (1383 vollendet). – Meister Bertram: Hochaltar von St. Petri in Hamburg [Hamburg, Kunsthalle] (1383). – Wilsnack, St. Nicolai (nach 1383 begonnen). – André Beauneveu: Miniaturen im Psalter des Herzogs von Berry [Paris, Bibl. nat., Ms. fr. 13091] (1384–87). – Kartause von Champmol (Dijon): Grabmal Herzog Philipps des Kühnen (Dijon,

Musée des Beaux Arts) von Claus Sluter (ab 1384; Bau der
Kartause 1384 unter der Leitung von Jean de Marville begonnen).
– Nürnberg, Schöner Brunnen (ab 1385). – Coucy-le-Château
(Aisne), Burg (1385 fast vollendet). – London,
Westminster Hall: Königsstatuen (1385?)

L Coluccio Salutati: De saeculo et religione (1381). – John
Wicliff: De blasphemia (1381); Trialogus (1382). – Gallus
von Königsaal (?): Malogranatum [älteste dat. Hs.] (1382). –
Johannes von Lignano: Tractatus de bello, de repressalibus
et de duello (vor 1383). – Bartholomaeus von Pisa (de Rinonico):
De conformitate vitae beati Francisci ad vitam Domini
Iesu (1385–90). – Heinrich von Langenstein: Genesis-Kommentar
(1385–96)

D Jakob Twinger von Königshofen: Deutsche Chronik [in
verschiedenen Fassungen] (1382–1420). – Cambridger Hs.
jiddischer Erzählliteratur [darin auch: Dukus Horant]
(1382/83). – Runtingerbuch (1383–1407). – Johannes Rothe:
Ratsgedichte, Fürstenratgeber, Rechtsbücher (1384/97?)

E Geoffrey Chaucer: Parliament of Fowls (um 1382); Troilus
and Criseyde (um 1382–85); Legend of Good Women
(1385/86). – William Langland: Piers Plowman [C] (um
1385/90). – Sir Thomas Clanvowe: Cuckoo and Nightingale
(um 1385). – Thomas Usk: Testament of Love (um 1385)

Schw Übers. der Revelationes der Hl. Birgitta (nach 1380).
– Codex Oxenstiernianus [Vadstena Hs. SKB A 110] mit
geistl. Texten [Legenden, Offenbarungen, Vitae patrum]
(um 1385/1400)

1386–1390

1386   Großfürst Jagiello von Litauen heiratet die polnische
        Prinzessin Jadwiga: Personalunion Polen-Litauen

1386–1434 Jagiello als Vladislav II. König von Polen (Haus der Jagiellonen)
1386 Schlacht bei Sempach: Sieg der Schweizer Eidgenossenschaft über Österreich
1387 »Brüder des gemeinsamen Lebens« gründen das Augustinerchorherrenstift Windesheim bei Zwolle (Windesheimer Kongregation)
1387–1412 Königin Margarete von Dänemark und Norwegen
1387–1437 König Sigismund von Ungarn
1388 Schlacht bei Näfels: Sieg der Eidgenossen über Österreich
1388 Schlacht bei Döffingen: Sieg eines Fürstenheers unter Graf Eberhard von Württemberg über die schwäbischen Städte
1389 Schlacht auf dem Amselfeld (Kosovo Polje): vernichtende Niederlage der Serben gegen die Osmanen
1389 Vertrag von Zürich: Österreich erkennt die Unabhängigkeit der Schweizer Eidgenossen an
1389 Süddeutscher Städtekrieg (seit 1377) beendet im Landfrieden von Eger
1390 Herzogin Johanna von Brabant setzt ihre Nichte Margarete von Flandern und deren Gemahl Philipp von Burgund zu Erben ihrer Länder ein

K Hs. Cambridge, Corpus Christi College, Ms. 61 (Geoffrey Chaucer: Troylus and Cryseyde): Titelminiatur (nach ca. 1385). – Kartause von Champmol (Dijon): Portalstatuen der Kirche (ab 1386; ab 1389 Arbeiten unter der Leitung von Claus Sluter). – Oxford, New College (um 1386 vollendet). – Mailand, Dom (1386 begonnen). – Poitiers, Herzogspalast: Großer Saal mit Kamin (um 1388 und später). – Batalha (Portugal), Kloster Santa Maria da Vitória (1388 begonnen). – Koblenz, St. Kastor: Grabmal des Trierer Erzbischofs Kuno II. von Falkenstein (1388). – Halle, St. Moritz (1388 von Konrad von Einbeck begonnen). – Landshut, St. Martin (vor [?] 1389 von Hans von Burghausen begonnen). – Wenzelsbibel (Exemplar der Rotlev-Bibel für Kaiser Wenzel) [Wien, Österr. Nationalbibl., Cod. 2759–2764]: Miniaturen (ab 1389). – Warkworth Castle [Northumberland] (vor 1390 vollendet). – Aufkommen der »Schönen Madonnen« [u. a. Krumauer Madonna: Wien, Kunsthist. Museum; Altenmarkter Madonna: Altenmarkt, Pfarrhof; Breslauer Madonna: Breslau, Nationalmuseum; Thorner Madonna: Thorn, St. Johannis (seit 1945 verschollen)] (um 1390/1400). – Schloß Runkelstein bei Bozen: Wandmalereien mit Darstellungen u. a. aus der mhd. Literatur (um 1390/1400). – Havelberg, Dom: Lettner (um 1390). – Bildnis König Heinrichs II. von England [London, Westminster Abbey] (um 1390). – Wandbehang mit Liebesszenen [Regensburg, Stadtmuseum] (um 1390). – Hs. London, British Library, Cotton Nero A. X (u. a. Sir Gawain and the Green Knight): Miniaturen (um 1390). – Prag, Karlsbrücke (ab 1357) mit Altstädter Brückenturm (1390–95). – Bologna, S. Petronio (1390 begonnen). – Bruck a. d. Mur, Minoritenkirche: Wandmalerei »Marter der Zehntausend« (um 1390). – Agnes-Pokal (»Royal Gold Cup«) [London, British Museum] (vor 1391). – [Cennino Cennini: Libro dell Arte (um 1390)]

Johannes Ciconia: Motetten, Madrigale, Ballate, Messen **M** (um 1390 [?] – 1411)

L Michael von Prag: De quattuor virtutibus cardinalibus **L** pro eruditione principum (um 1388). – Matthias von Janov: De regulis Veteris et Novi Testamenti (1388–93). – Matthaeus von Krakau: Dialogus rationis et conscientiae (1388); De puritate conscientiae (vor 1390). – Übers. von Mandevilles Voyages (vor 1390). – Coluccio Salutati: De verecundia (1390)

D Otto von Passau: Die 24 Alten (1386?). – Wenzelsbibel (Exemplar der Rotlev-Bibel für Kaiser Wenzel) [Wien, Österr. Nationalbibl., Cod. 2759–2764] (ab 1389). – Johannes Liechtenauer: Fechtbuch [älteste Hs.] (1389). – Hugo von Montfort: Lyrik (um 1390–1423). – Der Heiligen Leben (um 1390). – Heinrich von Langenstein (?): Erkenntnis der Sünde (um 1390). – Michel Velser: Übers. von Mandevilles Voyages (um 1390). – Hans Mair von Nördlingen: Buch von Troja (1390/92). – Bruder Berthold (von Freiburg): Rechtssumme (Summa confessorum Johannis) [älteste Hs.] (1390)

Nl De vier heren wenschen (um 1390/1400). – Johann Scutken: Übers. bibl. Texte (um 1390)

E John Gower: Confessio Amantis (um 1386/90). – Geoffrey Chaucer: Canterbury Tales (1387–99). – John Trevisa: Übers. von Higdens Polychronicon (1387). – Julian of Norwich: Book of Showings [lange Version] (um 1388). – Hs. London, British Library, Cotton Nero A.X [Sir Gawain and the Green Knight, Pearl, Patience, Purity] (um 1390). – Parlement of Thre Ages (1390). – St. Erkenwald (1390)

Is Alfræði Íslenzk (1387)

Ir Gofraidh Fionn Ó Dálaigh: Gedichte (vor 1387)

F Honoré Bonnet: Arbre de Batailles (1386–89). – Jehan d'Arras: Livre de Melusine (1387–94). – Philippe de Mezières: Songe du vieil pelerin (um 1389)

Ka Pero III.: Crònica (vor 1387)

It Franco Sacchetti: Trecentonovelle (um 1388/95). – Cennino Cennini: Libro dell Arte (um 1390)

1391–1395	
1391	Heiligsprechung der Birgitta von Vadstena durch Papst Bonifaz IX. (Hl. Birgitta von Schweden)
1392	König Karl VI. von Frankreich geisteskrank

La Ferté-Milon, Schloß (1392 begonnen). – Tafelbild »Ma- **K**
donna von St. Veit« [Prag, Nationalgalerie] (um 1392?). –
Marienburg, Hochmeisterpalast (1393/99). – Thorn, Rathaus (1393 begonnen). – Hs. Paris, Bibl. nat., Ms. fr. 823
(Guillaume de Deguileville: Pèlerinage de la vie humaine):
Miniaturen (1393). – London, Westminster Hall (ab 1394). –
Wien, St. Maria am Gestade (1394 begonnen). – Florenz, Palazzo Davizzi-Davanzati: Malereien in der Sala delle Nuziale (um 1395). – Konrad von Soest: Nikolausaltar in der
Nikolauskapelle Soest (um 1395). – Wilton-Diptychon
[London, National Gallery] (um 1395). – Kartause von
Champmol (Dijon): Moses-Brunnen von Claus Sluter (ab
1395). – Epitaph des Johann von Jeřeň [Prag, Nationalgalerie] (1395). – Grabmal des Philippe de Mézières [Antwerpen, Musée Mayer van den Bergh] (E. 14. Jh.). – »Sittener
Tapete« (Stoffdruck mit Ödipusgeschichte u. a.) [Basel, Hist.
Museum, und Zürich, Schweiz. Landesmuseum] (E. 14. Jh.).
– Hss. Oxford, Bodleian Library, MS Rawl. D. 939 (astrolog. und kirchl. Kalender), und Paris, Bibl. nat., Ms. fr. 619
(Gaston Phébus: Livre de la Chasse): Miniaturen (E. 14. Jh.)

Oswald von Wolkenstein: Übernahme bzw. Bearbeitungen **M**
mehrstimmiger Kompositionen, Einfluß von Ars nova und
italienischer Trecento-Musik (E. 14. Jh. – 1445)

L Marquard von Lindau: De arca Noe, De quadruplici homine, De nobilitate creaturarum (vor 1392). – Richard von **L**
Maidstone: De concordia inter regem Ricardum II. et civitatem Londinensem (um 1393); Protectorium pauperis, Contra
Wiclifitas, Fasciculus zizanorum magistri Johannis Wiclefi
cum tritico (vor 1396). – Matthaeus von Krakau: Rationale
operum divinorum (1393/94). – Johannes Marienwerder:
Viten der hl. Dorothea von Montau (1394–1404). – Nikolaus
von Clémanges: De ruina et reparatione ecclesiae (1394)

D Innsbrucker Spiele (Spiel von Mariae Himmelfahrt,
Osterspiel, Fronleichnamsspiel) [Hs.] (1391). – Bruder

Hans: Marienlieder (nach 1391). – Oswald von Wolkenstein: Lyrik (E. 14. Jh. – 1445). – Ulrich von Pottenstein: Katechetisches Werk (E. 14. / A. 15. Jh.). – Fritz Kettner: Meisterlieder (E. 14. / A. 15. Jh.). – Jutisch Lowbok (E. 14. Jh.). – Der Frankfurter: Theologia Deutsch (E. 14. Jh.?). – Dießenhofener Schwesternbuch (E. 14. Jh.)

E Geoffrey Chaucer: Treatise on the Astrolabe (1391). – Walter Hilton: Scale of Perfection (um 1395/96). – Wycliffite-Bible [späte Version von John Purvey] (1395). – Pierce the Ploughman's Crede (1395)

Ir Giolla Íosa Mac Firbhisigh: Gelbes Buch von Lecan (1391). – Buch von Uí Mhaine (1392/94)

Kor Ordinalia [Origo Mundi, Passio Domini, Resurrectio Domini] (E. 14. Jh.)

F Eustache Deschamps: Art de dictier (1392). – Christine de Pisan: Lyrik (um 1394 – 1429/30)

Tsch Smil Flaška z Pardubic: Nová rada ⟨Neuer Rat⟩ (um 1394)

1396–1400

1396	Schlacht bei Nikopolis: vernichtende Niederlage eines französisch-deutsch-ungarischen Heers gegen die Osmanen
1397	Union von Kalmar: Personalunion zwischen Dänemark, Norwegen, Schweden
1399	König Richard II. von England (seit 1377) abgesetzt (Ende des Hauses Plantagenet)
1399–1413	König Heinrich IV. von England (Haus Lancaster)
1400	Kaiser Wenzel I. (seit 1378) abgesetzt; bleibt (als Wenzel IV.) König von Böhmen
1400–1410	Kaiser Ruprecht (von der Pfalz)

Certosa di Pavia (1396 begonnen). − Dortmund, Marien- **K**
kirche: Berswordt-Altar (vor 1397). − Haarlem, St. Bavo
(vor 1397 begonnen). − Lausanne, Bischöfliches Schloß
(1397 begonnen). − Basel, Spalentor (vor 1398). − Rostock, Marienkirche (1398 Einsturz des unvollendeten
Langhauses). − Kolín, St. Bartholomäus: Chor (1398 geweiht). − Heidelberg, Heilig-Geist-Kirche (1398 begonnen). − Halle/Hal (Belgien), St. Martin: Chor (1398 begonnen). − Lapworth-Missale (Oxford, Corpus Christi
College, Oxford MS 394): Miniatur (1398). − Kartause
von Champmol (Dijon): Altar von Melchior Broederlam
[jetzt Dijon, Musée des Beaux-Arts] (1399 vollendet). −
Werke des Kölner Meisters der hl. Veronika [Veronika-Bild: München, Alte Pinakothek, u. a.] (ab ca. 1400). −
Jean Malouel (?): Pietà [Paris, Louvre] (um 1400). −
Kleve, St. Mariä Himmelfahrt: Grabmal des Grafen
Adolf I. von Kleve und der Margarete von Berg (um
1400). − Grabmal des Kardinals Jean de la Grange
[Avignon, Musée Calvet] (um 1400). − Köln, Dom: Klarenaltar ([um 1350 und] um 1400). − Binche, St. Ursmer:
Kreuzreliquiar (um 1400). − Erste Einblattdrucke (um
1400). − Grimmen (Mecklenburg), Rathaus (um 1400).
Altar aus Kremsmünster [Wien, Österr. Galerie] (um
1400). − Viktring (Kärnten), Klosterkirche: Glasmalereien
(um 1400)

1. Schicht des Codex Faenza, Bibl. com. ms. 117: erste **M**
große Quelle von Musik für Tasteninstrumente (um 1400
[2. Schicht 1473/74])

L Coluccio Salutati: De fato, fortuna et casu (1396/99); De **L**
tyranno (1400). − Petrus von Tussignano: Liber de balneis
Burmi (1396). − Dietrich von Nieheim: Gesta Karoli Magni
imperatoris (1398/99). − Heinrich Egher von Kalkar: Ortus
et decursus ordinis Cartusiensis (1398). − Johannes von Teschen: Lumen secretorum (vor 1400). − Predigtmagazin
»Paratus« (vor 1400). − Palestra (vor 1400). − Marienklage

von Cividale (vor 1400). – Leonardo Bruni: Überss. aus dem Griech. (um 1400–44). – Johannes von Werden: Predigtmagazin »Dormi secure« (um 1400). – Jacobus de Theramo: Belial (um 1400). – Johannes von Kastl: Expositio super regulam s. Benedicti (um 1400). – Johannes Gerson: De modo se habendi tempore schismatis (um 1400)

D Dat nuwe Boich (1396). – Der Große Alexander (Wernigeroder Alexander) [Hs.] (1397). – Fröschel von Leidnitz: Belauschtes Liebesgespräch, Liebesprobe, Prozeß im Himmel (um 1400?). – Vocabularius Ex quo (um 1400). – Hans von Bühel: Die Königstochter von Frankreich (1400). – Heinrich von St. Gallen (?): Extendit manum-Passionstraktat (um 1400). – Die Neue Ee (um 1400). – Heinrich Kaufringer: Verserzählungen (um 1400). – Bairische Verba seniorum (um 1400). – Sol und Luna (um 1400?). – Erlauer Spiele [Hs.] (1400/40)

Nl Haager Lieder- und Minneredenhs. (um 1400). – Gruuthuse-Liederhs. (um 1400). – Sog. Bonaventura-Ludolphiaanse Leven van Jezus (um 1400). – Die vier uterste [Übers. von Gerhard von Vliederhoven: De quattuor novissimis] (um 1400). – Nordmnl. Legenda aurea (um 1400)

E Mum and Sothsegger (1399/1406). – John Mirk: Festial (um 1400). – Awntyrs off Arthure (um 1400). – Stanzaic Le Morte Arthur (um 1400). – Laud Troy-Book (um 1400)

Is Teilübers. von Petrus Alfonsi: Disciplina clericalis (um 1400)

Dä Lucidarius (um 1400). – Karl Magnus Krønike (1400/1420)

Schw Karl Magnus (um 1400)

Ir Gearóid Iarla: persönliche Lyrik, Liebeslyrik (vor 1398). – Book of Ballymote (um 1400)

Ky Iolo Goch: Gedichte (vor 1398). – Siôn Cent: Gedichte (um 1400–1430/45). – Rotes Buch von Talgarth (um 1400)

F Christine de Pisan: Epistre au dieu d'Amours [eröffnet die Querelle du Roman de la Rose] (1399); Epistre d'Othea (um 1400). – Jean d'Outremeuse (Jean Des Prés): Geste de Liège (vor 1400). – Coudrette: Histoire de Lusignan [Roman de Melusine] (um 1400)

Ka Bernat Metge: Somni (1399)

It Giovanni Sercambi: Novellen (um 1400)

Ru Mamasevo pobojšče ⟨Schlacht des Mamaj⟩ (um 1400)

Tsch Lorenz von Březová: Cestopis tzv. Mandevilla ⟨Reisebeschreibung des sog. Mandeville⟩ [Otto von Diemeringen] (um 1400). – Kronika trojánská [Guido de Columnis] (um 1400). – Alexanderroman [Prosa] (um 1400). – Bruncvík ⟨Braunschweig⟩ (um 1400). – Stilfríd (um 1400)

1401–1405

1401   Timur Länk zerstört Bagdad
1402   Schlacht bei Angora (Ankara): Timur Länk besiegt die Osmanen
1363–1404 Herzog Philipp der Kühne von Burgund
1404–1419 Herzog Johann Ohnefurcht von Burgund
ca. 1360–1405 Timur Länk

K Bemaltes Wöchnerinnentablett mit Triumph der Venus (aus Oberitalien) [Paris, Louvre] (A. 15. Jh.). – Nürnberg, Frauenkirche: 3 Apostelfiguren [Ton] (A. 15. Jh.). – Locarno, Santa Maria in Selva: Ausmalung der Chorgewölbe von Jacobus de Vaulate (1401). – Kartause von Champmol (Dijon): Portal der Kirche (1401 vollendet). – Brandenburg, St. Katharinen (ab 1401). – Barcelona, Hospital de la Santa Cruz (ab 1401). – Jacquemart d'Hesdin: Miniaturen in den Très Belles Heures des Duc de Berry [Brüssel, Bibl. Royale, Ms. 11060] (vor 1402). – Tapisserie der hl. Piaton und Eleutherius [Tournai, Dom] (gestiftet 1402). – Sevilla, Kathedrale (1402 begonnen). – Brüssel, Rathaus (1402 begonnen). –

221

Český Krumlov / Krumau, St. Veit (1402 begonnen). –
Goldemailkreuz [Esztergom, Kathedralschatz] (1402). –
Altötting, »Goldenes Rössel« (1403). – Konrad von Soest:
Altar in der Stadtkirche Bad Wildungen (1403). – Trient,
Castello di Buonconsiglio: Malereien im Adlerturm
(1404–07). – Prophetenfiguren vom Brüsseler Rathaus
[Brüssel, Stadtmuseum] (1404/05). – Gent, Alte Fleischhalle
(ab 1404). – Hieronymus-Offizium des Johannes von Tepl
(Prag, Nationalmuseum, KNM XII A 18): Miniaturen
(1404). – Jean Beauneveu (?): Prophetenstatue [Bourges,
Musée Jacques Cœur] (vor 1405). – Bourges, Kathedrale:
Grabmal des Jean de Berry (1405 begonnen). – Sherborne-
Missale (Alnwick Castle, Duke of Northumberland): Miniaturen (vor 1406). – [Lorenzo Ghiberti siegt im Wettbewerb
um die 2. Florentiner Baptisteriumstür (1401/02)]

M Musik der »burgundisch-niederländischen Schule« (15./
16. Jh.)

L *L* Thomas von Kempen: Aszetische Schriften, Viten, Hymnen (A. 15. Jh. – 1471). – Leonardo Bruni: Dialogi ad Petrum Paulum Istrum (1401–05); De nobilitate Florentinae
urbis (1403). – Johannes Hus: Briefe, Traktate, Sermones
(1402–15). – Petrus de Alliaco: Tractatus de materia concilii
generalis (1402/03). – Pietro Paolo Vergerio d. Ä.: De ingenuis moribus ac liberalibus studiis (um 1402). – Heinrich
Honover: Magisterium Christi in septem artibus liberalibus
(vor 1403). – Matthaeus von Krakau: De squaloribus curiae
Romanae (1403/04). – Johannes Mulberg: Theolog. Lehrpredigten (1404/05); Tractatus contra statum beginarum
(1405). – Konrad Kyeser: Bellifortis (1405)

D Tannhäuser-Ballade (1. H. 15. Jh.). – Trierer Marienklage
und Osterspiel [Hs.] (1. H. 15. Jh.). – Berliner Liederhs.
mgf 922 (1. V. 15. Jh.). – Spiegel menschlicher behaltnis
[Prosabearb. des Speculum humanae salvationis] (1. V.
15. Jh.). – Sterzinger Miszellaneen-Hs. (A. 15. Jh.). – Tann-

häuser-Ballade (A. 15. Jh.?). – Pilgerfahrt des träumenden Mönchs [Berleburger Versübers.] (A. 15. Jh.?). – Das Große Gebet der Eidgenossen (A. 15. Jh.). – Dt. Belial-Übertragungen (A. 15. Jh.?). – St. Galler Himmelfahrtsspiel und Marienklage [Hs.] (A. 15. Jh.). – Meister Babiloth: Cronica Allexandri (A. 15. Jh.). – Georg von Nürnberg: Sprachbuch (A. 15. Jh.). – Anonyme Übers. von Petrarca: De remediis utriusque fortune (A. 15. Jh.?). – Johannes von Tepl: Der Ackermann aus Böhmen (1401?). – Johannes Marienwerder: Leben der zeligen vrouwen Dorothea (vor 1404). – Johannes Mulberg: Predigten in Straßburg [Zyklus über das erste Weltzeitalter?] (1404/05). – Eberhard von Cersne: Der Minne Regel (1404)

Nl Dirc van Delf: Tafel van der kersten ghelove (1404)

E Thomas Hoccleve: Letter of Cupid (um 1402)

Ir Fiannaighecht ⟨Finnballaden und -erzählungen⟩ (15. Jh.). – Liebeslyrik (15. Jh.). – Lebor Brec ⟨Geflecktes Buch⟩ (A. 15. Jh.). – Trí Truagha na Scéaluidheachta [Romanzen] (A. 15. Jh.). – Merugud Uilix Maicc Leirtis ⟨Wanderungen des Odysseus⟩ (A. 15. Jh.)

Ky Brut y Brenhinedd ⟨Brut der Könige⟩ (13.–15. Jh.). – Arthuriana (14.–16. Jh.).–Gramadegau'r Penceirddiaid ⟨Bardische Grammatiken⟩ (14.–16. Jh.). – Brut y Tywysogyon ⟨Brut der Herrscher⟩ (14.–15. Jh.). – Periode der Beirdd yr Uchelwyr ⟨Poets of the Gentry⟩ (14.–15. Jh.). – Prophet. Poesie [von Heinyn Fardd, Y Bardd Glas, Y Bardd Ysgolan?] (15. Jh.). – Relig. Sach- und Übersetzungsprosa (15. Jh.)

F Les quinze Joies de mariage (A. 15. Jh.). – Miracles de Nostre Dame par personnages (A. 15. Jh.). – Christine de Pisan: Dit de la Rose (1402); Livre du Chemin de Long Estude, Mutacion de Fortune (1403); Livre des faits et bonnes meurs du sage roy Charles V (1404); Livre de la Cité des Dames, Livre des trois vertus, Avision Christine (1405)

Sp Juan Rodríguez del Padrón: Siervo libre de amor (1. H. 15. Jh.)

Por Livro de Esopo (A. 15. Jh.)

It Andrea da Barberino: Guerin meschino, I reali di Francia (A. 15. Jh.). – San Bernardino da Siena: Predigten (1405–44)

1406–1410

1406	Florenz erobert Pisa und erringt damit Zugang zum Meer
1406	Limburg-Brabant fällt nach dem Tod von Herzogin Johanna an Burgund
1407	Herzog Johann Ohnefurcht von Burgund läßt Ludwig von Orléans ermorden, Folge:
1407–1435	Bürgerkrieg in Frankreich: Armagnacs (Orléans) gegen Bourguignons
1409	Konzil von Pisa setzt die beiden rivalisierenden Päpste ab und wählt einen dritten: Verschärfung des Schismas
1409	Kuttenberger Dekret: König Wenzel von Böhmen verfügt Vorherrschaft der Böhmen in der Universität Prag – Auszug der Deutschen (Mitglieder gründen Universität Leipzig)
1400–1410	Kaiser Ruprecht
1410–1437	Kaiser Sigismund (seit 1387 König von Ungarn)
1410	Schlacht bei Tannenberg: vernichtende Niederlage des deutschen Ordens gegen Polen/Litauen

K Rein (Steiermark), Stift: Kreuzkapelle (ab 1406). – La Ferté-Milon (bei Château-Thierry), Schloß [Ruine] (vor 1407). – Passau, Dom: Ostteil [umgebaut erhalten] (1407). – Hornpokal König Sigismunds [Esztergom, Domschatz] (vor 1408). – Granada, Alhambra: Torre de las Infantas (vor 1408). – Irrsdorf (Salzburg), Kirche: Türflügel (1408). – Linköping, Dom: Chor (1408 begonnen). – Salzburg, Franziskanerkirche: Chor (1408 begonnen). – Halle/Hal (Belgien),

St. Martin: Sakramentshaus (1409). – Halberstadt, Dom: Tafelbild »Korallenmadonna« (um 1410/20). – Tafelbild »Paradiesgärtlein« [Frankfurt, Städel] (um 1410). – Lüneburg, Rathaus: Fensterzyklus der Neun Helden (um 1410). – Kreuzigungsaltar aus Pähl (bei Weilheim) [München, Bayer. Nationalmuseum] (um 1410). – Prag, Altstädter Rathaus: Uhr (1410). – Notre-Dame de l'Epine [Marne] (1410 begonnen). – Bologna, San Petronio: Ausstattung der Cappella Bolognini [Altar von Jacopo di Paolo, Fresken] (ab 1410). – Canterbury, Kathedrale: Westfenster [Könige] (vor 1411)

Musik der »burgundisch-niederländischen Schule«: Guillaume Dufay [Messen, Motetten, Chansons] (1409; gest. 1474) M

L Johannes Hus: Briefe, Traktate, Sermones [1407–08 Postilla] (1402–1415). – Gobelinus Person: Cosmidromius (1406–18). – Pietro Paolo Vergerio d. Ä.: Pro redintegranda et unienda ecclesia (1406). – Dietrich von Nieheim: Histor.-polit. Schriften (1408–15). – Ludolf von Sagan: Soliloquium schismatis (1408/09). – Johannes Gerson: De mystica theologia (1408); De auferibilitate papae ab ecclesia, De unitate ecclesiae (1409). – Nikolaus von Dinkelsbühl: Predigten, Gutachten, Schriften zur Klosterreform (um 1409–33); Quaestiones magistrales (1409–12). – Petrus de Alliaco: Imago mundi (1410). – Petrus von Tussignano: Medizin. Schriften [u. a. Consilium pro peste evitanda] (vor 1411) L

D Johannes Rothe: Thüring. Landeschronik (1407–18). – Heinrich Wittenwiler: Der Ring (um 1408/10?)

E John Lydgate: Reason and Sensuality (um 1408). – Death and Life (um 1410). – Tale of Beryn (um 1410)

F Christine de Pisan: Le livre du corps de policie (1407); Livre des fais d'armes et de chevalerie, Lamentation sur les maux de la guerre civile (1410). – Alain Chartier: Lyrik [Rondeaux, Balladen] (um 1410 [?] – 29)

225

Tsch Tkadleček ⟨Weberlein⟩ (um 1407/09)

Pl Bogurodzica dziewica ⟨O jungfräuliche Gottesgebärerin⟩ (um 1408?)

1411–1415

1411 1. Frieden von Thorn zwischen dem Deutschen Orden und Polen/Litauen: der Orden verliert Westlitauen
1387–1412 Königin Margarete von Dänemark, Norwegen und (seit 1397) Schweden
1412–1439 Erich von Pommern König der nordischen Union
1399–1413 König Heinrich IV. von England
1413–1422 König Heinrich V. von England
1414–1418 Konzil von Konstanz
1415 Jan Hus in Konstanz als Ketzer verbrannt
1415 Burggraf Friedrich von Hohenzollern von Kaiser Sigismund in Konstanz mit dem Kurfürstentum Brandenburg belehnt
1415 Portugal (Prinz Heinrich der Seefahrer) erobert Ceuta
1415 Schlacht bei Azincourt: vernichtende Niederlage Frankreichs gegen England (Charles d'Orléans gerät in englische Gefangenschaft [bis 1440])

K Luis Borrassa: Retabel in Tarrasa (Barcelona), S. María (1411/13), und Vich, Museu Epicopal (1414/15). – Aachen, St. Foillan: Madonnenstatue (1411?). – Reliquiar des Cosmas vom Hl. Geist [Paris, Louvre] (vor 1412). – Brüder von Limburg: Miniaturen in den Très Riches Heures du Duc de Berry [Chantilly, Musée Condé] (1412/15). – Gloucester, Kathedrale: Kreuzgang (1412 vollendet). – Lorenzo Monaco: Marienkrönung [Florenz, Uffizien] (1413); Altar aus S. Maria degli Angeli [Florenz, Uffizien] (1414). – Köln, Dom: Grabmal des Erzbischofs Friedrich von Saarwerden (um 1414). – Jacopo della Quercia: Fonte Gaia [Reste in Siena, Palazzo Pubblico] (1414–19). – Wien, St. Maria am Gestade: Schiff (1414 vollendet). – Siena, Taufbecken im Dombaptisterium (ab 1414). – 's-Hertogenbosch, Kathedrale: Chor (vor 1415). – Nanni di Banco: Santi Quattro Coronati [Florenz, Orsanmichele] (um 1415). – Judenburg (Steiermark), Magdalenenkirche: Fresko aus der Augustinerkirche (1415). – Frankfurt, Dom: Westturm von Madern Gerthener (1415 begonnen). – Wismar, Nikolaikirche (1415 vollendet)

L Johannes Hus: Briefe, Traktate (1413 De ecclesia), Sermones (1402–1415). – Dietrich von Nieheim: Hist.-polit. Schriften [1411 Viridarium imperatorum et regum Romanorum; 1413/14 Cronica; 1414/15 Avisamenta für das Konstanzer Konzil; 1415 Historie de gestis Romanorum principum] (1408–15). – Nikolaus von Dinkelsbühl: Kommentare zu Psalm 1–50 und Matthäus (1412–25). – Petrus de Alliaco: Vigintiloquium de concordia astronomicae veritatis cum theologia (1414). – Pietro Paolo Vergerio d. Ä.: Übers. der Anabasis Arrians aus dem Griech. (um 1415). – Paulus von Burgos: Scrutinium scripturarum contra perfidiam Iudaeorum (um 1415/35). – Leonardo Bruni: Historiae Florentini populi (1415–44). – Petrus von Mladoniowitz: Historia de fatis et actis magistri Johannis Hus Constantiae (1415) *L*

D Ulrich von Pottenstein: Buch der natürlichen weishait [Übers. des Speculum sapientiae] (um 1411/17). – Hans Vintler: Die pluemen der tugent [Fiore di Virtù] (1411). – Hans von Bühel: Dyocletianus Leben (1412). – Heinrich Laufenberg: geistl. Lieder (um 1413/60). – Des Teufels Netz (um 1414/18). – Johannes Rothe: Eisenacher Chroniken (nach 1414); Ritterspiegel (um 1415). – Schweizer Anonymus: Verserzählungen (um 1415/60). – Muskatblut: Lyrik (um 1415/38). – Spieghel der leyen (vor 1415?)

Nl Dirc Potter: Der minnen loep (1411/12); Bloeme der doechden, Melibeus-Prosa (um 1415/20)

E Thomas Hoccleve: Regiment of Princes (um 1412). – John Lydgate: Troy-Book (1412/20). – Charles d'Orléans: Lyrik [engl.!] (um 1415/40)

F Christine de Pisan: Livre de la paix (1414). – Laurent de Premierfait: Übers. des Decameron (1414). – Charles d'Orléans: Lyrik [Ballades, Complaintes, Chansons] (um 1415/1465)

Tsch Jan Hus: Kniežky o svatokupectví ⟨Schriften über Simonie⟩ (1413)

1416–1420

1417	Konstanzer Konzil wählt nach Absetzung der rivalisierenden Päpste Martin V. zum neuen und alleinigen Papst: Ende des Großen Schismas (seit 1378)
1414–1418	Konzil von Konstanz
1404–1419	Herzog Johann Ohnefurcht von Burgund
1419–1467	Herzog Philipp der Gute von Burgund
1378–1419	König Wenzel (IV.) von Böhmen
1419–1437	Kaiser Sigismund König von Böhmen
1419–1436	Hussitenkrieg
1420	Spaltung der Hussiten in Gemäßigte (Utraquisten) und Radikale (Taboriten)
1420	Vertrag von Troyes: Bündnis zwischen England und Burgund

K Donatello: Hl. Georg von Orsanmichele [Florenz, Bargello] (um 1416/17). – Barcelona, Casa de la Ciudad (ab 1416). – Urbino, San Giovanni Battista: Wandmalerei (Johannes-Zyklus) von Lorenzo Salimbeni (1416). – Henri Bellechose: Dionysiusaltar aus Champmol [Paris, Louvre] (1416). – Lublin (Polen), Burgkapelle: Ausmalung (vor 1418). – Rohan-Stundenbuch (Paris, Bibl. nat., Ms. lat. 9471): Miniaturen (um 1418). – Filippo Brunelleschi: Projekt für die Kuppel des Florentiner Doms (1418). – Lublin, Burgkapelle:

Wandmalereien (1418). – Florenz, Ospedale degli Innocenti, von Filippo Brunelleschi (1419 begonnen). – Behang mit Passionsszenen [Zaragoza, Dom-Museum] (um 1420/25). – Mainz, Dom: Memorienpforte, von Madern Gerthner (um 1420). – Utrecht, Katharijneconvent: Mittelrhein. Flügelaltar (um 1420). – Konrad von Soest: Altar in der Marienkirche, Dortmund (um 1420). – Lüneburg, Stift Lüne: Kirchenfahne (um 1420). – Hagenau (Elsaß), St. Nikolaus: Hl. Grab (um 1420). – Skulpturen aus der Burg von Buda [Budapest, Historisches Museum der Stadt] (um 1420). – Votivtafel des Johannes Rauchenberger aus Salzburg [Freising, Diözesanmuseum] (1420/25). – Florenz, San Lorenzo, von Filippo Brunelleschi (1420 begonnen). – Prag, Dom (1420 vollendet). – Krakau-Wawel, Kathedrale: Grabmal König Vladislavs Jagiello von Polen (vor 1421 [oder nach 1434]?)

Musik der »burgundisch-niederländischen Schule«: Gilles M Binchois [Messen, Motetten, Chansons] (um 1420 [?]; gest. 1460). – John Dunstable: Messen, Motetten (um 1420 [?]; gest. 1453)

L Petrus de Alliaco: Tractatus de ecclesiastica potestate L (1416). – San Bernardino da Siena: Lat. Predigten (1417–44). – Ludolf von Sagan: Tractatus de longevo schismate (1417–20). – Johannes Gerson: De consolatione theologiae (1418/19). – Lorenz von Březová: Chronicon seu De gestis et variis accidentibus regni Bohemiae (1420/37). – Johannes Nider: Contra heresim Hussitarum (1420/30). – Andreas von Regensburg: Chronica pontificum et imperatorum Romanorum (1420–22). – Johannes von Frankfurt: Collatio ad regem Anglie (1420)

D Leipziger Äsop (nach 1419). – Ulrich Richental: Chronik des Konzils zu Konstanz (um 1420/30). – Sog. Hussitenkriegs-Ingenieur (um 1420/30?). – Peter Schmieher: Der Student von Prag, Die Nonne im Bad, Die Wolfsklage, Vom Würfelspiel, Vom Neidhart (um 1420/30). – Valentin und

Namelos [älteste Hs.] (um 1420/30). – Schwäb. (Konstanzer) Weihnachtsspiel (um 1420). – Konrad Öttinger: Lied gegen die Hussiten (1420/21)

E John Lydgate: Life of Our Lady (1416). – Margery Kempe: The Book of Margery Kempe (um 1420). – Castle of Perseverance (um 1420). – The Prose Alexander (um 1420). – Siege of Jerusalem (um 1420). – Plowman's Tale (um 1420). – Jack Upland (um 1420)

Schw Sju vise mästare [A] (1420)

Ir Giolla Íosa Mac Firbhisigh: Großes Buch von Lecan (1416/18)

F Christine de Pisan: Epistre de la prison de vie humaine (1418)

Sp Enrique de Villena: Los doze trabajos de Hércules (vor 1417). – Hs. [Frgm.] des Amadís-Romans (um 1420)

Ka Ausias March: Liebesdichtung (um 1420/59)

Tsch Bible Olomoucká ⟨Olmützer Bibel⟩ (vor 1417)

1421–1425

1422–1423	Osmanen belagern erfolglos Konstantinopel
1413–1422	König Heinrich V. von England
1422–1461	König Heinrich VI. von England
1380–1422	König Karl VI. von Frankreich
1422–1461	König Karl VII. von Frankreich
1423	Kaiser Sigismund belehnt Friedrich den Streitbaren, Markgrafen von Meißen (Haus Wettin), mit dem Kurfürstentum Sachsen

K Venedig, Ca' d'Oro, von Bartolomeo Bon (1421 begonnen). – Bern, Münster (1421 von Matthäus Ensinger begonnen). – Florenz, San Lorenzo: Alte Sakristei von Filippo Brunelleschi (1421 begonnen). – Jacopo della Quercia: Marmorretabel der Cappella Trenta in San Frediano, Lucca (1422 vollendet); Auftrag zum Westportal von San Petronio in Bologna (1425). – Thann (Elsaß), Münster: Chorfenster [Stiftung der Katharina von Burgund, Witwe des Leopold von Österreich] (1422). – Lorenzo Ghiberti: Der hl. Matthäus [Florenz, Orsanmichele] (1423); 2. Florentiner Baptisteriumstür vollendet, 3. Florentiner Baptisteriumstür begonnen (1425). – Donatello: Der hl. Ludwig von Toulouse [Florenz, Museo di Santa Croce] (1423). – Gentile da Fabriano: Anbetung der Könige [Florenz, Uffizien] (1423); Quaratesi-Madonna [London, National Gallery] (1425). – Görlitz, Georgenkapelle (1423 begonnen). – Meister Francke: Englandfahrer-Altar [Hamburg, Kunsthalle] (1424). – Quimper, Kathedrale: Schiff (1424 begonnen). – Foligno, Palazzo Trinci: Wandmalereifolge berühmter Männer (1424). – Brenzoni-Grabmal von Nanni di Bartolo und Pisanello [Verona, San Fermo] (ab 1424). – Venedig, San Marco: Mascoli-Altar (um 1425/30). – Frankfurt, Liebfrauenkirche: Südportal von Madern Gerthener (um 1425). – Masaccio: Fresko »Dreifaltigkeit« in Santa Maria Novella, Florenz (um 1425). – Ortenberger Altar [Darmstadt, Hessisches Landesmuseum] (um 1425)

M Beginn der Überlieferung deutscher Orgelmusik in »Tabulaturen« (um 1425)

L *L* Nikolaus von Dinkelsbühl: Lectura Mellicensis (1421-1424); Paulus-Kommentare (1425–26). – Andreas von Regensburg: Concilium Constantiense, Concilium provinciale (1421–23); Chronica de principibus terrae Bavarorum (1425–28). – Aeneas Silvius Piccolomini (ab 1458 Papst Pius II.): Gedichtbuch »Cinthia« (1423/29). – Leonardo Bruni: De interpretatione recta (1423/26?). – Petrus von Rosenheim: Roseum memoriale divinorum eloquiorum (1423–26). – De imitatione Christi [von Thomas von Kempen überarbeitet?] (vor 1424). – Leon Battista Alberti: Komödie Philodoxeos (1424). – Antonius Panormita (Antonio Beccadelli): Hermaphroditus (1425)

D Johannes Rothe: Thüring. Weltchronik (1421). – Spruch vom Römischen Reich (1422). – Hans Rosenplüt: Verserzählungen und -reden, Meisterlieder, Priameln, Fastnachtspiele (um 1425–60). – Klagspiegel (um 1425)

E John Lydgate: The Siege of Thebes (um 1421/22). – Paston Letters (1422/1509). – Fronleichnamsspiele in Chester (1422). – König Jakob [James] I. von Schottland (?): Kingis Quair (um 1425)

Dä Siælæ trøst (um 1425)

F Alain Chartier: La Belle Dame sans mercy (1422); Quadrilogue invectif (1424)

Sp Iñigo López de Mendoza: Serranillas (um 1423/40)

1426–1430

1426–1427	Einfälle der Hussiten (Andreas Prokop) in Sachsen, Franken, Bayern, Schlesien
1426–1435	Krieg zwischen Dänemark und der Hanse (Sundzoll)
1428–1429	Engländer belagern Orléans
1429	Jeanne d'Arc befreit Orléans von der Belagerung: Wende im hundertjährigen Krieg; Karl VII. in Reims gekrönt
1430	Herzog Philipp der Gute von Burgund stiftet den Orden vom Goldenen Vlies (Toison d'Or)
1430	Jeanne d'Arc von burgundischen Truppen gefangen und an England ausgeliefert

K Epitaph des Jehan Fiefvés [Brüssel, Musées Royaux d'Art et d'Histoire] (nach 1425). – Epitaph des Bartholomäus Boreschow [Olsztyn/Allenstein, Ordinariat] (um 1426). – Caudebec-en-Caux (Seine Maritime), Notre-

Dame (1426 begonnen). - Palma de Mallorca, Börse, von Guillermo Sagrera (1426). - Meister von Flémalle: Mérode-Altar [New York, Metropolitan Museum] (vor 1427/ 1428). - Hans Multscher: Prunkfenster des Ulmer Rathauses [jetzt Ulm, Stadtmuseum] (um 1427). - Epitaph der Marie de Quinghien [Tournai, Museum] (um 1427). - Nördlingen, St. Georg (1427 begonnen). - Thomas von Klausenburg: Altar [Esztergom, Christl. Museum] (1427). - Schwäbisch Hall, St. Michael: Schiff (1427 begonnen). - Masaccio und Masolino: Fresken der Brancacci-Kapelle in Santa Maria del Carmine, Florenz (vor 1428). - Wien, St. Maria am Gestade: Turm (1428/29 vollendet). - Cléry (Loiret), Notre-Dame (1429 begonnen). - Meßornat des Ordens vom Goldenen Vlies [Wien, Schatzkammer] (nach 1429). - Grabmal des Gómez Manrique [Burgos, Museo Arqueológico] (um 1430). - Ulm, Münster: Verglasung der Besserer-Kapelle (um 1430). - Manta (Savoyen), Schloß: Malereien im Saal [Neun Helden und Heldinnen] von Giacomo Jaquerio (um 1430). - Tangermünde, Rathaus (um 1430). - Grabsteinmodell für Herzog Ludwig den Gebarteten von Bayern-Ingolstadt [München, Bayer. Nationalmuseum] (1430). - Donatello, David [Florenz, Bargello] (ab 1430). - [Ciriaco d'Ancona: Beginn der ersten Forschungsreise zu antiken Denkmälern (1426)]

L Johannes Nider: Traktate u. a. zu religiösen Lebensformen und zur Seelsorge, zeitkrit. Schriften [Formicarius] (um 1426-38). - Petrus von Rosenheim: Schriften und Briefe zur Melker Klosterreform [1430 Opus sermonum de tempore] (um 1426-30). - Thomas Ebendorfer: Predigtzyklen (1426- 1463). - Johannes von Frankfurt: Itinerarius (nach 1427). - Andreas von Regensburg: Chronica Husitarum (um 1428). - Thomas Peuntner: Wiener Predigten (1428-39). - Leon Battista Alberti: De commodis litterarum et incommodis (1428/29). - Ugolino von Orvieto: Declaracio musice discipline (1430/35)

D Kopenhagener Weltgerichtsspiel [Hs.] (2. V. 15. Jh.). – Spiegelbuch (2. V. 15. Jh.). – Ulrich Putsch: Das liecht der sel [Lumen animae] (1426). – Jos von Pfullendorf: Fuchsfalle (1427); Buch mit den farbigen Tuchblättern der Beatrix von Inzighofen (um 1430); Rottweiler Hofgerichtsordnung (1430?). – Hans Schiltberger: Reisebuch (nach 1427). – Johannes Nider: Die 24 goldenen Harfen (1428?). – Thomas Peuntner: Büchlein von der Liebhabung Gottes [1. Fassung] (1428). – Heinrich Laufenberg: Regimen (1429). – Josep: Sündenspiegel (um 1430/50). – Elisabeth von Nassau-Saarbrücken: Herpin, Sibille (um 1430? / vor 1437). – Johannes Rothe: Passion, Geistliche Brustspange (um 1430?). – Großes Neidhartspiel (um 1430?). – Alemannische Vitas patrum: Nürnberger Bearbeitung (um 1430). – Peter von Merode: Pilgerfahrt des träumenden Mönchs (1430?)

Nl Dat beghijnken van Paris (um 1430/50)

E John Lydgate: Pilgrimage of the Life of Man (1426–28). – Walter de la Pole, Duke of Suffolk: Liebeslyrik (um 1430/1440)

F Christine de Pisan: Dittié [sur Jeanne d'Arc] (1429)

Por König Duarte: Leal Conselheiro (um 1430)

1431–1435

1431	Jeanne d'Arc in Rouen als Ketzerin verurteilt und verbrannt
1431–1437	Konzil von Basel
1433	Sigismund in Rom zum Kaiser gekrönt
1433	Holland, Seeland und Hennegau fallen an Burgund
1433	Prager Kompaktaten: Verständigung der Kirche mit den gemäßigten Hussiten (Utraquisten)
1434	Schlacht bei Lipan: vernichtende Niederlage der radikalen Hussiten (Taboriten) gegen Utraquisten und Katholiken

1386–1434 König Vladislav II. Jagiello von Polen
1434–1464 Cosimo de' Medici Stadtherr von Florenz
1434–1436 Volkserhebung in Schweden (Engelbrecht Engelbrechtsson)
1435 Bürgerkrieg in Frankreich (seit 1407) beendet im Frieden von Arras zwischen König Karl VII. und Herzog Philipp von Burgund
1435 Krieg zwischen Dänemark und der Hanse (seit 1426) beendet im Frieden von Vordingborg: Privilegien der Hanse bestätigt

Florenz, Dom: Sängertribüne, von Luca della Robbia (ab K 1431). – Uppsala, Dom: Westportal (1431). – Ålborg (Jütland), Heiliggeist-Hospital (nach 1431). – Landshut, St. Martin: Epitaph des Hans von Burghausen (1432). – Hubert und Jan van Eyck: »Genter Altar« [Gent, St. Bavo] und sog. »Gilles Binchois« [London, National Gallery] (1432 vollendet). – Lukas Moser: Magdalenenaltar [Tiefenbronn bei Pforzheim, Pfarrkirche] (1432). – Filarete: Bronzetür für St. Peter, Rom (1433 begonnen). – Dijon, Herzogspalast: Küchengebäude (1433). – Ulm, Münster: Karg-Nische von Hans Multscher (1433). – Freiburg (Schweiz), Kathedrale: Hl. Grab (1433). – Fra Angelico: Tabernacolo dei Linaioli [Florenz, Uffizien] (1433). – Este-Bibel (Rom, Bibl. Vaticana, Barb. lat. 613): Miniaturen (vor 1434?). – Katzenellenbogen-Schale (gefaßtes chinesisches Porzellan) [Kassel, Staatl. Kunstsammlungen] (um 1434). – Frankfurt, Dom: Maria-Schlaf-Altar [Steingruppe des Marientodes] (1434). – Florenz, Dom: Vollendung der Kuppel Brunelleschis (1434). – Jan van Eyck: »Arnolfini-Hochzeit« [London, National Gallery] (1434). – Krakau, Wawel, Kathedrale: Grabmal König Vladislavs Jagiello von Polen ([vor 1421 oder] nach 1434?). – Antonio Pisanello: »Georg rettet die Prinzessin« [Verona, Sant'Anastasia] (um 1435). – Konrad Witz: »Christophorus« [Basel, Kunstmuseum] (um 1435). – Masolino: Ausmalung des Baptisteriums in Castiglione Olona (1435). –

Neustadt-Glewe (Mecklenburg), Stadtpfarrkirche: Altar (1435). – Sitten/Sion (Wallis), Orgel in der Kirche der Burg Valeria (mit Gehäuse) (1435). – Hs. Rom, Bibliotheca Apostolica Vaticana, Ms. Ross. 555 (Jakob ben Ascher, Arba'a Turim; aus Mantua): Miniaturen (1435). – Lucca, Dom: »Croce dei Pisani« (vor 1436)

L *L* Poggio Bracciolini: De varietate fortunae (1431/48). – Lorenz von Březová: Carmen insignis corone Bohemie (1431). – Johannes Nider: Eröffnungsrede zum Basler Konzil (1431). – Nikolaus von Kues: Kirchen- und staatspolit. Schriften [1432–33 De concordantia catholica; 1433 De maioritate auctoritatis sacrorum conciliorum supra auctoritatem papae] (1432–42). – Gregor Heimburg: Rede vor dem Basler Konzil [Memoria repente] (1432). – Dietrich Engelhus: Weltchronik (vor 1433). – Thomas Ebendorfer: Diarium gestorum per legatos concilii Basiliensis pro reductione Bohemorum (1433–36). – Heinrich Kalteisen: Antwort auf den 3. Artikel der Hussiten [Konzilsrede] (1433). – Ambrogio Traversari: Hodoeporicon (um 1434). – Johannes Herolt: Promptuaria (1434–37). – Leon Battista Alberti: De pictura, De statua (1435/36). – Flavio Biondo: De verbis Romanae locutionis (1435)

D Johannes Hartlieb: Mondwahrsagebuch (um 1432/35); Kunst der Gedächtnüß (1432?). – Meister Ingold: Guldîn spil (1432). – Erhart Groß: Grisardis (1432). – Weihenstephaner Chronik (um 1433). – Thomas Peuntner: Büchlein von der Liebhabung Gottes [2. Fassung] (1433); Kunst des heilsamen Sterbens, Christenlehre (um 1435). – Liedersaal-Hs. (um 1433). – Heinrich Kalteisen: Basler Klosterpredigten (1434)

Nl Jan van den Bergh: Dat kaetspel ghemoralizeert (1431)

E John Lydgate: Fall of Princes (1431–38)

Ky Guto'r Glyn: Gedichte (um 1435/93)

Por Fernaõ Lopes: Crónicas (1434–60)

It Leon Battista Alberti: Della famiglia (1433–40); Della Pittura (1435)

1436–1440

1436 Iglauer Kompaktaten beenden den Hussitenkrieg (seit 1419)
1434–1436 Volkserhebung in Schweden (Engelbrecht Engelbrechtsson: 1436 ermordet)
1436–1441 Karl Knutson Bonde Reichsverweser in Schweden
1437 Philipp von Burgund erwirbt Luxemburg
1431–1437 Konzil von Basel
1387–1437 Kaiser Sigismund, König von Ungarn und Böhmen
1438–1439 Gegenkonzil von Ferrara und Florenz
1438–1439 Albrecht II. von Habsburg deutscher König
1438 Pragmatische Sanktion von Bourges: Begründung der französischen (gallikanischen) Nationalkirche
1439 Union von Florenz: vergeblicher Versuch, die ost- und weströmische Kirche zu vereinigen
1412–1439 Erich von Pommern König der nordischen Union
1439–1448 Christoph III. von Bayern König der nordischen Union
1440 Cosimo de' Medici stiftet die Platonische Akademie in Florenz
1440–1493 Kaiser Friedrich III.

Florenz, Dom: Weihe der Kuppel Brunelleschis (1436). – **K** Rouen, St. Maclou (1436 begonnen). – Jan van Eyck: Madonna des Kanonikus van der Paele [Brügge, Groeninge-Museum] (1436). – Eggelsberg (Oberösterreich), Pfarrkirche [Einsäulenraum] (bis 1436). – Paolo Uccello: Reiterdenkmal (Wandmalerei) für John Hawkwood [Florenz, Dom] (1436).

– St. Marein (bei Knittelfeld, Steiermark), Pfarrkirche (1437 begonnen). – Fra Angelico, Triptychon [Perugia, Galleria Nazionale dell'Umbria] (1437) und Ausmalung des Dominikanerkonvents San Marco in Florenz (ab 1438). – Hans Multscher: Madonna [Landsberg, Pfarrkirche] und Wurzacher Altar [Berlin, Gemäldegalerie] (1437). – Schmalkalden, St. Georg (1437 begonnen). – Johannes Rosenrodh: Malereien in der Dorfkirche von Tensta [Uppland/Schweden] (1437). – Nürnberg, St. Lorenz: Grabmal des Kanonikers Dr. Johannes Ehenheim (um 1438). – Grabmal des Jean du Bois [Tournai, Kathedrale] (um 1438). – Graz, Dom (1438 begonnen). – Pisanello: Medaille des griechischen Kaisers Johannes VIII. Palaiologos (1438). – Straßburg, Münster: Turm (1439 vollendet). – Nürnberg, St. Lorenz (1439 begonnen). – Český Krumlov / Krumau, St. Veit (1439 vollendet). – Oppenheim, Katharinenkirche: Westchor von Madern Gerthener (1439 geweiht). – Konstanz, Münster: Turm (1439 vollendet). – Braunau, Stadtpfarrkirche (1439 begonnen). – Psalter und Stundenbuch des Henry Beauchamp (New York, Pierpont Morgan Library, Ms. M. 893): Miniaturen (nach 1439). – Erfurt, Reglerkirche: »Regler-Altar« (um 1440). – Kronberg (im Taunus), ev. Pfarrkirche: Maria-Schlaf-Altar (Tonplastik) (um 1440). – Altar aus dem Siechenhaus von Hallein [Salzburg, Museum Carolino-Augusteum] (1440). – Brandenburg, St. Katharinen: Bronze-Taufbecken (1440). – Domenico di Bartolo: Fresken im Ospedale della Scala, Siena (1440 begonnen)

M Musik der »burgundisch-niederländischen Schule«: Guillaume Dufay, Motette »Nuper rosarum flores« zur Weihe der Kuppel des Doms von Florenz (1436)

L *L* Aeneas Silvius Piccolomini (ab 1458 Papst Pius II.): polit. Reden, Traktate, Predigten (1436–64); Libellus dialogorum de concilii generalis auctoritate (1440). – Flavio Biondo: Historiarum ab inclinatione Romani imperii decades III (1436–53). – Poggio Bracciolini: Briefsammlung an

Niccolo Niccoli [1. Red.] (1436/38); Liber facetiarum (1438/59); De nobilitate, De infelicitate principum (1440). – Felix Hemmerli: Contra validos mendicantes (1438). – Giannozzo Manetti: Dialogus consolatorius de morte filii (1438). – Ambrogio Traversari: Übers. von patrist. Schriften und von Schriften des Diogenes Laertios aus dem Griech. (vor 1439). – Lorenzo Valla: De falso credita et ementita Constantini donatione declaratio (1439). – Leonardo Bruni: Epistolarum libri VIII, Rerum suo tempore gestorum commentarius (1440). – Hendrik Herp: Sermones, myst. Traktate (um 1440–77). – Dionysius der Kartäuser: Bibelerklärung (um 1440). – Nikolaus von Kues: De docta ignorantia (um 1440). – Heinrich Kalteisen: Tractatus seu consilium super auctoritate papae et concilii generalis [...] (1440/41). – Francesco Filelfo: Commentationes Florentinae de exilio (1440)

D Bernauerin-Ballade (nach 1435). – Johannes Hartlieb: Kräuterbuch (1436/45); Namenmantik (um 1438/39); Übers. von Andreas Capellanus: De amore (1440). – St. Galler Weihnachtsspiel [Hs.] (1437/50). – Heinrich Laufenberg: Spiegel menschlichen Heils (1437). – Elisabeth von Nassau-Saarbrücken: Loher und Maller (1437); Huge Scheppel (nach 1437). – Reformatio Sigismundi (1439). – Kunz Nachtigall: Meisterlieder (um 1440/80). – Michel Beheim: Lyrik (um 1440/74). – Eberhard Windeck: Kaiser Sigismunds Buch (um 1440). – Johannes von Inderstorf: Von dreierlei Wesen der Menschen (1440)

Nl Dirc van Herxen: Dietse collatieboeken (um 1440)

E Buik of Alexander (um 1438). – Partenay (um 1440). – Generydes (um 1440)

Schw Olaus Gunnari (?): Siælinna thrøst (um 1440). – Trohetsvisa (um 1440)

Sp Iñigo López de Mendoza: Comedieta de Ponza (1436); Sonetos (1438–58). – Alfonso Martínez: El Corbacho (1438)

It Guiniforte Bargigi: Kommentar zur Divina Commedia (um 1440)

Tsch Petr Chelčický: Siet' viery ⟨Das Netz des Glaubens⟩ (um 1440/43)

1441–1445

1436–1441 Karl Knutson Bonde Reichsverweser in Schweden
1444 Schlacht von Warna: Osmanen besiegen polnisch-ungarisches Kreuzzugsheer

K Prato, Dom: Außenkanzel von Michelozzo und Donatello (1441 vollendet). – Poznań/Posen, St. Marien (1442–46). – Krakau, Marienkirche: Chorwölbung von Niklas Wernher von Prag (1442). – Schlüsselfelderscher Christophorus [Nürnberg, Germanisches Nationalmuseum] (1442). – Halberstadt, Liebfrauenkirche: Barbarakapelle (1442). – Florenz, Santa Croce: Pazzi-Kapelle, von Filippo Brunelleschi (nach 1442 begonnen). – Rogier van der Weyden, Kreuzabnahme aus Löwen [Madrid, Prado] (vor 1443). – Beaune, Hôtel Dieu (1443–51) mit Altar von Rogier van der Weyden [»Jüngstes Gericht«] (um 1445–50). – Barthélemy d'Eyck (?): Hochaltar der Kathedrale von Aix-en-Provence [Mittelteil in Aix, Sainte-Madeleine, die Flügel in Brüssel und Rotterdam] (1443–45). – Bourges, Palast des Jacques Cœur (1443 begonnen). – Jakob Kaschauer: Maria vom Altar des Freisinger Domes [München, Bayer. Nationalmuseum] (1443). – Grabmal des Herzogs Johann ohne Furcht und der Margarete von Bayern aus der Kartause Champmol [Dijon, Musée des Beaux-Arts] (1443 begonnen von Claus de Werve und Jean de la Huerta). – Mariapfarr (Lungau), Pfarrkirche: Flügelaltar [Goldschmiedearbeit] mit Reliquien (1443). – Florenz, Palazzo Medici, von Michelozzo di Bartolomeo (um 1444). – Steinfigur Bischof Jean Tissendier als Stifter [Toulouse, Musée des Augustins] (1444 oder früher). – Konrad Witz: »Christus wandelt auf dem Wasser« [Genf, Musée d'art d'histoire] (1444). – Monza, Kathedrale: Wandmalerei [Theodolinde-Zyklus der Brüder Zavattari] (1444). – Altenburg (Sachsen), Schloßkapelle: Chor (nach 1444 begonnen). – Bernardo Rossellino: Grabmal des Leonardo Bruni in Santa Croce, Florenz (um 1445–50). – Metz, Porte des Allemands [Stadttor] (1445). – Stefan Lochner (?): Tafelbilder der Darbringung im Tempel (1445 [Lissabon, C. Gulbenkian Museum] und 1447 [Darmstadt, Hess. Landesmuseum]). – Piero della Francesca, Schutzmantel-Polyptychon bestellt [Sansepolcro, Pinacoteca] (1445)

M Musik der »burgundisch-niederländischen Schule«: Johannes Ockeghem [Messen, Motetten, Chansons] (1443; gest. 1497)

L Nikolaus von Kues: Kirchen- und staatspolit. Schriften [1442 Brief an Rodrigo Sánchez de Arévalo] (1432–42); De coniecturis (1441/42); Opuscula (um 1445). – Johannes Wenck: De ignota litteratura (1442/43). – Aeneas Silvius Piccolomini (ab 1458 Papst Pius II.): Pentalogus de rebus ecclesiae et imperii (1443); Chrysis, Historia de duobus amantibus (De Euriolo et Lucretia), De curialium miseriis (1444). – Leon Battista Alberti: Musca, Canis (1443); Descriptio urbis Romae (1443/49?). – Francesco Filelfo: Convivia Mediolanensia (1443); De iocis et seriis (1445–65). – Tito Vespasiano Strozzi: Erotica [1. Fassung], Epyllien [Lucilla] (1443). – Felix Hemmerli: Liber de nobilitate [c. 33: De Switensium ortu] (1444/50). – Lorenzo Valla: De elegantiis lingue Latine (1444); Gesta Ferdinandi regis Aragonum (1445–46). – Johannes de Werdea: Wiener Vorlesungen zur Grammatik und Logik (1445–51)

D Heinrich Laufenberg: Buch der Figuren (1441). – Reformatio Friderici (1442). – Helene Kottanner: Erinnerungen (nach 1442). – Ott (der Jude): Ringbuch (vor 1443). – Hans Talhofer: Fechtbuch [Gothaer Hs.] (1443/48). – Erhart

Groß: Laiendoctrinal (1443). – Arnt Buschmann: Mirakelbericht (1444)

E Osbern Bokenham: Legendys of Hooly Wummen (um 1445)

Schw Nådendals klosterbok (um 1442). – Sju vise mästare [B] (um 1445)

F Charles d'Orléans: Lyrik [seit 1441 Rondeaux] (um 1415/ 1465)

Sp Juan de Mena: Laberinto de Fortuna (1444). – Cancionero de Baena (1445–54)

1446–1450

1439–1448 Christoph III. von Bayern König der nordischen Union
1448–1470 Karl Knutson Bonde als Karl VIII. König von Schweden
1448 Wiener Konkordat: Kaiser Friedrich III. verzichtet auf Kirchenreform in Deutschland
um 1450 Johannes Gutenberg stellt erste Drucke mit beweglichen Lettern her
1450 Siege Frankreichs im Krieg gegen England; Frankreich gewinnt die Normandie

K Rimini, San Francesco, von Leon Battista Alberti (um 1446). – Winchester, Hospital of Saint Cross (um 1446 [Kirche älter]). – Donatello: Reiterdenkmal des Gattamelata [Padua, Piazza del Santo] und Bronzealtarfiguren [ebd. im Santo] (1446/50). – Pisanello: Wandmalereien im Herzogspalast von Mantua (1446/47). – Salzburg, Franziskanerkirche: Wandmalerei am Triumphbogen von Konrad Laib (1446–47). – Cambridge, King's College: Kapelle (1446 begonnen). – Fra Angelico: Ausmalung von Kapelle und Studio des Papstes Nikolaus V. im Vatikan (1447–50). – Cesena, Biblioteca Malatestiana von

Matteo Nuti (ab 1447). – Stendal, St. Marien (1447 gewölbt). – Barbara-Altar aus Breslau [Warschau, Nationalmuseum] (1447). – Stefan Lochner (?): Tafelbilder der Darbringung im Tempel (1445 [Lissabon, C. Gulbenkian Museum] und 1447 [Darmstadt, Hess. Landesmuseum]); Dreikönigenaltar im Kölner Dom (vor 1451?). – Löwen, Rathaus (1448 begonnen). – Dinkelsbühl, St. Georg (1448 begonnen). – Hs. Paris, Bibl. nat., Ms. fr. 1974 (Pas d'armes de la bergère: Bericht über ein Turnier des Königs René): Miniaturen von Barthélemy d'Eyck [?] (um 1449). – Brüssel, Rathausturm (1449 begonnen). – Wiener Neustadt, Burgkirche (1449 begonnen). – Vicenza, Basilica (1449 begonnen [später von Andrea Palladio umgebaut]). – Petrus Christus: Der hl. Eligius [New York, Metropolitan Museum] (1449). – Wandmalerei »Triumph des Todes« [Palermo, Museo Palazzo Abatellis] (um 1450). – Psalter und Hymnar des Kardinals Bessarion (Rom, Bibl. Vaticana, Barb. lat. 584): Miniaturen (1450/55). – Jean Fouquet: »Diptychon von Melun« [Berlin, Gemäldegalerie, und Antwerpen, Kunstmuseum] (1450–53). – Hans Multscher: Grabmal der Pfalzgräfin Mechthild in der Stiftskirche, Tübingen (1450/52). – Tangermünde, Neustädter Tor (1450). – Piero della Francesca: »Hl. Hieronymus« [Berlin, Gemäldegalerie] (1450). – Andrea del Castagno: »Himmelfahrt Marias« und zwei Heilige [Berlin, Gemäldegalerie] (1450). – Mailand, Castello Sforzesco (1450 begonnen). – [Lorenzo Ghiberti: Commentari (um 1450/55)]

Tabulatur des Adam Ileborgh (1448): Aufschwung und Blüte der Orgelmusik in Deutschland. – Hohenfurter Liederbuch (um 1450) M

L Aeneas Silvius Piccolomini (ab 1458 Papst Pius II.): De ortu et auctoritate imperii Romani (1446). – Gregor Heimburg: Rede vor Papst Eugen IV. [Benignitatis itaque] (1446). – Flavio Biondo: Roma instaurata (1446). – Niklas von L

Wyle: Briefe (um 1447–64). – Poggio Bracciolini: Übers. von Xenophons Cyropädie (1447). – Lorenzo Valla: In Latinam Novi testamenti interpretationem adnotationes, Übers. von Thukydides und Herodot aus dem Griech. (um 1448). – Giannozzo Manetti: Dialogus in domestico et familiari quorundam amicorum symposio (1448). – Francesco Filelfo: Saturarum libri X (1448); Sfortias (1450/73). – Thomas Ebendorfer: Chronica regum Romanorum (1449–51). – Nikolaus von Kues: Apologia doctae ignorantiae (1449); Schriften zur Quadratur des Kreises (1450 [und 1457]); Idiota (1450). – Jakob von Jüterbog: Avisamentum ad Papam pro reformatione ecclesiae (1449). – Felix Hemmerli: De balneis naturalibus (um 1450). – Dionysius der Kartäuser: Aszet., myst., paränet. Schriften (um 1450). – Stephan von Landskron: Tractatus de IV novissimis (um 1450?). – Tito Vespasiano Strozzi: Elegien, Epigramme [2. Fassung] (1450)

D Werner Overstolz: Overstolzbuch (1446). – Heinrich Steinhöwel: Büchlein der Ordnung der Pestilenz (1446). – Erfurter Moralität [Hs.] (1448). – Johannes Hartlieb: Chiromantie (1448). – Rechtsabecedar der 2200 Artikel (vor ca. 1450). – Hans Heselloher: Lieder (um 1450/80). – Jörg Zobel: Erzählungen, Reden, Legenden (um 1450/60?). – Hessisches Weihnachtsspiel [Hs.] (um 1450/60). – Hans Raminger: Reimpaarsprüche (um 1450?). – Salomon und Markolf [»Volksbuch«] (um 1450). – Hohenfurter Liederbuch (um 1450). – Stephan von Landskron: Die Himelstraß (um 1450?)

Nl Die eerste bliscap van Maria (1448). – Johannes Brugmann: Predigten und geistl. Lieder (um 1450)

E John Capgrave: Life of St. Katherine (1446). – John Metham: Amoryus and Cleopes (1449). – Wars of Alexander [C-Fragment] (um 1450). – Gilbert Hay: Buik of King Alexander (um 1450). – The Floure and the Leaf (um 1450)

Is Íslendzk ævintýri (um 1450)

Dä Dyrerimene (um 1450). – Peder Laales Ordsprog (1450)

Schw Didrik av Bern (um 1450). – Engelbrektskrönikan (um 1450). – Namlös och Valentin (um 1450). – Karlskrönikan (1450)

Ir Tadhg Óg Ó Huiginn: Gedichte (vor 1448). – Buch von Fermoy (um 1450). – Bardische Traktate [Grammatik, Metrik] (um 1450)

Ky Gutun Owain: Gedichte (um 1450–98). – Dafydd Nanmor: Gedichte (um 1450–80)

Bre An Dialog etre Arzur Roe d'an Bretounet ha Guynglaff ⟨Unterhaltung zwischen König Artur und Guinglaff⟩ (um 1450)

F Georges Chastellain: polit. Gedichte (1446/75). – Martin Le Franc: Estrif de Fortune et Vertu (1447/48). – Jean Wauquelin: Histoire du bon roi Alexandre (vor 1448). – Arnoul Gréban: Mystère de la Passion de Paris (um 1450)

Sp Fernán Pérez de Guzmán: Generaciones y semblanzas (um 1450)

Ka Curial e Güelfa (um 1450?)

Por Gomes Eanes de Zurara: Crónica da Tomada de Ceuta (1450)

It Feo Belcari: Sacre rappresentazioni (um 1450–84). – Lorenzo Ghiberti: Commentari (um 1450/55)

Tsch Jistebnický kancionál ⟨Gesangbuch von Jistebnice⟩ (um 1450)

1451–1455

1451–1481	Sultan Mohammed II. der Eroberer
1451–1457	Handelskrieg der Hanse gegen Frankreich und Burgund
1452	Friedrich III. in Rom zum Kaiser gekrönt

1453	Osmanen unter Mohammed (II.) erobern Konstantinopel: Ende des byzantinischen Reichs
1453	Kaiser Friedrich III. erhebt Österreich zum Erzherzogtum
1453	Schlacht bei Castillon: Sieg der Franzosen über die Engländer – Ende des »Hundertjährigen Kriegs« (seit 1337)
1454	Älteste sicher datierbare Drucke Johann Gutenbergs
1454–1466	Krieg zwischen dem Deutschen Orden und einer Koalition aus Polen / Danzig / Preußischem Bund (Adel und Städte des Ordensstaats)
1455–1485	»Rosenkriege« in England: Machtkampf zwischen den Häusern York und Lancaster

K Barcelona, Lonja [Börse] (bis 1451). – Stefan Lochner (?): Stundenbuch mit Miniaturen [Darmstadt, Hess. Landes- und Hochschulbibliothek, Hs. 70] (1451). – St. Wolfgang (Oberösterreich), Pfarrkirche: Chor (nach 1451 begonnen). – Neapel, Castel Nuovo: Triumphbogen (1452 begonnen). – Mechelen, St. Romuald: Turm (ab 1452). – Piero della Francesca: Freskenzyklus der Kreuzesgeschichte in San Francesco zu Arezzo (1452 begonnen). – Rom, San Pietro in Vincoli: Grabmal des Kardinals Nikolaus von Kues (um 1453). – Zwickau, St. Marien: Chor (1453 begonnen). – Liegestatuen Charles' I. de Bourbon und der Agnes von Burgund [Souvigny, St. Pierre] (1453). – Pietà von Avignon [Paris, Louvre] (1454/56?). – Enguerrand Quarton: »Marienkrönung über Rom und Jerusalem« [Villeneuve-les-Avignon, Musée municipal] (1454). – Tonnerre, Hospital: Steingruppe Grablegung Christi (1454). – Retabel des Pariser Parlaments [Paris, Louvre] (1454). – Miraflores (Kartause bei Burgos), Kirche (ab 1454) – Łopuszna (Novy Sącz), Dreifaltigkeitskirche: Marienkrönungsaltar (nach 1454). – Rom, Palazzo Venezia begonnen (um 1455). – Naumburg, Marientor (1455–56). – Donatello: »Judith und Holofernes« [Florenz,

Piazza della Signoria] (um 1455/60). – Rogier van der Weyden: Columba-Altar [München, Alte Pinakothek] (um 1455)

Lochamer-Liederbuch (1451–55); darin auch das Orgellehrbuch Fundamentum organisandi des Organisten Konrad Paumann (1452). – Mondsee-Wiener Liederhs. (um 1455/1470)

M

L Johannes von Capestrano: Predigten in Deutschland (1451–55). – Giannozzo Manetti: De dignitate et excellentia hominis (1451–52). – Aeneas Silvius Piccolomini (ab 1458 Papst Pius II.): Briefsammlung [darin: Historia de duobus amantibus] (1451); Dialogus pro donatione Constantini (1453). – Bernhard von Waging: Laudatorium doctae ignorantiae (1451). – Albrecht von Eyb: Tractatus de speciositate Barbarae puellae (1452). – Leon Battista Alberti: De re aedificatoria (1452). – Poggio Bracciolini: Historia Florentini populi (1453–57); De miseria humanae conditionis (1455). – Nikolaus von Kues: De mathematicis complementis (1453–54); De pace fidei, De visione Dei (1453). – Flavio Biondo: Italia illustrata (1453). – Gottfried Lange: Historia excidii et ruinae Constantinopolitanae urbis (nach 1453). – Jakob von Jüterbog: De animabus exutis a corporibus (1454). – Georg Peuerbach: Theoricae novae planetarum (1454). – Lorenzo Valla: Encomium s. Thomae Aquinatis, Oratio in principio sui studii (1455). – Martin von Leibitz: Trialogus de militia christiana (vor 1456)

L

D Fichards Liederbuch (3. V. 15. Jh.); Lochamer-Liederbuch (1451–55); Augsburger Liederbuch (1454). – Speyrer Chronik (3. V. 15. Jh.). – Weimarer Liederhs. (3. V. 15. Jh.). – Johannes Hartlieb: Alexander (nach 1450); Buch aller verbotenen Kunst (1455/56). – Hermann von Sachsenheim: Der Spiegel (um 1452); Die Mörin (1453); Das Schleiertüchlein, Die Unminne, Die Grasmetze (um 1455); Der goldene Tempel (1455). – Türkenkalender [Druck der Gutenberg-Presse] (1454). – Mondsee-Wiener Liederhs. (um 1455/70)

247

Nl Hendrik Herp: Spieghel der volcomenheit (um 1455/60)

E The Squyr of Lowe Degre (2. H. 15. Jh.). – Partonope of Blois (2. H. 15. Jh.). – The Weddynge of Sir Gawen and Dame Ragnell (2. H. 15. Jh.). – Eger and Grime (2. H. 15. Jh.). – The Tournament of Tottenham (2. H. 15. Jh.)

Dä Sydrak (2. H. 15. Jh.)

Schw Prosaübers. des Nikodemusevangeliums (2. H. 15. Jh.). – Lucidarius (2. H. 15. Jh.)

Ir Liber Flavus Fergusiorum (nach 1450)

Sp Juan de Mena: Coplas contra los pecados mortales (um 1455)

Por Gomes Eanes de Zurara: Crónica do Infante Dom Henrique (1452/53)

Ru Nestor-Iskander: Povest' o vzjati Cargrada ⟨Erzählung von der Übernahme Konstantinopels⟩ (um 1453)

Pl Bibel der Königin Sofia (1455)

1456–1460

1456	Der Deutsche Orden verliert die Marienburg an Danzig/Polen
1456	Johannes Gutenberg druckt die 42zeilige Bibel
1457	Frieden von Lübeck beendet Handelskrieg der Hanse gegen Frankreich und Burgund (seit 1451)
1457	Königsberg neuer Sitz des Deutschen Ordens
1458–1490	König Matthias I. Corvinus von Ungarn
1458–1464	Papst Pius II. (Aeneas Silvius Piccolomini)
1459	Bulle »Execrabilis«: Pius II. erklärt den Primat des Papstes über das Konzil
1459	Gründung der Accademia Platonica in Florenz
1460	Christian von Dänemark Herzog von Schleswig und Holstein

Hans Multscher: Sterzinger Altar [Sterzing, Museum] **K** (1456/58). – Mailand, Ospedale Maggiore, von Filarete (1456 begonnen). – Vic-sur-Seille (Moselle), Maison de la Monnaie (1456). – Mantegna: Malereien der Chiesa degli Eremitani, Padua [Reste erhalten] (1456). – Saarbrücken, St. Arnual: Grabmal der Gräfin Elisabeth von Nassau-Saarbrücken (um 1456). – Paolo Uccello: Darstellungen der Schlacht von San Romano [London, National Gallery; Florenz, Uffizien; Paris, Louvre] (1456). – Andrea del Castagno: Reiterbild des Niccolò da Tolentino im Dom von Florenz (1456). – Hofämterspiel (Spielkarten des Ladislaus Postumus, König von Ungarn und Herzog von Österreich) [Wien, Kunsthistorisches Museum] (vor 1457?). – Krems a. d. Donau, Piaristenkirche: Chor (1457 geweiht). – Florenz, Palazzo Ruccellai von Leon Battista Alberti (1457 begonnen). – Metz, Städtischer Kornspeicher (1457). – Johann Koerbecke: Marienfelder Altar [Münster, Westfäl. Landesmuseum] (1457). – Konrad Laib, Kreuzigung [Graz, Diözesanmuseum] (1457). – Pernštejn/Pernstein (Tschechien), Burg (1457 modernisiert). – Meister des Marienlebens: Altar des Nikolaus-Hospitals in Bernkastel-Kues (nach 1458). – Maria Saal (Kärnten), Mariä Himmelfahrt (1459 vollendet). – Benozzo Gozzoli: »Zug der hl. Drei Könige« [Florenz, Palazzo Medici-Riccardi] (1459). – Piero della Francesca: Freskenzyklus der Kreuzesgeschichte in San Francesco, Arezzo (1459 vollendet). – Strassen (Tirol), St. Jakob: Chorausmalung von Leonhard von Brixen (um 1460). – Schwaz, Stadtpfarrkirche (1460 begonnen). – Konrad Kuyn: Grabmal des Erzbischofs Dietrich von Moers [Köln, Dom] (1460). – Antoniazzo Romano: Verkündigung mit Kardinal Juan de Torquemada [Rom, Santa Maria sopra Minerva] (1460). – Köln, Dom: Grabmal des Erzbischofs Dietrich von Moers (1460). – Przemyśl (Polen), Kathedrale (1460 begonnen). – [Papst Pius II. gründet die Stadt Pienza (ab 1459)]

M Musik der »burgundisch-niederländischen Schule«: Josquin Desprez [Messen, Motetten, Chansons] (1459; gest. 1521). – Kolmarer Liederhs. (um 1459/62). – Buxheimer Orgelbuch (um 1460/70). – Schedels Liederbuch (um 1460–67)

L *L* Peter Luder: Reden, Vorlesungen, Briefe, Gedichte (1456 – um 1470). – Sigismund Meisterlin: Cronografia Augustensium (1456). – Georg Peuerbach: Gutachten über den Halleyschen Kometen (1456). – Dominicus de Dominicis: De potestate pape et termino eius, De creatione cardinalium (1456). – Flavio Biondo: Roma triumphans (1457/59). – Giannozzo Manetti: De terre motu libri III (1457/58). – Aeneas Silvius Piccolomini (ab 1458 Papst Pius II.): Germania, De Europa, De Asia, Historia Bohemica (1457–58); Commentarii rerum memorabilium que temporibus suis contigerunt (1458–65); Epistula ad Mahumetem (1460). – Nikolaus von Kues: Schriften zur Quadratur des Kreises ([1450 und] 1457); De mathematica perfectione (1458); Cribratio Alchorani (1460/61). – Dionysius der Kartäuser: Kommentar zu den Sentenzen des Petrus Lombardus (um 1459–64). – Albrecht von Eyb: Margarita poetica (1459). – Bernhard von Waging: Defensorium Laudatorii (1459). – Tito Vespasiano Strozzi: Borsias (1460/1505). – Johannes Regiomontanus: Epitome in Almagestum Ptolemaei [zusammen mit Georg Peuerbach] (1460/62). – Peter von Andlau: Libellus de cesaria monarchia (1460). – Georg Peuerbach: Introductorium in arithmeticam, Tractatus de sinibus et chordis (vor 1461)

D Thüring von Ringoltingen: Melusine (1456). – Straßburger Malerbuch (1456). – Johannes Hartlieb: Übers. von Caesarius von Heisterbach: Dialogus miraculorum (nach 1456); Brandan (1457?). – Sigismund Meisterlin: Augsburger Chronik (1457). – Kolmarer Liederhs. (um 1459/62). – Hans Talhofer: Fechtbuch [Kopenhagener Hs.] (1459). – Malagis, Ogier von Dänemark, Reinolt von Montalban (um

1460/80). – Matthias von Kemnat: Chronik (um 1460/75). – Schedels Liederbuch (um 1460–67). – Berliner (rheinisches) Osterspiel [Hs.] (1460)

E Golagrus and Gawain (um 1460/1500). – Taill of Rauf Coilyear (um 1460/1500). – Court of Sapience (um 1460)

Schw Schacktafvelslek (um 1460)

F François Villon: Lais (1456). – René d'Anjou: Livre du Cuer d'amours espris (1457). – David Aubert: Chroniques et Conquestes de Charlemagne (um 1458). – Jean Meschinot: Lunetes de princes (nach 1458). – Antoine de La Sale: Petit Jehan de Saintré (1459)

Por Gomes Eanes de Zurara: Crónica de Dom Pedro de Meneses (1458–63)

1461–1465

1422–1461 König Heinrich VI. von England
1461–1483 König Eduard IV. von England
1422–1461 König Karl VII. von Frankreich
1461–1483 König Ludwig XI. von Frankreich
1462–1505 Großfürst (Zar) Iwan III. der Große von Moskau: Aufstieg des Moskowiter-Reichs zur russischen Hegemonialmacht
1434–1464 Cosimo de' Medici Stadtherr von Florenz
1458–1464 Papst Pius II. (Aeneas Silvius Piccolomini)

Kempen (Niederrhein), St. Maria: Sakramentshaus von **K** Konrad Kuyn (1461). – Nikolaus Gerhaert van Leyden: Kreuzigungsgruppe in St. Georg, Nördlingen (1462); Grabmal des Erzbischofs Jakob von Sierck [Trier, Diözesanmuseum] (1462); Grabmal des Konrad von Busnang [Straßburg, Münster] (1464). – Desiderio da Settignano: Tabernakel in S. Lorenzo, Florenz (1462 vollendet). – Bernt Notke: Lübecker Totentanz [ehem. Lübeck, Marienkirche] (1463). – Hans Pleydenwurff: Diptychon des Georg von Löwenstein [Basel, Kunstmuseum, und Nürnberg, Germanisches Nationalmuseum] (vor 1464). – Luca della Robbia: nördliche Sakristeitür im Dom von Florenz (1464–68). – Wiślica (Kielce), Kollegiatskirche Mariä Geburt (1464). – Graz, Dom: Gewölbe (1464). – Benozzo Gozzoli, Wandzyklus der Augustinusvita [San Gimignano, Sant'Agostino] (1464 begonnen). – Dubrovnik/Ragusa, Rektorenpalast (1464 begonnen). – Niccolò dell'Arca: Terrakottagruppe »Beweinung Christi« [Bologna, Pinacoteca Nazionale] (um 1465). – Hs. Wien, Österr. Nationalbibl., Cod. 2597 (René d'Anjou: Livre du Cuer d'amours espris): Miniaturen (um 1465)

L *L* Gottschalk Hollen: Praeceptorium divinae legis (1461/1468). – Gregor Heimburg: Invektive gegen Nikolaus von Kues (1461). – Johannes Regiomontanus: De triangulis omnimodis libri quinque (1462/67); De quadratura circuli (1463). – Christoforo Landino: Kommentare zu Persius und Juvenal (1462). – Marsilio Ficino: Übers. platonischer Schriften (1463–69)

D Niklas von Wyle: Translatzen (1461–78); Colores rhetoricales (1464/69). – Heinrich Steinhöwel: Historia Griseldis (1461?); Apollonius von Tyrus (1461). – Michel Beheim: Buch von den Wienern (1462/66); Buch von der Stadt Triest (um 1464/66). – Jakob Püterich von Reichertshausen: Ehrenbrief (1462). – Lübecker Totentanz (1463). – Heinrich Haller: Predigten, Belehrungen und Beobachtungen, Erbauungsschriften (1464–73). – Redentiner Osterspiel [Hs.] (1464). – Eleonore von Österreich: Pontus und Sidonia (vor 1465). – Berner Weltgerichtsspiel [Hs.] (1465)

E Croxton Play of the Sacrament (um 1461/1500). – York Fronleichnamszyklus [Hs. London, British Library, Additional 35290] (um 1463/77)

Schw Gudeliga snilles väckare [Übers. von Heinrich Seuse: Horologium sapientiae] (1461–91)

Ky Tudur Aled: Gedichte (um 1465–1527)

Bre Iehan Lagadeuc: Catholicon (1464)

F François Villon: Testament (1461). – Les cent nouvelles nouvelles (1462)

Ka Joanot Martorell und Martí de Galba: Tirant lo blanc (nach 1460)

Por Gomes Eanes de Zurara: Crónica de Dom Duarte de Meneses (1464–68)

It Luigi Pulci: Morgante (nach 1460)

1466–1470

1466	2. Frieden von Thorn: Krieg zwischen dem Deutschen Orden und Polen / Danzig / Preußischem Bund (seit 1454) beendet: Ermland und Westpreußen fallen an Polen; der Ordensstaat erkennt Lehnshoheit Polens an; Danzig wird freie Stadt
1419–1467	Herzog Philipp der Gute von Burgund
1467–1477	Herzog Karl der Kühne von Burgund
1469	Heirat zwischen Ferdinand (II.) von Aragon und Isabella (I.) von Kastilien
1469	Portugiesen (Fernaõ Gomes) überqueren den Äquator
1469–1492	Lorenzo de' Medici (il Magnifico) Stadtherr von Florenz
1469–1474	Handelskrieg zwischen der Hanse und England
1448–1470	König Karl VIII. von Schweden

Urbino, Palazzo Ducale (nach 1465). – Donatello: Bronze- **K**
kanzeln in S. Lorenzo, Florenz (bis 1466). – Lübeck, Holstentor (1466 begonnen). – Kupferstiche des »Meisters

E. S.« für das Kloster Einsiedeln (1466). – Paoul Grymbault: Weltgerichtsfresko in der Schloßkapelle von Chateaudun (1467/68). – Nikolaus Gerhaert van Leyden: Baden-Badener Kruzifix (1467); Grabmal Kaiser Friedrichs III. in St. Stephan, Wien (um 1468/73). – Erfurt, St. Severi: Alabasterrelief »Hl. Michael« (1467). – Waldsee, St. Peter: Grabmal des Georg I. Truchseß von Waldburg (um 1467). – Krakau, Wawel, Kathedrale: Dreifaltigkeitsaltar (1467). – Ehem. Burgo de Osma, Kathedrale: Retabel und Predella [jetzt Chicago, Art Institute] (um 1468). – Châteaudun, Schloß: Wendeltreppe (um 1468). – Dirk Bouts: Abendmahl [Löwen, St. Peter] (1468); »Gerechtigkeit Ottos III.« [Brüssel, Musées Royaux des Beaux-Arts] (ab 1470). – Antonio Rossellino: Bildnis des Matteo Palmieri [Florenz, Bargello] (1468). – Engelbert Hoffslegers: Kelch [Osnabrück, Domschatz] (1468). – Jörg Syrlin: Chorgestühl im Ulmer Münster (1469–74). – Hs. Paris, Bibl. nat., Ms. fr. 19819 (Statuten des Michaels-Ordens): Miniatur von Jean Fouquet (1469–70). – Francesco Laurana: Madonna [Palermo, Dom] (1469). – Altar aus der Wiener Schottenkirche [Wien, Österr. Galerie] (1469). – Hallwyl-Reliquiar [Basel, Hist. Museum] (vor 1470). – Dębno (Polen), Schloß (um 1470). – Hs. der Richenthal-Chronik im Rosgartenmuseum, Konstanz: Miniaturen (um 1470). – Antonello da Messina: Kreuzigung [London, National Gallery] (1470/79). – Francesco del Cossa: Wandmalerei im Palazzo Schifanoia, Ferrara (1470). – Sog. Thron des Alfonso V. [Lissabon, Museu Nacional de Arte Antiga] (1470). – Ziesar (Mark Brandenburg), Burgkapelle (1470 geweiht). – Siena, Palazzo Spannocchi von Giuliano da Maiano (1470). – Rom, Loggia der Casa dei Cavalieri di Rodi (1470)

M Musik der »burgundisch-niederländischen Schule«: Antoine Busnois [Chansons] (vor 1467; gest. 1492). – Rostocker Liederbuch (um 1470/90). – Wienhäuser Liederbuch [Grundstock] (um 1470)

L Johannes Meyer: Liber de illustribus viris O. P. (1466). – Niklas Lankmann von Falkenstein: Desponsacio et Coronacio serenissimi imperatoris Friderici tercii et eius auguste domine Leonore (nach 1467). – Niccolo Perotto: Rudimenta grammatices (1468). – Rudolf Agricola: Briefe, Dichtungen (1469–85).
– Marsilio Ficino: Theologia Platonica (1469–74); De amore (1469). – Werner Rolevinck: Fasciculus temporum (um 1470).
– Samuel Karoch von Lichtenberg: Schriften zur Grammatik und Rhetorik, Briefe, Reden, Erzählungen, Gedichte (1470–1500). – Erstdruck der Germania des Tacitus (1470)

D Johannes Hartlieb: Übers. von Secreta mulierum / Trotula (nach 1465); Buch von warmen Bädern (1467). – Mentelin-Bibel (1466). – Ulrich Fuetrer: Lanzelot [Prosa] (um 1467). – Hans Talhofer: Fechtbuch [Münchner Hs.] (1467).
– Heinrich Schlüsselfelder (?): Fiori di Virtù-Übers. (1468).
– Hans Schneider: Kleinere Reimpaardichtungen [Zeitsprüche, Didaktisches, Erzählungen] (um 1470–1513). – Donaueschinger Passionsspiel [Hs.] (1470/1500). – Rostocker Liederbuch (um 1470/90). – Sieben Weise Meister [Erstdruck] (um 1470). – Philipp Frankfurter: Der Pfarrer vom Kahlenberg (um 1470). – Michel Wyssenherre: Von dem edeln hern von Bruneczwigk (um 1470?)

Nl Pieter Dorlant van Diest (?): Spieghel der salicheit van Elckerlijc ⟨Spiel von Jedermann⟩ (um 1470/90 [Erstdruck 1495])

E Thomas Malory: Le Morte Darthur (um 1470). – Wisdom (um 1470). – Mankind (um 1470)

Schw Jöns Budde: Ena bok aff andelighe nadh [Übers. von Mechthild von Hackeborn: Liber specialis gratiae] (1469)

F Maître Pierre Pathelin (1470)

Sp Fray Iñigo de Mendoza: Coplas de vita Christi [1. Fassung] (1467/68)

It Lorenzo de' Medici: Rime, Silve d'Amore (um 1470–92)

Tsch Václav Šašek z Bířkova: Bericht über die Pilgerreise des Leo von Rožmital [nur in lat. Übers. von 1577 erhalten] (um 1467)

1471-1475

1472	Iwan III. heiratet die byzantinische Prinzessin Zoe
1474	Frieden von Utrecht: Handelskrieg zwischen der Hanse und England (seit 1469) beendet: Privilegien der Hanse bestätigt
1474-1504	Isabella I. von Kastilien
1474	Ewige Richtung: Verständigung zwischen den Eidgenossen und Österreich (Sigismund von Tirol)
1474	Konstanzer Bund (Eidgenossen, Sigismund von Tirol, Niedere Vereinigung [oberrhein. Reichsstädte]) gegen Karl den Kühnen
1475	Karl der Kühne erobert Lothringen

K Giovanni Bellini: »Marienkrönung« [Pesaro, Museo Civico] (1471-74). – Bildteppich der Eroberung von Tanger [Pastrana (Spanien), Museo Parroquial] (nach 1471). – Meißen, Albrechtsburg (1471 begonnen). – Georgsreliquiar Karls des Kühnen, von Gérard Loyet [Lüttich, Kathedrale] (1471). – Bergamo, Dom: Cappella Colleoni, von Giovanni Antonio Amadeo (1472-74). – Nuño Gonçalves: Vinzenzaltar [Lissabon, Museu Nacional de Arte Antiga] (um 1472). – Rom, Santa Maria del Popolo, von Andrea Bregno und Baccio Pontelli (1472 begonnen). – Mantua, Sant' Andrea, von Leon Battista Alberti (1472 begonnen). – Heraldischer Teppich des Fadrique Enríquez de Mendoza [Philadelphia Museum of Art] (vor 1473). – Certosa di Pavia, Kirche (1473 vollendet [außer Fassade]). – Martin Schongauer: »Maria im Rosenhag« [Kolmar, St. Martin] (1473). – Rom, Sixtinische Kapelle [Bau] (1473). – Hans Memling, Danziger Altar [Danzig, Nationalmuseum] (1473 geliefert).

– Bartolomé Bermejo: Dominikus-von-Silos-Altar [Madrid, Prado] (1474/77). – Hans Ryssenberch (Reval): Hostienmonstranz [St. Petersburg, Ermitage] (1474). – Mantegna: Ausmalung der Camera degli Sposi im Palazzo Ducale, Mantua (1474 vollendet). – Visegrád (Ungarn), Sommerpalast des Matthias Corvinus (1474 begonnen). – Wolfegger Hausbuch (Schloß Wolfegg im Allgäu, Bibl. der Fürsten zu Waldburg-Wolfegg): Miniaturen (1475/85). – Nicolas Froment: »Der brennende Dornbusch« [Aix-en-Provence, Kathedrale] (1475/1476). – Antonello da Messina: Antwerpener Kreuzigung [Kunstmuseum] (1475). – Hugo van der Goes: Portinari-Altar [Florenz, Uffizien] (vor 1476)

Johannes Tinctoris, Komponist und Musiktheoretiker [Terminorum musicae diffinitorium] (um 1472; gest. 1511). – 2. Schicht des Codex Faenza [s. unter 1400] (1473/74)   M

L Bartolomeo Platina: De optimo cive, Liber de vita Christi et omnium pontificum (1471/81); De principe (1471). – Werner Rolevinck: De origine nobilitatis, De regimine rusticorum, De optimo genere gubernandi rem publicam (um 1472); De laude antiquae Saxoniae nunc Westfaliae dictae (1474). – Johannes Tinctoris: Musiktheoretische Traktate (1472–77). – Christoforo Landino: De vera nobilitate, De nobilitate animae (1472); Disputationes Camaldulenses (um 1475). – Martin Mayr: Rede zur Eröffnung der Universität Ingolstadt (1472). – Rudolf Agricola: Vita Petrarchae (1473/ 1474). – Johannes Regiomontanus: Ephemerides um (1474). – Tito Vespasiano Strozzi: Satiren [In Ponerolycon] (1475)   L

D Hans Folz: Meisterlieder, Fastnachtspiele, Erzählungen, Reden (nach ca. 1470? – um 1500?). – Königsteiner Liederbuch (um 1471/72). – Liederbuch der Klara Hätzlerin (1471). – Michel Beheim: Pfälzer Reimchronik (nach 1471). – Albrecht von Eyb: Ehebüchlein (1472); Spiegel der Sitten (1474). – Wiener (schlesisches) Osterspiel [Hs.] (1472). – Heinrich Steinhöwel: Von den synnrychen erluchten wyben

(1472); Büchlein der Ordnung der Pestilenz (Erstdruck), Tütsche Cronica (1473); Spiegel menschlichen Lebens (1474). – Ulrich Fuetrer: Buch der Abenteuer [1. Buch] (1473–78). – Polit. Lieder zur Auseinandersetzung des Konstanzer Bundes mit Karl dem Kühnen, u. a. von Veit Weber (1474–76) und Mathis Zollner (1475–1477). – Johannes Regiomontanus: Dt. Kalender [Erstdruck] (1474). – Bordesholmer Marienklage [Hs.] (um 1475). – Zürcher Buch vom heiligen Karl (1475)

Nl Heinric van Alcmaer: Reynaert die vos (um 1475)

E John Fortescue: On the Governance of England (um 1473). - William Caxton: Recuyell of the History of Troye (1474). – Lancelot of the Laik (um 1475). – Assembly of Ladies (um 1475)

Ky Buch von Llanstephan 28 (um 1475)

F Olivier de la Marche: Mémoires (nach 1473). – Jean Molinet: Chroniques (1474–1506)

Sp Jorge Manrique: Coplas por la muerte de su padre (um 1475)

It Angelo Poliziano: Stanze per la giostra (um 1475–78)

Ru Afanasij Nikitin: Hoženie za tri morja ⟨Fahrt des A. N. über drei Meere⟩ (um 1472)

1476–1480

1476	Wallfahrt des »Paukers von Niklashausen« (Hans Behem)
1476	Schlachten bei Grandson und Murten: Siege der Eidgenossen über Karl den Kühnen
1477	Herzog Karl der Kühne von Burgund (seit 1467) fällt in der Schlacht bei Nancy gegen die Eidgenossen

1477	Maximilian von Österreich heiratet Maria von Burgund
1478	Iwan III. unterwirft die Republik Groß-Novgorod
1479–1516	Ferdinand II. von Aragon: Personalunion zwischen Aragon und Kastilien
1480	Iwan III. löst Moskau aus der Oberhoheit der Tataren

Urbino, Herzogspalast: Studiolo des Herzogs Federico di Montefeltro (um 1476). – Erstdruck von Heinrich Steinhöwels Aesopus: Holzschnitte (1476/77). – Rochlitz, Kunigundenkirche (1476 Gewölbe geschlossen). – Bronzefiguren vom Grabmal der Isabella von Bourbon [Amsterdam, Rijksmuseum] (1476). – Danzig, Artushof (ab 1476). – Toledo, San Juan de los Reyes von Juan Guas (nach 1476). – Veit Stoß: Altar in der Krakauer Marienkirche (1477 begonnen). – Nürnberg, St. Lorenz: Kaiserfenster (1477). – Więclawice (Polen), Pfarrkirche: Flügelaltar des »Monogrammisten A« (1477). – Krems a. d. Donau, Piaristenkirche: Südportal (1477). – Toledo, San Juan de los Reyes, von Juan Guas (1477 begonnen). – Mailand, San Satiro (1477 begonnen). – Bernt Notke, Triumphkreuz [Lübeck, Dom] (1477). – Nikolaus Myert: Grabmal des Erzbischofs Johann von Baden [Trier, Bisch. Dom- und Diözesanmuseum] (um 1478). – Feldkirch, St. Nikolaus (1478 gewölbt). – Hugo van der Goes: Marientod [Brügge, Musée Groeninge] (nach 1478). – William Baker: Wandmalereien in der Eton College Chapel, Eton (1479/80 [und 1487/88]). – »Straßburger Heldenbuch« (Erstdruck): Holzschnitte (1479). – Bernt Notke: Hochaltar im Dom von Århus (1479). – Fernando Gallego: Sternbilderfresken [Salamanca, Museo Universitario] (1479 begonnen). – Lübeck, St. Marien: Sakramentshaus (1479 vollendet). – Hans Memling: Katharinentriptychon [Brügge, Memling-Museum] (1479). – Mantegna: Gemäldezyklus »Triumph Caesars« [Hampton Court] (ab ca. 1480). – Antoine Le Moi-

K

turier: Grabmal des Philippe Pot [Paris, Louvre] (um 1480). – Michael Pacher: Kirchenväteraltar [München, Alte Pinakothek; aus Neustift bei Brixen] (um 1480). – Andrea del Verrocchio: Reiterdenkmal des Bartolomeo Colleoni [Venedig] (1480–88). – Rouen, St. Maclou (ab 1480 vollendet). – Zwickau, Dünnebierhaus (1480). – Krems a. d. Donau, Steiner Tor (1480). – Kolmar, Kaufhaus (1480). – Le Faouet (Morbihan), Chapelle St. Fiacre: Lettner (1480). – Hans Memling: Die sieben Freuden Mariä [München, Alte Pinakothek] (1480). – Zehngebote-Tafel [Danzig, Marienkirche] (1480). – Erasmus Grasser: Moriskentänzer [München, Stadtmuseum] (1480). – Rue (Somme), St. Esprit (1480 begonnen). – [Piero della Francesca: De perspectiva pingendi (um 1478)]

M Glogauer Liederbuch [3 Stimmbücher] (um 1480)

L *L* Giovanni Pontano: Dichtungen [Urania, Meteorum liber, De hortis Hesperidum, Amores, De amore coniugali, Hendecasyllabi, Eridanus, De tumulis] (4. V. 15. Jh.); Übers. und Kommentar zum ps.-ptolemäischen Centiloquium (1477). – Piero della Francesca: De perspectiva pingendi (um 1478). – Christoforo Landino: Kommentar zu Vergil (1478). – Angelo Poliziano: Commentarium Pactianae coniurationis (1478). – Bernhard Perger von Stainz: Introductorium artis grammaticae (um 1479). – Francesco Colonna: Hypnerotomachia Poliphili (1479/89?). – Rudolf Agricola: De inventione dialectica (1479). – Niccolo Perotto: Cornucopiae sive Latinae linguae commentariorum opus (vor 1480). – Ugolino Verino: Carlias (1480/93). – Mensa philosophica (um 1480). – Jakob Wimpfeling: Stylpho (1480)

D Die Niklashauser Fahrt (1476). – Arigo: Decameron-Übers. [Erstdruck] (1476/77). – Heinrich Steinhöwel: Aesopus (1476/77). – Erhard Wameshafft: Hodoeporicon (1477). – Vom Ursprung der Eidgenossenschaft (1477). – Ulrich Fuetrer: Buch der Abenteuer [2. Buch] (1478–81); Bayer.

Chronik (1478–81). – Hans Lecküchner: Messerfechtlehre [1. Fassung] (1478). – Johannes Geiler von Kaysersberg: Predigten (1479–1510). – Künzelsauer Fronleichnamsspiel [Hs.; 1. Schicht] (1479). – Aufführung eines Neidhartspiels in Nürnberg [Nürnberger (Kleines) Neidhartspiel?] (1479). – »Straßburger Heldenbuch« [Erstdruck] (1479). – Antonius von Pforr: Buch der Beispiele (vor 1480). – Glogauer Liederbuch (um 1480). – Arnold Immessen: Spiel vom Sündenfall (um 1480). – Dietrich Schernberg: Spiel von Frau Jutten (1480?). – Johann von Soest: Die Kinder von Limburg (1480)

Nl Delfter Bibel [Druck] (1477). – Paris ende Vienna (um 1480/85). – Marieken van Nieumegen (um 1480/85). – Dirc Coelde (Dietrich Kolde von Münster): Der kerstenen spieghel, Predigten (um 1480)

E William Caxton: Book of Courtesy (1479). – Robert Henryson: Morall Fabillis (um 1480)

It Matteo Maria Boiardo: Orlando innamorato (um 1476–82). – Masuccio Salernitano: Novellino (1476). – Angelo Poliziano: Favola d'Orfeo (1479). – Jacopo Sannazaro: Sonetti e canzoni (um 1480–1530); Arcadia (1480–85)

1481–1485

1451–1481 Sultan Mohammed II. der Eroberer
1461–1483 König Ludwig XI. von Frankreich
1483–1498 König Karl VIII. von Frankreich
1461–1483 König Eduard IV. von England
1485 Schlacht bei Bosworth beendet die »Rosenkriege« in England; Heinrich Tudor besiegt und tötet König Richard III. (seit 1483)
1485–1509 Heinrich Tudor als Heinrich VII. König von England: Tudor-Dynastie

K Francesco Laurana: Kreuztragung [Avignon, Saint-Didier] (1481). – Ausmalung der Sixtinischen Kapelle, Rom (ab 1481). – Venedig, Santa Maria dei Miracoli, von Pietro Lombardo (1481 begonnen). – Siena, Dom: Sibyllen-Zyklus [als Teil des Schmuckfußbodens] (1481–83). – Michael Pacher: Altar in der Pfarrkirche St. Wolfgang (1481 vollendet). – Peter Hemmel: Volckamer-Fenster im Chor von St. Lorenz, Nürnberg (um 1481). – Lüneburg, St. Johannis: innere Flügelrückseiten des Hauptaltars von Hinrik Funhof (1482–84). – Lissaboner hebräische Bibel (London, British Library, MS Or. 2626): Miniaturen (1482). – Rom, Palazzo della Cancelleria (um 1483 begonnen). – Pietro Lombardo: Dante-Monument [Ravenna, Sepolcro di Dante] (1483). – Lorch (Hessen), St. Martin: holzsichtiger Schnitzaltar (1483). – Andrea Verrocchio: Christus-Thomas-Gruppe [Florenz, Orsanmichele] (1483). – Leonardo da Vinci: Felsgrottenmadonna [Paris, Louvre] (ab 1483). – Antonio Rizzo: Adam und Eva [Venedig, Palazzo Ducale] (um 1483). – Diebold Schilling d. Ä. u. a.: Miniaturen in der Amtlichen Berner Chronik [Bern, Burgerbibl., MS. Hist. Helv. I 1–3] (1483 vollendet). – Madonnenrelief aus Visegrád [Esztergom, Christl. Museum] (um 1484/85). – Antonio del Pollaiuolo: Grabmal Papst Sixtus' IV. in St. Peter, Rom (1484 begonnen). – Prato, Santa Maria delle Carceri (1484 von Giuliano da Sangallo begonnen). – Venedig, Palazzo Ducale: Ostflügel, von Mauro Codussi und Antonio Rizzo (nach 1484). – Guido Mazzoni: Terrakottagruppen »Kreuzabnahme« [Ferrara, Chiesa del Gesù, und Modena, San Giovanni Battista] (um 1485). – Sandro Botticelli: »Geburt der Venus« [Florenz, Uffizien] (um 1485). – Bronzegrabmal des Pietro Foscari von Giovanni di Stefano da Siena [Rom, Santa Maria del Popolo] (um 1485). – Domenico Ghirlandaio: Chor-Ausmalung in Santa Maria Novella, Florenz (1485–90). – Jan Wielki und Stanisław Stary: Polyptychon in St. Andreas, Olkusz [Polen] (1485). – Rouen, Kathedrale: Tour de Beurre (1485 begonnen). – Hans Hammer, Kanzel des Straßburger Münsters (1485). – Brüsseler Behang: »Verherrlichung Marias« [Paris, Louvre] (1485). – Francesco di Giorgio Martini: Madonna del Calcinaio [bei Cortona] (1485 begonnen). – Bernardino Zenale und Bernardino Butinone, Altarbild in Treviglio (Bergamo), San Martino (1485). – Saint-Front-sur-Lemance (Lot-et-Garonne), Château de Bonaguil [Ruine] (ab 1485). – [Leon Battista Alberti: De re aedificatoria (Erstdruck 1485)]

Donaueschinger Liederhs. (1484/90). – Heinrich Isaac: Messen, Motetten, weltliche Liedsätze (1484; gest. 1517) **M**

L Francesco Filelfo: Überss. griechischer Autoren, Briefe **L** (bis 1481). – Georgius de Hungaria: Tractatus de moribus, condictionibus et nequicia Turcorum [Druck] (1481). – Christoforo Landino: Kommentar zu Dante (1481). – Johannes Wessel von Gansfort: Scala meditatoria (um 1483/1486). – Baptista Mantuanus: Epigrammata ad Falconem (um 1483). – Johannes Burckard: Diarium [Liber notarum] (1483–1506). – Jacopo Sannazaro: Arcadia (1483). – Johannes Fabri: Didakt. Dichtungen, Traktate (um 1484–95). – Gabriel Biel: Collectorium circa quattuor libros sententiarum (1484–95). – Sigismund Meisterlin: Nieronbergensis cronica (um 1484–88). – Felix Fabri: Evagatorium (1484–88). – Marsilio Ficino: Übers. plotinischer Schriften (1484–86). – Herbarius Moguntinus [latinus] (1484). – Heinrich Institoris / Jakob Sprenger: Malleus maleficiarum (1485/87). – Leon Battista Alberti: De re aedificatoria [Erstdruck] (1485). – Ugolino Verino: Epigrammata (1485). – Liber pontificalis (1485)

D Johannes Geiler von Kaysersberg: Todtenbüchlein (1481?). – Wilhelm von Österreich (Prosa) [Erstdruck] (1481). – Hans Lecküchner: Messerfechtlehre [2. Fassung] (1482). – Berliner Weltgerichtsspiel [Hs.] (1482). – Hans Tucher: Pilgerbuch [Erstdrucke] (1482). – Konrad Grünenberg: Wappenbuch (1483). – Diebold Schilling d. Ä.: Amtliche Berner Chronik (1483 vollendet). – Ulrich Fuetrer: Lanzelot [in Strophen] (vor 1484–1487). –

Donaueschinger Liederhs. (1484/90). – Felix Fabri: Pilgerbuch (1484). – Tristrant und Isalde (Prosa) [Erstdruck] (1484). – Lirer-Chronik [Erstdruck] (1485/86). – Gart der Gesundheit [Erstdruck] (1485). – Augsburger Georgsspiel [Hs.] (vor 1486)

Nl Herbarius Moguntinus [in Dietsche] (1484)

E William Caxton: Order of Chivalry (1484). – Wakefield Fronleichnamszyklus [Towneley-Hs.: San Marino, Huntington Library, HM 1] (um 1485/1510). – Thomas Malory: Le Morte Darthur [Caxtons Ausgabe] (1485)

Dä Jep Jensen: Den kyske dronnig (1483). – Eufemiaviserne (um 1484)

Sp Fray Iñigo de Mendoza: Coplas de vita Christi [2. Fassung] (1482)

1486–1490

1486   Erzherzog Maximilian zum deutschen König gewählt
1487   Conrad Celtis als erster Deutscher zum Dichter gekrönt (durch Kaiser Friedrich III. in Nürnberg)
1487   Portugiesen (Bartolomeo Diaz) umrunden das Kap der Guten Hoffnung
1458–1490 König Matthias I. Corvinus von Ungarn

K Sandro Botticelli: Fresken aus der Tornabuoni-Villa Lemmi bei Florenz [Paris, Louvre] (um 1486). – Jakob Russ: Hochaltar des Doms von Chur (1486). – Burgos, Kathedrale: Vierungsgewölbe (1486). – William Baker: Wandmalereien in der Eton College Chapel, Eton ([1479/80 und] 1487/88). – Valladolid, Stift San Gregorio (um 1487 begonnen). – Attavante degli Attavanti: Miniaturen im Missale des Matthias Corvinus [Rom, Bibl. Vaticana, Urb. lat. 112] (ab 1487). – Mondsee (Oberösterreich), St. Michael: Sakristeitür (1487).

- Siguenza, Kathedrale: Grabmal des Martin Vásquez de Arce (um 1488). - Pavia, Dom (1488 begonnen). - Dolní Dvořiště / Unter-Haid (Tschechien), St. Ägidius: Chor (1488 geweiht). - Friedrich Herlin: Die Familie des Malers vor der Madonna und Heiligen [Nördlingen, Rathaus] (1488). - Hs. Wien, Österr. Nationalbibl., Cod. 930 (Hieronymus; aus dem Besitz des Matthias Corvinus): Miniaturen von Gherardo und Monte di Giovanni del Fora (1488). - Giovanni Bellini: Triptychon [Venedig, S. Maria Gloriosa dei Frari] und Barbarigo-Altar [Murano, S. Pietro Martire] (1488). - Stolberg, St. Martin: Epitaph des Ulrich Rispach (1488). - Bernt Notke: »Drachenkampf des hl. Georg« [Storkyrka Stockholm] (1489). - Hans Memling: Ursulaschrein [Brügge, Memlingmuseum] (1489). - Paris, St. Severin: Chorumgang (1489 begonnen). - Rodrigo Alemán: Chorgestühl der Kathedrale von Toledo mit 54 Reliefdarstellungen zur Reconquista (ab 1489). - Filippino Lippi: Ausmalung der Carafakapelle in Rom, Santa Maria sopra Minerva (ab 1489). - Martin Kriechbaum (?): Altar der Pfarrkirche Kefermarkt (Oberösterreich) (um 1490/1500). - Leonardo da Vinci: Bildnis der Cecilia Gallerani (?) [Krakau, Czartoryski Muzeum] (um 1490). - Lorenzo Costa: »Drei Musiker« [London, National Gallery] (um 1490). - Nikolaus von Hakendover: Skulpturen des Isenheimer Altars [Kolmar, Unterlindenmuseum] (ab ca. 1490). - Hieronymus Bosch: »Garten der Lüste« [Madrid, Prado] (1490/ 1500). - Peter Vischer d. Ä.: »Astbrecher« [München, Bayer. Nationalmuseum] (1490). - Crema, Santa Maria della Croce (1490 begonnen). - Vittore Carpaccio: Ursula-Zyklus [Venedig, Accademia] (1490 begonnen). - Bartolomé Bermejo, Beweinung Christi [Barcelona, Dommuseum] (1490). - Totenschild des Matthias Corvinus [Paris, Musée de l'Armée] (1490). - Tilman Riemenschneider: Magdalenenaltar der Pfarrkirche von Münnerstadt [teilweise in den Berliner Museen] (ab 1490). - [Matthäus Roritzer, Puechlen der fialen gerechtigkeit (1486 gedruckt)]

M Adam von Fulda: Messen, Hymnen, Lieder (1490 [Traktat De musica]; gest. 1505)

L L Johannes Wessel von Gansfort: Exemplum scalae meditatoriae (um 1486/89). – Augustin Tünger: Facetiae Latinae et Germanicae (1486). – Bernhard von Breidenbach: Pilgerfahrt ins Hl. Land (lat. Fassung) [Erstdruck] (1486). – Conrad Celtis: Ars versificandi et carminum (1486). – Giovanni Pico della Mirandola: Conclusiones, De dignitate hominis (1486); Apologia (1487); Heptaplus (1489 erschienen). – Piero della Francesca: De quinque corporibus regularibus (vor 1487?). – Ugolino Verino: De gloria urbis Florentinae (1487). – Baptista Mantuanus: Parthenicae (1488–1507); De calamitatibus temporum (1489). – Felix Fabri: Descriptio Theutoniae, Sueviae et civitatis Ulmensis (1488/89). – Johannes Lichtenberger: Pronosticatio (1488). – Johannes Burckard: Caeremoniale Romanum (1488). – Marsilio Ficino: De vita (1489). – Ulrich Molitoris: Tractatus [...] de lamiis et phitonicis mulieribus (1489). – Angelo Poliziano: Prima centuria miscellanorum (1489); Praelectiones zu Aristoteles (1490–91). – Giovanni Pontano: Eclogae (um 1490/1500). – Adam von Fulda: De musica (1490). – Sebastian Brant: Expositiones sive declarationes omnium titulorum iuris (1490)

D Augustin Tünger: Facetiae Latinae et Germanicae (1486). – Bernhard von Breidenbach: Pilgerfahrt ins Hl. Land (dt. Fassung) [Erstdruck] (1486). – Hans Neithart: Übers. von Terenz: Eunuchus [Druck] (1486). – Matthäus Roritzer, Puechlen der fialen gerechtigkeit [Druck] (1486). – Drukke der Lübecker Mohnkopf-Offizin [1489 Totentanz] (1487–1520). – Bruder Rausch [Erstdruck] (um 1488). – Sigismund Meisterlin: Nieronbergensis cronica [dt. Fassung] (1488). – Paris und Vienna [Erstdruck] (1488). – Sebastian Brant: Überss. aus dem Lat. [u. a. Cato, Facetus] (um 1490)

Nl Floris ende Blancefloer [Prosaroman] (um 1490/1500). – Margarieta van Limborch [Prosaroman] (um 1490/1500). – Die historie van den vier Heemskinderen (um 1490)

E Book of St. Albans (1486). – Robert Henryson: Testament of Cresseid (um 1490)

Schw Jöns Buddes bok (1487–91)

F Philippe de Commynes: Mémoires (1489–98)

Sp Ysopete ystoriado (1489)

1491-1495

1492	Kastilien-Aragon erobert Granada
1492	Christoph Columbus entdeckt Amerika
1492	Martin Behaim konstruiert den ersten Erdglobus
1469–1492	Lorenzo de' Medici (il Magnifico) Stadtherr von Florenz
1493	Friede von Senlis: Teilung des burgundischen Erbes zwischen Habsburg (Maximilian) und Frankreich
1440–1493	Kaiser Friedrich III.
1493–1519	Kaiser Maximilian I.
1494	Sturz der Medici in Florenz; Errichtung einer demokratischen Theokratie durch Girolamo Savonarola
1494	Vertrag von Tordesillas: Spanien und Portugal stecken ihre Einflußsphären in Übersee ab
1494	Iwan III. löst das Hansekontor (Peterhof) in Novgorod auf
1494–1559	Italienische Kriege Frankreichs
1495	Reichstag in Worms: Versuch einer umfassenden Reichsreform

Neapel, Cappella Pontano [Stiftung des Humanisten Jovianus Pontanus] (nach 1490). – Tilman Riemenschneider: Adam und Eva von der Marienkapelle [Würzburg, Mainfränkisches Museum] (1491–93). – Veit Stoß: Slackerscher Kruzifixus [Krakau, Marienkirche] (1491). – Hans Mem- K

ling: Passionsaltar [Lübeck, Dom] (1491). – Nasridischer
Schild aus Granada [Wien, Kunsthistorisches Museum] (vor
1492). – Pintoricchio: Dekoration des Appartamento Borgia
im römischen Vatikanpalast (1492–94). – Goslar, Gildehaus
der Tuchmacher (1492). – Hans Olmützer: Grablegungs-
gruppe [Görlitz, Oberkirche] (ab 1492). – Guido Mazzoni:
Beweinung Christi, Tongruppe [Neapel, Sant'Anna dei
Lombardi] (1492). – Ferrara, Palazzo dei Diamanti, von
Biagio Rossetti (1492 begonnen). – Veit Stoß: Grabmal des
Königs Kasimir IV. Jagiello in der Kathedrale von Krakau-
Wawel (1492). – Adam Kraft: Sakramentshaus in St. Lorenz,
Nürnberg (1493–96). – Michel Erhart (?): Blaubeurer
Hochaltar (1493/94). – Jan Borman, Georgsaltar [Brüssel,
Musée du Cinquantenaire] (1493). – Cima da Conegliano:
Altarbild in Conegliano, Santa Maria dei Battuti (1493). –
Pietro Perugino: Madonna mit Johannes dem Täufer und
dem hl. Sebastian aus Fiesole [Florenz, Uffizien] (1493). –
Krakau, Collegium Maius (1493 begonnen). – Prag, Hrad-
schin: Vladislav-Saal, von Benedikt Ried (1493 begonnen). –
Tullio Lombardo: Grabmal des Dogen Andrea Vendramin
in Santi Giovanni e Paolo, Venedig (um 1493). – Erstdruck
von Hartmann Schedels Weltchronik: Holzschnitte (1493).
– Canterbury, Kathedrale: Vierungsturm (um 1494/97). –
Sandro Botticelli: »Verleumdung des Apelles« [Florenz, Uf-
fizien] (um 1494/95). – Ulrich Seld: Gehäuse des Ulrichs-
kreuzes [Augsburg, St. Ulrich und Afra] (1494). – Behang
mit Turnierdarstellungen [Valenciennes, Musée des Beaux-
Arts] (1494). – Vittore Carpaccio: Das Wunder der Kreuzes-
reliquie [Venedig, Accademia] (1494). – Jacopo de' Barbari:
Bildnis des Fra Luca Pacioli [Neapel, Museo di Capodi-
monte] (1494?). – Leonardo da Vinci: »Abendmahl« [Mai-
land, Konvent Santa Maria delle Grazie] (1495–97). – Stern-
berg (Kärnten), Wallfahrtskirche: bemalter hölzerner Tauf-
steinaufsatz (E. 15. Jh.)

L *L* Giovanni Pontano: Dialoge (1. Reihe) [Druck] (1491); De
rebus caelestibus, De bello Neapolitano (1494). – Jakob

Meydenbach: Hortus sanitatis (1491). – Giovanni Pico della Mirandola: De ente et uno (1491). – Conrad Celtis: Epitoma in utramque Ciceronis rhetoricam, Oratio in gymnasio Ingelstadio habita (1492). – Angelo Poliziano: Rusticus (1493); Briefwechsel, Überss. griech. Werke (vor 1494). – Hieronymus Münzer: Brief an König Johann II. von Portugal (1493); Itinerarium (1494–95). – Hartmann Schedel: Weltchronik (1493). – Augustinus Moravus: Dialogus in defensionem poetices (1493). – Johannes Reuchlin: De verbo mirifico (1494). – Sebastian Brant: In laudem gloriosae virginis Mariae [...] carmina (1494). – Luca Pacioli: Summa de arithmetica, geometria, proportione et proportionalitate (1494). – Johannes Trithemius: Cathalogus illustrium virorum (1495). – Johannes Tinctoris: Terminorum musicae diffinitorium (1495). – Baptista Mantuanus: Trophaeum pro Gallorum ex Italia expulsione (1495)

D Drucke der Lübecker Mohnkopf-Offizin [1492 Mohnkopf-Plenar; 1493 De salter to dude] (1487–1520). – Neidhart Fuchs [Erstdruck] (1491/1500). – Heinrich Österreicher: Columella-Übers. (1491). – Felix Fabri: Die Sionpilger [Sionpilgerin, Geistliche Pilgerfahrt] (1492). – Hermen Bote: Boek von veleme rade [Druck] (um 1493); [1.] Weltchronik (1493–1502). – Marquart von Stein: Der Ritter vom Turm [Erstdruck] (1493). – Wigoleis vom Rad [Erstdruck] (1493). – Jüngeres Frankfurter Passionsspiel [Hs.] (1493). – Hartmann Schedel: Weltchronik [dt. Fassung von Georg Alt] (1493). – Sebastian Brant: Das Narrenschiff (1494). – Hermann Künig von Vach: Sant Jacobs Straß (1495). – Bozner Passion (von 1495). – Zwickauer Osterspiele [Hss.] (E. 15. / A. 16. Jh.). – Philipp von Seldeneck: Kriegsbuch (E. 15. Jh.). – Spruch von den Tafelrundern (E. 15. Jh.)

Nl Pieter Dorlant van Diest (?): Spieghel der salicheit van Elckerlijc ⟨Spiel von Jedermann⟩ [Erstdruck] (1495)

E Henry Medwall: Nature (um 1495)

Schw Sju vise mästare [C] (1492)

Ir Cath Finntrágha ⟨Schlacht von Ventry⟩ (E. 15. Jh.)

Sp Diego de San Pedro: Cárcel de Amor (1492). – Antonio de Nebrija: Gramática de la lengua castellana, Diccionario latino-español (1492). – Vocabulario español-latino (1495)

1496–1500

1496	Heirat zwischen Erzherzog Philipp dem Schönen und Johanna der Wahnsinnigen von Kastilien-Aragon
1483–1498	König Karl VIII. von Frankreich
1498–1515	König Ludwig XII. von Frankreich
1498	Portugiesen (Vasco da Gama) umsegeln Afrika und erreichen Indien
1498	Girolamo Savonarola in Florenz verbrannt
1499	»Schwabenkrieg« zwischen dem Reich und der Schweiz, die die Reichsreform von 1495 ablehnt; beendet im Frieden von Basel: die Schweiz nur noch formal Teil des Reichs
1500	Portugiesen (Pedro Alvares) entdecken Brasilien

K Werkstatt des Michel Colombe: Pietà mit Stiftern aus Biron [New York, Metropolitan Museum] (nach 1495). – Michelangelo: Bacchus [Florenz, Bargello] (1496–97). – St. Nicolas-du-Port (Meurthe-et-Moselle): Wallfahrtskirche (1496 begonnen). – Solesmes (Sarthe), Abteikirche: Steingruppe Grablegung Christi (1496). – Jan Borman: Grabmal der Maria von Burgund in der Liebfrauenkirche, Brügge (1496). – Veit Stoß und Nürnberger Vischer-Werkstatt: Grabmal des Humanisten Filippo Buonacorsi (Kallimachos) [Krakau, Dominikanerkirche] (nach 1496). – Leonardo da Vinci: Dekoration der Sala delle Asse in Mailand, Castello Sforzesco (1497–98). – Steyr, Bummerlhaus (1497). – Musikhs. (Ockeghem u. a.) für Philippe Bouton (Rom, Bibl. Vaticana, Chig. C VIII 234): Miniaturen [Bordürenmalerei] (ab 1498). – Saronno, Santa Maria dei Miracoli (1498 begonnen). –

Blois, Schloß: Flügel König Ludwigs XII. (1498 begonnen).
– Chaumont-sur-Loire, Schloß (1498 begonnen). – Antonio
Pollaiuolo: Herkules und Antäus [Florenz, Bargello] (1498).
– Albrecht Dürer: Holzschnittzyklus der Apokalypse
(1498); Paumgartneraltar [München, Alte Pinakothek]
(1498?); Bildnis des Oswolt Krel [ebd.] (1499); Selbstbildnis
[ebd.] (1500). – Gerard David: »Gerechtigkeit des Kyros«
[Brügge, Städt. Kunstmuseum] (1498). – Hans Syfer: Altar
von St. Kilian, Heilbronn (1498). – Tilman Riemenschneider: Grabmal des Bischofs Konrad von Schaumburg [Würzburg, Marienkapelle] (um 1499); Grabmal Kaiser Heinrichs II. und seiner Gemahlin im Bamberger Dom und Heiligblutaltar in St. Jakob zu Rothenburg (1499 begonnen). –
Hinrik Bornemann: Der hl. Lukas malt die Madonna [Hamburg, St. Jakobi] (1499). – Bruck a. d. Mur, Kornmeßhaus
(ab 1499). – Jean Hey: Triptychon von Moulins [Moulins,
Kathedrale] (1499/1501). – Annaberg, Stadtkirche (1499 begonnen). – Michelangelo: Pietà [Rom, St. Peter] (1499). –
Holzschnitte im Druck der Hypnerotomachia Poliphili des
Francesco Colonna (Venedig 1499). – Reutlingen, St. Marien, Taufstein (1499). – Dębno (Polen), ausgemalte Holzkirche (um 1500). – Einhornteppiche [Paris, Musée Cluny,
und New York, The Cloisters] (um 1500). – Rom, Santa
Maria della Pace (1500 von Donato Bramante begonnen). –
Alençon (Orne), Notre-Dame: Vorhalle (1500 von Jean Lemoyne begonnen). – Nikolaus Schit: Hochaltar der Marienkirche in Gelnhausen (1500). – Pietro Perugino: Ausmalung
der Sala dell'Udienza in Perugia, Collegio del Cambio Perugia (1500). – Jörg Breu: Bernhardaltar [Zwettl (Niederösterreich), Klosterkirche] (1500). – Jacopo de' Barbari: Holzschnitt-Stadtplan von Venedig (1500). – Antico: vergoldete
Bronzestatuette des Apollo vom Belvedere [Venedig, Ca'
d'Oro] (vor 1501). – [Luca Pacioli: De divina proportione
(1497)]

Ludwig Senfl: Tenorlieder (1496; gest. 1543). – Heinrich **M**
Finck: Messen, Motetten, lat. Hymnen, dt. Lieder (1498;

gest. 1527). – Musikhs. (Ockeghem u. a.) für Philippe Bouton [Rom, Bibl. Vaticana, Chig. C VIII 234] (ab 1498)

L *L* Antonio Bonfini: Rerum Hungaricarum decades (bis 1496). – Johannes Reuchlin: Komödien Sergius vel Capitis caput und Scaenica progymnasmata [Henno] (1496–97). – Jacopo Sannazaro: Arcadia [erw. Fassung] (1496). – Girolamo Savonarola: De simplicitate vitae christianae (1496); De veritate fidei in Dominicae crucis triumphum (1497). – Kaiser Maximilian I.: Diktate zur lat. Autobiographie (um 1497–1501). – Jakob Locher: Stultifera navis [Übers. von Sebastian Brants »Narrenschiff«], De Turcis et Suldano (1497). – Michele Marullo: Epigrammata, Hymni naturales (1497). – Luca Pacioli: De divina proportione (1497). – Sebastian Brant: Carmina varia (1498). – Baptista Mantuanus: Adulescentia, Eclogae (1498). – Hortulus animae [Erstdruck] (1498). – Giovanni Pontano: De laudibus divinis [Druck] (1498); De sermone libri II (1499–1502); De fortuna u. a. Traktate (um 1500). – Jakob Pflaum und Johannes Stöffler: Almanach nova plurimis annis venturis inservientia (1499). – Druck der Hypnerotomachia Poliphili des Francesco Colonna (1499). – Johann von Paltz: Coelifodina und Supplementum Coelifodinae (1500–04). – Erasmus von Rotterdam: Adagia [1. Ausg.] (1500). – Heinrich Institoris: Sancte Romane ecclesie fidei defensionis clippeus adversus Waldensium seu Pickardorum heresim (1500)

D Drucke der Lübecker Mohnkopf-Offizin [1496 Speygel der Leyen, 2. Ausgabe des Totentanzes von 1489; 1497/1500 Fastnachtspiel von Henselin; 1497 Dat narrenschyp; 1498 Reynke de vos] (1487–1520). – Sterzinger Passion [Anlage des Regiebuchs] (1496). – Augustin von Hammerstetten: Hystori vom Hirs mit dem guldin ghurn und der Fürstin vom pronnen (1496). – Johannes Geiler von Kaysersberg: Predigten [1498–99 Narrenschiff-Predigten] (1479–1510); Doctor Keyserspergs Trostspiegel (1499). – Arnold von Harff: Pilgerbericht (1498/99?). – Koelhoffsche Chronik

(1499). – Güssinger Weltgerichtsspiel [Hs.] (um 1500?). – Osnabrücker Osterspiel [Hs.] (um 1500). – Revaler Totentanz (um 1500?). – Lied vom hürnen Seifried (um 1500?). – Ludwig von Eyb d. J.: Kriegsbuch (1500)

Nl Colijn van Rijsele: Spieghel der minnen (1500)

E Henry Medwall: Fulgens and Lucres (1497). – John Skelton: Bowge of Court (1498). – N-Town plays [Hs. London, British Library, Cotton Vespasian D.VIII] (um 1500). – Melusine (um 1500). – Romauns of Partenay (um 1500). – The Grene Knight (um 1500). – The Carle of Carlile (um 1500). – A Gest of Robyn Hode (um 1500)

Schw Sturekrönikan (1496/97). – Linköping-legendarium (um 1500)

Ir Cathal Óg mac Maghnuis Mhic Ghuidir: Annalen von Ulster (vor 1498). – Buch von Lismore (um 1500)

Sp Fernando de Rojas: La Celestina (1499). – Dança general de la muerte (um 1500)

Por Galegoportug. Liederhss.: Cancioneiro da Biblioteca Nacional, Cancioneiro da Vaticana (um 1500)

Tsch Jenský kodex ⟨Jena-Kodex⟩ [Antithesis Christi et Antichristi] (um 1500)

Pl Rozmowa mistrza Polikarpa ze s'miercia ⟨Dialog zwischen Magister Polikarp und dem Tod⟩ (um 1500)

1501–1505

1503–1513 Papst Julius II. (»il terribile«): Sicherung und Ausbau des Kirchenstaats
1474–1504 Isabella I. von Kastilien
1462–1505 Großfürst (Zar) Iwan III. der Große von Moskau

K Vasco Fernandes (?): Anbetung der Könige (ein König als Indianer dargestellt) [Viseu, Museu de Grão Vasco] (um 1501–02?). – Michelangelo: »David« [Florenz, Piazza della Signoria] (1501–04); Tondo Donni (Die hl. Familie) [Florenz, Uffizien] (1503–04). – Santiago de Compostela, Hospital der katholischen Könige, von Enrique Egas (1501). – Giovanni Bellini: Bildnis des Dogen Leonardo Loredan [London, National Gallery] (nach 1501). – Peter Breuer: Vesperbild [Zwickau, St. Marien] (um 1502). – Michel Colombe: Grabmal für Franz II. von Bretagne in der Kathedrale von Nantes (1502–07). – Pintoricchio: Ausmalung der Libreria Piccolomini am Dom von Siena (1502–05). – Lucas Cranach d. Ä.: Bildnisse des Johannes Cuspinian und seiner Frau Anna [Winterthur, Sammlung Reinhart] (1502/03). – Albrecht Dürer: Holzschnitt »Philosophia« [in Conrad Celtis' Amores] (1502). – Danzig, Marienkirche (1502 vollendet). – Hans Holbein d. Ä., Kaisheimer Altar [München, Alte Pinakothek] (1502). – Krakau, Wawel, Ausbau des Westflügels, von Francesco Fiorentino (ab 1502). – Pirna, Stadtkirche (1502 begonnen). – Lissabon, Kloster Belem (1502 begonnen). – Bramante: Tempietto an San Pietro in Montorio, Rom (1502). – London, Westminster Abbey: Kapelle Heinrichs VII. (1503–10). – Schlüsselfelder-Schiff, Tafelaufsatz [Nürnberg, German. Nationalmuseum] (1503). – Missale des Kardinals Cisneros (Madrid, Biblioteca Nacional, MS 1546): Miniaturen (1503 begonnen). – Venedig, San Marco: Cappella Zen, von Antonio Lombardo (1504–06). – Giorgione: Altarbild im Dom von Castelfranco (1504–05). – Luca Signorelli: »Apokalypse« im Dom von Orvieto (1504 vollendet). – Görlitz, Heiliges Grab (1504 vollendet). – Granada, Hospital Real, und Toledo, Hospital de la Santa Cruz, von Enrique de Egas (1504 begonnen). – Marcin Marciniec: Stanislaus-Reliquiar [Krakau, Wawel] (1504). – Jacopo de' Barbari: Stilleben mit totem Vogel [München, Alte Pinakothek] (1504). – Raffael: Verlobung Mariä [Mailand, Brera] (1504). – Leonardo da Vinci: Anghiarischlacht [ehem. Florenz, Palazzo Vecchio, Teilkopie von P. P. Rubens in Paris, Louvre] (1504 Auftrag). – Tafelbild »Die Werke der Barmherzigkeit«, aus Alkmaar [Amsterdam, Rijksmuseum] (1504). – Metz, Kathedrale: Glasmalereien des Theobald von Lixheim im westl. Querhaus (1504). – Toledo, Hospital de la Santa Cruz, von Enrique Egas (ab 1504). – Tilman Riemenschneider: Creglinger Altar (um 1505). – Andrea Sansovino: Grabmal des Kardinals Ascanio Sforza [Rom, Santa Maria del Popolo] (1505–08). – Aix-en-Provence, Kathedrale: Türflügel, von Guiramand de Toulon (1505–08). – Bourg-en-Bresse, Abtei Brou [Habsburger-Grablege] (1505 begonnen). – Hans Weiditz: Dreikönigsaltar im Freiburger Münster (1505). – Straßburg, Münster: Laurentiusportal (1505). – Giovanni Bellini. Altarbild in Venedig, San Zaccaria (1505)

Wienhäuser Liederbuch [dt. Teile] (A. 16. Jh.) **M**

L Jacopo Sannazaro: Eclogae piscatoriae (1501/04). – Petrus Martyr de Angleria: De legatione Babylonica libri III (1501/02 [Druck 1516]). – Erasmus von Rotterdam: Enchiridion militis christiani (1501 [Druck 1503]); Übers. des Neuen Testaments (1505). – Jakob Wimpfeling: Germania (1501); Defensio Germaniae (1502); Epitome rerum Germanicarum (1505). – Heinrich Bebel: Oratio ad regem Maximilianum de laudibus atque amplitudine Germaniae, Comedia de optimo studio iuvenum (1501); Commentaria de abusione linguae apud Germanos et de proprietate eiusdem (1503). – Conrad Celtis: Ludus Dianae, Edition der Werke Hrotsviths von Gandersheim (1501); Amores (1502), Beschreibung Nürnbergs in Prosa (im Druck der Amores, 1502); Rhapsodia (1504). – Mutianus Rufus: Briefe (1502–25). – Thomas Murner: Germania Nova (1502). – Albert Krantz: Chronica regnorum aquilonarium Daniae Svebiae Norvagiae (1504 abgeschlossen [Druck 1548]). – Konrad Peutinger: Sermones convivales (1504). – Pomponius Gauricus: De sculptura (1504). – Johannes Murmellius: Opusculum de discipulorum officiis (1505) **L**

D Kaiser Maximilian I.: Weißkunig [redigiert von Marx Treitzsauerwein] (seit A. 16. Jh.); Freydal (seit A. 16. Jh.); Theuerdank [redigiert von Melchior Pfinzing] (seit A. 16. Jh.; Erstdruck 1517). – Wienhäuser Liederbuch [Nachträge] (A. 16. Jh.). – Alsfelder Passionsspiel [Hs.] (1501–17). – Seelengärtlein [Erstdruck] (1501). – Hermen Bote: [2.] Weltchronik (1502–18). – Sterzinger Passion [Überarbeitung des Regiebuchs] (1503). – Der Wunderer (stroph. Fassung) [Druck] (1503). – Ambraser Heldenbuch (1504–17). – Johann von Soest: Lebensbeschreibung (um 1505). – Johannes Adelphus Muling: Buch des Lebens [Übers. von Ficino: De vita] (1505)

E Gavin Douglas: Palice of Honour (um 1501)

Schw Große Vadstena-Legendenhs. (1502)

Ir Dánta grádha [Liebeslyrik] (16. Jh.). – Späte Romanzen [Tóruidheacht Dhiarmada is Ghráinne ⟨Verfolgung von Diarmait und Gráinne⟩ u. a.] (16. Jh.)

Ky Arthuriana (14.–16. Jh.). – Gramadegau'r Penceirddiaid ⟨Bardische Grammatiken⟩ (14.–16. Jh.). – Thomas ap Ieuan ap Deicwas: Weltchronik (16. Jh.)

Kor Bewnans Meriasek ⟨Mysterienspiel des hl. Meriasek⟩ (1504)

Sp Tristán de Leonís (1501)

Por Gil Vicente: dramatisches Werk (um 1502–36)

1506–1510

1485–1509 König Heinrich VII. von England
1509–1547 König Heinrich VIII. von England
1510–1525 Banken- und Unternehmerkonsortium der Fugger geleitet von Jakob Fugger »dem Reichen«

Michael Wolgemut: Altar der Schwabacher Pfarrkirche **K**
(1506/08). - Mölln, Nikolaikirche: Marienleuchter (1506). -
Altar des Meisters MS aus Selmecbánya/Schemnitz (Slowakische Republik) [Budapest, Nationalgalerie] (1506). - Blénod-lès-Toul, Saint-Médard mit Grabmal des Bischofs Hugues des Hazards (ab 1506). - Giovan Francesco Rustici:
»Predigt Johannis des Täufers« [Bronzegruppe am Florentiner Baptisterium] (ab 1506). - Rom, Neu-St.-Peter, von
Bramante (1506 begonnen). - Giorgione: »Laura« [Wien,
Kunsthist. Museum] (1506). - Albrecht Dürer: »Rosenkranzfest« [Prag, Nationalgalerie] (1506); Adam und Eva
[Madrid, Prado] (1507) - Michelangelo: »Brügger Madonna« [Brügge, Liebfrauenkirche] (1506); Decke der Sixtinischen Kapelle (1508-12). - Hunt-Lenox-Globus [New
York, Public Library] (vor 1507?). - Fécamp, Trinité: Hochaltar von Girolamo Viscardi (1507-08). - Mechelen, Stadtmuseum: Stube des Hieronymus Busleyden mit humanistischem Bilderprogramm (1507/08). - Hans Burgkmair: Einblatt-Holzschnitt »Reichsadler«-Allegorie [nach Conrad
Celtis] (1507). - Esztergom, Dom: Bakócz-Kapelle (1507).
- Weltkarte des Martin Waldseemüller [Holzschnitt] (1507).
- Andrea Riccio: Osterleuchter im Santo von Padua (ab
1507). - Mechelen, Justizpalast (1507). - Marcin Czarny (?):
Marientod-Altar [Flügel in Kielce, Diözesanmuseum] (vor
1508). - St. Denis, Abteikirche: Gestühl aus der oberen Kapelle von Schloß Gaillon (1508-09). - Rouen, Palais de Justice: Westflügel (1508/09). - Augsburg, Fuggerkapelle an
St. Anna (1508 begonnen). - St. Nicolas du Port (Meurthe-et-Moselle), Wallfahrtskirche: Ostteile (1508 vollendet). -
Grabmal des Conrad Celtis in St. Stephan, Wien (um 1508).
- Raffael malt in den vatikanischen Stanzen (ab 1508). -
Todi, Santa Maria della Consolazione (1508 begonnen). -
Leoben-Göss, St. Andreas: Schiff (ab 1508). - Troyes, Ste.
Madeleine: Lettner von Jean Gailde (ab 1508). - Gaillon
(Eure), Schloß: Châtelet d'entrée (1509-10). - Damián Forment: Hochaltar der Basilika Nuestra Señora del Pilar in
Zaragoza (1509 begonnen). - Münster (Wallis), Kirche:

Schnitzaltar von Jörg Keller (1509). – Gerard David: Maria und Heilige [Rouen, Musée des Beaux-Arts] (1509). – Albi, Kathedrale: Ausmalung (ab 1509). – Hans Witten: Tulpenkanzel im Freiberger Dom (um 1510). – Châteaudun (Eure-et-Loire), Schloß: Treppe im Flügel des François de Longueville (um 1510). – Graba (Thüringen), Stadtkirche: Flügelaltar (1510). – Vischer-Werkstatt: Bronzegrabmal des Kardinals Friedrich Jagiello in der Krakauer Kathedrale im Wawel (1510). – Rom, Santa Maria dell'Anima: Chor (1510 geweiht). – Rom, Palazzo Farnese (1510 von Antonio da Sangallo begonnen). – Jan van Steffesweert: Holzgruppe »Der hl. Hubert« [Genk-Bokrijk, Freilichtmuseum] (1510). – Tschenstochau, Kreuzreliquiar (1510). – Albrecht Altdorfer: Der hl. Georg [München, Alte Pinakothek] (1510). – [Laokoon-Gruppe in der Domus aurea in Rom entdeckt (1506)]

M Erster deutscher Musiktypendruck (Erhard Öglin, Augsburg): Petrus Tritonius, Melopoeae sive Harmoniae tetracentiae [vierstimmige Vertonungen Horazischer Oden, hrsg. von Conrad Celtis] (1507)

L *L* Jacopo Sannazaro: Elegien, Epigramme (nach 1505). – Eobanus Hessus: Carmen de pugna studentium Erphordiensium cum quibusdam coniuratis nebulonibus (1506). – Heinrich Bebel: Ars versificandi (1506); Proverbia Germanica collecta atque in Latinum traducta (1508); Libri facetiarum [I, II] (1508); Triumphus Veneris, De laude Germanorum, Bucolicon (1509). – Marcus Marulus: Davidias (1506). – Georg Epp: Liber de illustribus viris ac sanctimonialibus O.P. (1506). – Johannes Reuchlin: Rudimenta linguae hebraicae (1506). – Jakob Wimpfeling: Catalogus episcoporum Argentinensium (1507). – Johannes Butzbach: Odoeporicon (1506). – Martin Waldseemüller: Cosmographiae introductio [im Anhang: Amerigo Vespucci: Quattuor navigationes] (1507). – Christoph Kuppener: Consilia elegantissima in materia usurarum et contractuum usurariorum

(1508). – Johannes Murmellius: Elegiae morales (1508). – Johannes Adelphus Muling: Margarita facetiarum (1509). – Erasmus von Rotterdam: Encomium moriae (1509). – Libellus de ritu et moribus Turcorum (1509). – Agrippa von Nettesheim: De occulta philosophia (1510)

D Johann von Schwarzenberg: Bambergische Peinliche Halsgerichtsordnung (1507). – Ludwig von Eyb d. J.: Geschichten und Taten Wilwolts von Schaumberg (1507). – Martin Maier: Der Ritter aus der Steiermark (1507). – Bauernpraktik [Erstdruck] (1508). – Sebastian Brant: Freidank-Bearbeitung [Erstdruck] (1508). – Oberrheinischer Revolutionär (um 1509). – Albrecht Dürer: Kleinere Reimpaargedichte (1509–10). – Fortunatus [Erstdruck] (1509). – Ulrich Tenngler: Laienspiegel [1. Fassung] (1509). – Hermen Bote: Schichtboick (1510–14). – Eulenspiegel-Buch [Erstdruck] (1510/11). – Vigil Raber: Sammlung und Bearbeitung geistlicher und weltlicher Spiele (seit 1510?). – Münchner Eigengerichtsspiel [Druck] (1510). – Münchner Weltgerichtsspiel [Aufführung] (1510)

E Stephen Hawes: Pastime of Pleasure (1506). – William Dunbar: Goldyn Targe, Tua Mariit Wemen (1508). – Alexander Barclay: Übers. von Sebastian Brants Narrenschiff (1509). – Everyman (um 1510)

F Jean Lemaire de Belges: Illustrations de Gaule et singularitez de Troie (1509–13). – Guillaume Coquillart: satir. Dichtungen (vor 1510)

Sp Gonzo (um 1506). – Garci Rodríguez de Montalvo: Amadís de Gaula [älteste überlieferte Bearbeitung] (um 1508)

It Ludovico Ariosto: La Cassaria (1508); I Suppositi (1509)

Ru O pskovskom vzjati ⟨Erzählung von der Übernahme Pskovs⟩ (um 1510)

1511-1515

| 1512 | Reichstag zu Köln: Fortführung der Reichsreform |
| 1513 | Spanier (Vasco Núñez de Balboa) erreichen den Pazifik |

1503-1513 Papst Julius II.
1513-1521 Papst Leo X. (Giovanni de' Medici)
1498-1515 König Ludwig XII. von Frankreich
1515-1547 König Franz I. von Frankreich

K Raffael: Ausmalung der Farnesina, Rom (1511-14); Sixtinische Madonna [Dresden, Gemäldegalerie] (um 1513); Sibyllen in Santa Maria della Pace, Rom (1513-14); Chigi-Kapelle in Rom, Santa Maria del Popolo [von R. entworfen] (1513); »Die hl. Cäcilie« [Bologna, Pinacoteca Nazionale] (1514). – Tizian: Wandmalereien in der Scuola del Santo in Padua (1511). – Hans Leinberger: Hochaltar der Stiftskirche St. Kastulus in Moosburg (ab 1511). – Brno/Brünn, Rathausportal (1511). – Konrad Meit: Alabasterstatuette »Judith« [München, Bayer. Nationalmuseum] (um 1512-14). – Weißenburg (Siebenbürgen), Kapelle des Johannes de Lazo (1512). – Salomo-Roman des Firdusi (türkische Prachthandschrift; Dublin, Chester Beatty Library): Miniaturen (vor 1512). – Albrecht Dürer: Bildnis Karls des Großen [Nürnberg, Germanisches Nationalmuseum] (1512); Zeichnung »Bildnis der Mutter« [Berliner Museen], Kupferstich »Melencholia« (1514). – Gebetbuch Kaiser Maximilians mit Randzeichnungen von Dürer, Cranach u. a. [München, Bayer. Staatsbibl.; Besançon, Bibl. municipale] (um 1513-15). – Michelangelo: Moses in San Pietro in Vincoli, Rom (1513-16); Vertrag zum Julius-Grab (1513). – Rom, Navicella-Brunnen (1513). – Anton Pilgram, Werke in Wien, St. Stephan: Orgelfuß (1513) und Kanzel (bis 1515). – Hans von Kulmbach: Gedächtnisbild für Propst Lorenz Tucher in St. Sebald, Nürnberg (1513). – Mathis Gothard Neithard, gen. Grünewald: Gemälde des Isenheimer Altars [Kolmar,

Unterlindenmuseum] (1513-15). – Peter Vischer: Bronzestatuen von Theoderich und Artus für das Innsbrucker Kaisergrab (1513). – Diebold Schilling d. J. (?) und Hans von Arx: Miniaturen in der Schweizer Chronik des D. Sch. [Luzern, Zentralbibl., Diebold-Schilling-Chronik 1513] (1513 vollendet). – Hans Backoffen: Grabmal des Erzbischofs Uriel von Gemmingen im Mainzer Dom (um 1514). – Loy Hering: »Hl. Willibald« im Eichstätter Dom (um 1514). – Lucas Cranach: Herzog Heinrich der Fromme von Sachsen und seine Gemahlin Katharina [Dresden, Gemäldegalerie] (1514). – Domenico Fanelli: Grabmal der Katholischen Könige [Granada, Capilla de los Reyes] (ab 1514). – Rom, Palazzo Farnese, von Antonio da Sangallo (1514). – Chaource (Aube), Pfarrkirche: Steingruppe »Grablegung« (um 1515). – Gilg Sesselschreiber: Statuen der Kunigunde von Bayern (Modell von Hans Leinberger) und der Elisabeth von Görz für das Innsbrucker Kaisergrab (1515-16). – Antonio und Giovanni Giusti: Grabmal Ludwigs XII. in Saint-Denis (1515 begonnen). – Blois, Schloß: Bauabschnitt unter König Franz I. mit Treppe (1515 begonnen). – Venedig, S. Zaccaria: Fassade, von Mauro Codussi (1515 vollendet). – Claus Berg: Hochaltar des Doms von Odense (1515 begonnen). – Stein am Rhein, Kloster St. Georgen: Bildersaal des Abtes David von Winkelsheim mit Wandmalereien von Thomas Schmidt und Ambrosius Holbein (1515). – Hans Weiditz: Altar der Schnewlin-Kapelle im Freiburger Münster (1515)

Erste gedruckte deutsche Tabulatur (Peter Schöffer d. J., **M** Mainz): Arnolt Schlick, Tabulaturen etlicher lobgesang und lidlein uff die orgeln und lauten (1512). – Öglins Liederbuch: erstes gedrucktes dt. Liederbuch [Erhard Öglin, Augsburg] (1512)

L Joachim von Watt: Gedächtnisbüchlein für Arbogast **L** Strub (1511). – Johannes Cuspinianus: Consules (1511). – Heinrich Bebel: Libri facetiarum [III] (1512). – Johannes

Cochlaeus: Brevis Germanie descriptio (1512). – Erasmus von Rotterdam: Commentarii de ratione studii et instituendi pueros (1512); Druck der ersten Briefsammlung (1515). – Martin Luther: Dictata super Psalterium (1513–16); Commentarius in epistolam Pauli ad Romanos (1515–16). – Johannes Murmellius: Pappa puerorum (1513). – Willibald Pirckheimer: Übers. der Hieroglyphica des Horapollo Nilous (1513). – Eobanus Hessus: Heroidum christianarum epistolae (1514). – Euricius Cordus: Bucolicon (1514). – Johannes Reuchlin: Briefwechsel Clarorum virorum epistolae (1514 [und 1519]). – Ulrich von Hutten: Klagereden gegen Herzog Ulrich von Württemberg (1515–19). – Heinrich Glareanus: Helvetiae descriptio (1515). – Epistolae obscurorum virorum [1. Teil] (1515). – Riccardus Bartolinus von Perugia: Odeporicon (1515)

D Ulrich Tenngler: Laienspiegel [2. Fassung] (1511). – Jakob Mennel: Fürstliche Chronik (1512–17). – Thomas Murner: Narrenbeschwörung, Schelmenzunft (1512); Ein andechtig geistliche Badenfart (1514); Übers. von Vergils Aeneis, Mühle von Schwindelsheim (1515). – Öglins Liederbuch (1512). – Johann Otmar: Prosafassung des Orendel (1512). – Hans Sachs: Meisterlieder (seit 1513); Spruchdichtung (seit 1515). – Eucharius Rößlin d. Ä.: Der schwangeren Frauen und Hebammen Rosengarten [Erstdruck] (1513). – Diebold Schilling d. J.: Schweizer Chronik (1513 vollendet). – Basler Plenar des Adam Petri [Erstdruck] (1514). – Johannes Adelphus Muling: Doktor Kaisersperg Passion [...] in stückes weiß eins süßen Lebkuchen (1514). – Heidelberger Passionsspiel [Hs.] (1514). – Pamphilus Gengenbach: Der alt Eydgnoß (1514); Die X alter dyser welt (1515)

Nl Johannes Murmellius: Pappa puerorum (1513)

E Gavin Douglas: Übers. von Vergils »Aeneis« (1513)

F Jean Lemaire de Belges: Epistres de l'amant verd à Madame Marguerite (1511). – Pierre Gringore: Jeu du prince des sotz et mere sotte (1511)

Por Boosco deleytoso (1515)

It Niccolo Macchiavelli: Il Principe (1513). – Bernardo Dovizi (Bibbiena): La Calandria (1513)

1516–1520

1479–1516	Ferdinand II. von Aragon
1516–1556	Maximilians Enkel Karl, Herzog von Burgund, als Karl I. König von Spanien
1516	Konkordat von Bologna: Papst Leo X. bestätigt die gallikanische Nationalkirche
1517	Martin Luther publiziert 95 Thesen gegen den Ablaßhandel: Beginn der Reformation
1518	Luther auf dem Reichstag zu Augsburg durch den Legaten Cajetan verhört
1519	Leipziger Disputation zwischen Andreas von Karlstadt, Luther und Johann Eck
1493–1519	Kaiser Maximilian I.
1519–1556	Karl I. von Spanien Kaiser: Karl V.
1519–1521	Erste Weltumsegelung durch Fernaõ de Magalhaẽs
1519–1521	Spanier (Hernan Cortés) zerstören das Aztekenreich in Mexiko
1520	Bulle »Exsurge Domine«: Papst Leo X. droht Luther mit dem Bann

Roullant le Roux: Grabmal der Kardinäle Georges I und **K** Georges II d'Amboise in der Kathedrale von Rouen (nach 1515). – Raffael: Bildnis des Baldassare Castiglione [Paris, Louvre] (um 1516). – Tizian: »Assunta« in Santa Maria Gloriosa dei Frari, Venedig (1516–18); Averoldi-Altar [Brescia, SS. Nazaro e Celso] (ab 1520). – Niklas Manuel: Berner Totentanz [ehem. Bern, Friedhofsmauer des Dominikanerklosters; zerstört] (1516/17). – Jan Gossaert: »Neptun und Amphitrite« [Berlin, Gemäldegalerie] (1516); Diptychon des Jean Carondelet [Paris, Louvre] (1517). – Tilman Riemenschneider: Grabmal des Bischofs Lorenz von Bibra im Würzburger Dom (ab 1516). – Hans Holbein d. J.: Bildnisse des Basler Bürgermeisters Jakob Meyer zum Hasen und seiner Gemahlin [Basel, Kunstmuseum] (1516); Bildnis des Bonifatius Amerbach [Basel, Kunstmuseum] (1519). – Michiel Sittow: Diptychon »Diego de Guevara verehrt die Gottesmutter« [Berlin, Gemäldegalerie; Washington, National Gallery] (vor 1517). – Hans Backoffen: Grabmal des Walter von Reiffenberg [Kronberg im Taunus, ev. Pfarrkirche] (um 1517). – Mathis Gothard Neithard, gen. Grünewald: Marienbild aus Aschaffenburg [Stuppach in Franken, Pfarrkirche] (1517-19). – Krakau, Wawel: Sigismundkapelle, von Bartolomeo Berrecci (1517 begonnen). – Most/Brüx (Tschechien), Marienkirche begonnen (1517). – Veit Stoß: »Englischer Gruß« in St. Lorenz, Nürnberg (1517/18). – Enrique de Arfe: Monstranz [Toledo, Kathedrale] (ab 1517). – Holzschnitte in den Drucken von Maximilians I. Theuerdank (1517) und [von Albrecht Dürer, Albrecht Altdorfer u. a.] Ehrenpforte (1517/18). – Michelangelo: Auferstandener Christus [Rom, Santa Maria sopra Minerva] (1518-20). – Albrecht Altdorfer: Altar von St. Florian (1518). – Rom, Villa Madama (1518 von Raffael begonnen). – Andrea Sansovino: Madonna del Parto [Rom, Sant'Agostino] (ab 1518). – Pietro Torrigiani: Grabmal König Heinrichs VII. und der Elisabeth von York [London, Westminster Abbey] (1518). – Grabmal der Margarete Irmisch [Breslau, Magdalenenkirche] (1518). – Baccio Bandinelli: Orpheus [Florenz, Palazzo Medici] (um 1519). – Vischer-Werkstatt: Sebaldusgrab in St. Sebald, Nürnberg (1519 vollendet). – Christoph von Urach: Hochaltar der Stadtkirche von Besigheim [Ludwigsburg] (um 1520). – Hans Hieber: Holzmodell der Kirche der Schönen Maria [Regensburg, Stadtmuseum] (um 1520/21). – Lukas Cranach d. Ä.: Kupferstiche »Martin Luther als Augustinermönch« (1520). – Rom, San Giovanni dei Fiorentini (1520 von Antonio da Sangallo begonnen). – Florenz, Medicikapelle an San Lorenzo (1520 von Michelangelo begonnen). –

Correggio: Wandmalereien in Parma, San Giovanni Evangelista (1520 begonnen)

L Ulrich von Hutten: Arminius-Dialog (nach 1515); Phalarismus (1517); Exhortatio ad principes Germanos (1518); Vadiscus dialogus (1520). – Martin Luther: Commentarius in epistolam ad Galatas (1516); Resolutiones (1518); Operationes in Psalmos (1519–21); De captivitate Babylonica ecclesiae, Tractatus de libertate christiana, Adversus execrabilem Antichristi bullam, Assertio omnium articulorum per bullam Leonis X novissimam damnatorum (1520). – Petrus Martyr de Angleria: De orbe novo [Druck] (1516). – Erasmus von Rotterdam: Encomium matrimonii (1516); Institutio principis Christiani (1516); Colloquia familiaria (1518); Druck der Antibarbari (1520). – Thomas Morus: Utopia (1516). – Tefilo Folegno: Baldus (1517/21); Zanitonella (1519). – Johannes Reuchlin: De arte cabbalistica (1517); Briefwechsel Clarorum virorum epistolae ([1514 und] 1519). – Willibald Pirckheimer: Defensio Reuchlini (1517). – Epistolae obscurorum virorum [2. Teil] (1517). – Philipp Melanchthon: De corrigendis adolescentiae studiis (1518); De Rhetorica, Theologia Institutio (1519). – Joachim von Watt: De poetica et carminis ratione (1518). – Beatus Rhenanus: Tacitus-Kommentar (1519). – Albert Krantz: Vandalia [Druck] (1519); Saxonia [Druck] (1520). – Nicolaus Copernicus: De revolutionibus [älteste Teile des Autographs] (um 1520). – Eccius dedolatus (1520)

D Drucke der Lübecker Mohnkopf-Offizin [1520 Neubearbeitung des Totentanzes von 1489] (1487–1520). – Niklas Manuel: Berner Totentanz (1516/19). – Lienhard Nunnenpeck: Meisterlieder (um 1516/18). – Stettener Predigths. (1516–18). – Pamphilus Gengenbach: Die gouchmat (1516?); Der Nollhart (1517). – Kaiser Maximilian I.: Ehrenpforte [Erstdruck] (1517/18); Theuerdank (redigiert von Melchior Pfinzing) [Erstdruck] (1517). – Hans Sachs: Fastnachtspiele (seit 1517). – Churer Weltgerichtsspiel [Hs.]

(1517). – Martin Luther: Ein Sermon von Ablaß und Gnade (1518); An den christlichen Adel deutscher Nation von des christlichen Standes Besserung, Von der Freiheit eines Christenmenschen (1520). – Ludwig von Eyb d. J.: Turnierbuch (1519). – Thomas Murner: Gäuchmatt (1519); Von der Babylonischen gefengknuß der Kirchen Martin Luthers (Übersetzung von Martin Luther: De captivitate Babylonica ecclesiae), Ein christliche vnd briederliche ermanung zu dem hoch gelerten doctor Martino Luter, Von dem babstenthum, An den Großmechtigsten adel tütscher nation (1520). – Ebstorfer Liederbuch (gegen 1520). – Hermen Bote: De Koker (gegen 1520). – Ulrich von Hutten: Clag und Vormanung gegen dem übermässigen vnchristlichen gewalt des Bapsts zu Rom vnd der vngeistlichen geistlichen von wegen gemeiner beschwernuß vnd auch seiner eigen notturfft in Reymen weyß beschriben (1520)

E John Skelton: Magnificence (um 1516)

Ir Hs. British Library Egerton 1782 (1517)

Bre Iehan an Archer Coz: Melezour ar Marv ⟨Mirouer de la Mort⟩ (1519)

It Ludovico Ariosto: Orlando furioso (1516)

Por Cancioneiro Geral [kompiliert von Garcia de Resende] (1516)

Register-Tabellen zur Literatur

Die Register-Tabellen erschließen die Daten zur Literaturgeschichte. Sie verweisen zu jedem Autor/Werk auf das Entstehungsdatum, so daß sie nicht nur als Register, sondern auch direkt als Auskunftsmittel benutzt werden können. Die einzelnen Abteilungen sind alphabetisch aufgeführt.

Altkirchenslavische Autoren und Texte   Aksl

Klemens (Kliment) von Ohrid: Vita des Konstantin-Kyrill – 869/885

(Vita des) Methodius – E. 9. Jh.

Bretonische Autoren und Texte   Bre

An Dialog etre Arzur Roe d'an Bretounet ha Guynglaff – um 1450

Cartularium von Landévennec – 11. Jh.
Cartularium von Quimperlé – 1120–25
Cartularium von Redon – 8.–11. Jh.

Glossen von Landévennec u. a. – E. 8. Jh.

Iehan an Archer Coz: Melezour ar Marv – 1519
Iehan Lagadeuc: Catholicon – 1464
Ivonet Omnes: Liebeslieder – um 1350

Bulgarische Autoren und Texte   Bul

Evangelium des Zaren Ivan Alexander – 1356

Hrabr der Mönch: O pismeneh – um 900

Joan Exarch: Šestodnev – um 930

Konstantin von Preslav: Učitelnoe evangelie (darin: Azbučna molitva, Istoriki) – 890/893

Manasses-Chronik – 1354

Simeon der Große: Sbornik – um 927

Dänische Autoren und Texte   Dä

Descensus ad inferos (versifizierte Übers.) – um 1325
Dyrerimene – um 1450

Eufemiaviserne – um 1484

Jep Jensen: Den kyske dronnig – 1483

Dä Jyske Lov – 1241

    Karl Magnus Krønike – 1400/20

    Lucidarius – um 1400

    Peder Laales Ordsprog – 1450

    Siæla trøst – um 1425
    Sydrak – 2. H. 15. Jh.

D   Deutsche Autoren und Texte

    Abecedarium Nordmannicum – 1. H. 9. Jh.
    Abrogans – um 750?
    Adelbrecht: Johannes der Täufer – um 1150?
    Adelphus, Johannes (Johannes Adelphus Muling):
        Buch des Lebens – 1505
        Doktor Kaiserspergs Passion – 1514
    Ägidius – um 1160
    Ältere Judith s. Drei Jünglinge im Feuerofen
    Älterer (Ahd.) Physiologus – um 1070
    Ahd. Benediktinerregel – um 820?
    Ahd. Isidor/Monsee – Wiener Fragmente – E. 8. Jh.
    Ahd. Lex Salica – A. 9. Jh.
    Ahd. (Älterer) Physiologus – um 1070
    Ahd. Priestereid – um 800
    Ahd. Psalm 138 – E. 9. Jh.
    Ahd. Segen pro nessia (Aufzeichnung) – um 950
    Alber: Tundalus – um 1190
    Albert von Augsburg: Ulrichsleben – 1187?
    Albrant: Roßarzneibuch – vor 1250?
    Albrecht: Jüngerer Titurel – vor 1272? / vor 1294
    Albrecht von Bardewik:
        Chronik – 1298
        Kodifizierung des lübischen Seerechts – 1299
        Red. des lübischen Rechts (Bardewikscher Kodex) – 1294
    Albrecht von Eyb:
        Ehebüchlein – 1472
        Spiegel der Sitten – 1474
    Albrecht von Halberstadt: Metamorphosen – 1190 oder 1210

Albrecht von Johansdorf: Lyrik – um 1180/1210   D
Albrecht von Kemenaten: Goldemar – vor ca. 1235
Alemann. Vitas patrum
   Verba seniorum – 1. H. 14. Jh.
   Viten-Sammlung – 1. Dr. 14. Jh.
   Nürnberger Bearbeitung – um 1430
(Der Große) Alexander (Wernigeroder Alexander) [Hs.] – 1397
Alpharts Tod – 4. V. 13. Jh.
Alsfelder Passionsspiel (Hs.) – 1501–17
Alt, Georg s. Schedel, Hartmann
Altalemann. Psalmenübers. – um 820?
Altbair. Beichte – A. 9. Jh.
Altbair. (St. Emmeramer) Gebet – A. 9. Jh.
Altdt. Exodus – um 1120?
Altdt. Genesis – um 1060/80?
Altdt. (Pariser) Gespräche – um 900
Althochdeutsch s. Ahd.
Altniederfränk. Psalmen – E. 9. / A. 10. Jh.
Altsächsisch s. As.
(Meister) Altswert: Minnereden – 2. H. 14. Jh.
Altwestfäl. Taufgelöbnis – um 850
Ambraser Heldenbuch – 1504–17
Amorbacher Spiel von Mariae Himmelfahrt (Hs.) – E. 13. Jh.
Anegenge – um 1170/80
Annolied – um 1080
Antonius von Pforr: Buch der Beispiele – vor 1480
Arigo: Decameron-Übers. (Erstdruck) – 1476/77
Armer Hartmann: Rede vom Glauben – um 1140/60
Arnold von Harff: Pilgerbericht – 1498/99?
(Priester) Arnolt: Juliane, Von der Siebenzahl – um 1160?
Arnsteiner Mariengebet – um 1150
Arzenîbuoch Ipocratis – um 1100
As. Beda-Homilie – um 1000
As. Genesis – um 850?
As. Psalmenfragmente – 2. H. 9. Jh.
As. Psalmenkommentar (Gernroder Predigt) – E. 10. Jh.
As. Segen contra vermes (Aufzeichnung) – um 900
Athis und Prophilias – um 1210
Augsburger (Rheinfränk.) Gebet – vor ca. 880
Augsburger Georgsspiel (Hs.) – vor 1486
Augsburger Liederbuch – 1454
Augsburger Stadtbuch – 1276

D Augustin von Hammerstetten: Hystori vom Hirs ... – 1496
(Frau) Ava: Johannes, Leben Jesu, Das Jüngste Gericht – vor 1127?

(Meister) Babiloth: Cronica Allexandri – A. 15. Jh.
(Von der) babylonischen Gefangenschaft – um 1150
(Jüngere) bair. Beichte – um 1000?
Bair. Verba seniorum – um 1400
Bartholomäus – E. 12. Jh.
Basler Plenar des Adam Petri (Erstdruck) – 1514
Basler Rezepte – E. 8. Jh.
Bauernpraktik (Erstdruck) – 1508
Baumgarten geistlicher Herzen – um 1280?
Baumgartenberger, Johannes Baptista – um 1140
(As.) Beda-Homilie – um 1000
Beheim, Michel:
    Buch von der Stadt Triest – um 1464/66
    Buch von den Wienern – 1462/66
    Lyrik – um 1440/74
    Pfälzer Reimchronik – nach 1471
Beichten
    Altbair. Beichte – A. 9. Jh.
    (Jüngere) bair. Beichte – um 1000?
    Fuldaer Beichte (älteste Aufzeichnung) – um 975
    Lorscher Beichte (Aufzeichnung) – 4. V. 9. Jh.
    Mainzer Beichte (Aufzeichnung) – um 950
    Pfälzer Beichte (Aufzeichnung) – 10. Jh.
    Reichenauer Beichte – E. 10. Jh.
    Sächs. Beichte (Aufzeichnung) – E. 10. Jh.
    Vorauer Beichte (Aufzeichnung) – 10. Jh.
Belial-Übertragungen – A. 15. Jh.?
Benediktbeurer Passionsspiel (Hs.) – um 1230
(Ahd.) Benediktinerregel – um 820?
Berliner Liederhs. mgf 922 – 1. V. 15. Jh.
Berliner (rhein.) Osterspiel (Hs.) – 1460
Berliner Weltgerichtsspiel (Hs.) – 1482
Bernauerin-Ballade – nach 1435
Berner Weltgerichtsspiel (Hs.) – 1465
Bernger von Horheim: Lyrik – um 1190/1200
Bernhard von Breidenbach: Pilgerfahrt ins Hl. Land (Erstdruck) – 1486
(Bruder) Berthold (von Freiburg): Rechtssumme (älteste Hs.) – 1390

Berthold von Holle: Demantin, Crâne, Darifant – 3. V. 13. Jh.   **D**
Berthold von Regensburg: Predigten – um 1240–72
Bienensegen
    Lorscher Bienensegen (Aufzeichnung) – 10. Jh.
    Salzburger Bienensegen – um 1000
Bingener Memorienstein mit dt. Inschrift – A. 11. Jh.
Biterolf und Dietleib – um 1250?
Bligger von Steinach: Der Umbehanc, Lyrik – 4. V. 12. Jh.?
Blutsegen
    Straßburger Blutsegen – 11. Jh.
    Trierer Blutsegen (Aufzeichnung) – 10. Jh.
Böhmenschlacht – 1278?
Boner, Ulrich: Der Edelstein – nach 1350/51
Bordesholmer Marienklage (Hs.) – um 1475
Bote, Hermen:
    Boek von veleme rade (Druck) – um 1493
    De Koker – gegen 1520
    Schichtboick – 1510–14
    (1.) Weltchronik – 1493–1502
    (2.) Weltchronik – 1502–18
Bozner Passion – 1495
Brandans Meerfahrt – um 1150
Brant, Sebastian:
    Freidank-Bearbeitung (Erstdruck) – 1508
    Narrenschiff – 1494
      s. auch: Mohnkopf-Offizin
    Überss. aus dem Lat. (u. a. Cato, Facetus) – um 1490
Braunschweiger Stadtrecht – 1227
Braunschweigische Reimchronik – 1279/92
Bruder Rausch (Erstdruck) – um 1488
Brun von Schönebeck: Das Hohe Lied – 1276
Buch der Könige s. Deutschenspiegel
Buch der Märtyrer (Märterbuch) – vor ca. 1270?
Budapester Liederhs. – um 1300
Burggrafen von Regensburg/Riedenburg: Lyrik – um 1160/70?
Burkhart von Hohenfels: Lyrik – um 1210 / vor 1230?
Buschmann, Arnt: Mirakelbericht – 1444

Cambridger Hs. jiddischer Erzählliteratur – 1382/83
(Rheinfränk.) Cantica-Fragmente – um 1000
Carmen ad Deum (Übers.) – um 850
(Hs. der) Carmina Burana (Codex Buranus) – um 1230

D Cato – um 1250
Christherre-Chronik – um 1260/80?
(Von) Christi Geburt – um 1120/40
Christus und die Samariterin – A. 10. Jh.?
Churer Weltgerichtsspiel (Hs.) – 1517
Closener, Fritsche:
    Straßburger Chronik – 1362
    Vokabular – vor 1362?
Colin, Philipp und Claus Wisse: Rappoltsteiner Parzifal – 1331–36
Contra caducum morbem (Epilepsie-Segen) – 11. Jh.
Contra vermes (as. Segen) [Aufzeichnung] – um 900

Damen, Hermann: Lyrik – um 1280/1310
Daniel – um 1331
David von Augsburg: Geistl. Schriften – um 1240?
De Heinrico (lat.-dt.) – um 1000?
Deutschenspiegel (mit Buch der Könige) – vor ca. 1275?
Deutsches salernitanisches Arzneibuch – A. 13. Jh.
Dießenhofener Schwesternbuch – E. 14. Jh.
Dietmar von Aist: Lyrik – um 1160/80?
Dietrichs Flucht – 4. V. 13. Jh.
Dietrich von der Glesse: Der Gürtel – vor 1291
(Des) Dodes Dantz s. Mohnkopf-Offizin
Donaueschinger Liederhs. – 1484/90
Donaueschinger Passionsspiel (Hs.) – 1470/1500
Drei Jünglinge im Feuerofen – 1. Dr. 12. Jh.
Dürer, Albrecht: Kleinere Reimpaargedichte – 1509–10
Dukus Horant (Hs.) – 1382/83

Eberhard von Cersne: Der Minne Regel – 1404
Eberhard von Gandersheim: Gandersheimer Reimchronik – 1216/1217
Ebernand von Erfurt: Heinrich und Kunigunde – um 1220
Ebner, Christine:
    Engelthaler Schwesternbuch – um 1340/46
    Leben und Offenbarungen – 1317–56
Ebner, Margareta: Offenbarungen – 1344–51
Ebstorfer Liederbuch – gegen 1520
Eckenlied – vor ca. 1230
(Meister) Eckhart:
    Buch der göttlichen Tröstung / Vom edlen Menschen – 1318?

D

Granum sinapis (?) – A. 14. Jh.
Predigten – vor 1298–1327
Reden der Unterscheidung – vor 1298
Egen von Bamberg: Klage der Minne, Das Herz – um 1320/40
Eike von Repgow: Sachsenspiegel – um 1225/35
Eilhart von Oberg: Tristrant – um 1175/80?
s. auch: Tristrant und Isalde (Prosa)
Eleonore von Österreich: Pontus und Sidonia – vor 1465
Elhen von Wolfhagen, Tileman: Limburger Chronik – 1377/1378–1402?
Elisabeth von Nassau-Saarbrücken:
   Herpin – um 1430? / vor 1437
   Huge Scheppel – nach 1437
   Loher und Maller – 1437
   Sibille – um 1430? / vor 1437
Elsäss. Legenda aurea – um 1350
Elsbeth von Oye: Offenbarungen – vor 1340
(St.) Emmeramer (altbair.) Gebet – A. 9. Jh.
Engelberger Prediger – um 1350
Epilepsie-Segen (Contra caducum morbem) – 11. Jh.
Erfurter Moralität (Hs.) – 1448
Erlauer Spiele (Hs.) – 1400/40
Erlösung – A. 14. Jh.
Esra und Nehemia – um 1335
Essener Heberolle – 1. H. 10. Jh.
Eulenspiegel-Buch (Erstdruck) – 1510/11
Exhortatio ad plebem christianam – A. 9. Jh.
(Altdt.) Exodus – um 1120?
Ezzos Gesang – 1057/65

Fabri, Felix:
   Pilgerbuch – 1484
   Sionpilger (Sionpilgerin, Geistliche Pilgerfahrt) – 1492
Fichards Liederbuch – 3. V. 15. Jh.
Fleck, Konrad: Cligés (?), Flore und Blanscheflur – um 1220?
Folz, Hans: Meisterlieder, Fastnachtspiele, Erzählungen, Reden – nach ca. 1470? – um 1500?
Fortunatus (Erstdruck) – 1509
Fränk. Gebet – A. 9. Jh.
Fränk. Taufgelöbnis – A. 9. Jh.
(Der) Frankfurter: Theologia Deutsch – E. 14. Jh.?
Frankfurter, Philipp: Der Pfarrer vom Kahlenberg – um 1470

D Frankfurter Passionsspiel
    Älteres Frankfurter Passionsspiel (mit Dirigierrolle) – um 1315/1345
    Hs. des jüngeren Frankfurter Passionsspiels – 1493
Frauenlob (Heinrich von Meißen): Lyrik – um 1280/1318
Freckenhorster Heberolle – 2. H. 11. Jh.
Freidank: Sprüche (»Bescheidenheit«) – um 1215–33
Freisinger Gebete – um 900
Freisinger Paternoster – um 800?
Friedberger Christ und Antichrist – um 1120/30
Friedrich von Hausen: Lyrik – um 1170–90
Friedrich von Schwaben – nach 1314?
Friedrich von Sonnenburg: Lyrik – 3. V. 13. Jh.
Fröschel von Leidnitz: Belauschtes Liebesgespräch, Liebesprobe, Prozeß im Himmel – um 1400?
Fuetrer, Ulrich:
    Bayer. Chronik – 1478–81
    Buch der Abenteuer
        1. Buch – 1473–78
        2. Buch – 1478–81
    Lanzelot
        Prosa-Version – um 1467
        stroph. Version – vor 1484–1487
Fuldaer Beichte (älteste Aufzeichnung) – um 975

(St.) Galler Himmelfahrtsspiel (Hs.) – A. 15. Jh.
(St.) Galler Hs. 857 – 2. Dr. 13. Jh.
(St.) Galler Marienklage (Hs.) – A. 15. Jh.
(St.) Galler (mittelrhein.) Passionsspiel (Hs.) – 1. H. 14. Jh.
(St.) Galler Paternoster und Credo – E. 8. Jh.
(St.) Galler Schreibervers – um 850
(St.) Galler Schularbeit – 1. H. 11. Jh.
(St.) Galler Spottvers – E. 9. Jh.
(St.) Galler Weihnachtsspiel (Hs.) – 1437/50
Gart der Gesundheit (Erstdruck) – 1485
Gebete
    Altbair. (St. Emmeramer) Gebet – A. 9. Jh.
    Arnsteiner Mariengebet – um 1150
    Augsburger (Rheinfränk.) Gebet – vor ca. 880
    Fränk. Gebet – A. 9. Jh.
    Freisinger Gebete – um 900
    Großes Gebet der Eidgenossen – A. 15. Jh.

    Klagenfurter Gebete – um 1150? **D**
    Otlohs Gebet – um 1067
    Rheinauer Gebete – A. 12. Jh.
    Uppsalaer Frauengebete (Wien-Uppsalaer Gebetbuch) – A.13. Jh.
    Wessobrunner Gebet und Schöpfungsgedicht – um 800?
    s. auch: Paternoster
Geiler von Kaysersberg, Johannes:
    Doctor Keyserspergs Trostspiegel – 1499
    Predigten – 1479–1510
        Narrenschiff-Predigten – 1498–99
    Todtenbüchlein – 1481?
Geißlerlieder – 1349
Genesis
    Altdt. Genesis – um 1060/80?
    As. Genesis – um 850?
Gengenbach, Pamphilus:
    Der alt Eydgnoß – 1514
    Die gouchmat – 1516?
    Der Nollhart – 1517
    Die X alter dyser welt – 1515
Georg von Nürnberg: Sprachbuch – A. 15. Jh.
(St.) Georgener Prediger – vor ca. 1250
Georgslied – E. 9. Jh.
Gerhard von Minden: Wolfenbütteler Äsop – 1370?
Gernroder Predigt (As. Psalmenkommentar) – E. 10. Jh.
Glogauer Liederbuch – um 1480
Göttweiger Trojanerkrieg – um 1280
Gottesfreund vom Oberland s. Merswin, Rulman
(Von) Gottes Gewalt – 1. Dr. 12. Jh.
Gottfried von Franken: Pelzbuch (dt. Fassungen) – nach ca. 1350
Gottfried von Neifen: Lyrik – vor 1235 / um 1255?
Gottfried von Straßburg: Tristan und Isold – um 1210
Graf Rudolf – um 1185
Granum sinapis (von Meister Eckhart?) – A. 14. Jh.
Groß, Erhart:
    Grisardis – 1432
    Laiendoctrinal – 1443
Große Heidelberger Liederhs. C (Manesse-Codex) – 1. Dr. 14. Jh.
Großer Alexander (Wernigeroder Alexander) [Hs.] – 1397
Großes Gebet der Eidgenossen – A. 15. Jh.
Grünenberg, Konrad: Wappenbuch – 1483
Güssinger Weltgerichtsspiel (Hs.) – um 1500?

D Gundacker von Judenburg: Christi Hort – E. 13. Jh.
Gute Frau – um 1230?

Hadamar von Laber: Die Jagd – 2. V. 14. Jh.
Hadlaub, Johannes: Lyrik – um 1290/1310
(Liederbuch der Klara) Hätzlerin – 1471
Hagen, Gottfried: Reimchronik der Stadt Köln – 1270
Haller, Heinrich: Predigten, Belehrungen und Beobachtungen,
    Erbauungsschriften – 1464–73
Hamburger Jüngstes Gericht – vor ca. 1150?
Hammelburger Markbeschreibung – 777
(Bruder) Hans: Marienlieder – nach 1391
Hans von Bühel:
    Dyocletianus Leben – 1412
    Königstochter von Frankreich – 1400
Harder, Konrad: Reimpaar-Reden und Lieder – 2. H. 14. Jh.
Hartlieb, Johannes:
    Alexander – nach 1450
    Brandan – 1457?
    Buch aller verbotenen Kunst – 1455/56
    Buch von warmen Bädern – 1467
    Chiromantie – 1448
    Kräuterbuch – 1436/45
    Kunst der Gedächtnüß – 1432?
    Mondwahrsagebuch – um 1432/35
    Namenmantik – um 1438/39
    Übersetzungen
        Andreas Capellanus: De amore – 1440
        Caesarius von Heisterbach: Dialogus miraculorum – nach 1456
        Secreta mulierum / Trotula – nach 1465
Hartmann von Aue:
    Armer Heinrich – um 1190/1200
    Erec – um 1180
    Gregorius – um 1190/1200
    Iwein – um 1190/1200
    Klage – um 1180
    Lyrik – um 1180/1200
Hartwig von Erfurt: Predigten – um 1320/40
Hausbuch des Michael de Leone – 1347–54
Heidelberger Kleinepik-Hs. (H) – um 1320/30
Heidelberger Liederhss.
    Große Heidelberger Liederhs. C (Manesse-Codex) – 1. Dr. 14. Jh.

Kleine Heidelberger Liederhs. A – um 1275? **D**
Heidelberger Passionsspiel (Hs.) – 1514
(Der) Heiligen Leben – um 1390
Heilige Regel für ein vollkommenes Leben – um 1250
Heimlicher Bote – um 1170/80
Heinrich: Litanei – um 1160
Heinrich: Reinhart Fuchs – nach 1192?
(Kaiser) Heinrich VI.: Lyrik – um 1190
Heinrich von Beringen: Schachbuch, Lyrik – um 1330/50?
Heinrich von Freiberg:
    Forts. von Gottfrieds Tristan – um 1280
    Johann von Michelsberg (Die Ritterfahrt) – um 1295?
    Legende vom heiligen Kreuz – um 1280?
Heinrich von St. Gallen (?): Extendit manum-Passionstraktat – um 1400
Heinrich von Hesler: Apokalypse, Erlösung, Evangelium Nicodemi – vor ca. 1260?
Heinrich von Kröllwitz: Vaterunser – 1252–55
Heinrich von Lammesspringe (?): Magdeburger Schöppenchronik – nach 1360–1372
Heinrich von Langenstein (?): Erkenntnis der Sünde – um 1390
Heinrich von Meißen (Frauenlob): Lyrik – um 1280/1318
(sog.) Heinrich von Melk:
    Erinnerung an den Tod – um 1160/80
    s. auch: Priesterleben
Heinrich von Morungen: Lyrik – um 1190/1220
Heinrich von Mügeln:
    Lyrik – um 1350/80
    Der meide kranz – nach 1355
    Valerius-Maximus-Auslegung – 1369
(sog.) Heinrich von München: Weltchronik – um 1380?
Heinrich von Neustadt: Appolonius von Tyrland, Von Gottes Zukunft, Visio Philiberti – um 1300?
Heinrich von Rugge: Lyrik – um 1180 / nach 1190
Heinrich der Teichner: Reimpaargedichte – um 1350/65
Heinrich von dem Türlin:
    Die Krone – nach ca. 1225?
    Der Mantel – vor ca. 1225?
Heinrich von Veldeke:
    Eneas-Roman – um 1170–74? (Torso) und um 1185 (Abschluß)
    Lyrik – um 1165/85?
    Servatius – um 1165/70

D Heldenbuch (»Straßburger Heldenbuch«) [Erstdruck] – 1479
Heliand – vor 840?
Henselin (Fastnachtspiel) s. Mohnkopf-Offizin
Herbort von Fritzlar:
    Liet von Troye – nach 1190
    Pilatus (?) – A. 13. Jh.?
(Spiel von) Herbst und Mai – um 1350?
Herger-Spervogel: Lyrik – um 1170/90?
(Bruder) Hermann: Jolande von Vianden – um 1285
Hermann von Fritzlar: Heiligenleben – 1343–49
Hermann von Sachsenheim:
    Der goldene Tempel – 1455
    Die Grasmetze – um 1455
    Die Mörin – 1453
    Das Schleiertüchlein – um 1455
    Der Spiegel – um 1452
    Die Unminne – um 1455
Herrand von Wildonie: Verserzählungen, Lyrik (?) – 3. V. 13. Jh.
Herzog Ernst
    A – um 1160/70?
    B – um 1208/09?
    D – um 1290?
Heselloher, Hans: Lieder – um 1450/80
Hess. Weihnachtsspiel (Hs.) – um 1450/60
Hildebrandslied (Aufzeichnung) – um 830/840
Hildegard von Hürnheim: Secreta secretorum (Übers.) – 1282
Himelrîche – um 1180/90?
Himmelgartner Passionsspiel (Hs.) – um 1250?
Himmlisches Jerusalem – um 1140
Hiob – 1338
Hirsch und Hinde – E. 10. Jh.
Historien der alden E – nach 1338?
Hochzeit – um 1160
Hohenfurter Liederbuch – um 1450
Hürnen Seifried – um 1500?
Hugo von Langenstein: Martina – 1293
Hugo von Montfort: Lyrik – um 1390–1423
Hugo von Trimberg: Der Renner – nach 1290?
Hundesegen
    Trierer Hundesegen (Aufzeichnung) – 10. Jh.
    Wiener Hundesegen (Aufzeichnung) – 10. Jh.
(sog.) Hussitenkriegs-Ingenieur – um 1420/30?

Hutten, Ulrich von: Clag und Vormanung ... – 1520   D
Immessen, Arnold: Spiel vom Sündenfall – um 1480
(Meister) Ingold: Guldîn spil – 1432
Innsbrucker Arzneibuch – um 1100?
Innsbrucker (Prüler) Kräuterbuch – um 1100?
Innsbrucker Spiele (Hs.) – 1391
(Ahd.) Isidor/Monsee-Wiener Fragmente – E. 8. Jh.

Jacobus a Voragine s. Elsäss. Legenda aurea
Jans (Jansen Enikel):
    Weltchronik, Fürstenbuch – nach 1277
Jenaer Liederhs. – um 1330/40
Johann von Bopfingen: Lyrik – 3. V. 14. Jh.
Johannes von Buch:
    Glosse zum Landrecht des Sachsenspiegels – um 1325
    Richtsteig Landrechts – um 1335
Johannes von Inderdorf: Von dreierlei Wesen der Menschen – 1440
Johann von Konstanz: Minnelehre – um 1300
Johann von Neumarkt:
    Buch der Liebkosung – 1357/63
    Hieronymus-Briefe – 1371/75
    Übers. des Stimulus amoris (B) [?] – um 1380
Johann von Schwarzenberg: Bambergische Peinliche Halsgerichtsordnung – 1507
Johann von Soest:
    Die Kinder von Limburg – 1480
    Lebensbeschreibung – um 1505
Johannes von Tepl: Der Ackermann aus Böhmen – 1401?
Johann von Würzburg: Wilhelm von Österreich – 1314
    s. auch: Wilhelm von Österreich (Prosa)
Jos von Pfullendorf:
    Buch mit den farbigen Tuchblättern der Beatrix von Inzighofen – um 1430
    Fuchsfalle – 1427
    Rottweiler Hofgerichtsordnung – 1430?
Josep: Sündenspiegel – um 1430/50
Judith
    Ältere Judith – 1. Dr. 12. Jh.
    Jüngere Judith – um 1140?
Jüngere bair. Beichte – um 1000?
Jüngerer Physiologus – um 1120
Jutisch Lowbok – E. 14. Jh.

D Kaiserchronik – um 1140/50?
Kalocsaer Kleinepik-Hs. (K) – um 1320/30
Kalteisen, Heinrich: Basler Klosterpredigten – 1434
Karl und Elegast – 1354?
Karl und Galie – um 1215/20
Karlmeinet-Kompilation – um 1320/40
Kasseler Glossen (Gesprächsbüchlein) – 1. V. 9. Jh.
(Weißenburger) Katechismus – A. 9. Jh.
Kaufringer, Heinrich: Verserzählungen – um 1400
Kettner, Fritz: Meisterlieder – E. 14. / A. 15. Jh.
Kistener, Kunz: Die Jakobsbrüder – 3. V. 14. Jh.
Klagenfurter Gebete – um 1150?
Klagspiegel – um 1425
Kleine Heidelberger Liederhs. A – um 1275?
Kloster der Minne – um 1335
Klosterneuburger Evangelienwerk – 1330
Klosterneuburger Osterspiel (dt. Einsprengsel in lat. Text) – A. 13. Jh.
Köditz, Friedrich: Leben des Landgrafen Ludwigs IV. von Thüringen – um 1320/30
(Tanzlied von) Kölbigk (nur lat. überliefert) – um 1020
Koelhoffsche Chronik – 1499
Kölner Bibliotheksinschrift – um 860?
König vom Odenwald: Reimpaargedichte – um 1348/54
König Rother – um 1160/70
König Tirol – um 1250?
Königsteiner Liederbuch – um 1471/72
Kolmarer Liederhs. – um 1459/62
(Pfaffe) Konrad: Rolandslied – 1172?
(Priester) Konrad: Predigtbuch – um 1180
Konrad von Ammenhausen: Schachzabelbuch – 1337
Konrad von Fußesbrunnen: Kindheit Jesu – um 1200
Konrad von Haslau: Der Jüngling – um 1280?
Konrad von Heimesfurt: Mariae Himmelfahrt, Urstende – um 1205/10?
Konrad von Megenberg:
  Buch der Natur
    Fassung I – vor 1350
    Fassung II – 1358/62
  Deutsche Sphaera – vor 1350
Konrad von Würzburg:
  Alexius – 1273/87?

D

    Engelhard – vor 1260?
    Goldene Schmiede – 1273/87?
    Heinrich von Kempten – 1261/77
    Herzmaere – vor 1260?
    Klage der Kunst – um 1255/87?
    Lyrik – um 1255/87?
    Pantaleon – 1277/87?
    Partonopier und Meliur – 1277?
    Schwanritter – 1257/58?
    Silvester – 1260/74?
    Trojanerkrieg – 1281/87
    Turnei von Nantes – 1257/58?
    Der Welt Lohn – vor 1260?
Konstanzer (Schwäb.) Weihnachtsspiel – um 1420
Kopenhagener Weltgerichtsspiel (Hs.) – 2. V. 15. Jh.
Kottanner, Helene: Erinnerungen – nach 1442
Kranc, Klaus: Propheten – 1347/59
Kreuzfahrt Landgraf Ludwigs des Frommen – 1301
Kuchimaister, Christian: Nüwe Casus Monasterii Sancti Galli – 1335
Kudrun – 2. Dr. 13. Jh.?
Künig von Vach, Hermann: Sant Jacobs Straß – 1495
Künzelsauer Fronleichnamsspiel (1. Schicht der Hs.) – 1479
Kürenberger: Lyrik – um 1160/70?

(Pfaffe) Lambrecht:
    Alexander – um 1150/60
    Tobias – um 1140/50
Lamprecht von Regensburg:
    Sanct Francisken leben – um 1238
    Tochter Syon – 1246/52
(Prosa-)Lancelot – vor ca. 1250?
Langmann, Adelheid: Offenbarungen – 1330–44
Laufenberg, Heinrich:
    Buch der Figuren – 1441
    geistl. Lieder – um 1413/60
    Regimen – 1429
    Spiegel menschlichen Heils – 1437
Laurin – 2. V. 13. Jh.?
Leben Jesu (Leven van Jezus) – um 1280/1300
Lecküchner, Hans: Messerfechtlehre
    1. Fassung – 1478
    2. Fassung – 1482

D Leipziger Äsop – nach 1419
Lesch, Albrecht: Meisterlieder – um 1372/94?
(Ahd.) Lex Salica – A. 9. Jh.
Lichtentaler Marienklage (Hs.)
Liechtenauer, Johannes: Fechtbuch (älteste Hs.) – 1389
Liederbücher
    Ebstorfer Liederbuch – gegen 1520
    Fichards Liederbuch – 3. V. 15. Jh.
    Glogauer Liederbuch – um 1480
    Liederbuch der Klara Hätzlerin – 1471
    Hohenfurter Liederbuch – um 1450
    Königsteiner Liederbuch – um 1471/72
    Lochamer-Liederbuch – 1451–55
    Öglins Liederbuch – 1512
    Rostocker Liederbuch – um 1470/90
    Schedels Liederbuch – um 1460–67
    Wienhäuser Liederbuch (Nachträge) – A. 16. Jh.
Liederhss.
    Berliner Liederhs. mgf 922 – 1. V. 15. Jh.
    Budapester Liederhs. – um 1300
    Donaueschinger Liederhs. – 1484/90
    (Große) Heidelberger Liederhs. C (Manesse-Codex) – 1. Dr. 14. Jh.
    (Kleine) Heidelberger Liederhs. A – um 1275?
    Jenaer Liederhs. – um 1330/40
    Kolmarer Liederhs. – um 1459/62
    Mondsee-Wiener Liederhs. – um 1455/70
    Weimarer Liederhs. – 3. V. 15. Jh.
    Weingartner Liederhs. B – 1. V. 14. Jh.
Liedersaal-Hs. – um 1433
Lilie (Hs.) – vor ca. 1280
Linzer Entecrist – um 1170
Lirer-Chronik (Erstdruck) – 1485/86
Livländische Reimchronik – nach 1290
Lob Salomonis – 1. Dr. 12. Jh.
Lochamer-Liederbuch – 1451–55
Lohengrin – um 1285
Lorscher Beichte (Aufzeichnung) – 4. V. 9. Jh.
Lorscher Bienensegen (Aufzeichnung) – 10. Jh.
Lossesche Liedersammlung – um 1340
Lübecker Mohnkopf-Offizin s. Mohnkopf-Offizin
Lübecker Totentanz – 1463
    s. auch: Mohnkopf-Offizin

Lucidarius – um 1190/95 **D**
Luder von Braunschweig (?): Makkabäer – um 1320?
Ludwig von Eyb d. J.:
   Geschichten und Taten Wilwolts von Schaumberg – 1507
   Kriegsbuch – 1500
   Turnierbuch – 1519
Ludwigslied – 881/882
Luther, Martin:
   An den christlichen Adel deutscher Nation ... – 1520
   Von der Freiheit eines Christenmenschen – 1520
   Ein Sermon von Ablaß und Gnade – 1518
   s. auch: Murner, Thomas
Lutwin: Adam und Eva – A. 14. Jh.?

Märterbuch (Buch der Märtyrer) – vor ca. 1270?
Mai und Beaflor – um 1270/80?
Maier, Martin: Der Ritter aus der Steiermark – 1507
Mainzer Beichte (Aufzeichnung) – um 950
Mainzer Reichslandfriede – 1235
Mair von Nördlingen, Hans: Buch von Troja – 1390/92
Malagis – um 1460/80
Malbergische Glossen in Hs. A2 der Lex Salica (älteste Überlieferung) – 751/768
Manesse-Codex (Große Heidelberger Liederhs. C) – 1. Dr. 14. Jh.
Manuel, Niklas: Berner Totentanz – 1516/19
(Rhein.) Marienlob – um 1230?
Mariensequenz aus Muri – um 1180/90
Mariensequenz aus Seckau – um 1160/70
Marienwerder, Johannes: Leben der zeligen vrouwen Dorothea – vor 1404
Marner: Lyrik – um 1230/70
Marquard von Lindau: theolog. Schriften, Predigten – um 1370/1390
Marquart von Stein: Der Ritter vom Turm (Erstdruck) – 1493
Martin von Amberg: Gewissensspiegel – 1371/82
Matthias von Kemnat: Chronik – um 1460/75
(Kaiser) Maximilian I.:
   Ehrenpforte (Erstdruck) – 1517/18
   Freydal – seit A. 16. Jh.
   Theuerdank (redigiert von Melchior Pfinzing) – seit A. 16. Jh. (Erstdruck 1517)
   Weißkunig (redigiert von Marx Treitzsauerwein) – seit A. 16. Jh.

D Mechthild von Magdeburg: Das fließende Licht der Gottheit
  Bücher I–V – vor 1260
  Buch VI – um 1260/71
  Buch VII – um 1271/82
Meinloh von Sevelingen: Lyrik – um 1160/70?
Meißner: Lyrik – um 1270/1300
Meisterlin, Sigismund:
  Augsburger Chronik – 1457
  Nieronbergensis cronica (dt. Fassung) – 1488
Melker Marienlied – um 1130 oder um 1140/60?
Mennel, Jakob: Fürstliche Chronik – 1512–17
Mentelin-Bibel – 1466
Merigarto – um 1070
Merseburger Zaubersprüche (Aufzeichnung) – um 950
Merswin, Rulman: Myst. Schriften / Schriften des »Gottesfreunds vom Oberland« – um 1350/80
  Bannerbüchlein – um 1350/80
  Büchlein von den Vier Jahren des anfangenden Lebens – 1352
  Neunfelsenbuch – 1352
(Hausbuch des) Michael de Leone – 1347–54
Millstätter Physiologus – um 1120/30
Millstätter Psalter – um 1200
Millstätter Sündenklage – um 1130
Minneburg – 2. V. 14. Jh.
Mittelfränk. Reimbibel – um 1100/20
Mittelrhein. (St. Galler) Passionsspiel (Hs.) – 1. H. 14. Jh.
Mönch von Heilsbronn: Buch von den sechs Namen des Fronleichnams, Buch der Sieben Grade – vor 1346
Mönch von Salzburg: Lyrik – 3. Dr. 14. Jh.
(Drucke der Lübecker) Mohnkopf-Offizin – 1487–1520
  Henselin – 1497/1500
  Mohnkopf-Plenar – 1492
  Narrenschyp – 1497
  Reynke de vos – 1498
  Salter to dude – 1493
  Speygel der Leyen – 1496
  Totentanz (Des Dodes Dantz) – 1489, 1496, 1520
Mondsee-Wiener Liederhs. – um 1455/70
Morant und Galie – um 1220/30
Moriz von Craûn – nach 1210/15?
Mühlhäuser Reichsrechtsbuch – vor 1231
Münchner Eigengerichtsspiel (Druck) – 1510

Münchner Weltgerichtsspiel (Aufführung) – 1510 D
Mulberg, Johannes: Predigten in Straßburg – 1404/05
Muling, Johannes s. Adelphus, Johannes
Murbacher Glossar – um 800
Murbacher Hymnen – um 820?
Murner, Thomas:
    An den Großmechtigsten adel tütscher nation – 1520
    Ein andechtig geistliche Badenfart – 1514
    Ein christliche vnd briederliche ermanung zu dem hoch gelerten
        doctor Martino Luter – 1520
    Gäuchmatt – 1519
    Mühle von Schwindelsheim – 1515
    Narrenbeschwörung – 1512
    Schelmenzunft – 1512
    Überss.
        Martin Luther: De captivitate Babylonica ecclesiae (Von der
            Babylonischen gefengknuß der Kirchen) – 1520
        Vergil: Aeneis – 1515
    Von dem babstenthum – 1520
Muskatblut: Lyrik – um 1415/38
Muspilli – vor 876?

Nachtigall, Kunz: Meisterlieder – um 1440/80
Neidhart (von Reuental): Lyrik – um 1210/40
Neidhart Fuchs (Erstdruck) – 1491/1500
Neidhartspiele
    Großes Neidhartspiel – um 1430?
    Kleines (Nürnberger) Neidhartspiel – 1479 aufgeführt?
    St. Pauler Neidhartspiel – um 1350?
Neithart, Hans: Übers. von Terenz: Eunuchus (Druck) – 1486
Neue Ee – um 1400
Nibelungenlied und Nibelungenklage – 1191/1204
Nider, Johannes: Die 24 goldenen Harfen – 1428?
Niklas von Wyle:
    Colores rhetoricales – 1464/69
    Translatzen – 1461–78
Niklashauser Fahrt – 1476
Nikolaus von Jeroschin: Kronike von Pruzinlant – um 1335
Noker: Memento mori – E. 11. Jh.
Notker III. von St. Gallen (Notker Labeo/Teutonicus): dt. und lat.-
    dt. Schriften, Überss. und Erläuterungen – um 980? – 1022
Nürnberger (Kleines) Neidhartspiel – 1479 aufgeführt?

D Nunnenpeck, Lienhard: Meisterlieder – um 1516/18
(Dat) nuwe Boich – 1396

Oberrheinischer Revolutionär – um 1509
Öglins Liederbuch – 1512
Österreicher, Heinrich: Columella-Übers. – 1491
Öttinger, Konrad: Lied gegen die Hussiten – 1420/21
Ogier von Dänemark – um 1460/80
Orendel – 4. V. 12. Jh.?
   s. auch: Otmar, Johann
Ortnit – um 1230
Ortolf von Baierland: Arzneibuch – um 1280
Osnabrücker Osterspiel (Hs.) – um 1500
Osterspiel von Muri (Hs.) – um 1260
Oswald
   Münchner Oswald – 4. V. 12. Jh.?
   Wiener Oswald – um 1325
Oswald von Wolkenstein: Lyrik – E. 14. Jh. – 1445
Otfrid von Weißenburg: Evangelienbuch – 863/871
Otlohs Gebet – um 1067
Otmar, Johann: Prosafassung des Orendel – 1512
Ott (der Jude): Ringbuch – vor 1443
Otte: Eraclius – A. 13. Jh.?
Otto von Botenlauben: Lyrik – A. 13. Jh.
Otto von Diemeringen: Übers. von Mandevilles Voyages – um 1380
Otto II. von Freising: Laubacher Barlaam – um 1200?
Otto von Passau: Die 24 Alten – 1386?
Ottokar von Steiermark: Reimchronik – um 1301/19
Overstolz, Werner: Overstolzbuch – 1446

Paderborner Psalterfragment – um 950
Paradisus animae-Übers. (»sünde«-Version) – A. 14. Jh.
Paradisus animae intelligentis – nach 1340
Paris und Vienna (Erstdruck) – 1488
Pariser (Altdt.) Gespräche – um 900
Pariser Pferdesegen – 11. Jh.
Pariser Segen gegen das Überbein – 11. Jh.
Passional – 4. V. 13. Jh.
Paternoster
   Freisinger Paternoster – um 800?
   St. Galler Paternoster und Credo – E. 8. Jh.
(St.) Pauler Glossar – um 800

(St.) Pauler Neidhartspiel – um 1350?
Peter von Merode: Pilgerfahrt des träumenden Mönchs – 1430?
Petrarca, Francesco: De remediis utriusque fortune (anonyme Übers.) – A. 15. Jh.?
(Basler Plenar des Adam) Petri (Erstdruck) – 1514
Petruslied (Aufzeichnung) – um 900
Peuntner, Thomas:
  Büchlein von der Liebhabung Gottes
    1. Fassung – 1428
    2. Fassung – 1433
  Christenlehre – um 1435
  Kunst des heilsamen Sterbens – um 1435
Pfälzer Beichte (Aufzeichnung) – 10. Jh.
Pfarrer zu dem Hechte: Schachbuch – 1355
Pferdesegen
  Pariser Pferdesegen – 11. Jh.
  Trierer Pferdesegen (Aufzeichnung) – 10. Jh.
Pfinzing, Melchior s. Maximilian I.
(Bruder) Philipp: Marienleben – A. 14. Jh.
Philipp von Seldeneck: Kriegsbuch – E. 15. Jh.
Physiologus
  Älterer (Ahd.) Physiologus – um 1070
  Jüngerer Physiologus – um 1120
  Millstätter Physiologus – um 1120/30
Pilatus (von Herbort von Fritzlar?) – A. 13. Jh.?
Pilgerfahrt des träumenden Mönchs (Berleburger Versübers.) – A. 15. Jh.?
  s. auch: Peter von Merode
Pleier: Garel vom blühenden Tal, Tandareis und Flordibel, Meleranz – vor ca. 1270?
(Ahd.) Priestereid – um 800
(Vom) Priesterleben (vom sog. Heinrich von Melk?) – um 1160/80
Pro nessia (ahd. Segen) [Aufzeichnung] – um 950
Prüler (Innsbrucker) Kräuterbuch – um 1100?
Prüler Steinbuch – um 1100?
Psalmen/Psalter
  Ahd. Psalm 138 – E. 9. Jh.
  Altalemann. Psalmenübers. – um 820?
  Altniederfränk. Psalmen – E. 9. / A. 10. Jh.
  As. Psalmenfragmente – 2. H. 9. Jh.
  As. Psalmenkommentar (Gernroder Predigt) – E. 10. Jh.
  Millstätter Psalter – um 1200

D Paderborner Psalterfragment – um 950
Rheinfränk. Psalterübers. – um 900
Salter to dude – 1493
Trierer Psalter – um 1200
Windberger Psalter – 1174?
Wolfenbütteler Psalter – um 1200
s. auch: Notker III. von St. Gallen
Püterich von Reichertshausen, Jakob: Ehrenbrief – 1462
Putsch, Ulrich: Das liecht der sel (Lumen animae) – 1426

Rabenschlacht – 4. V. 13. Jh.
Raber, Vigil: Sammlung und Bearbeitung geistlicher und weltlicher
 Spiele – seit 1510?
Raminger, Hans: Reimpaarsprüche – um 1450?
Ratpert von St. Gallen: Galluslied – vor 884
(Vom) Recht – um 1140
Rechtsabecedar der 2200 Artikel – vor ca. 1450
Rede von den 15 Graden (Hs.) – vor ca. 1280
Redentiner Osterspiel (Hs.) – 1464
Reformatio Friderici – 1442
Reformatio Sigismundi – 1439
Regenbogen: Lyrik – um 1290/1320
Regiomontanus, Johannes: Dt. Kalender (Erstdruck) – 1474
Reichenauer Beichte – E. 10. Jh.
Reichenauer Glossar – um 800
(Mittelfränk.) Reimbibel – um 1100/20
Reinbot von Durne: Der heilige Georg – 1231/53
Reinfried von Braunschweig – nach 1291
Reinmar der Alte: Lyrik – um 1190/1210
Reinmar von Zweter: Lyrik – um 1230/50
Reinolt von Montalban – um 1460/80
Revaler Totentanz – um 1500?
Reynke de vos s. Mohnkopf-Offizin
Rheinauer Gebete – A. 12. Jh.
Rheinauer Paulus – um 1130/40
Rheinfränk. Cantica-Fragmente – um 1000
Rheinfränk. (Augsburger) Gebet – vor ca. 880
Rheinfränk. Psalterübers. – um 900
Rheinisches Marienlob – um 1230?
Rheinisches (Berliner) Osterspiel (Hs.) – 1460
Richental, Ulrich: Chronik des Konzils zu Konstanz – um 1420/30
Rittersitte – vor ca. 1150

Rößlin d. Ä., Eucharius: Der schwangeren Frauen und Hebammen D
  Rosengarten (Erstdruck) – 1513
Roritzer, Matthäus: Puechlen der fialen gerechtigkeit (Druck) – 1486
Rosengarten von Worms – 2. V. 13. Jh.?
Rosenplüt, Hans: Verserzählungen und -reden, Meisterlieder, Priameln, Fastnachtspiele – um 1425–60
Rossauer Tischzucht (Hs.) – 1344
Rostocker Liederbuch – um 1470/90
Rothe, Johannes:
  Eisenacher Chroniken – nach 1414
  Fürstenratgeber – 1384/97?
  Geistliche Brustspange – um 1430?
  Lob der Keuschheit – um 1380/90?
  Passion – um 1430?
  Ratsgedichte – 1384/97?
  Rechtsbücher – 1384/97?
  Ritterspiegel – um 1415
  Thüring. Landeschronik – 1407–18
  Thüring. Weltchronik – 1421
Rotlev-Bibel – um 1375
Rudolf von Ems:
  Alexander – vor ca. 1235 (I) und um 1240/54 (II)?
  Barlaam und Josaphat – um 1225
  Der gute Gerhard – um 1210/20
  Weltchronik – um 1250/54
  Willehalm von Orlens – um 1235/40
Rudolf von Fenis: Lyrik – um 1180/90
Rudolf von Rotenburg: Lyrik – um 1220/50?
Rumelant von Sachsen: Lyrik – um 1270/90
Runtingerbuch – 1383–1407

Sachs, Hans:
  Fastnachtspiele – seit 1517
  Meisterlieder – seit 1513
  Spruchdichtung – seit 1515
Sächs. Beichte (Aufzeichnung) – E. 10. Jh.
Sächs. Taufgelöbnis – E. 8. Jh.
Sächs. Weltchronik – nach 1230 oder um 1270?
Sälden Hort – E. 13. Jh.
Salman und Morolf – 4. V. 12. Jh.
Salomon und Markolf

D Spruchgedicht – 3. V. 14. Jh.?
»Volksbuch« – um 1450
Salter to dude s. Mohnkopf-Offizin
Salzburger Bienensegen – um 1000
Samanunga worto – um 790/800
Schedel, Hartmann: Weltchronik (dt. Fassung von Georg Alt) – 1493
Schedels Liederbuch – um 1460–67
Schernberg, Dietrich: Spiel mit Frau Jutten – 1480?
Schilling, Diebold d. Ä.: Amtliche Berner Chronik – 1483 vollendet
Schilling, Diebold d. J.: Schweizer Chronik – 1513 vollendet
Schiltberger, Hans: Reisebuch – nach 1427
Schlacht bei Göllheim – 1298
Schlüsselfelder, Heinrich (?): Fiori di Virtù-Übers. – 1468
Schmieher, Peter: Kleinere Reimpaardichtungen – um 1420/30
Schneider, Hans: Kleinere Reimpaardichtungen – um 1470–1513
Schondoch: Der Litauer, Die Königin von Frankreich – 1365/1402
Schulmeister von Eßlingen: Lyrik – um 1270/90
Schwabenspiegel (mit Buch der Könige alter und niuwer ê) – um 1270
Schwäb. (Konstanzer) Weihnachtsspiel – um 1420
Schwarzwälder Prediger – um 1280
Schweizer Anonymus: Verserzählungen – um 1415/60
Schwester Katrei – um 1320
Seelengärtlein (Erstdruck) – 1501
(Der große) Seelentrost – vor ca. 1350?
Segen
    Ahd. Segen pro nessia (Aufzeichnung) – um 950
    As. Segen contra vermes (Aufzeichnung) – um 900
    Epilepsie-Segen (Contra caducum morbem) – 11. Jh.
    Lorscher Bienensegen (Aufzeichnung) – 10. Jh.
    Pariser Pferdesegen – 11. Jh.
    Pariser Segen gegen das Überbein – 11. Jh.
    Salzburger Bienensegen – um 1000
    Straßburger Blutsegen – 11. Jh.
    Trierer Blutsegen (Aufzeichnung) – 10. Jh.
    Trierer Hundesegen (Aufzeichnung) – 10. Jh.
    Trierer Pferdesegen (Aufzeichnung) – 10. Jh.
    Tierer Teufelssprüche (Aufzeichnung) – E. 9. Jh. und 11. Jh.
    Wiener Hundesegen (Aufzeichnung) – 10. Jh.
    Zürcher Hausbesegnung – 11. Jh.
»Seifried Helbling«-Gedichte – um 1282/99

Seifrit: Alexander – 1352 D
(Obdt.) Servatius – um 1190
Seuse, Heinrich:
    Autobiographie – um 1360
    Büchlein der ewigen Weisheit – um 1330
    Büchlein der Wahrheit – um 1327
    »Exemplar« der Schriften (zus. mit Elsbeth Stagel?) – nach 1362
Sibyllen Lied – 1320?
Sieben Weise Meister (Erstdruck) – um 1470
Sigeher: Lyrik – 3. V. 13. Jh.
Sigenot – 2. V. 13. Jh.?
(Trierer) Silvester – 2. H. 12. Jh.
Sol und Luna – um 1400?
Speculum Ecclesiae – um 1170
(Herger-)Spervogel: Lyrik – um 1170/90?
Speygel der Leyen s. Mohnkopf-Offizin
Speyrer Chronik – 3. V. 15. Jh.
Spiegel der menschlichen Seligkeit – um 1350
Spiegel menschlicher behaltnis – 1. V. 15. Jh.
Spiegelbuch – 2. V. 15. Jh.
Spieghel der leyen – vor 1415?
Spruch vom Römischen Reich – 1422
Spruch von den Tafelrundern – E. 15. Jh.
Sprüche der zwölf Meister – um 1330
Stagel, Elsbeth s. Seuse, Heinrich; Tösser Schwesternbuch
Steckel, Konrad: Reise nach China (nach Odorico de Pordenone) – 1359
Steinhöwel, Heinrich:
    Aesopus – 1476/77
    Apollonius von Tyrus – 1461
    Büchlein der Ordnung der Pestilenz – 1446 (Erstdruck 1473)
    Historia Griseldis – 1461?
    Spiegel menschlichen Lebens – 1474
    Tütsche Cronica – 1473
    Von den synnrychen erluchten wyben – 1472
Steinmar: Lyrik – 2. H. 13. Jh.
Stephan von Dorpat: Schachbuch, Cato – nach 1357
Stephan von Landskron: Die Himelstraß – um 1450?
Sterzinger Miszellaneen-Hs. – A. 15. Jh.
Sterzinger Passion – 1496 und 1503
Stettener Predigths. – 1516–18
Straßburger Alexander – um 1170

313

D Straßburger Blutsegen – 11. Jh
Straßburger Eide – 842
»Straßburger Heldenbuch« (Erstdruck) – 1479
Straßburger Malerbuch – 1456
Stricker: Kleinepik, Pfaffe Amis, Reden, Karl der Große, Daniel vom Blühenden Tal – um 1220/50
Stromer, Ulman: Püchel von meim geslecht und von abentewr – 1360–1407
Suchensinn: Lieder – um 1380/1400
Suchenwirt, Peter: Ehrenreden und andere Reimpaargedichte – 1347/49–95
Summa Theologiae – 1. V. 12. Jh.
Summarium Heinrici – E. 11. Jh.?
(Gnadenleben des Friedrich) Sunder – um 1330

Talhofer, Hans: Fechtbuch
 Gothaer Hs. – 1443/48
 Kopenhagener Hs. – 1459
 Münchner Hs. – 1467
Tannhäuser: Lyrik, Hofzucht (?) – um 1245/65
Tannhäuser-Ballade – A. 15. Jh.?
Tanzlied von Kölbigk (nur lat. überliefert) – um 1020
Tatian – 2. V. 9. Jh.
(Altwestfäl.) Taufgelöbnis – um 850
(Fränk.) Taufgelöbnis – A. 9. Jh.
Tauler, Johannes: Predigten – um 1330?–61
Tenngler, Ulrich: Laienspiegel
 1. Fassung – 1509
 2. Fassung – 1511
Teufels Netz – um 1414/18
(Trierer) Teufelssprüche (Aufzeichnung) – E. 9. Jh. und 11. Jh.
Thomasin von Zerklaere: Der welsche Gast – 1215/16
Thüring von Ringoltingen: Melusine – 1456
Thüring. Zehnjungfrauenspiel – Aufführung 1321?
Tilo von Kulm: Von siben ingesigeln – 1331
Tösser Schwesternbuch (Grundschicht, unter Beteiligung der Elsbeth Stagel?) – 2. V. 14. Jh.?
Treitzsauerwein, Marx s. Maximilian I.
Trierer Blutsegen (Aufzeichnung) – 10. Jh.
Trierer Capitulare – um 1000?
Trierer Hundesegen (Aufzeichnung) – 10. Jh.
Trierer Marienklage und Osterspiel (Hs.) – 1. H. 15. Jh.

Trierer Pferdesegen (Aufzeichnung) – 10. Jh.
Trierer Psalter – um 1200
Trierer Reimspruch – A. 11. Jh.
Trierer Silvester – 2. H. 12. Jh.
Trierer Teufelssprüche (Aufzeichnung) – E. 9. Jh. und 11. Jh.
Tristan als Mönch – um 1250?
Tristrant und Isalde (Prosa) [Erstdruck] – 1484
Truchseß von St. Gallen (Ulrich von Singenberg): Lyrik – 1. Dr. 13. Jh.
(St.) Trudperter Hohelied – nach 1160?
Tucher, Hans: Pilgerbuch (Erstdrucke) – 1482
Tünger, Augustin: Facetiae Latinae et Germanicae – 1486
Türkenkalender (Druck der Gutenberg-Presse) – 1454
Twinger von Königshofen, Jakob: Deutsche Chronik – 1382–1420

Ulrich von Etzenbach:
    Alexander – vor 1278 – nach 1283
    Wilhelm von Wenden – vor 1297
Ulrich von Gutenburg: Lyrik – um 1200?
Ulrich von Lichtenstein:
    Frauenbuch – 1257?
    Frauendienst – 1255?
Ulrich von Pottenstein:
    Buch der natürlichen weishait – um 1411/17
    Katechetisches Werk – E. 14. / A. 15. Jh.
Ulrich von Singenberg (Truchseß von St. Gallen): Lyrik – 1. Dr. 13. Jh.
Ulrich von Türheim:
    Cligés (Forts. von Konrad Flecks Cligés?) – um 1230/40?
    Rennewart (Forts. von Wolframs Willehalm) – nach 1243
    Tristan (Forts. von Gottfrieds Tristan) – vor 1243
Ulrich von dem Türlin: Arabel – 1261/69
Ulrich von Winterstetten: Lyrik – um 1240/80?
Ulrich von Zatzikhoven: Lanzelet – nach 1194
Uppsalaer Frauengebete (Wien-Uppsalaer Gebetbuch) – A. 13. Jh.
Ursprung der Eidgenossenschaft – 1477

Väterbuch – 4. V. 13. Jh.
Valentin und Namelos (älteste Hs.) – um 1420/30
Velser, Michel: Übers. von Mandevilles Voyages – um 1390
(Bair.) Verba seniorum – um 1400
Vintler, Hans: Die pluemen der tugent – 1411

D Virginal – 2. V. 13. Jh.?
 Visio Sancti Pauli – E. 12. Jh.
 (Alemann.) Vitaspatrum
   Verba seniorum – 1. H. 14. Jh.
   Viten-Sammlung – 1. Dr. 14. Jh.
   Nürnberger Bearbeitung – um 1430
 Vocabularius Ex quo – um 1400
 Vocabularius sancti Galli – 2. H. 8. Jh.
 Volmar: Steinbuch – um 1250?
 Von Gottes Gewalt (Drei Jünglinge im Feuerofen / Ältere Judith) – 1. Dr. 12. Jh.
 Vorauer Beichte (Aufzeichnung) – E. 9. Jh.
 Vorauer Bücher Mosis (mit Vorauer Marienlob?) – um 1130/40?
 Vorauer Hs. frühmhd. Gedichte – um 1200

 Wachtelmäre – um 1300?
 Wahrheit – um 1150
 Walther und Hildegund – nach ca. 1250?
 Walther von Rheinau: Marienleben – 4. V. 13. Jh.
 Walther von der Vogelweide: Lyrik – vor 1198 – um 1230?
 Wameshafft, Erhard: Hodoeporicon – 1477
 Wartburgkrieg
   älteste Schicht – 2. V. 13. Jh.?
   Fortss. – 2. H. 13. Jh.
 Weber, Veit: Lyrik 1474–76
 Weihenstephaner Chronik – um 1433
 Weimarer Liederhs. – 3. V. 15. Jh.
 Weingartner Liederhs. B – 1. V. 14. Jh.
 Weißenburger Katechismus – A. 9. Jh.
 (König) Wenzel II. von Böhmen (?): Lyrik – E. 13. Jh.?
 Wenzelsbibel – ab 1389
 Werdener Urbar – E. 9. / A. 10. Jh.
 (Bruder) Wernher: Lyrik – um 1217/50?
 (Priester) Wernher: Driu liet von der maget – 1172
 Wernher von Elmendorf: Moralium dogma philosophorum – um 1170/80
 Wernher der Gärtner: Helmbrecht – um 1280/90
 Wernher vom Niederrhein: Di vier schîven – um 1160/70
 Wernigeroder (Großer) Alexander (Hs.) – 1397
 Wessobrunner Gebet und Schöpfungsgedicht – um 800?
 Wiener Hundesegen (Aufzeichnung) – 10. Jh.
 Wiener Kleinepik-Hs. A – um 1260/80

Wiener (schles.) Osterspiel (Hs.) – 1472   D
Wiener Oswald – um 1325?
Wien-Uppsalaer Gebetbuch (Uppsalaer Frauengebete) – A. 13. Jh.
Wienhäuser Liederbuch (Nachträge) – A. 16. Jh.
Wigamur – vor ca. 1245?
Wigoleis vom Rad (Prosa) [Erstdruck] – 1493
Wilder Alexander: Lyrik – 3. V. 13. Jh.
Wilder Mann: Von christlicher Lehre, Van der girheit, Veronica, Vespasian – um 1170?
Wilhelm von Österreich (Prosa) [Erstdruck] – 1481
Williram von Ebersberg: Paraphrase des Hohen Liedes – um 1065
Windberger Psalter – 1174?
Windeck, Eberhard: Kaiser Sigismunds Buch – um 1440
Winsbecke – um 1210/20
Wirnt von Grafenberg: Wigalois – um 1210/20
   s. auch: Wigoleis vom Rad (Prosa)
Wisse, Claus und Philipp Colin: Rappoltsteiner Parzifal – 1331–36
Wittenwiler, Heinrich: Der Ring – um 1408/10?
Wizlav: Lyrik – um 1300
Wolfdietrich
   A – um 1230
   D – um 1300?
Wolfenbütteler Psalter – um 1200
Wolfram von Eschenbach:
   Lyrik – vor ca. 1200 / um 1220?
   Parzival – um 1200/10
   Titurel – um 1217/20?
   Willehalm – um 1210/20?
Wunderer (Druck der stroph. Fassung) – 1503
Wyssenherre, Michel: Von dem edeln hern von Bruneczwigk – um 1470?

(Thüring.) Zehnjungfrauenspiel – Aufführung 1321?
Zobel, Jörg: Erzählungen, Reden, Legenden – um 1450/60?
Zollner, Mathis: Lyrik – 1475–1477
Zürcher Buch vom heiligen Karl – 1475
Zürcher Hausbesegnung – 11. Jh.
Zürcher Liebesbriefe – A. 14. Jh.
Zwickauer Osterspiele (Hss.) – E. 15. / A. 16. Jh.

E Englische Autoren und Texte

Ælfric:
   Catholic Homilies – 989–992
   Übers. des Heptateuch – 989–992
   Lives of the Saints – 1002
(The Prose) Alexander – um 1420
Alexanders Brief an Aristoteles (Hs.) – um 975/1025
Alfred der Große:
   Übersetzungen (Cura Pastoralis; Beda: Historia Ecclesiastica Gentis Anglorum; Orosius: Historiae Adversus Paganos; Boethius: Consolatio Philosophiae; Augustinus: Soliloquia) – 890–899
   Gesetze in der Hs. Cambridge, Corpus Christi College, 173 (Parker Hs.) – um 900
Amis and Amiloun – um 1290
Ancrene Riwle – um 1220/25
Andreas (Hs.) – um 975/1025
Angelsächs. Chronik – ab 891
Apollonius of Tyre – um 1050?
Arthour and Merlin – um 1290
Assembly of Ladies – um 1475
Athelston – um 1350
Auchinleck-Hs. – um 1330
Awntyrs off Arthure – um 1400

Barbour, John: Bruce – um 1375
Barclay, Alexander: Übers. von Sebastian Brants »Narrenschiff« – 1509
Battle of Brunanburh – nach 937
Battle of Maldon – nach 991
Beowulf (Hs.) – um 975/1025
Blickling Homilies – um 970
Bokenham, Osbern: Legendys of Hooly Wummen – um 1445
Book of St. Albans – 1486
Buik of Alexander – um 1438

Capgrave, John: Life of St. Katherine – 1446
Carle of Carlile – um 1500
Castle of Perseverance – um 1420
Caxton, William:
   Book of Courtesy – 1479

    Order of Chivalry – 1484   E
    Recuyell of the History of Troye – 1474
    s. auch: Malory, Thomas
Charles d'Orléans: Lyrik – um 1415/40
Chaucer, Geoffrey:
    Book of the Duchess – um 1370
    Canterbury Tales – 1387–99
    House of Fame – um 1380
    Legend of Good Women – 1385/86
    Parliament of Fowls – um 1382
    Treatise on the Astrolabe – 1391
    Troilus and Criseyde – um 1382–85
(Fronleichnamsspiele in) Chester – 1422
Christ and Satan (Hs.) – um 975/1025
Chronik von Peterborough (letzter Eintrag) – 1154
Clanvowe, Thomas: Cuckoo and Nightingale – um 1385
Cloud of Unknowing – um 1350
Court of Sapience – um 1460
Croxton Play of the Sacrament – um 1461/1500
Cursor Mundi – um 1300
Cynewulf: Christ II, Elene, Juliana, Fates of the Apostles – um 800
    (Hs. um 975/1025)

Dame Sirith – um 1275
Dan Michel of Northgate: Aʒenbite of Inwit – um 1340
Daniel (Hs.) – um 975/1025
Death and Life – um 1410
Deor (Hs.) – um 975/1025
Descent into Hell (Hs.) – um 975/1025
Douglas, Gavin:
    Palice of Honour – um 1501
    Übers. von Vergils »Aeneis« – 1513
Dream of the Rood (Hs.) – um 975/1025
Dunbar, William:
    Goldyn Targe – 1508
    Tua Mariit Wemen – 1508

Eger and Grime – 2. H. 15. Jh.
(St.) Erkenwald – 1390
Everyman – um 1510
Exeter Book – um 975/1025
Exodus (Hs.) – um 975/1025

E Floris and Blancheflur – um 1250?
(The) Floure and the Leaf – um 1450
Fortescue, John: On the Governance of England – um 1473
Fox and Wolf – um 1275
Fronleichnamsspiele in Chester – 1422

Generydes – um 1440
Genesis A und B (Hs.) – um 975/1025
Golagrus and Gawain – um 1460/1500
Gower, John: Confessio Amantis – um 1386/90
Grene Knight – um 1500
Guthlac A und B (Hs.) – um 975/1025
Guy of Warwick (Hs.) – um 1330

Handschriften
    Cambridge, Corpus Christi College, 173 – um 975/1025
    Edinburgh, National Library of Scotland, Advocates MS 19.2.1.
        – um 1330
    Exeter Cathedral – 3501 – um 975/1025
    London, British Library, Cotton Nero A.X – um 1390
    London, British Library, Cotton Nero D.IV – 2. H. 10. Jh.
    London, British Library, Cotton Vespasian D.VIII – um 1500
    London, British Library, Cotton Vitellius A.XV – um 975/1025
    London, British Library, Harley 2253 – um 1340
    Oxford, Bodleian Library, Junius 12 – um 975/1025
    San Marino, Huntington Library, HM 1 – um 1485/1510
    Vercelli, Biblioteca Capitolare CXVII – um 975/1025
Harley Lyrics – um 1340
Havelok – um 1290
Hawes, Stephen: Pastime of Pleasure – 1506
Hay, Gilbert:
    Buik of King Alexander – um 1450
Henryson, Robert:
    Morall Fabillis – um 1480
    Testament of Cresseid – um 1490
Hilton, Walter: Scale of Perfection – um 1395/96
Hoccleve, Thomas:
    Letter of Cupid – um 1402
    Regiment of Princes – um 1412
Horn Child – 1. H. 14. Jh.
Husband's Message (Hs.) – um 975/1025

Jack Upland – um 1420   E
(König) Jakob (James) I. von Schottland (?): Kingis Quair – um 1425
Judgment Day I (Hs.) – um 975/1025
Judith (Hs.) – um 975/1025
Julian of Norwich: Book of Showings (lange Version) – um 1388
Junius-Hs. – um 975/1025

Katherine-Group (Legenden und Traktate) – um 1220/25
Kempe, Margery: The Book of Margery Kempe – um 1420
King Horn – um 1250?
Kyng Alisaunder – um 1290 (Hs. um 1330)

Lancelot of the Laik – um 1475
Land of Cokaygne – um 1290
Langland, William: Piers Plowman
    A – um 1362
    B – um 1377–81
    C – um 1385/90
Laud Troy-Book – um 1400
Layamon: Brut – um 1200/20
Libeaus Desconus – 1. H. 14. Jh.
Lindisfarne Gospels (Interlinear-Übers.) – 2. H. 10. Jh.
Lydgate, John:
    Fall of Princes – 1431–38
    Life of Our Lady – 1416
    Pilgrimage of the Life of Man – 1426–28
    Reason and Sensuality – um 1408
    The Siege of Thebes – um 1421/22
    Troy-Book – 1412/20

Malory, Thomas: Le Morte Darthur – um 1470 (Caxtons Ausgabe 1485)
(Travels of Sir John) Mandeville – 1380–90
Mankind – um 1470
Mannyng, Robert: Handlyng Synne – um 1303
Medwall, Henry:
    Fulgens and Lucres – 1497
    Nature – um 1495
Melusine – um 1500
Metham, John: Amoryus and Cleopes – 1449
Mirk, John: Festial – um 1400
(Alliterative) Morte Arthure – um 1365?/1403

E (Stanzaic Le) Morte Arthur – um 1400
Mum and Sothsegger – 1399/1406

Nicholas of Hereford (und John Purvey): Wycliffite-Bible (frühe Version) – 1380–92
Northern Homily Cycle – um 1375
Nowell Codex – um 975/1025
N-Town plays (Hs. London, British Library, Cotton Vespasian D. VIII) – um 1500

Orm: Ormulum – um 1200
Owl and Nightingale – um 1190/1200

Parker-Hs. – um 900
Parlement of Thre Ages – 1390
Partenay – um 1440
Partonope of Blois – 2. H. 15. Jh.
Paston Letters – 1422/1509
Patience (Hs.) – um 1390
Pearl (Hs.) – um 1390
Pharaoh (Hs.) – um 975/1025
Phoenix (Hs.) – um 975/1025
Physiologus (Hs.) – um 975/1025
Pierce the Ploughman's Crede – 1395
Plowman's Tale – um 1420
Poema morale – um 1170
Prick of Conscience – um 1360
Purity (Hs.) – um 1390
Purvey, John: Wycliffite-Bible
    frühe Version (mit Nicholas of Hereford) – 1380–92
    späte Version – 1395

Richard Cur de Lion – 1. H. 14. Jh.
Riddles (im Exeter Book) – um 975/1025
Riming Poem (im Exeter Book) – um 975/1025
(A Gest of) Robyn Hode – um 1500
Romauns of Partenay – um 1500
Ruin (Hs.) – um 975/1025

Soul and Body I und II (Hss.) – um 975/1025
Seafarer (Hs.) – um 975/1025
Seege of Troye – 1. H. 14. Jh.
Siege of Jerusalem – um 1420

Sir Bevis of Hampton (Hs.) – um 1330 E
Sir Degare (Hs.) – um 1330
Sir Gawain and the Green Knight (Hs.) – um 1390
Sir Isumbras – 1. H. 14. Jh.
Sir Orfeo (Hs.) – um 1330
Sir Perceval of Galles – 1. H. 14. Jh.
Sir Tristrem – um 1290 (Hs. um 1330)
Skelton, John:
   Bowge of Court – 1498
   Magnificence – um 1516
South English Legendary – um 1280
Squyr of Lowe Degre – 2. H. 15. Jh.

Taill of Rauf Coilyear – um 1460/1500
Tale of Beryn – um 1410
Tale of Gamelyn – um 1350
Thrush and Nightingale – um 1275
Tournament of Tottenham – 2. H. 15. Jh.
Towneley-Hs. – um 1485/1510
Trevisa, John: Übers. von Higdens Polychronicon – 1387

Usk, Thomas: Testament of Love – um 1385

Vercelli Homilies – 4. V. 10. Jh.

Wakefield Fronleichnamszyklus (Towneley-Hs.: San Marino, Huntington Library, HM 1) – um 1485/1510
Waldere – 2. H. 8. Jh.?
Walter de la Pole, Duke of Suffolk: Liebeslyrik – um 1430/40
Wanderer (Hs.) – um 975/1025
Wars of Alexander (C-Fragment) – um 1450
The Weddynge of Sir Gawen and Dame Ragnell – 2. H. 15. Jh.
Widsith (Hs.) – um 975/1025
Wife's Lament (Hs.) – um 975/1025
William of Palerne – um 1350
Winner and Waster – 1352/53
Wisdom – um 1470
Worcester Fragments (Soul's Address to the Body, Durham, The Grave) – nach 1100
Wulf and Eadwacer (Hs.) – um 975/1025
Wulfstan: Sermo Lupi ad Anglos – 1014
Wunder des Ostens (Hs.) – um 975/1025

E Wycliffite-Bible
   frühe Version von Nicholas of Hereford und John Purvey – 1380–92
   späte Version von John Purvey – 1395

   York Fronleichnamszyklus (Hs. London, British Library, Additional 35290) – um 1463/77
   Ywain and Gawain – 1. H. 14. Jh.

F   Französische Autoren und Texte

Adam de la Halle:
   Jeu de la feuillée – 1276/77
   Jeu de Robin et Marion – um 1285
   Lyrik – nach ca. 1250 – vor 1289?
Adenet le Roi:
   Berte aus grans piés – um 1274
   Cleomadés – 1275/85
Albéric de Pisançon: Alexanderroman – um 1120
Alexander-Roman
   Prosa – 2. H. 13. Jh.
   Zehnsilbler-Fassung – um 1160/65
Alexandre de Bernay: Alexanderroman – um 1185
Aliscans – um 1200
Ami et Amile – um 1200
Antoine de La Sale: Petit Jehan de Saintré – 1459
Aspremont – um 1188
Atre périlleux – um 1250
Aubert, David: Chroniques et Conquestes de Charlemagne – um 1458
Aucassin et Nicolette – A. 13. Jh.

Benedeit: Voyage de Saint Brendan – um 1120
Benoît de Sainte-Maure:
   Chronique des ducs de Normandie – um 1174
   Roman de Troie – um 1170
Béroul: Roman de Tristan – nach 1175
Bertrand de Bar-sur-Aube: Aimeri de Narbonne, Girart de Vienne – A. 13. Jh.
Blondel de Nesle: Lyrik – um 1180/1210
Brunetto Latini: Livre du trésor – um 1265
Bueve de Hanstone – um 1200

F

Cent nouvelles nouvelles – 1462
Chanson de Guillaume – um 1170
Chanson de Roland – um 1100
Chansons de toile – seit A. 12. Jh.
Charles d'Orléans: Lyrik – um 1415/65
Charroi de Nîmes – um 1150
Chartier, Alain:
    La Belle Dame sans mercy – 1422
    Quadrilogue invectif – 1424
    Lyrik – um 1410(?)–29
Chastellain, Georges: polit. Gedichte – 1446/75
Châtelaine de Vergi – vor 1288
Chevalerie Vivien – um 1200
Chevalier au cygne – um 1190/1200 (erw. Fassung um 1356)
Chrétien de Troyes:
    Cligés – um 1176
    Erec et Enide – um 1170
    Guillaume d'Angleterre – um 1178
    Lancelot – um 1180
    Perceval – vor 1190
    Yvain – um 1180
Christine de Pisan:
    Avision Christine – 1405
    Dit de la Rose – 1402
    Dittié (sur Jeanne d'Arc) – 1429
    Epistre d'Othea – um 1400
    Epistre au dieu d'Amours – 1399
    Epistre de la prison de vie humaine – 1418
    Lamentation sur les maux de la guerre civile – 1410
    Livre de la Cité des Dames – 1405
    Livre du Chemin de Long Estude – 1403
    Livre du corps de policie – 1407
    Livre des fais d'armes et de chevalerie – 1410
    Livre des faits et bonnes meurs du sage roy Charles V – 1404
    Livre de la paix – 1414
    Livre des trois vertus – 1405
    Mutacion de Fortune – 1403
    Lyrik – um 1394 – 1429/30
Conon de Béthune: Lyrik – um 1180/1210
Coquillart, Guillaume: satir. Dichtungen – vor 1510
Coudrette: Histoire de Lusignan (Roman de Melusine) – um 1400
Couronnement de Louis – um 1150

F Deschamps, Eustache:
   Art de dictier – 1392
   Lyrik – um 1370 – um 1407
Douin de Lavesne: Trubert – vor 1270
Drouart la Vache: Livre d'amour – 1290

Echecs amoureux – 1370–80
Entrée d'Espagne – A. 14. Jh.
Eulalia-Sequenz – um 881

Fet des Romains – 1213/14
Fierabras – E. 12. Jh.
Floire et Blancheflor – nach 1160
Folie Tristan
   Berner Folie Tristan – E. 12. Jh.
   Oxforder Folie Tristan – A. 13. Jh.
Froissart, Jean:
   Chroniques – 1370–1400
   L'espinette amoureuse – 1369
   Meliador – 1369 – nach 1383
   La prison amoureuse – 1372/73

Gace Brulé: Lyrik – um 1180/1210
Gautier d'Arras: Eracle, Ille et Galeron – vor 1184
Gautier de Coinci:
   Miracles de Notre-Dame – 1224/27
Geoffroi de Villehardouin: Histoire de la conquête de Constantinople – nach 1204
Gervais du Bus: Roman de Fauvel – 1310–1314
Girart de Rossillon – um 1150/75
   burgund. Alexandriner-Version – um 1334
Godefroy de Bouillon (erw. Fassung) – um 1356
Gormont et Isembart – um 1130
Gossouin de Metz: Image du monde – 1246
Grandes Chroniques de France – vor 1274
Gréban, Arnoul: Mystère de la Passion de Paris – um 1450
Grégoire: Erinnerungen Marco Polos (frz. Version) – um 1305
Gringore, Pierre: Jeu du prince des sotz et mere sotte – 1511
Guernes de Pont-Sainte-Maxence: Vie de Saint Thomas le martyr – um 1175
Gui de Nanteuil – 4. V. 12. Jh.

Guillaume de Deguileville: Pèlerinage de la vie humaine – 1330/32   **F**
Guillaume de Lorris: Roman de la rose (1. Teil) – um 1230
Guillaume de Machaut:
    Dit dou vergier – vor 1342
    Jugement dou roy de Navarre – nach 1349
    Voir Dit – 1362–65
    Lyrik – um 1330–77
Guiot de Provins: Bible – 1206

Hélinant: Vers de la mort – 1194–97
Henri d'Andeli: Lai d'Aristote – um 1225
Herbert: Dolopathos – um 1220
Honoré Bonnet: Arbre de Batailles – 1386–89
Huon de Bordeaux – um 1220

Jacques de Longuyon: Les voeux du paon – um 1310
Jakemes: Le Châtelain de Coucy – um 1285
Jean Acart de Hesdin: Prise Amoureuse – 1332
Jean Bodel:
    Chanson des Saisnes – um 1200
    Congés – 1202
    Fabliaux – um 1200
    Jeu de Saint Nicolas – um 1200
Jean de Flagy: Garin le Loherain – E. 12. Jh.
Jean de Joinville: Histoire de St. Louis – um 1305
Jean de Mandeville: Voyages d'Outremer – 1356
Jean de Meun: Roman de la rose (2. Teil) – um 1270
Jean d'Outremeuse (Jean Des Prés):
    Geste de Liège – vor 1400
Jean Renart:
    Escoufle – 1200/02
    Guillaume de Dole – um 1228
    Lai de l'ombre – um 1220
Jehan d'Arras: Livre de Melusine – 1387–94
Jeu d'Adam – um 1150

(Anonyme) Lais – um 1200
(Prosa-)Lancelot-Graal-Roman (Vulgata-Version) – 1. Dr. 13. Jh.
(Chevalier de) La Tour Landry: Livre pour l'enseignement de ses filles – 1372
Laurent de Premierfait: Übers. des Decameron – 1414

F Lemaire de Belges, Jean:
    Illustrations de Gaule et singularitez de Troie – 1509–13
    Epistres de l'amant verd à Madame Marguerite – 1511
Lion de Bourges – A. 14. Jh.

Maître Pierre Pathelin – 1470
Marguerite Porete (?): Le miroir des simples âmes – vor 1306
Marie de France:
    Esope – um 1180
    Lais – um 1165
    Purgatoire de saint Patrice – nach 1190
Martin Le Franc: Estrif de Fortune et Vertu – 1447/48
Meschinot, Jean: Lunetes de princes – nach 1458
Miracles de Nostre Dame par personnages – A. 15. Jh.
Molinet, Jean: Chroniques – 1474–1506

Nicola: Prise de Pampelune – 1343
Nicole Oresme (Nicolaus von Oresme): Aristoteles-Übersetzungen
    – 1371–74

Olivier de la Marche: Mémoires – nach 1473
Ovide moralisé – 1316–28

Pariser Pestgutachten (frz. Fassung) – 1349
Partonopeus de Blois – vor 1188
Passion du Palatinus – A. 14. Jh.
Pèlerinage de Charlemagne – um 1150
Perceforest – 1337/90
Perlesvaus – um 1225/40
Philippe de Commynes: Mémoires – 1489–98
Philippe de Mezières: Songe du vieil pelerin – um 1389
Philippe de Thaon (?):
    Bestiaire – um 1125
    Lapidaire – um 1120
Pierre de Saint-Cloud: Roman de Renart (Branchen II und Va) –
    1174–77
(Erinnerungen Marco) Polos
    frz. Version von Grégoire – um 1305
    frankoital. Version von Rusticien de Pise – 1298
Prise d'Orange – nach 1150

Quinze Joies de mariage – A. 15. Jh.

Raoul de Houdenc:
   Méraugis de Portlesguez – A. 13. Jh.
   Songe d'enfer – 1214/15
Renart le Contrefait
   1. Fassung – um 1319/22
   2. Fassung – um 1328/42
Renaut de Beaujeu: Le Bel Inconnu – um 1185/90
Renaut de Montauban – um 1200
René d'Anjou: Livre du Cuer d'amours espris – 1457
Richard de Fournival: Bestiaire d'amour – vor 1260
Robert le diable – E. 12. Jh.
Robert Bicket: Lai du Cor – um 1190/1200
Robert de Boron: Roman de l'estoire du graal – um 1200
Roman d'Enéas – um 1165
Roman de la rose
   1. Teil von Guillaume de Lorris – um 1230
   2. Teil von Jean de Meun – um 1270
Roman des sept sages (Versfassung) – 2. H. 12. Jh.
Roman de Thèbes – um 1160
Rusticien de Pise: Erinnerungen Marco Polos (frankoital. Version) – 1298
Rutebeuf:
   satir. Dichtung, Kreuzzugspropaganda, Fabliaux – um 1250–85
   Miracle de Théophile – um 1260

Songe du Vergier – 1378
Straßburger Eide – 842

Thibaut IV de Champagne: Lyrik – um 1220?–53
Thomas d'Angleterre: Tristan – um 1170
(Prosa-)Tristan – um 1215/40

Vie des pères – um 1250
Vie de saint Alexis – um 1090
Vie de saint Grégoire – um 1150?
Vie de saint Léger – 10. Jh.
Villon, François:
   Lais – 1456
   Testament – 1461

Wace:
   Roman de Brut – 1155

F Roman de Rou – 1160/75
Wauquelin, Jean: Histoire du bon roi Alexendre – vor 1448

Ir Irische Autoren und Texte

Acallam na Senórach – um 1200
Airbertach mac Coisse: Schulpoesie – E. 10. Jh.
Aislinge Meic Con Glinne I – um 1100
Annalen
    Annalen von Inisfallen – A. 12. Jh. – 1326
    Annalen des Tigernach – vor 1088?
    Annalen von Ulster – vor 1498

Bardische Poesie – um 1200–1650
Bardische Traktate (Grammatik, Metrik) – 14. Jh. und um 1450
Bethu Brigte – 9. Jh.
Blathmac mac Con Brettan: Gedichte – um 750/770
Book
    Book of Ballymote – um 1400
    Book of the Dun Cow – vor 1106
    Book of Leinster – 1160–1200
    s. auch: Buch, Handschriften, Lebor, Liber
Bórama – 11. Jh.
Buch
    Buch von Armagh – um 800/810
    Buch von Britannien – um 1050
    Buch der Eroberung Irlands – 9.–12. Jh.
    Buch von Fermoy – um 1450
    Buch von Lismore – um 1500
    Buch von Uí Mhaine – 1392/94
    Gelbes Buch von Lecan – 1391
    Geflecktes Buch – A. 15. Jh.
    Großes Buch von Lecan – 1416/18
    s. auch: Book, Handschriften, Lebor, Liber
Buile Shuibhne – 12. Jh.

Caillech Bérri – um 900
Cath Almaine – 10. Jh.
Cath Finntrágha – E. 15. Jh.
Cath Maige Tuired – um 900
Cath Ruis na Ríg – 1. V. 12. Jh.

Cathal Óg mac Maghnuis Mhic Ghuidir: Annalen von Ulster – vor **Ir** 1498
Cináed úa hArtacáin: Gedichte – vor 974
Cogadh Gaedhil re Gallaibh – A. 12. Jh.
Cormac mac Cuilennáin: Genealogien und Glossar – vor 908
Críth Gablach – 8. Jh.

Dánta grádha – 16. Jh.
(Metrische) Dindsenchas – um 1000
Donnchad Mór Ó Dálaigh: religiöse Poesie – vor 1244

Egerton-Hs. s. Handschriften

Fianaigecht – 8., 12. und 15. Jh.
Fingal Rónáin – 10. Jh.
Fís Adamnán – 11. Jh.
Flann Mainistrech: Gedichte über die synchronistische Geschichte Irlands – vor 1056
Flannacán mac Cellaig: Gedichte – vor 896
Fled Dúin na nGed – um 1100

Gearóid Iarla: Lyrik – vor 1398
Genealogien (Kompilation) – 2. H. 9. Jh.
Gilla Cóemáin: Gedichte über die vorchristliche Geschichte Irlands – um 1072
Giolla Brighde Albanach Mac Con Midhe – 13. Jh.
Giolla Íosa Mac Firbhisigh:
 Gelbes Buch von Lecan – 1391
 Großes Buch von Lecan – 1416/18
Gofraidh Fionn Ó Dálaigh: Gedichte – vor 1387
Gormlaith-Elegien – 13. Jh.?

Handschriften
 Dublin, Royal Irish Academy, 23 E 25 (Lebor na hUidre) – vor 1106
 Dublin, Trinity College, 1339 und Killiney A.3 (Lebor na Núachongbála) – 1160–1200
 London, British Library, Egerton 1782 – 1517
 Oxford, Bodleian Library, Rawlinson B 502 – 1120–30
 s. auch: Book, Buch, Lebor, Liber

Immram Curaig Máele Dúin – 9. Jh.
Imthecht na Tromdáime – um 1300

Ir Imthechta Aeniasa – um 1250
Imthúsa Alexandair – nach 950
In Cath Catharda – um 1130/50

Lebor
    Lebor Brec – A. 15. Jh.
    Lebor Bretnach – um 1050
    Lebor Gabála Érenn – 9.–12. Jh.
    Lebor na hUidre – vor 1106
    Lebor na Núachongbála – 1160–1200
    s. auch: Book, Buch, Handschriften, Liber
Liadain ocus Cuirithir – 9. Jh.
Liber
    Liber Ardmachanus – um 800/810
    Liber Flavus Fergusiorum – nach 1450
    s. auch: Book, Buch, Handschriften, Lebor
Longes Mac nUislenn – um 800

Macgnímartha Finn – 12. Jh.
Máel Ísu Ó Brolcháin: religiöse Gedichte – vor 1086
Máel Muru Othna: genealog. und topograph. Gedichte – vor 887
Mailänder Glossen – um 800
Merugud Uilix Maicc Leirtis – A. 15. Jh.
Mesca Ulad – 11. Jh
Muireadhach Albanach Ó Dálaigh: Gelegenheitsgedichte – vor 1220

Oengus Céle Dé von Tallaght: Félire Oengusso – um 800
Orthanach ua Caelláma: Gedichte – vor 839

Predigten aus dem Lebor Brec – 11. Jh.

Rawlinson-Hs. s. Handschriften
(Gedichte im) Reichenauer Schulheft – um 840
Remscéla zur Táin Bó Cuailnge – 10. Jh.

Sagenlisten – um 1000
Saltair na rann – um 988
Scéla Muicce Meic Dathó – um 800
Seán Ó Dubhagáin: genealog. und topograph. Gedichte – vor 1372
Senchas Már – 8. Jh.
Sex aetates mundi – um 1050

Tadhg Óg Ó Huiginn: Gedichte – vor 1448 Ir
Táin Bó Cuailnge
 I – um 1000
 II – vor 1150
 III – 14. Jh.
Táin Bó Fraích – 8. Jh.
Tecosca Cormaic – E. 9. Jh.
Togail Bruidne Dá Derga – um 1000
Togail na Tébe – um 1250
Togail Troí
 I – E. 10. Jh.
 II – um 1150
Tóruidheacht Dhiarmada is Ghráinne – 16. Jh.
Trí Truagha na Scéaluidheachta – A. 15. Jh.

(Metrische) Verslehren – um 1000
Vita tripartita Patricii – E. 9. Jh.

Isländische Autoren und Texte Is

Ágrip af Nóregs konunga sögum – um 1190
Alfræði Íslenzk – 1387
Ari Thorgilson inn fróði: Íslendingabók – um 1125
Arnórr Thórðarson jarlaskáld: Magnúsdrápa hrynhent, Magnúsdrápa dróttkvætt, Thorfinnsdrápa, Erfidrápa Haralds harðráða – 11. Jh.
Ásmundar saga kappabana – E. 13. / A. 14. Jh.

Bergr Sokkason (?): 4. grammat. Traktat – um 1340
Brandr Jónsson (?): Alexanders saga, Gyðinga saga – 1262/63?

Darraðarljóð – 11. Jh.

(Codex Regius der Lieder-)Edda – um 1270
Egill Skallagrímsson:
 Arinbjarnarkviða – um 960
 Höfuðlausn – um 950
 Sonatorrek – um 960
Egils saga Skallagrímssonar – um 1230
Eilífr Goðrúnarson: Thórsdrápa – E. 10. / A. 11. Jh.
Einarr Helgason skálaglamm: Vellekla – 2. H. 10. Jh.

Is Einarr Skúlason: Sigurðardrápa, Geisli – um 1153
Eiríkr Oddsson: Hryggjarstykki – um 1150
Eiríksmál – 2. H. 10. Jh.
Elucidarius – um 1150
Eysteinn Ásgrímsson: Lilja – um 1350

Flateyjarbók – 1380/94
Friðjófs saga frækna – um 1300
Fríssbók – A. 14. Jh.

Gamli kanóki: Jóansdrápa, Harmsól – E. 12. Jh.
Gísla saga Súrssonar – um 1230/80
Gizurr Hallsson (?):
  1. grammatischer Traktat – 1150/80
  Veraldar saga – um 1130/50
Grágás – 2. H. 13. Jh.
Grammatische Traktate
  1. grammatischer Traktat (von Gizurr Hallsson?) – 1150/80
  2. grammat. Traktat – um 1200
  3. grammat. Traktat – um 1240
  4. grammat. Traktat (von Bergr Sokkason?) – um 1340
(Übers. von) Gregors des Großen Homilien und Dialogi – A. 12. Jh.
Grettis saga Ásmundarson – um 1320/30

Hallfrøðr Óttarson vandræðaskáld: Hákonardrápa, Óláfsdrápa, Eiríksdrápa – E. 10. / A. 11. Jh.
Hallr Thórarinsson (zus. mit Rögnvaldr kali Kolsson): Háttalykill inn forni – um 1140/50
Háttatal – 1222/23
Hauksbók – 1306–08
Hugsvinnsmál – E. 12. / A. 13. Jh.

Íslendzk ævintýri – um 1450
Ívarr Ingimundarson: Sigurðarbölkr – 12. Jh.

Karl Jónsson: Sverris saga – A. 13. Jh.
Kormákr Ögmundarson: Sigurðr drápa – um 930/970

Landnámabók (»Melabók«-Fassung) – um 1320/30
  s. auch: Sturla Thórðarson
Líknarbraut – E. 13. Jh.

Markús Skeggjason: Eiríksdrápa – 2. H. 11. Jh. **Is**
Möðruvallabók – 1316/50
Morkinsskinna – 1217/22

Nikulás Bergsson: Leiðarvísir – 1154/59
Njáls saga – um 1280

Oddr Snorrason: Ólafs saga Tryggvasonar – um 1200
Ólafs saga hins helga
  Älteste Fassung – um 1180
  Ólafs saga hins helga hin mesta – um 1380
  s. auch: Snorri Sturluson
Ólafs saga Tryggvassonar hin mesta – E. 13. Jh.

(Teilübers. von) Petrus Alfonsi: Disciplina clericalis – um 1400
Plácidus drápa – um 1150

Rögnvaldr kali Kolsson:
  Háttalykill inn forni (zus. mit Hallr Thórarinsson) – um 1140/50
  Lausavísur – 1. H. 12. Jh.
Rómverja saga – um 1200
Runólfr Ketilsson: Leiðarvísan – um 1150

Sighvatr Thórðarson: Vikingavísur, Austrfararvísur, Bersöglisvísur,
  Erfidrápa Óláfs helga – 1. H. 11. Jh.
Skarðsbók – um 1360
Snorri Sturluson:
  Heimskringla – um 1238
  Ólafs saga hins helga – um 1230
  Snorra Edda – um 1220
Steinn Herdísarson: Óláfsdrápa – 11. Jh.
Stjórn – um 1310
Sturla Thórðarson:
  Hákonar saga Hákonarsonar – 1264/65
  Íslendiga saga – vor 1284
  Landnámabók – 1275–80
Sturlunga saga – um 1300
Styrmir Kárason: Lífssaga Ólafs hins helga – 1210–25

Thjóðólfr Arnórsson: Magnúsflokkr, Sexstefja – 11. Jh.
Thórarinn loftunga: Glælognskviða – 11. Jh.
Thórbjörn hornklofi: Glymdrápa, Haraldskvæði – um 900

Is Thórmóðr Kolbrúnarskáld: Thorgeirsdrápa – 11. Jh.
Trójumanna saga – um 1200?

Úlfr Uggason: Húsdrápa – E. 10. Jh.

Vatnsdœla saga – 1260/80
Völsunga saga – um 1250

It   Italienische Autoren und Texte

Alberti, Leon Battista:
  Della famiglia – 1433–40
  Della Pittura – 1435
Alighieri s. Dante
Andrea da Barberino: Guerin meschino, I reali di Francia – A. 15. Jh.
Angiolieri, Cecco: Sonette – 1280–1300
Ariosto, Ludovico:
  La Cassaria – 1508
  I Suppositi – 1509
  Orlando furioso – 1516

Bargigi, Guiniforte: Kommentar zur Divina Commedia – um 1440
Belcari, Feo: Sacre rappresentazioni – um 1450–84
(San) Bernardino da Siena: Predigten – 1405–44
Boccaccio, Giovanni:
  Amorosa visione – 1342
  Commento (zu Dantes »Inferno«) – 1373/74
  Corbaccio – um 1365
  Decameron – 1348–51
  Elegia di Madonna Fiametta – 1343/44
  Filocolo – um 1336
  Filostrato – um 1338
  Ninfale d'Ameto – 1340/41
  Ninfale Fiesolano – 1344–46
  Il Teseida – 1340/41
  Trattatello in laude di Dante – nach 1357
Boiardo, Matteo Maria: Orlando innamorato – um 1476–82
Bonvesin da Riva (Bonvicinus de Ripa): Libro delle tre scritture – vor 1274

Caterina da Siena: Briefe – um 1370–80   It
Cavalcanti, Guido: Lyrik – 13. / A. 14. Jh.
Cennini, Cennino: Libro dell Arte – um 1390
Cento novelle antiche – 1281/1300
Cino da Pistoia: Lyrik – E. 13. / A. 14. Jh.
Colonna, Francesco: Hypnerotomachia Poliphili – 1467
Compagni, Dino: Cronica delle cose occorenti ne' tempi suoi – 1310–12

Dante Alighieri:
   Convivio – 1304/09
   Divina Commedia
     Inferno – 1315
     Purgatorio – 1318
     Paradiso – nach 1318
   Rime petrose – 1296/97
   Vita nova – um 1293
Dovizi, Bernardo (Bibbiena): La Calandria – 1513

Faba, Guido: Gemma purpurea – 1239/43
Filippi, Rustico: Lyrik – bis 1291/95
Fiore di Virtù – A. 14. Jh.
Fioretti del glorioso messere santo Francesco – um 1370/90
Folgore da San Gimignano: Sonette – um 1308 / vor 1332
Francesco da Barberino: Reggimento e costumi di donna – 1295–1304
Franz von Assisi: Cantico del sole – um 1224/25
(Kaiser) Friedrich II.: Lyrik – um 1230/50

Ghiberti, Lorenzo: Commentari – um 1450/55
Giacomo da Lentini: Lyrik – um 1230/50
Guido delle Colonne: Lyrik – um 1230/50
Guinizelli, Guido: Lyrik – um 1260–76
Guittone d'Arezzo: Lyrik – bis 1293/ 94

Jacopone da Todi: Laudi – vor 1306

Landino, Cristoforo: Kommentar zur Divina Commedia – 1481
Lorenzo de' Medici: Rime, Silve d'Amore – um 1470–92

Macchiavelli, Niccolo: Il Principe – 1513
Masuccio Salernitano: Novellino – 1476

It Nicolò da Casola: Attila – um 1350
Nicolò da Verona: Pharsale (frankoit.) 1. H. 14. Jh.
Novellino – 1281/1300

Petrarca, Francesco:
    Canzoniere – um 1336–74
    Trionfi – 1352–74
Petrus de Vinea: Lyrik – um 1230/50
Pietro da Barsegapè: Sermone – 1274
Poliziano, Angelo:
    Favola d'Orfeo – 1479
    Stanze per la giostra – um 1475–78
Pucci, Antonio: Cantare della guerra de Pisa – 1362–65
Pulci, Luigi: Morgante – nach 1460

Ritmo di Sant'Alessio – 2. H. 12. Jh.
Ritmo cassinese – 2. H. 12. Jh.
Ritmo laurenziano – 2. H. 12. Jh.

Sacchetti, Franco: Trecentonovelle – um 1388/95
Sannazaro, Jacopo:
    Arcadia – 1480–85
    Sonetti e canzoni – um 1480–1530
Sercambi, Giovanni: Novellen – um 1400

Tavola ritonda – A. 14. Jh.
Tristano riccardiano – um 1300

Villani, Giovanni: Nuova cronica – 1. H. 14. Jh. (vor 1348)

Ka   Katalanische Autoren und Texte

Arnald von Villanova: Informacío espiritual – 1310

Curial e Güelfa – um 1450?

Desclot: Crònica – 1284/85

Jaume I.: Libre dels feyts – um 1260/70?

Lull, Raimund:
    Desconhort – um 1300

Libre de contemplació en Déu – um 1272 **Ka**
Libre de Fèlix – 1287/89
Libre de l'Ordre de cavalleria – 1275/81
Romanç d'Evast e Blanquerna – 1282/87

March, Ausias: Liebesdichtung – um 1420/59
Martí de Galba / Joanot Martorell: Tirant lo blanc – nach 1460
Metge, Bernat: Somni – 1399
Muntaner, Ramon: Crònica – 1325–28

Pero III.: Crònica – vor 1387

Kornische Texte **Kor**

Bewnans Meriasek – 1504
Ordinalia – E. 14. Jh.
Pascon agan Arluth – 14. Jh.
Vocabularium Cornicum – um 1100

Kymrische Autoren und Texte **Ky**

Armes Prydain – um 927/937
Arthuriana – 14.–16. Jh.

Beirdd yr Uchelwyr – 14.–15. Jh.
Breuddwyd Macsen Wledig – um 1150
Breuddwyd Rhonabwy – nach 1250
Brut y Brenhinedd – 13.–15. Jh.
Brut y Tywysogyon – 14.–15. Jh.
Buch
   Buch von Aneirin – um 1265
   Buch von St. Chad – um 750
   Buch von Llanstephan 28 – um 1475
   Buch von Taliesin – um 1275
   Rotes Buch von Hergest – um 1375/1425
   Rotes Buch von Talgarth – um 1400
   Schwarzes Buch von Carmarthen – vor 1200
   Weißes Buch von Rhydderch – vor 1325
   s. auch: Llyfr

Ky Canu Heledd – 9./10. Jh.
Canu Llywarch Hen – 9./10. Jh.
Culhwch ac Olwen – 2. H. 11. Jh.
Cyfoesi Myrddin a Gwenddydd ei Chwaer – 2. H. 11. Jh.
Cyfranc Llud a Llefelys – um 1150/1200
(Dichtung der) Cynfeirdd – 9.–11. Jh.

Dafydd ap Gwilym: Gedichte – um 1330/60
Dafydd Nanmor: Gedichte – um 1450–80

Edmyg Dinbych – 875–900
Englynion y Beddau – 9./10. Jh.

Geraint ac Enid – um 1200?
(Dichtung der) Gogynfeirdd – 12.–13. Jh.
Gramadegau'r Penceirddiaid – 14.–16. Jh.
Gruffudd Gryg: Gedichte – um 1340–1412
Guto'r Glyn: Gedichte – um 1435/93
Gutun Owain: Gedichte – um 1450–98

Heinyn Fardd (?): Prophet. Poesie – 15. Jh.
(Gesetze des) Hywel Dda – ab 10. Jh.

Iolo Goch: Gedichte – vor 1398

Llyfr
   Llyfr Aneirin – um 1265
   Llyfr Coch Hergest – um 1375/1425
   Llyfr Gwyn Rhydderch – vor 1325
   Llyfr Taliesin – um 1275
   s. auch: Buch

(Vier Zweige des) Mabinogi – 2. H. 11. / A. 12. Jh.?
Myrddin-Erzählungen – 9./10. Jh.

Owain – um 1200?

Peredur – um 1200?
Preiddau Annwfn – um 900

Siôn Cent: Gedichte – um 1400 – 1430/45
Surexit Memorandum – um 750

Taliesin-Erzählungen – 9./10. Jh. **Ky**
Thomas ap Ieuan ap Deicwas: Weltchronik – 16. Jh.
Trioedd Ynys Prydain – 11. Jh.?
Tudur Aled: Gedichte – um 1465–1527

Y Bardd Glas (?): Prophet. Gedichte – 15. Jh.
Y Bardd Ysgolan (?): Prophet. Gedichte – 15. Jh.
Ymddiddan Myrddin a Thaliesin – 2. H. 11. Jh.
Yr Afallenau – 9./10. Jh.
Ystoria de Carolo Magno – um 1275/1325

Lateinische Autoren und Texte **L**

Aachener Vita Karls des Großen – 1166
Abaelardus, Petrus:
    Ad Astralabium filium – um 1130?
    Apologia contra Bernardum – 1140
    Briefwechsel mit Heloïsa (?) – 1132/36
    Dialogus inter philosophum, Iudaeum et christianum – um 1141
    Historia calamitatum – 1131/32
    Hymnarius Paracletensis – um 1132/36
    Planctus – 1117/42
    Sic et non – 1123/28
    Theologia christiana – 1123/28
    Theologia »Summi boni« – 1118/20
Abbo von Fleury:
    Briefe – 985–1004
    Carmen acrosticum ad Ottonem imperatorem – 996
    Collectio canonum – 994/996
    Liber apologeticus – 994
    Passio s. Eadmundi – 987/988
    Quaestiones grammaticales – 987/988
Abbo von St. Germain-des-Prés:
    Bella Parisiacae urbis – 888/889–897
    Predigten – 1. V. 10. Jh.
Accursius: Glossa glossarum – um 1230
Adalbero von Laon: Carmen ad Rotbertum regem – 996/1031 (1028/31?)
Adalbert von Magdeburg: Continuatio Reginonis – 966–968?
Adalbertus Samaritanus: Praecepta dictaminum – um 1111/15

L Adalbold von Utrecht:
    De ratione inveniendi crassitudinem sphaerae – 999/1003
    Kommentar zu Boethius, De consolatione Philosophiae (III m. 9 »O qui ...«) – vor 1026
    Vita Heinrici II. imperatoris – vor 1026
    Vita b. Walburgis Heidenheimensis (?) – vor 1026/27
Adam von Bremen: Historia Hammaburgensis ecclesiae – 1072–1075/76
Adam von Fulda: De musica – 1490
Adam von St. Victor: Sequenzen – 2. H. 12. Jh.
Adelard von Bath: De eodem et diverso, Übers. astronom. und mathemat. Schriften aus dem Arab. – nach 1130/46
Ademar von Chabannes:
    Chronica sive Historiae Francorum – bis 1028
    Eparchius-Hymnen – vor 1034
    Epistola de apostolatu s. Martialis – 1029
Ado von Vienne:
    Chronicon – 870 abgeschlossen
    Martyrologium – 860/875
Adolf von Wien: Doligamus – 1315
Adrevaldus: Miracula s. Benedicti – um 875
Adso von Montier-en-Der: Epistola ad Gerbergam de ortu et tempore Antichristi – 949/954
Aedilwulf: Carmen – nach 803
Aegidius von Corbeil: Medizinische Lehrdichtungen, Hierapigra ad purgandos prelatos – vor 1224
Aegidius von Paris:
    Erweiterte Bearbeitung der Aurora des Petrus Riga – um 1200
    Karolinus – 1195/96
Aegidius Romanus:
    De ecclesiastica potestate – um 1301
    De partibus philosophiae essentialibus – vor 1285
    De regimine principum – 1277/79
    De renuntiatione papae – um 1297
    Kommentare zu Aristoteles – vor 1285
    Theoremata de corpore Christi – 1285/92
Aelred von Rievaulx:
    De anima – 1165/66
    De speculo caritatis – um 1142
Æthelwold von Winchester:
    Regularis concordia (darin: älteste überlieferte Visitatio sepulchri I) – um 970

Aethicus Ister: Cosmographia – nach 768?
Agius von Corvey: Vita der Hathumod von Gandersheim – um 876
Agnellus von Ravenna: Liber pontificalis ecclesiae Ravennatis – 835/846
Agobard von Lyon:
 Adversum dogma Felicis – 818/819
 Adversus legem Gundobadi – 817/822
 Briefe – um 816–840
 Contra praeceptum impium de baptismo Iudaicorum mancipiorum – 826/828
 De cavendo convictu et societate Iudeorum – 826/828
 De grandine et tonitruis – 815/817
 De divinis sententiis contra iudicium Dei – 817/822
 De insolentia Iudeorum – 826/828
 De Iudaicis superstitionibus et erroribus – 826/828
 De picturis et imaginibus – 825
 Liber apologeticus pro filiis Ludowici adversus patrem – 833
 Liber de dispensatione ecclesiasticarum rerum – 823/824
Agricola, Johannes:
 Dichtungen – 1469–85
 Briefe – 1469–85
 De inventione dialectica – 1479
 Vita Petrarchae – 1473/74
Agrippa von Nettesheim: De occulta philosophia – 1510
Alanus von Lille:
 Anticlaudianus – 1182–83
 Planctus Naturae – um 1160/70 (vor 1176)
Alberich von Montecassino:
 Breviarum de dictamine – um 1080
 Flores rhetorici – um 1080
Albertus Magnus:
 De animalibus libri XXVI – um 1258
 De vegetabilibus et plantis libri VII – 1256/57
 Kommentare
  zu Aristoteles – 1250–72
   zur Metaphysik – 1262/63
   zur Nikomachischen Ethik – 1250–52
   zur Politik – um 1271
  zur Bibel – um 1264/70
  zu Ps.-Dionysius Areopagita – 1248/56
  zu den Sentenzen – um 1243/44–49

L Summen
   Erste (Pariser) Summe – um 1243/46
   Summa theologiae (?) – um 1270/80
Albert von Aachen: Historia Hierosolymitanae expeditionis – 1121/40
Albert von Sachsen: log., mathemat., physikal. Traktate; Kommentare zu Aristoteles und Wilhelm von Ockham – 1351–53/66
Albert von Stade:
   Annales – bis 1256
   Troilus – 1249
Albertanus von Brescia:
   De doctrina dicendi et tacendi – 1245
   Liber consolationis et consilii – 1246/48
   Liber de amore et dilectione Dei et proximi – 1238
   Melibeus und Prudentia – 1246
Alberti, Leon Battista:
   Canis – 1443
   De commodis litterarum et incommodis – 1428/29
   De pictura – 1435/36
   De re aedificatoria – 1452 (Erstdruck 1485)
   De statua – 1435/36
   Descriptio urbis Romae – 1443/49?
   Musca – 1443
   Philodoxeos – 1424
Albrecht von Eyb:
   Margarita poetica – 1459
   Tractatus de speciositate Barbarae puellae – 1452
Alexander von Hales: Summa theologica – 1235/45
Alexander Minorita: Expositio in Apocalypsim
   Fassung 1 – 1235–44
   Fassung 2 – 1248
   Fassung 3 – 1249
Alexander Neckam:
   De laudibus divinae sapientiae – 1211
   De naturis rerum – um 1200/10
   De nominibus utensilium – 1175/82?
   Novus Aesopus 1175/82?
   Novus Avianus – 1175/82?
   Suppletio defectuum – 1216
Alexander von Roes:
   Memoriale de prerogativa Romani imperii – nach 1280
   Noticia seculi – 1288
   Pavo – um 1285

Alexander de Villa Dei **L**
 Alphabetum maius – 1199
 De algorismo – um 1200
 Doctrinale puerorum – 1199
 Ecclesiale (?) – 1203
 Massa computi – um 1200
Alfanus von Salerno: Hymnen und Gedichte – um 1050/85
Alkuin:
 Gedichte und Versinschriften – vor 782? – 804
 Hagiograph. Schriften – vor 804
 Lehrschriften zum Trivium – um 782/796
 Adversus Felicem libri VII – 799
 Briefe – um 773–804
 De clade Lindisfarnensis monasterii – 793
 De fide sanctae et individuae trinitatis – 802
 Kommentare zur Bibel – vor 804
 Versus de sanctis Eboricensis ecclesiae – vor 782?
 Vita s. Willibrordi prosaica et metrica – um 796/797?
Alpert von Metz: De diversitate temporum – 1021–25
Amalarius von Metz:
 Canonis missae interpretatio – 813/814
 Expositio missae – 813/814
 Liber de ordine antiphonarii – um 832/850
 Liber officialis – 823/835
Amarcius (Sextus Amarcius Gallus Piosistratus): Sermones – um 1090
Ambrosius Autpertus:
 De conflictu vitiorum et virtutum – vor 784
 Kommentar zur Apokalypse des Johannes – um 758/767
Anastasius Bibliothecarius:
 Briefe – 858–879
 Chronographia tripartita – 872/879
 Überss. aus dem Griech.
  hagiograph. Schriften – 861–879
  Akten des 8. ökumenischen Konzils von Konstantinopel – 869/879
Andreas von Bergamo: Forts. der Historia Langobardorum – um 877
Andreas Capellanus: De amore – 4. V. 12. Jh.?
Andreas von Regensburg:
 Chronica Husitarum – um 1428
 Chronica de principibus terrae Bavarorum – 1425–28
 Chronica pontificum et imperatorum Romanorum – 1420–22

L   Concilium Constantiense – 1421–23
   Concilium provinciale – 1421–23
Angilbertus: Versus de bella que fuit acta Fontaneto – 841
Angilbert von St. Riquier: Hofdichtung – 790–800
Annales Altahenses – um 1075
Annales Bertiniani s. Hinkmar von Reims, Prudentius von Troyes
Annales Fuldenses – bis 887
Annales Marbacenses – bis 1212
Annales s. Pantaleonis Coloniensis – um 1237
Annales regni Francorum – bis 829
Annales Romani – 1044–73
Annalista Saxo (Arnold von Berge?): Chronik – um 1139/55 (1148/1152?)
Anonymus Mellicensis (Wolfger von Prüfening): De scriptoribus ecclesiasticis – um 1150
Anselm von Besate: Rhetorimachia – 1046/48
Anselm von Canterbury:
   Cur deus homo – 1094/98
   De casu diaboli – nach 1085/95
   De concordia praescientiae, praedestinationis et gratiae Dei cum libero arbitrio – 1107/08
   De grammatico – um 1080/85
   De libertate arbitrii – um 1080/85
   De veritate – um 1080/85
   Epistola de incarnatione verbi – vor 1092/94
   Epistolae – 1063–1109
   Monologion – 1076/77
   Orationes sive Meditationes – 1063–1109
   Proslogion – 1077/78
Anselm von Havelberg: Dialogi – 1149/51
Anselm von Laon: Bibelexeget. Schriften (Teile der Glossa ordinaria) – 1080/1117
(Vita des) Anselm von Lucca – um 1087
Anselm II. von Lucca:
   Collectio canonum – 1080/85
   Liber contra Wibertum – 1085/86
Anselm von Lüttich: Gesta pontificum Tungrensium, Traiectensium et Leodiensium (2., erhaltene Fassung) – 1056
Anselm von Mainz: Vita des Eb. Adalbert von Mainz – 1141/42
Anso:
   Vita Erminonis Lobiensis – um 751/768
   Vita prima Ursmari Lobiensis – vor 776

Antidotarium Nicolai – um 1150 **L**
Antonius Panormita (Antonio Beccadelli): Hermaphroditus – 1425
Arbeo von Freising:
 Vita Corbiniani – um 764/765
 Vita Haimhrammi – um 770
Archipoeta: Gedichte – 1161–67
Arnald von Villanova:
 Liber de vinis – um 1300
 Regimen sanitatis ad regem Aragonum – um 1300
Arno von Reichersberg:
 Apologeticus contra Folcmarum – 1163/65
 Exameron – um 1150/60
 Scutum canonicorum – 1146/47
Arnold von Berge s. Annalista Saxo
Arnold von St. Emmeram: De miraculis b. Emmerammi – vor 1036–50
Arnold von Lübeck:
 Chronica Slavorum – um 1209
 Gesta Gregorii peccatoris – 1210/13
Arnold von Lüttich:
 Alphabetum narrationum – 1297–1308
 Compendium mirabilium – 1308–10
Arnoldus Saxo: De finibus rerum naturalium – um 1225
Arnulf von Lisieux: Deliciae cleri – 1054/56
Arnulf von Mailand: Gesta archiepiscoporum Mediolanensium – 1072–77
Asilo von Würzburg: Rhythmimachia (älteste Fassung) – um 1030
Asinarius – um 1200
Asser: De rebus gestis Alfredi – 893
Astronomus: Vita Hludowici Pii imperatoris – nach 840
Atto von Vercelli:
 De pressuris ecclesiasticis – um 940 (oder nach 943?)
 Polipticum (?) – 950/960
Aurelianus Reomensis: Musica disciplina – um 843
Auxilius und Eugenius Vulgarius: Schriften zum Streit um Papst Formosus – A. 10. Jh.
Ave maris stella – vor 900

Babio – 2. H. 12. Jh.
Bacon, Roger:
 Compendium studii Theologiae – 1292
 Opus maius, Opus minus, Opus tertium – 1266–67

L Baldericus von Florennes: Vita des Eb. Albero von Trier – 1152
  Bamberger Codex Udalrici – 1125
  Barlaam und Josaphat (älteste Übers.) – um 1048/49
  Bartholomaeus Anglicus: De proprietatibus rerum – 1230/40 (nach 1235?)
  Bartholomaeus von Lucca:
    Annales sive Gesta Tuscorum – 1307
    Determinatio compendiosa de iurisdictione imperii – 1281
    Hexaemeron – vor 1327
    Historia ecclesiastica – bis 1294
    Tractatus de origine ac translatione et statu Romani imperii – um 1281?
  Bartholomaeus von Parma:
    Astrologische Traktate – 1280–97
    Ars geomantiae – 1288
  Bartholomaeus von Pisa (de Rinonico):
    De conformitate vitae beati Francisci ad vitam Domini Iesu – 1385–90
  Basler Sammlung lat. Gedichte – vor 1291
  Baudri von Bourgueil:
    Carmina – E. 11. Jh. – vor 1130
    Historia Hierosolymitana – um 1106
    Vita des Robert von Abrissel – 1117/30
  Beatus von Liébana:
    Adversus Elipandum libri II – 785/786
    Apokalypsenkommentar (Urfassung) – 776
  Beatus Rhenanus: Tacitus-Kommentar – 1519
  Bebel, Heinrich:
    Ars versificandi – 1506
    Comedia de optimo studio iuvenum – 1501
    Commentaria de abusione linguae apud Germanos et de proprietate eiusdem – 1503
    De laude Germanorum – 1509
    Libri facetiarum
      I, II – 1508
      III – 1512
    Oratio ad regem Maximilianum de laudibus atque amplitudine Germaniae – 1501
    Proverbia Germanica collecta atque in Latinum traducta – 1508
    Triumphus Veneris – 1509
  Bebo (von Bamberg?): Briefe an Kaiser Heinrich II. – 1021
  Beccadelli s. Antonius Panormita

Benedikt von S. Andrea: Chronicon – um 968/972   L
Benedikt von Aniane: Codex regularum, Concordia regularum –
    E. 8. Jh.
Benediktbeurer Weihnachtsspiel – um 1200
Benzo von Alba: Libri ad Heinricum IV. imperatorem – 1085/86
Berengar von Landorra: Lumen anime (A) – 1318/30
Berengar von Tours: Liber de sacra coena – vor 1050
Bern von Reichenau:
    Musiktheoret., liturg.-theolog., hagiograph. Schriften, Briefe
        und Gedichte – 1043 (Gesamtausgabe Heinrich III. überreicht)
(San) Bernardino da Siena: Lat. Predigten – 1417–44
Bernardus Guidonis:
    Legenda s. Thomae de Aquino – 1325
    Liber sententiarum inquisitionis Tolosanae für die Jahre 1307–23
        – um 1323
    Practica officii inquisitionis – 1314/16
    Speculum sanctorale – 1324/30
Bernardus Silvestris:
    Cosmographia – 1145/53
    Kommentare zu Martianus Capella und Vergils Aeneis (?) – nach
        1127 / vor 1150?
    Mathematicus – um 1150? (vor 1159)
Bernhard von Breidenbach: Pilgerfahrt ins Hl. Land (Erstdruck der
    lat. Fassung) – 1486
Bernhard von Clairvaux:
    Ad milites Templi de laude nove militie – 1126/41
    Briefe – um 1115–53
    De consideratione – 1148/53
    De diligendo Deo – 1126/41
    Sermones – um 1115–53
        Sermones super Cantica canticorum – 1135–53
(Ps.-)Bernhard von Clairvaux: Liber de passione Christi – vor 1205
Bernhard von der Geist: Palpanista – nach 1246
Bernhard von Hildesheim: Hildesheimer Briefsammlung – 1065–85
Bernhard von Morlas: De contemptu mundi – vor 1150
Bernhard von Utrecht: Kommentar zur Ecloga Theoduli – 1076/99
Bernhard von Waging:
    Defensorium Laudatorii – 1459
    Laudatorium doctae ignorantiae – 1451
Bernold von St. Blasien (von Konstanz):
    Streitschriften – 1076–1100

L   Micrologus de ecclesiasticis observationibus – um 1089
    Berthold von Regensburg: 3 Sammlungen Predigten – 1250–55
    Berthold von Reichenau: Vita Hermanns von Reichenau – 1055/56
    Biblia pauperum (Hss.) – seit A. 14. Jh.
    Biel, Gabriel: Collectorium circa quattuor libros sententiarum –
        1484–95
    Biondo, Flavio:
        De verbis Romanae locutionis – 1435
        Historiarum ab inclinatione Romani imperii decades III –
            1436–53
        Italia illustrata – 1453
        Roma instaurata – 1446
        Roma triumphans – 1457/59
    (Revelationes der hl.) Birgitta von Schweden – 1344–73
    Boccaccio, Giovanni:
        Bucolicum Carmen – 1351 begonnen
        De casibus virorum illustrium – 1356–60
        De genealogiis deorum gentilium – 1365
        De montibus silvis fontibus – 1355–60
        De mulieribus claris – 1361–62
    Bonaventura:
        Breviloquium – um 1256
        De reductione artium ad theologiam – um 1253/57?
        De triplici via – 1259/69
        Itinerarium mentis ad Deum – 1259
        Kommentare zur Bibel – 1248, 1253/54
        Legenda s. Francisci maior – 1260/62
        Quaestiones – 1253–56
        Sermones – 1250–73
        Soliloquium – um 1257
    (Ps.-)Bonaventura: Arbor amoris – vor 1300
    Boncompagno da Signa:
        Liber de amicitia – 1200/05
        Liber de malo senectutis et senii – 1230/40?
        Liber de obsidione Ancone – 1189/1201
        Rhetorica antiqua (1. Red.) – 1215
        Rhetorica novissima – 1235
        Rota Veneris – 1200/05
    Bonfini, Antonio: Rerum Hungaricarum decades – bis 1496
    Bonifatius s. Wynfrid-Bonifatius
    Bonizo von Sutri:
        Liber ad amicum – 1085/86?

Liber de vita christiana – um 1089   **L**
Bonvicinus de Ripa:
 De magnalibus urbis Mediolani – 1288
 Vita scholastica – um 1300
Bovo von Corvey:
 Kommentar zu Boethius, De consolatione Philosophiae (III m. 9
  »O qui ...«) – um 900
Brant, Sebastian:
 Carmina varia – 1498
 Expositiones sive declarationes omnium titulorum iuris – 1490
 In laudem gloriosae virginis Mariae [...] carmina – 1494
Brun von Querfurt:
 Vita s. Adalberti
  1. Fassung – 1004
  2. Fassung – 1008
 Vita quinque fratrum – 1008
Bruni, Leonardo:
 De interpretatione recta – 1423/26?
 De nobilitate Florentinae urbis – 1403
 Dialogi ad Petrum Paulum Istrum – 1401–05
 Epistolarum libri VIII – 1440
 Historiae Florentini populi – 1415–44
 Rerum suo tempore gestorum commentarius – 1440
 Überss. aus dem Griech. – um 1400–44
Bruno de Longoburgo: Chirurgia magna – 1252
Bruno von Merseburg: Saxonicum bellum – nach 1082
Bruno von Segni:
 Libellus de simoniacis – 1085/1102
 Sententiarum libri VI – 1085/1102
Burchard von Barby (de Monte Sion): Descriptio terrae sanctae –
 um 1283
Burchard von Ursberg: Chronicon – 1229–30
Burchard von Worms:
 Decretum – 1008–12? (vor 1023)
 Lex familiae Wormatiensis ecclesiae – um 1023/25
Burckard, Johannes:
 Caeremoniale Romanum – 1488
 Diarium (Liber notarum) – 1483–1506
 Liber pontificalis – 1485
Burgundio von Pisa: Übers. griech. Werke – um 1150/85
Burley, Walter:
 philosoph.-naturwissenschaftl. Traktate – 1. H. 14. Jh.

L De vita et moribus philosophorum – 1. H. 14. Jh.
   Kommentare zu aristotel. Schriften – 1. H. 14. Jh.
Butzbach, Johannes:
   Odoeporicon – 1506

Caesarius von Heisterbach:
   Dialogus miraculorum – 1223/24
   Libri miraculorum – 1225/26
   Vita der hl. Elisabeth – um 1236/37
   Vita Engelberti – 1226/37
Candidus-Brun von Fulda: Vita Eigili abbatis metrica et prosaica – um 840
Capitulare de villis – 790/800?
Capitulare Saxonicum – 797
Capitulatio de partibus Saxoniae – 785? (nach 782)
Carmen ad Deum – 8. Jh.?
Carmen de bello Saxonico – um 1075
Carmen de exordio gentis Francorum – A. 9. Jh.
Carmen de gestis Friderici I. imperatoris in Lombardia – 1162/66
Carmen in victoriam Pisanorum – 1087
Carmen pro schola Wirziburgensi – 1031
(Hs. der) Carmina Burana (Codex Buranus) – um 1230
Carmina Cantabrigiensia (Hs.) – um 1050
(Novus) Cato – 2. H. 11. Jh.
Celtis, Conrad:
   Amores – 1502
   Ars versificandi et carminum – 1486
   Beschreibung Nürnbergs in Prosa (im Druck der Amores) – 1502
   Epitoma in utramque Ciceronis rhetoricam – 1492
   (Edition der Werke) Hrotsviths von Gandersheim – 1501
   Ludus Dianae – 1501
   Oratio in gymnasio Ingelstadio habita – 1492
   Rhapsodia – 1504
Christan von Lilienfeld:
   liturg., moral. und didakt. Dichtungen und Verse – um 1290–1326
   Zebedides – um 1290
Christian von Stablo: Expositio in Evangelium Matthaei, In Lucam – 865/870
Chronica regia Coloniensis – um 1197/1202 (mit Fortsetzungen bis 1220)
Circa instans – um 1150

Claudius von Turin: Briefe, Bibelkommentare, ikonoklast. Schriften L
– 811 – um 825
Cochlaeus, Johannes: Brevis Germanie descriptio – 1512
Codex epistolaris Karolinus – 791
Colonna, Francesco: Hypnerotomachia Poliphili – 1479/89? (Druck 1499)
Constantinus Africanus:
    Megatechne – 1076/87
    Theoricae pantegni – 1076/87
    Viaticum peregrinantis – 1076/87
Copernicus, Nicolaus: De revolutionibus (älteste Teile des Autographs) – um 1520
Cordus, Euricius: Bucolicon – 1514
Cosmas von Prag: Chronica Boemorum – 1119–25
Cuspinianus, Johannes: Consules – 1511

Danielspiel von Beauvais s. Ludus Danielis
Dante Alighieri:
    Brief an Cangrande I. – 1316
    Briefeklogen an Giovanni del Virgilio – 1319
    De monarchia – 1312/13?
    De vulgari eloquentia – um 1304/05
David von Augsburg:
    De exterioris et interioris hominis compositione – um 1240
    De inquisitione haereticorum (?) – nach 1256
Dhuoda: Liber manualis – 841/843
Dicta abbates Pirminii de singulis libris cannonnicis scarapsus – vor 753
Dicuil:
    De astronomia (Computus) – 814/818
    De mensura orbis terrae – 825
Dietrich von Apolda: Vita s. Elisabeth, Vita s. Dominici – 1289–97
Dietrich von Freiberg: Philosoph.-theolog. und naturwissenschaftl. Traktate – um 1294–1318/20
Dietrich von Nieheim:
    hist.-polit. Schriften – 1408–15
    Avisamenta für das Konstanzer Konzil – 1414/15
    Cronica – 1413/14
    Gesta Karoli Magni imperatoris – 1398/99
    Historie de gestis Romanorum principum – 1415
    Liber cancellarie – 1380
    Viridarium imperatorum et regum Romanorum – 1411

353

L Dionysius der Kartäuser:
   aszet., myst., paränet. Schriften – um 1450
   Kommentare
      zur Bibel – um 1440
      zu den Sentenzen des Petrus Lombardus – um 1459–64
Dominicus de Dominicis: De potestate pape et termino eius, De
   creatione cardinalium – 1456
Dominicus Gundissalinus (Gundisalvi):
   Überss. und Kompilationen arab.-jüd. Philosophen und philo-
   soph.-theolog. Schriften – um 1140 – nach 1181
Donizo von Canossa: Vita Mathildis comitissae – 1111/14
Dudo von St. Quentin: Historia Normannorum – 1015/26
Dungal:
   Carmina – um 800/827
   Epistolae – um 800/827
   Responsa contra perversas Claudii Taurinensis episcopi sententias
   – 827
Durandus von Mende, Wilhelm:
   Rationale divinorum officiorum – 1265/96
   Speculum iudiciale
      1. Fassung – vor 1276
      erw. Fassung – 1289–91

Eadmer:
   Historia novorum in Anglia – nach 1109
   Vita s. Anselmi archiepiscopi Cantuariensis – nach 1109
Ebendorfer, Thomas:
   Chronica regum Romanorum – 1449–51
   Diarium gestorum per legatos concilii Basiliensis pro reductione
   Bohemorum – 1433–36
   Predigtzyklen – 1426–63
Eberhard von Béthune: Grecismus – vor 1212
Eberhardus Alemannus: Laborintus – um 1250
Eberwin von Trier: Vita Symeonis reclusi – um 1035
Ebo von Michelsberg: Vita Ottos von Bamberg – um 1155
Ecbasis cuiusdam captivi – 1043/46
Eccius dedolatus – 1520
(Meister) Eckhart: Entwurf des Opus tripartitum – 1311–13
Ecloga Theoduli – E. 10. / A. 11. Jh.?
Egbert von Lüttich: Fecunda ratis – 1022/24
Egher von Kalkar, Heinrich: Ortus et decursus ordinis Cartusiensis
   – 1398

Eigil von Fulda: Vita Sturmi – um 800
Einhard:
  Briefe – 823–840
  Translatio et miracula ss. Marcellini et Petri – um 830
  Vita Karoli Magni – 820/830
Ekkehard von Aura: Chronik
  Rezension 1 – 1106
  Rezension 2 – 1107
  Rezension 3 (»anonyme Kaiserchronik«) – 1117 (1114?)
  Rezension 4 – 1125
Ekkehard I. von Sankt Gallen:
  Sequenzen – vor 973
  Vita Waltharii manufortis (= Waltharius-Epos?) – um 930
Ekkehard IV. von St. Gallen:
  Benedictiones super lectores per circulum anni – 1027/35
  Carmen de laude s. Galli – vor 1022
  Casus s. Galli – 1034/72
  Versus ad picturas domus Domini Moguntinae – 1027/35
Elipandus von Toledo: Epistulae
  ad Alcuinum – 798
  ad episcopos Franciae – 792/793
  ad Karolum Magnum – 792/793
  ad Migetium – vor 783?
Elisabeth von Schönau:
  Briefe – vor 1164
  Liber viarum Dei – 1156/63
  Visiones – 1152/60
Embricho von Mainz: Vita Mahumeti – um 1100?
Engelbert von Admont:
  De ortu, progressu et fine regnorum et praecipue regni seu imperii Romani – um 1312
  Speculum virtutum moralium – um 1300
Engelhus, Dietrich: Weltchronik – vor 1433
Epistola de litteris colendis – um 787
Epistolae ad divortium Lotharii II. regis pertinentes – 860–868
Epistolae obscurorum virorum
  1. Teil – 1515
  2. Teil – 1517
Epp, Georg: Liber de illustribus viris ac sanctimonialibus O. P. – 1506
Erasmus von Rotterdam:
  Adagia (1. Ausg.) – 1500

L   Antibarbari (Druck) – 1520
    Briefe (Druck der ersten Sammlung) – 1515
    Colloquia familiaria – 1518
    Commentarii de ratione studii et instituendi pueros – 1512
    Enchiridion militis christiani – 1501 (Druck 1503)
    Encomium matrimonii – 1516
    Encomium moriae – 1509
    Institutio principis Christiani – 1516
    Übers. des Neuen Testaments – 1505
Erchembert von Monte Cassino: Historia Langobardorum Beneventanorum – E. 9. Jh.
Ermenrich von Ellwangen: Epistola ad Grimaldum – 850/855
Ermoldus Nigellus:
    Carmen in honorem Hludowici – um 826/828
    Carmen in laudem Pippini regis – um 826/828
Etymachie-Traktat (älteste Hs.) – 1332
Eugenius Vulgarius: Sylloge carminum – A. 10. Jh.
    s. auch: Auxilius Vulgaris
Eulogius von Córdoba:
    Actus ss. martyrum Georgii, Aurelii atque Nathaliae – 851/856
    Documentum martyriale – 851
    Epistolae – 851
    Liber apologeticus martyrum – 857
    Memoriale sanctorum – 851/856
    Oratio ad virgines Floram et Mariam – 851
Eupolemius: Allegorisch-bibl. Epos – um 1100
Exordium magnum Cisterciense s. Konrad von Eberbach

Fabri, Felix:
    Descriptio Theutoniae, Sueviae et civitatis Ulmensis – 1488/89
    Evagatorium – 1484–88
Fabri, Johannes: Didakt. Dichtungen, Traktate – um 1484–95
Falcandus s. Hugo Falcandus
Ferretus de Ferreto:
    De Scaligerorum origine poema – 1328/29
    Historia rerum in Italia gestarum – um 1318/37
Ficino, Marsilio:
    De amore – 1469
    De vita – 1489
    Überss. aus dem Griech.
        – platonische Schriften – 1463–69
        – plotinische Schriften – 1484–86

    Theologia Platonica – 1469–74   **L**
Filelfo, Francesco:
    Briefe – bis 1481
    Commentationes Florentinae de exilio – 1440
    Convivia Mediolanensia – 1443
    De iocis et seriis – 1445–65
    Saturarum libri X – 1448
    Sfortias – 1450/73
    Übersetzungen griechischer Autoren – bis 1481
Flodoard von Reims:
    Annalen – 919–966
    De triumphis Christi sanctorumque Palaestinae, apud Antiochiam, in Italia – um 930–39
    Historia Remensis ecclesiae – um 950
Florus von Lyon:
    Schriften gegen Amalarius von Metz – 835–38
    Schriften zum Praedestinationsstreit gegen Johannes Scotus – um 851/852
    Carmina – um 850
    Expositio missae – um 840?
    Martyrologium – um 840?
    Querela de divisione imperii – um 840/843
Folengo, Tefilo:
    Baldus – 1517/21
    Zanitonella – 1519
Folkwin von Lobbes:
    Gesta abbatum Lobbiensium – um 980
    Gesta abbatum Sithiensium – um 961
    Vita Folcuini Morinensis – 970/984
Franz von Assisi: Regula bullata – 1223
Franciscus de Pedemontium: Complementum Mesuae – vor 1320
Franko von Köln: Ars cantus mensurabilis – um 1250
Franko von Lüttich: De quadratura circuli – vor 1056
Franko von Meschede: Aurea fabrica – um 1330
Frechulf von Lisieux: Chroniken – vor 830
Freisinger Ordo Rachelis und Herodes (Weihnachtsspiel) [Hs.] – E. 11. / A. 12. Jh.
Fridegodus von Canterbury: Breviloquium vitae b. Wilfredi – um 950
(Kaiser) Friedrich II.: De arte venandi cum avibus – um 1247/48
Froumund von Tegernsee: Briefbuch (Briefe und Gedichte) – um 1005

L Frutolf von Michelsberg:
   Breviarium de musica cum tonario – vor 1103
   Chronicon universale – vor 1103
Fulbert von Chartres: Briefe und Gedichte – um 1004–28
Fulcher von Chartres: Historia Hierosolymitana – bis 1127
Fulko von Reims: Briefe – 883–900

Galfridus de Vino Salvo:
   Documentum de modo et arte dictandi et versificandi – um 1198/ 1216
   Poetria nova – um 1198/1216
   Summa de coloribus rhetoricis (?) – um 1198/1216
Gallus von Königsaal (?): Malogranatum (älteste dat. Hs.) – 1382
Galvano da Levanto:
   Liber sancti passagii christicolarum contra Saracenos pro recuperatione terrae sanctae – 1291/95
Gaufredus Malaterra: De rebus gestis Rogerii, Calabriae et Siciliae comitis et Roberti Guiscardi ducis fratris eius – 1098/1101
Gauricus, Pomponius: De sculptura – 1504
(Ps.-)Geber: Summa perfectionis – vor 1310
Geoffroi de Monmouth:
   Historia regum Britanniae (älteste Fassung) – um 1138
   Vita Merlini – um 1150
Georgius de Hungaria: Tractatus de moribus, condictionibus et nequicia Turcorum (Druck) – 1481
Gerard van Vliederhoven: Cordiale – um 1380/90
Gerbert von Aurillac (ab 999 Papst Silvester II.):
   Akten des Konzils von St. Basle – 991
   Briefe – 983–997
   Isagoge geometriae – um 980/982
Gerhard von Augsburg: Vita s. Oudalrici episcopi – 982/993
Gerhard von Cremona: Übers. von philosoph. und naturwissenschaftl. Werken griech. und arab. Autoren aus dem Arab.; Revision älterer Überss. – um 1145–87
Gerhard von Csanád: Deliberatio supra Hymnum trium puerorum – um 1030/46
Gerhoh von Reichersberg:
   De investigatione Antichristi (2. Fassung) – 1160/62
   De quarta vigilia noctis – 1167
   Dialogus inter clericum secularem et regularem – 1131
   Liber de eo quod princeps huius mundi iam iudicatus sit – 1135
   Liber de novitatibus huius temporis – 1156

    Opusculum de edificio Dei – 1128
    Tractatus in psalmos – 1144–67/68
Gerson, Johannes:
    De auferibilitate papae ab ecclesia – 1409
    De consolatione theologiae – 1418/19
    De modo se habendi tempore schismatis – um 1400
    De mystica theologia – 1408
    De unitate ecclesiae – 1409
Gertrud von Helfta:
    Exercitia spiritualia – 1289–1302
    Legatus divinae pietatis – 1289–1302
    Red. des Liber specialis gratiae der Mechthild von Hackeborn – um 1298/1300
Gervasius von Melkley: Ars poetica – vor 1216
Gervasius von Tilbury: Otia imperialia – 1209/14
Gesta abbatum Fontanellensium – 833/840
Gesta Berengarii – 915/924
Gesta episcoporum Cameracensium (1. Red.) – um 1024/25
Gesta Ernesti ducis (Erf.) – vor 1220
Gesta Francorum et aliorum Hierosolimitanorum – vor 1101
Gesta Friderici I. imperatoris in Lombardia – um 1177/78
Gesta Karoli Magni der Regensburger Schottenlegende – um 1270
Gesta Roderici Campidocti – vor 1110
Gesta Romanorum
    erste Sammlungen – um 1280?
    älteste Hs. – 1342
Gesta Trevirorum (Rezension A) – um 1101
Gilbert Crispin: Disputatio Iudei et Christiani – 1090/95?
Gilbert von Poitiers:
    De trinitate – um 1147?
    Kommentar zu den Opuscula sacra des Boethius – um 1140
Gillebertus: De superfluitate clericorum – nach 1178
Giraldus Cambrensis:
    Descriptio Cambriae – um 1194
    Expugnatio Hibernica – 1189
    Itinerarium Cambriae – um 1191
    Topographia Hibernica – um 1186/87
Glareanus, Heinrich: Helvetiae descriptio – 1515
Gottfried von Franken: Palladius abbreviatus (Pelzbuch) – vor 1350
Gottfried von Viterbo:
    Memoria saeculorum – um 1185
    Pantheon – 1185/87–90/91

L Speculum regum – 1183
   Gottfried von Vorau: Lumen anime (B) – 1332
   Gottfried von Winchester: Liber proverbiorum – um 1070/1107
   Gottschalk von Aachen: Sequenzen – vor 1106
   Gottschalk der Sachse:
      Lyrik – nach 822
      Schriften zur Prädestinationslehre, grammat. Werke – 849 – um 869
   Gratian: Decretum (letzte Red.) – um 1140
   (Magister) Gregorius: Narracio de mirabilibus urbis Rome – um 1200
   (Papst) Gregor VII.: Registrum epistolarum – 1073–83
   Gregor (Petrus Carus) von Montesacro: Carmina, Peri ton ant⟨h⟩ropon theopiisis – vor 1239
   Groote, Geert: Sermones, Traktate, Briefe – um 1374–84
   Guaifarius s. Waifarius von Salerno
   Guibert von Nogent:
      De sanctis et pignoribus sanctorum – um 1119
      De vita sua Monodiarum libri tres – 1114/15
      Dei gesta per Francos – 1104/08
   Guido von Arezzo:
      Epistola de ignoto cantu – nach 1028
      Micrologus – 1025/26
      Regulae rhythmicae – 1025/26
   Guido von Chauliac: Chirurgia magna – 1363
   Guido de Columnis: Historia destructionis Troiae – 1287
   Gumpold von Mantua: Wenzelsvita – um 983
   Gunther von Pairis:
      Historia Constantinopolitana – 1207/09
      Ligurinus (?) – 1181–86/87?
   Gunzo von Novarra: Epistola ad Augienses – 965

   Haimo von Auxerre: Homiliar, Kommentare zur Bibel – 840/860
   Haymarus Monachus: De expugnata Accone – 1191
   (Legenda maior der hl.) Hedwig von Schlesien – um 1300
   Heimburg, Gregor:
      Benignitatis itaque (Rede vor Papst Eugen IV.) – 1446
      Invektive gegen Nikolaus von Kues – 1461
      Memoria repente (Rede vor dem Basler Konzil) – 1432
   (Kaiser) Heinrich IV.: Briefe – 1075–1106
   (Vita) Heinrici IV. imperatoris – 1106?
   Heinrich von Augsburg: Planctus Evae – vor 1083

Heinrich von Bracton: De legibus et consuetudinibus Angliae – um L
   1256
Heinrich von Friemar d. Ä.: De quattuor instinctibus, Opus sermo-
   num de sanctis – vor 1340
Heinrich von Langenstein:
   kirchenpolit. Traktate – 1379–97
   naturwissenschaftl. Schriften – 1363/73
   Kommentar zur Genesis – 1385–96
Heinrich von Lettland: Chronicon Livoniae – 1225–27
Heinrich von Mondeville: Chirurgia – 1304–14
Heinrich von Pisa (?): Liber Maiorichinus – um 1115
Heinrich von Segusia:
   Lectura in V libros Decretalium – 1271
   Summa aurea – 1253
Heinrich von Settimello: Elegia – um 1193
Heinrich von Würzburg: Carmen de statu curie Romane – 1261/65
(De) Heinrico (lat.-dt.) – um 1000?
Heiric von Auxerre:
   Collectanea – um 873
   Miracula s. Germani – 865/875
   Vita s. Germani – 865/875
Helinandus von Froidmont: Chronik – um 1204? (vor 1216)
Helmold von Bosau: Cronica Slavorum – 1163/72
Heloïsa s. Abaelardus
Hemmerli, Felix:
   Contra validos mendicantes – 1438
   De balneis naturalibus – um 1450
   Liber de nobilitate (c. 33: De Switensium ortu) – 1444/50
Herbarius Moguntinus (latinus) – 1484
Herbord von Michelsberg: Dialogus de vita Ottonis Bambergensis –
   1158/59
Heribert von Eichstätt:
   Hymnen – 1020/30
   Modus Ottinc (?) – um 1000
Heriger von Lobbes:
   Gesta pontificum Tungrensium et Leodiensium – 972/980
   Liber de corpore et sanguine Domini – nach 990
   Regulae de numerorum abaci rationibus – nach 990
   Vita Remacli Stabulensis – 972/980
   Vita metrica Ursmari Lobiensis – vor 980
Hermannus de Carinthia: Überss. von mathemat.-physikal. Schriften
   aus dem Arab. und von Schriften zum Islam – 1138 – um 1143

L Hermannus Iudaeus: De conversione sua – nach 1157?
Hermann von Reichenau: Schriften zum Quadrivium, liturg. Dichtungen und Kompositionen, Chronica, De octo vitiis principalibus, De musica – vor 1054
Hermann von Schildesche:
    Claustrum animae – 1347-49
    Introductorium iuris – um 1330
    Postilla super Cantica – 1349
    Speculum manuale sacerdotum – nach 1340
Hermann von Wartberge: Chronicon Livoniae – 1366/78
Herolt, Johannes: Promptuaria – 1434-37
Herp, Hendrik: Sermones, myst. Traktate – um 1440-77
Herrad von Hohenburg: Hortus deliciarum – um 1176-96
Hervaeus Natalis: De potestate papae – 1317/18
Herzog Ernst C – 2. H. 13. Jh.
Hessus, Eobanus:
    Bucolicon – 1509
    Carmen de pugna studentium Erphordiensium ... – 1506
    Heroidum christianarum epistolae – 1514
(Ps.-)Hieronymus s. Radbert von Corbie
Hieronymus von Moravia: Tractatus de musica – 1272/93
Higden, Ranulphus: Polychronicon – vor 1363/64
Hilarius von Orléans: Gedichte, geistliche Spiele, Briefe – 1105/25
Hildebert von Le Mans (Lavardin):
    De querimonia – nach 1101
    Carmina – um 1100/33
    Epistolae – um 1080/1133
Hildegard von Bingen:
    natur- und heilkundl. Schriften – 1151/58
    Epistolae – um 1145-79
    Liber divinorum operum – 1163-73/74
    Liber vitae meritorum – 1158-63
    Lieder – 1151/58
    Ordo virtutum – 1151/58
    Scivias – 1141-51
Hildesheimer Nikolausspiele I und II – E. 11. / A. 12. Jh.
Hilduin von St. Denis: Übers. der Werke des Ps.-Dionysius Areopagita – um 822
Hinkmar von Reims:
    Schriften zum Prädestinationsstreit – 849/850, 856/857, 859/860
    (Forts. der) Annales Bertiniani – 861-882
    Briefe – 845-882

    Collectio de ecclesiis et capellis – 857/858
    De cavendis vitiis et virtutibus exercendis – um 869
    De divortio Lotharii et Tetbergae reginae – 860
    De fide Carolo regi servanda – 875
    De ordine palatii – 882
    De regis persona et regio ministerio – um 873
    Vita s. Remigii – 878
Historia Brittonum (»Nennius«) – 829/30
Historia Compostellana – bis ca. 1138/39
Historia de expeditione Friderici imperatoris (»Ansbert«) – nach 1190 (mit Fortsetzungen bis 1197)
Historia peregrinorum – um 1194
Historia Welforum Weingartensis – um 1170
Hollen, Gottschalk: Praeceptorium divinae legis – 1461/68
Honorius Augustodunensis:
    Clavis physicae – um 1110/30
    Elucidarium – um 1100
    Gemma animae – um 1110/30
    Imago mundi – um 1110
    Inevitabile – um 1110
    Sacramentarium – um 1110/30
    Sigillum – um 1100
    Speculum ecclesiae – um 1110
    Summa totius – um 1110
Honover, Heinrich: Magisterium Christi in septem artibus liberalibus – vor 1403
Hortulus animae (Erstdruck) – 1498
Hrabanus Maurus:
    Gedichte – um 810–855
    Briefe – um 810–855
    Commentaria in libros veteris et novi testamenti – 818–842
    De anima – 855/856
    De computo – 820
    De disciplina ecclesiastica – 841/842
    De institutione clericorum – 819
    De laudibus sanctae crucis – um 810
    De oblatione puerorum – nach 829
    De praescientia et praedestinatione, de gratia et libero arbitrio – um 840
    De rerum naturis – 842/852
    De reverentia filiorum erga patres et subditorum erga reges – 833/834

L   Martyrologium – um 843
    Paenitentialia – 841/842, 853
  Hrotsvit von Gandersheim:
    Dramen – nach 962
    Gesta Oddonis – vor 968
    Legenden
      erste Legendendichtungen – vor 959
      Legendenbuch – nach 962
    Primordia coenobii Gandeshemensis – vor 973
    s. auch: Celtis, Conrad
  Hucbald von St. Amand: De harmonica institutione – 877/900
  Hugeburc von Heidenheim: Vita Willibaldi, Vita Wynnebaldi – um 778/787
  Hugo von Bologna: Rationes dictandi prosaice – 1119/24
  Hugo Falcandus:
    Epistola de calamitate Sicilie – um 1190
    Liber de regno Siciliae (?) – bis 1169
  Hugo von Fleury:
    Historia ecclesiastica – 1109/10
    Liber qui modernorum regum Francorum continet actus – um 1115
  Hugo de Folieto: De avibus, De claustro animae, De nuptiis – vor 1172/74
  Hugo von Honau: Liber de homoysion et homoeysion – vor 1179
  Hugo von Mâcon: Gesta militum – um 1250?
  Hugo Primas von Orléans: Gedichte – vor 1160
  Hugo von Trimberg:
    Laurea sanctorum – um 1270
    Registrum multorum auctorum – 1280
    Solsequium – 1284
  Hugo von St. Victor:
    De institutione novitiorum – um 1120/30
    De sacramentis christianae fidei – um 1130?
    Didascalicon – vor 1125
  Hugucio von Pisa: Magnae derivationes – um 1192
  Humbert von Romans: Opus tripartitum – 1274
  Humbert von Silva Candida: Adversus Simoniacos – 1056/58
  Hus, Johannes:
    Traktate – 1402–15
    Briefe – 1402–15
    De ecclesia – 1413
    Postilla – 1407–08

Sermones – 1402–15
Hutten, Ulrich von:
    Arminius-Dialog – nach 1515
    Exhortatio ad principes Germanos – 1518
    Klagereden gegen Herzog Ulrich von Württemberg – 1515–19
    Phalarismus – 1517
    Vadiscus dialogus – 1520

(De) imitatione Christi (von Thomas von Kempen überarbeitet?) – vor 1424
Indiculus superstitionum et paganicorum – 2. H. 8. Jh.
(Papst) Innozenz III. s. Lothar von Segni
Institoris, Heinrich:
    Malleus maleficiarum (zus. mit Jakob Sprenger) – 1485/87
    Sancte Romane ecclesie fidei defensionis clippeus adversus Waldensium seu Pickardorum heresim – 1500
(Ps.-)Isidorische Fälschungen – um 847/852
Ivo von Chartres:
    Briefe – um 1090–1115
    Kanonist. Sammlungen – 1091–95

Jacobus de Cessolis: Solacium ludi scacorum – um 1300
Jakob von Jüterbog:
    Avisamentum ad Papam pro reformatione ecclesiae – 1449
    De animabus exutis a corporibus – 1454
Jacobus von Lüttich: Speculum musicae – nach 1330
Jakob von Mailand (?): Stimulus amoris (minor) – E. 13. Jh.
Jacobus de Theramo: Belial – um 1400
Jakob von Venedig: Übers. aristotel. Schriften aus dem Griech. – um 1128
Jacobus von Vitry:
    Briefe – um 1216–21
    Historia Hierosolimitana abbreviata – um 1220/23
    Sermones – nach 1226–1240
    Vita der Maria von Oignies – 1213/14
Jacobus a Voragine: Legenda aurea – um 1260/67?
Joachim von Fiore: Concordia Novi et veteris Testamenti und andere theolog. Schriften – 1184/1202
(Papst) Johannes XXI. s. Petrus Hispanus
Johannes von Afflighem (Cotto): De musica cum tonario – um 1100
Johannes von Alta Silva: Dolopathos – um 1184
Johannes Aurifaber: Determinatio de modis significandi – nach 1332

L Johannes Balbus:
    Catholicon – 1286
    Dialogus de quaestionibus animae ad spiritum – 1271
Johannes Buridanus: Aristoteles-Kommentare – um 1325 – nach 1350
Johannes Canaparius (?): Älteste Vita des hl. Adalbert von Prag – 998/999
Johannes von Capestrano: Predigten in Deutschland – 1451–55
Johannes von Capua: Directorium vitae humanae, Überss. aus dem Hebräischen – 1263/78
Johannes von Dambach: Consolatio theologiae – um 1338/39–66
Johannes Diaconus (Hymmonides):
    Nikolaus-Vita – um 880
    Versiculi de cena Cypriani – 875
    Vita Gregorii Magni – um 872/880 (873/876?)
Johannes Duns Scotus: Theolog. und philosoph. Schriften – um 1300/08
Johannes von Frankfurt:
    Collatio ad regem Anglie – 1420
    Itinerarius – nach 1427
Johannes von Freiburg: Summa confessorum – vor 1298
Johannes de Garlandia:
    Gedichte, Lehrschriften – um 1220–58
    De mensurabili musica – um 1240
    De triumphis ecclesiae – nach 1232
    Dictionarius – vor 1229
    Parisiana poetria – um 1231/35
Johannes von Gorze (?): Miracula s. Gorgonii, Vita s. Glodesindis (?) – um 970
Johannes de Grocheio: Theoria de musica – um 1300
Johannes de Hauvilla: Architrenius – 1184/85
Johannes von Hildesheim:
    Gedichte – 1350–75
    Briefe – 1350–75
    Historia trium regum – vor 1364
Johannes Hispalensis: Übers. arithmet., astronom.-astrolog., medizin. u. a. Traktate aus dem Arab. – um 1130/57
Johannes von Kastl: Expositio super regulam s. Benedicti – um 1400
Johannes von Lignano: Tractatus de bello, de repressalibus et de duello – vor 1383
Johannes de Muris:
    Arithmetica speculativa – um 1323

Canones tabule tabularum – 1321
    De arte mensurandi – um 1344
    Musica practica – 1322
    Musica speculativa – 1323
    Quadripartitum numerorum – 1343
Johann von Neumarkt: Summa cancellariae (älteste Rezension) –
    um 1364
Johann von Paltz: Coelifodina und Supplementum Coelifodinae
    (1500–04).
Johannes von St. Paul in Rom: Vita Odos von Cluny – nach 942
Johannes de Plano Carpini: Historia Mongolorum – 1247/52
Johannes Quidort: De potestate regia et papali – 1302
Johannes von Rheinfelden: Ludus cartularum moralisatus – 1377 begonnen
Johannes de Rupescissa:
    Liber de consideratione quintae essentiae – um 1340?
    Liber lucis – um 1340?
    Vade mecum in tribulatione – 1356
Johannes de Sacrobosco:
    Algorismus – um 1235/40
    De computo ecclesiastico – 1232/35
    Sphaera mundi – vor 1231/35
Johannes von Salisbury:
    Briefe – 1153–76
    Entheticus – 1155
    Historia pontificalis – 1163/64?
    Metalogicon – 1159
    Policraticus – 1159
Johannes Sarracenus: Übers. der Schriften des Ps.-Dionysius Areopagita – um 1166/67
Johannes Scotus (Eriugena):
    De divina praedestinatione – 851
    Graeco-lat. Gedichte – um 859/869
    Kommentar zu Martianus Capella – um 850
    Periphyseon sive De divisione naturae – 866
    Überss. aus dem Griech.
        – Ps.-Dionysius Areopagita
            1. Fassung – vor 860
            2. Fassung und Kommentar – 865/870
        – Gregor von Nyssa – vor 860
        – Maximus Confessor – vor 860
Johannes von Teschen: Lumen secretorum – vor 1400

L Johannes Teutonicus: Glossenapparate zum Decretum Gratiani,
    Compilatio Quarta und Tertia – 1210–16
Johannes Trithemius: Cathalogus illustrium virorum – 1495
Johannes von Viktring:
    Libri certarum historiarum – um 1340/43
Johannes de Werdea: Wiener Vorlesungen zur Grammatik und Logik – 1445–51
Johannes von Werden: Predigtmagazin »Dormi secure« – um 1400
Johann von Winterthur: Chronica – 1340/48
Johannes von Würzburg: Descriptio Terrae sanctae – 1160/70
Jonas von Orléans:
    De cultu imaginum – 840
    De institutione laicali – vor 828
    De institutione regia – 830/834
    Vita und Translatio s. Huberti – um 825
Jordaens, Willem:
    Avellana (Conflictus virtutum et viciorum), Überss. von Schriften Heinrich Seuses und Jans van Ruusbroec ins Lat. – um 1350 (?) / 1372
Jordan von Quedlinburg:
    Liber Vitas fratrum – 1357
    Meditationes de passione Christi – 1357/80
    Predigtzyklen – 1357/80
Jordan von Sachsen:
    Briefe – 1222–37
    In Priscianum minorem – vor 1220
    Libellus de iniciis ordinis predicatorum – 1231–35
Joseph von Exeter (Iscanus): Ylias – 1188/90
Jotsaldus: Ritmus de patre Odilone, Planctus und Vita Odilos von Cluny – um 1048/52
Justinus von Lippstadt: Lippiflorium – 1259/64

(anonyme) Kaiserchronik s. Ekkehard von Aura
Kalteisen, Heinrich:
    Antwort auf den 3. Artikel der Hussiten (Konzilsrede) – 1433
    Tractatus seu consilium super auctoritate papae et concilii generalis [...] – 1440/41
(Kaiser) Karl der Große: Admonitio generalis – 789
    s. auch: Epistola de litteris colendis; Paulus Diaconus
(Kaiser) Karl IV.:
    Vita Karoli quarti – um 1350 oder 1370?
    Wenzelslegende – 1355/61

Karoch von Lichtenberg, Samuel: Schriften zur Grammatik und L
    Rhetorik, Briefe, Reden, Erzählungen, Gedichte – 1470–1500
(De) Karolo Magno et Leone papa – nach 800
Kilwardby, Robert: De ortu scientiarum – um 1250
Klosterneuburger Osterspiel – A. 13. Jh.
Konrad von Eberbach: Exordium magnum Cisterciense – 1206/21
Konrad von Gelnhausen: Epistola concordiae – 1380
Konrad von Haimburg: Pia carmina, Lectionarium Mariale – um 1350
Konrad von Megenberg:
    Commentarius de laudibus B. V. Mariae – nach 1364
    De mortalitate in Alamannia – 1350
    Lacrima ecclesiae – 1364
    Planctus ecclesiae in Germaniam – 1337/38
    Tractatus contra Wilhelmum Occam – 1354
    Tractatus de translatione imperii – 1354
    Yconomica – 1348–52
Konrad von Mure:
    De naturis animalium – um 1255
    Fabularius – 1273
    Summa de arte prosandi – 1275/76
Konrad von Waldhausen:
    Apologia – 1368
    Applicatio sentenciarum Valerii Maximi ad theologiam – um 1360?
    Postilla studentium sancte universitatis Pragensis – vor 1366
Krantz, Albert:
    Chronica regnorum aquilonarium Daniae Sveviae Norvagiae – 1504 abgeschlossen (Druck 1548)
    Saxonia (Druck) – 1520
    Vandalia (Druck) – 1519
Kuppener, Christoph: Consilia elegantissima in materia usurarum et contractuum usurariorum – 1508
Kyeser, Konrad: Bellifortis – 1405

Lambert von St. Omer: Liber floridus – A. 12. Jh.
Lampert von Hersfeld: Annalen – um 1077
Landino, Christoforo:
    De nobilitate animae – 1472
    De vera nobilitate – 1472
    Disputationes Camaldulenses – um 1475
    Kommentare
        zu Dante – 1481

L   zu Juvenal – 1462
      zu Persius – 1462
      zu Vergil – 1478
Landolfus Sagax: Historia Miscella – vor 1023
Lanfranc von Bec: De corpore et sanguine Domini adversus Berengarium Turonensem – 1069
Lanfranc von Mailand:
   Chirurgia magna – 1296
   Chirurgia parva – 1293/94
Lange, Gottfried: Historia excidii et ruinae Constantinopolitanae urbis – nach 1453
Lankmann von Falkenstein, Niklas: Desponsacio et Coronacio serenissimi imperatoris Friderici tercii et eius auguste domine Leonore – nach 1467
Laurentius de Březová s. Lorenz von Březová
Laurentius von Durham:
   Consolatio de morte amici – 1141
   Dialogi – vor 1154
   Hypognosticon – 1134
Leo Marsicanus: Chronica monasterii Casinensis – um 1100
Leo (Archipresbyter) von Neapel: Historia de proeliis – nach 950
Leo von Vercelli:
   Gedichte – E. 10. / A. 11. Jh.
   Totenklage auf Otto III. – 1002
Leonard von Pisa (Fibonacci):
   Liber abaci
      1. Fassung – 1202
      2. Fassung – 1228
   Practica geometriae – um 1220? (vor 1240)
Levold von Northof: Chronica comitum de Marka – 1358
Lex Frisionum – 802
Lex Salica (emendata) – 768?
Lex Thuringorum – 802
Libellus de conversione Baiuvariorum et Carantanorum – 871
Libellus de ritu et moribus Turcorum – 1509
Liber Augustalis – 1231
Liber iste – um 1150
Liber Maiorichinus s. Heinrich von Pisa
Liber de numeris – um 750/770?
Liber Pontificalis (Ende des karolingischen Teils) – 891
Liber Scale Machometi – 1260/64
Liber de unitate ecclesiae conservanda – 1092/93

Libri Karolini – um 790   L
Lichtenberger, Johannes: Pronosticatio – 1488
Liebeskonzil von Remiremont – um 1150
Liutprand von Cremona:
    Antapodosis – 958/962
    Historia Ottonis imperatoris – 964/965
    Relatio de legatione Constantinopolitana – um 968
Locher, Jakob: Stultifera navis, De Turcis et Suldano – 1497
Lorenz von Březová:
    Carmen insignis corone Bohemie – 1431
    Chronicon seu De gestis et variis accidentibus regni Bohemiae –
        1420/37
Lothar von Segni (Papst Innozenz III.):
    De miseria humanae conditionis – 1190/94
    De missarum mysteriis – 1195/97
Luder, Peter:
    Reden, Vorlesungen, Briefe, Gedichte – 1456 – um 1470
Ludi Floriacenses (Spielsammlung aus Fleury) – E. 13. Jh.
Ludolf von Hildesheim: Summa dictaminum – um 1240?
Ludolf von Sachsen: Vita Iesu Christi – 1348/68
Ludolf von Sagan:
    Soliloquium schismatis – 1408/09
    Tractatus de longevo schismate – 1417–20
Ludolf von Sudheim: De itinere terre sancte liber – um 1350
(Chronicon/Vita) Ludowici IV imperatoris (nach 1347)
Ludus de Antichristo – vor 1160
Ludus Danielis von Beauvais – 1. V. 12. Jh.?
Lull, Raimund:
    Ars amativa – 1289
    Ars generalis ultima – 1305–08
    Ars inventiva – 1289
    Ars maior – 1273
    De affatu – 1295
    De anima rationali – 1296
    De ascensu et descensu intellectus – 1305
    De fine – 1305
    De quadratura et triangulatura circuli – 1299
    Liber de gentili et tribus sapientibus – 1273–75
    Liber intentionum – 1282–87
Lull von Mainz: Briefe – 745–786
Lumen anime (C) – nach 1332
Lupold von Bebenburg:

L   De zelo christianae religionis veterum principum Germanorum – 1341/42
    Ritmaticum querulosum et lamentosum dictamen de modernis cursibus et defectibus regni et imperii Romanorum – 1340
    Tractatus de iuribus regni et imperii Romani – 1340
Lupus von Ferrières: Briefe – 829–862
Luther, Martin:
    Adversus execrabilem Antichristi bullam – 1520
    Assertio omnium articulorum per bullam Leonis X novissimam damnatorum – 1520
    Commentarius in epistolam ad Galatas – 1516
    Commentarius in epistolam Pauli ad Romanos – 1515–16
    De captivitate Babylonica ecclesiae – 1520
    Dictata super Psalterium – 1513–16
    Operationes in Psalmos – 1519–21
    Resolutiones – 1518
    Tractatus de libertate christiana – 1520
Lux divinitatis (Übers. von Mechthild von Magdeburg: Das fließende Licht der Gottheit) – um 1282/98

Maastrichter Osterspiel – um 1200
Macer floridus s. Odo von Meung
Magingaoz von Würzburg: Briefe – 754–768
Magnum Legendarium Austriacum – um 1200
Mainzer Krönungsordo – 960
Malaspina, Saba: Rerum Sicularum libri VI – 1276 (Forts. bis 1285)
(Übers. von) Mandevilles Voyages – vor 1390
Manegold von Lautenbach: Liber contra Wolfelmum, Liber ad Gebehardum – um 1085
Manetti, Giannozzo:
    De dignitate et excellentia hominis – 1451–52
    De terre motu libri III – 1457/58
    Dialogus consolatorius de morte filii – 1438
    Dialogus in domestico et familiari quorundam amicorum symposio – 1448
Mantuanus, Baptista:
    Adulescentia – 1498
    De calamitatibus temporum – 1489
    Eclogae – 1498
    Epigrammata ad Falconem – um 1483
    Parthenicae – 1488–1507
    Trophaeum pro Gallorum ex Italia expulsione – 1495

Map, Walter: De nugis curialium – um 1183/93   L
Marbod von Rennes:
    Briefe, Heiligenleben, religiöse Dichtungen, Hymnen, Epigramme, didakt. Poesie – 4. V. 11. Jh. – 1123
    Liber X capitulorum – 1102?
(Bruder) Marcus: Visio Tnugdali – 1148/53
Marcus Valerius: Bucolica – 2. H. 12. Jh.?
Marienklage von Cividale – vor 1400
(Erste hochmittelalterliche Sammlungen von) Marienmirakeln – um 1100
Marienwerder, Johannes: Viten der hl. Dorothea von Montau – 1394–1404
Markward von Fulda: Gesta Marquardi – 1150/65
Marquard von Lindau:
    De arca Noe – vor 1392
    De nobilitate creaturarum – vor 1392
    De quadruplici homine – vor 1392
    De reparatione hominis – 1374
Marsilius von Padua:
    De iurisdictione imperatoris in causis matrimonialibus – 1342
    Defensor pacis – 1324
    Tractatus de translatione Romani imperii – nach 1328
Martinus de Dacia: Modi significandi – um 1270
Martin von Leibitz: Trialogus de militia christiana – vor 1456
Martin von Troppau: Chronicon
    1. Red. – 1268
    2. Red. – 1271
    3. Red. – 1277
Marullo, Michele: Epigrammata, Hymni naturales – 1497
Marulus, Marcus: Davidias – 1506
(Vita) Mathildis reginae
    prior – um 975
    posterior – 1002/12
Matthaeus von Boulogne: Lamentationes Matheoli – um 1298
Matthaeus von Krakau:
    De puritate conscientiae – vor 1390
    De squaloribus curiae Romanae – 1403/04
    Dialogus rationis et conscientiae – 1388
    Rationale operum divinorum – 1393/94
Matthaeus Paris: Chronica maiora – 1259
Matthaeus von Vendôme: Piramus et Tisbe, Milo, Epistole, Ars versificatoria – 2. H. 12. Jh.

L Matthias von Janov: De regulis Veteris et Novi Testamenti – 1388–93
 Matthias von Neuenburg: Chronica – 1350
 (Kaiser) Maximilian I.: Diktate zur lat. Autobiographie – um 1497–1501
 Mayr, Martin: Rede zur Eröffnung der Universität Ingolstadt – 1472
 Mechthild von Hackeborn s. Gertrud von Helfta
 Mechthild von Magdeburg s. Lux divinitatis
 Meditationes vitae Christi – um 1300
 Meginfried von Magdeburg: Vita des hl. Emmeram – um 1033
 Meinhard von Bamberg:
  Briefe – um 1060–75
  De fide, varietate symboli, ipso symbolo et pestibus haeresium – 1057/65
 (Vita Bischof) Meinwerks von Paderborn – 1155/65
 Meisterlin, Sigismund:
  Cronografia Augustensium – 1456
  Nieronbergensis cronica – um 1484–88
 Melanchthon, Philipp:
  De corrigendis adolescentiae studiis – 1518
  De Rhetorica – 1519
  Theologica Institutio – 1519
 Mensa philosophica – um 1480
 Metellus von Tegernsee:
  Expeditio Ierosolimitana – um 1160
  Quirinalia – 1165–75
 Meydenbach, Jakob: Hortus sanitatis – 1491
 Meyer, Johannes: Liber de illustribus viris O. P. – 1466
 Michael von Prag: De quattuor virtutibus cardinalibus pro eruditione principum – um 1388
 Michael Scotus:
  Kommentar zur Sphaera des Johannes de Sacrobosco – vor 1235
  Liber introductorius – vor 1235
  Überss. aus dem Arab. – vor 1220
 Milíč von Kremsier, Jan:
  Abortivus – 1365/66
  Libellus de Antichristo – 1367
  Sermo de die novissimo – 1367
  Sermones quadragesimales – um 1370–74
 Milo von St. Amand: De sobrietate – vor 872
 Modoin (Naso) von Autun: Ecloga ad Karolum – 804/814
 Modus qui et Carelmanninc – A. 11. Jh.
 Modus Florum – A. 11. Jh.

Modus Liebinc – A. 11. Jh.   L
Molitoris, Ulrich: Tractatus [...] de lamiis et phitonicis mulieribus –
    1489
Moralium dogma philosophorum s. Wilhelm von Conches
Moravus, Augustinus:
    Dialogus in defensionem poetices – 1493
Morena, Otto: Historia Friderici I. imperatoris – um 1160
Morus, Thomas: Utopia – 1516
Münzer, Hieronymus:
    Brief an König Johann II. von Portugal – 1493
    Itinerarium – 1494–95
Mulberg, Johannes:
    Theolog. Lehrpredigten – 1404/05
    Tractatus contra statum beginarum – 1405
Muling, Johannes Adelphus: Margarita facetiarum – 1509
Murmellius, Johannes:
    Elegiae morales – 1508
    Opusculum de discipulorum officiis – 1505
    Pappa puerorum – 1513
Murner, Thomas: Germania Nova – 1502
Musica Enchiriadis – 2. H. 9. Jh.
Mussato, Albertino:
    Eccerinis – vor 1315
    Historia Augusta de gestis Henrici VII – um 1313
    Vita Ludwigs des Bayern – um 1329

Narratio itineris navalis ad terram sanctam – 1189
Navigatio s. Brendani – 10. Jh.?
Nennius s. Historia Brittonum
Nibelung: Fortsetzung der Fredegar-Chronik – 751–768
Nikolaus von Bibra s. Occultus Erfordensis
Nicolaus von Butrinto: Relatio de itinere Italico Henrici VII. ad
    Clementem V. – 1312
Nikolaus von Clémanges: De ruina et reparatione ecclesiae – 1394
Nikolaus von Dinkelsbühl:
    Predigten, Gutachten, Schriften zur Klosterreform – um 1409–33
    Kommentare
        zu Matthäus – 1412–25
        zu Paulus 1425–26
        zu Psalm 1–50 – 1412–25
    Lectura Mellicensis – 1421–24
    Quaestiones magistrales – 1409–12

L Nikolaus von Dybin: Schriften zur Rhetorik und Grammatik – um 1360/70?
Nikolaus von Kues:
    Kirchen- und staatspolit. Schriften – 1432–42
    Schriften zur Quadratur des Kreises – 1450 und 1457
    Apologia doctae ignorantiae – 1449
    Brief an Rodrigo Sánchez de Arévalo 1442
    Cribratio Alchorani – 1460/61
    De concordantia catholica – 1432–33
    De coniecturis – 1441/42
    De docta ignorantia – um 1440
    De maioritate auctoritatis sacrorum conciliorum supra auctoritatem papae – 1433–42
    De mathematica perfectione – 1458
    De mathematicis complementis – 1453–54
    De pace fidei – 1453
    De visione Dei – 1453
    Idiota – 1450
    Opuscula – um 1445
Nikolaus von Lyra: Postilla – um 1322/31
Nicolaus von Oresme (Nicole Oresme):
    De difformitate qualitatum – vor 1370
    De origine, natura, iure et mutationibus monetarum – vor 1370
    Kommentare zu Aristoteles – um 1370/71
Nikolaus von Straßburg: Summa philosophiae – um 1315/20
Nicolaus Treveth s. Treveth
Nider, Johannes:
    Traktate u. a. zu religiösen Lebensformen und zur Seelsorge, zeitkrit. Schriften (Formicarius) – um 1426–38
    Contra heresim Hussitarum – 1420/30
    Eröffnungsrede zum Basler Konzil – 1431
Nigellus de Longo Campo (Nigellus Wireker):
    Speculum stultorum – vor 1180?
    Tractatus contra curiales – 1190/91
Niklas von Wyle: Briefe – um 1447–64
Nithard: Historiarum libri IV – 843
Nivardus von Gent (?): Ysengrimus – um 1150
Norbert von Iburg: Vita Bennos II. von Osnabrück – 1090/1110
Notker I. von St. Gallen (Balbulus):
    Formelbuch – 890
    Gesta Karoli – 883–887?
    Liber Ymnorum – um 884 abgeschlossen

    Martyrologium – um 896   L
    Metrum de vita s. Galli – 884/890
    Opuscula (Epistola ad Lantbertum, Versus de fungo u. a.) – vor 912
    Stephanus-Hymnen – 883?
Notker III. von St. Gallen (Labeo/Teutonicus):
    Brief an Bischof Hugo von Sitten – vor 1017?
    De arte rhetorica (lat.-dt.) – um 980?/1022
    Quomodo VII circumstantie rerum in legendo ordinande sint – um 980?/1022

Occultus Erfordensis (Nikolaus von Bibra?): Carmen satiricum – 1281–84
Odilo von Cluny:
    Epitaphium Adalheide auguste – um 1000
    Vita Maioli abbatis – um 1000
Odilo von Soissons: Translatio s. Sebastiani (mit Conquestio Ludowici Pii) – um 930
(Ps.-)Odo: Dialogus de musica – um 1000
Odo von Cluny:
    Collationes – 910/924
    Occupatio – 924/942
    Vita s. Geraldi – 907/924
Odo von Magdeburg: Ernestus – 1212/18
Odo von Meung (?): De viribus herbarum (Macer floridus) – um 1070
Odo von Tournai: Rhythmimachia – um 1090
Olbert von Gembloux: Miracula s. Veroni – um 1015/20
Oliver von Paderborn:
    Descriptio terre sancte – um 1215
    Historia Damiatina
        1. Red. – 1219
        2. Red. 1220
        3. Red. – 1222
    Historia de ortu Ierusalem et eius variis eventibus – um 1215
    Historia regum terre sancte (1. Red.) – 1219/20
    Kreuzzugsbriefe – um 1214–24
Onulf von Speyer: Rhetorici colores – um 1050?
Ordericus Vitalis: Historia ecclesiastica – 1120–41
Oresme s. Nicolaus von Oresme
Origo gentis Langobardorum – 807/810
Otfrid von Weißenburg: Bibelkommentare – um 840?

L Otloh von St. Emmeram:
    De doctrina spirituali – um 1032
    Dialogus de tribus quaestionibus – 1032/62
    Liber de temptatione cuiusdam monachi – 1067/68
    Liber visionum – 1062/66
    Vita s. Bonifatii – 1062/66
    Vita s. Wolfkangi – um 1050
Otto von St. Blasien:
    Chronica – nach 1209
Otto von Freising:
    Chronica sive Historia de duabus civitatibus – 1146
    Gesta Friderici (mit Fortsetzung Rahewins) – 1157–60
(Ps.-)Ovidius: De vetula – um 1250

Pacioli, Luca:
    De divina proportione – 1497
    Summa de arithmetica, geometria, proportione et proportionalitate – 1494
Palestra – vor 1400
Pamphilus de amore – um 1150/1185
Papias: Elementarium doctrinae erudimentum – um 1050?
Paradisus animae – um 1300
(Predigtmagazin) »Paratus« – vor 1400
Pariser Pestgutachten – 1348
Paschasius Radbertus s. Radbert von Corbie
Paulinus von Aquileia:
    Gedichte, Hymnen – um 780/800
    De conversione Saxonum (?) – 777
    Libellus sacrosyllabus – 794
    Liber exhortationis – um 796/799
    Versus de Herico duce – 796
Paulus Albarus von Córdoba:
    Briefe – um 840–860
    Carmina – um 840–860
    Indiculus luminosus – 854
    Passio s. Eulogii – um 860
Paulus von Bernried:
    Vita s. Gregorii papae VII – 1128
Paulus von Burgos: Scrutinium scripturarum contra perfidiam Iudaeorum – um 1415/35
Paulus Diaconus / Petrus von Pisa / Karl der Große: Poet. Briefwechsel – 782–786

Paulus Diaconus:
    Gedicht an Adelperga – 763
    Gesta episcoporum Mettensium – 782/786
    Historia Langobardorum – um 787/799
    Historia Romana – vor 774
    Homiliar (mit Epistola generalis Karls des Großen) – um 787/799
    (Auszug aus) Sextus Pompeius Festus – nach 782
    Vita b. Gregorii papae – um 787/799
Paulus Diaconus Neapolitanus: Übers. der griech. Legenden von Maria Aegyptiaca und Theophilus – vor 875
Perger von Stainz, Bernhard: Introductorium artis grammaticae – um 1479
Perotto, Niccolo:
    Cornucopiae sive Latinae linguae commentariorum opus – vor 1480
    Rudimenta grammatices – 1468
Person, Gobelinus: Cosmidromius – 1406–18
Peter s. Petrus
Petrarca, Francesco:
    Africa (1. Fassung) – 1338–41
    Brief an Francesco Dionigi von Borgo San Sepolcro über die Besteigung des Mont Ventoux – 1336 (oder um 1353?)
    Bucolicum carmen – 1346/47 und 1359
    Contra eum qui malidixit Italie – 1373
    De otio religioso (1. Fassung) – 1347
    De remediis utriusque fortunae – 1347 – nach 1353 (1354–66?)
    De secreto conflictu curarum mearum – 1342/43 (1347/53?)
    De sua ipsius et multorum ignorantia – 1367/71
    De viris illustribus
        1. Fassung – 1338/43
        erw. Fassung – 1351 – nach 1353
    De vita solitaria (1. Fassung) – 1346
    Epistolae familiares – um 1361/66 (ab 1345 gesammelt)
    Epistolae metricae – 1331–61
    Epistolae sine nomine – 1351–53
    Historia Griseldis – 1373/74
    Invectiva contra quendam magni status hominem sed nullius scientie aut virtutis – 1355
    Itinerarium breve de Ianua usque ad Ierusalem et Terram sanctam – 1358/59
    Rerum memorandarum libri – 1343–45
    Seniles – 1361–74

L Petrus von Abano:
    Conciliator differentiarum philosophorum ac praecipue medicorum – 1303–10
    Lucidator dubitabilium astronomiae – um 1310
Petrus Alfonsi: Dialogus contra Iudaeos, Disciplina clericalis – nach 1106
Petrus de Alliaco:
    Imago mundi – 1410
    Kommentare zu den Sentenzen des Petrus Lombardus und zu Boethius – 1375
    Tractatus de ecclesiastica potestate – 1416
    Tractatus de materia concilii generalis – 1402/03
    Vigintiloquium de concordia astronomicae veritatis cum theologia – 1414
Peter von Andlau: Libellus de cesaria monarchia – 1460
Petrus Berchorius: Reductorium morale – vor 1350 (um 1340?)
Petrus von Blois:
    Gedichte, Briefe – 2. H. 12. Jh. (vor 1189 Briefsammlung Heinrich II. von England gewidmet)
Petrus de Bosco:
    De recuperatione terre sancte – 1305/07
    Summaria brevis [...] felicis expeditionis et abbreviationis guerrarum ac litium regni Francorum – 1300
Petrus Cantor: Distinctiones, Verbum abbreviatum – vor 1197
Petrus Carus s. Gregor von Montesacro
Petrus Comestor: Historia scholastica – 1169–73
Petrus Crassus: Defensio Heinrici IV. regis – 1084
Petrus de Crescentiis: Ruralium commodorum libri XII – 1299–1305
Petrus de Dacia:
    De virtutibus Christinae Stumbelensis – um 1272/79
    Vita Christinae Stumbelensis – um 1278/82
Petrus Damiani:
    Briefe, Carmina – um 1040/62
    Liber gratissimus – 1052
Petrus von Dusburg: Chronica terrae Prussiae – um 1326
Petrus von Eboli:
    De balneis Puteolanis – vor 1198
    Liber in honorem Augusti – 1194–96
Petrus Helie: Summa Prisciani – um 1140/50
Petrus Hispanus (Papst Johannes XXI.): Thesaurus pauperum, Summulae logicales – um 1250
Petrus Lombardus:

Collectanea in epistolas Pauli – 1139–41
Commentarius in Psalmos – 1135–37
(Vollendung der) Glossa ordinaria – um 1150?
Sententiarum libri IV – 1155–58
Petrus Martyr de Angleria:
　De orbe novo (Druck) – 1516
　De legatione Babylonica libri III – 1501/02 (Druck 1516)
Petrus von Mladoniowitz: Historia de fatis et actis magistri Johannis
　Hus Constantiae – 1415
Petrus Peregrinus: Epistola de magnete – 1269
Petrus Pictor: Carmina – um 1100
Petrus von Pisa: Grammatik – 4. V. 8. Jh.
　s. auch: Paulus Diaconus
Petrus Riga: Aurora – um 1160/90
Petrus von Rosenheim:
　Schriften und Briefe zur Melker Klosterreform – um 1426–30
　Opus sermonum de tempore – 1430
　Roseum memoriale divinorum eloquiorum – 1423–26
Petrus von Tussignano:
　Medizin. Schriften – vor 1411
　Liber de balneis Burmi – 1396
Petrus Vallium Sarnii: Hystoria Albigensis – um 1212–18
Petrus Venerabilis:
　Adversus Iudeorum inveteratam duritiem – vor 1155
　Briefe – um 1122–52
　　an Heloïsa zum Tode Abaelards – um 1143/44
　Contra Petrobrusianos haereticos – nach 1133
　Contra sectam vel haeresim Sarracenorum libri II – um 1143
　De miraculis – 1145/47
　Epistola de translatione sua – um 1143
　Summa totius haeresis Saracenorum – um 1143
Petrus de Vinea: Briefe – um 1221–49
Petrus von Zittau in Königssaal: Chronica Aulae regiae – um 1338
Peuerbach, Georg:
　Epitome in Almagestum Ptolemaei (zus. mit Johannes Regio-
　　montanus) – 1460/62
　Gutachten über den Halleyschen Kometen – 1456
　Introductorium in arithmeticam – vor 1461
　Theoricae novae planetarum – 1454
　Tractatus de sinibus et chordis – vor 1461
Peuntner, Thomas: Wiener Predigten – 1428–39
Peutinger, Konrad: Sermones convivales – 1504

L Pflaum, Jakob und Johannes Stöffler: Almanach nova plurimis annis
    venturis inservientia – 1499
  Philipp der Kanzler:
    Conductus, Motetten – vor 1236
    Sermones – vor 1236
    Summa de bono – um 1225–28
    Summa quaestionum theologicarum – 1230/36
  Philipp von Rathsamhausen: Myst.-aszet. Schriften – um 1313–20
  Philo – nach 1125
  Phlebotomia Hippocratis (älteste Überlieferung) – 8. Jh.
  Piccolomini, Aeneas Silvius (ab 1458 Papst Pius II.):
    polit. Reden, Traktate, Predigten – 1436–64
    Briefsammlung – 1451
    Chrysis – 1444
    (Gedichtbuch) »Cinthia« – 1423/29
    Commentarii rerum memorabilium que temporibus suis contige-
      runt – 1458–65
    De Asia – 1457–58
    De curialium miseriis – 1444
    De Europa – 1457–58
    De ortu et auctoritate imperii Romani – 1446
    Dialogus pro donatione Constantini – 1453
    Epistula ad Mahumetem – 1460
    Germania – 1457–58
    Historia Bohemica – 1457–58
    Historia de duobus amantibus (De Euriolo et Lucretia) – 1444
      (und 1451)
    Libellus dialogorum de concilii generalis auctoritate – 1440
    Pentalogus de rebus ecclesiae et imperii – 1443
  Pico della Mirandola, Giovanni:
    Apologia – 1487
    Conclusiones – 1486
    De ente et uno – 1491
    De dignitate hominis – 1486
    Heptaplus – 1489 erschienen
  Piero della Francesca:
    De prospectiva pingendi – um 1478
    De quinque corporibus regularibus – vor 1487?
  Pirckheimer, Willibald:
    Defensio Reuchlini – 1517
    Übers. der Hieroglyphica des Horapollo Nilous – 1513
  Pirminius s. Dicta abbatis P.

(Papst) Pius II. – s. Piccolomini, Aeneas Silvius
Platina, Bartholomeo:
: De optimo cive – 1471/81
: De principe – 1471
: Liber de vita Christi et omnium pontificum – 1471/81
Plato von Tivoli: Übers. mathemat. und astrolog. Schriften aus dem Arabischen – 1132/46
Poeta Saxo:
: Annales de gestis Karoli Magni imperatoris – 887/91?
Poggio Bracciolini:
: Briefsammlung an Niccolo Niccoli (1. Red.) – 1436/38
: De infelicitate principum – 1440
: De miseria humanae conditionis – 1455
: De nobilitate – 1440
: De varietate fortunae – 1431/48
: Historia Florentini populi – 1453–57
: Liber facetiarum – 1438/59
: Übers. von Xenophons Cyropädie – 1447
Poliziano, Angelo:
: Briefwechsel – vor 1494
: Commentarium Pactianae coniurationis – 1478
: Prima centuria miscellanorum – 1489
: Praelectiones zu Aristoteles – 1490–91
: Rusticus – 1493
: Übersss. griech. Werke – vor 1494
Pontano, Giovanni:
: Dichtungen – 4. V. 15. Jh.
: De rebus caelestibus – 1494
: De bello Neapolitano – 1494
: De fortuna – um 1500
: De laudibus divinis (Druck) – 1498
: De sermone libri II – 1499–1502
: Dialoge (1. Reihe) [Druck] – 1491
: Eclogae – um 1490/1500
: Übers. und Kommentar zum ps.-ptolemäischen Centiloquium – 1477
Přibík Pulkava z Radenína: Chronik (4 Rezensionen) – bis 1330
Prudentius von Troyes: Fortsetzung der Annales Bertiniani – 835–861
Purchard von Reichenau: Gesta Witigowonis – 994/997
Purgatorium s. Patricii – um 1173?
Pylatus – um 1150

L (Ostertropus) »Quem quaeritis« (älteste Aufzeichnung) – 923/936
Quilichinus von Spoleto: Historia Alexandri Magni – 1236

Radbert von Corbie (Paschasius Radbertus):
    (Ps.-Hieronymus:) Brief zur Assumptio Mariae – vor 868
    De corpore et sanguine Domini – um 831/833
    De fide spe et caritate – nach 826
    Kommentar zu Matthaeus
        Buch I–IV – vor 831
        Buch V–XII – nach 849
    Vita Adalhardi – nach 826
    Vita Walae – 836/852
Radbod von Utrecht: Homilien, hagiograph. Schriften und Gedichte, Versus de hirundine – um 900
Radulf von Caen: Gesta Tancredi – um 1115
Radulfus Glaber: Historiae – 1026/45
Radulf von Lüttich und Ragimbold von Köln: Briefwechsel zu geometr. Fragen – 1012/28
Radulfus Niger: De re militari et triplici via peregrinationis Ierosolimitane – um 1188
Radulfus Tortarius: Briefgedichte, Versifikation von Valerius Maximus – vor 1114
Raginald von Canterbury: Vita metrica Malchi – 1104/07
Rahewin s. Otto von Freising
Raimund von Aguilers: Historia Francorum qui ceperunt Hierusalem – nach 1099
Raimund von Peñafort:
    Liber extra – 1234
    Summa de casibus penitentie – 1222/29
Rainer s. auch: Reiner(us)
Rainer von Gent: Inventio et miracula Gisleni, Vita (tertia) Gisleni Hanoniensis – nach 1020
Rainer von Pisa: Pantheologia – vor 1348
Rangerius von Lucca:
    De anulo et baculo – 1110
    Vita metrica s. Anselmi Lucensis episcopi – 1096/99
Rapularius – vor 1280
Rather von Verona:
    Briefe – 936–946, 951–953, 963–968
    Chronographia – 964
    De clericis sibi rebellibus – 967
    De contemptu canonum – 963

    De translatione s. Metronis – 962   L
    Dialogus confessionalis – um 960
    Invektiven, Dekrete – 963–968
        Invectiva in Bucconem – 964
    Itinerarium – 966
    Liber apologeticus – 968
    Phrenesis – 955/956
    Praeloquia – 935/937
    Qualitatis coniectura – 966
    Sermones – 963–968
Rathramnus von Corbie:
    Contra Graecorum opposita – 868
    De corpore et sanguine Domini – 843
    De praedestinatione – 849/850
Ratpert von St. Gallen: Gedichte, Casus s. Galli – um 850–884
Regensburger Liebesbriefe – um 1106?
Regimen sanitatis Salernitanum – A. 14. Jh.?
Regino von Prüm:
    Chronica – 908
    De synodalibus causis et disciplinis ecclesiasticis – um 906
    Epistola de harmonica institutione – um 900
    Tonarius – um 900
Reginold von Eichstätt: Willibald-Offizium mit lat.-griech.-hebräischer Sequenz – um 989?
Regiomontanus, Johannes:
    De quadratura circuli – 1463
    De triangulis omnimodis libri quinque – 1462/67
    Ephemerides – um 1474
    Epitome in Almagestum Ptolemaei (zus. mit Georg Peuerbach) – 1460/62
Reiner(us) s. auch: Rainer
Reinerus Alemannicus: Phagifacetus – vor 1247
Reiner von Lüttich: De ineptiis cuiusdam idiotae – 1158/61
Remigius von Auxerre: Kommentare zur Bibel, zu spätantiken Grammatikern und klass. Autoren – E. 9. Jh. / vor 908
Remigio dei Girolami:
    Contra falsos ecclesie professores – um 1295
    De bono pacis – 1304
    De iustitia – 1304
Reuchlin, Johannes:
    Clarorum virorum epistolae – 1514 und 1519
    De arte cabbalistica – 1517

L De verbo mirifico – 1494
 Rudimenta linguae hebraicae – 1506
 Scaenica progymnasmata (Henno) – 1496–97
 Sergius vel Capitis caput – 1496/97
Riccardus Bartolinus von Perugia: Odeporicon – 1515
Riccoldo de Monte Croce:
 Contra legem Sarracenorum – nach 1300/20
 Liber peregrinationis – nach 1300/1320
Richalm von Schöntal: Liber revelationum – 1216/19
Richard von Bury: Philobiblon – 1344
Richard von Ely: Dialogus de scaccario – 1177/79
Richard von S. Germano: Chronica regni Siciliae – bis 1243
Richard von Maidstone:
 Contra Wiclifitas – vor 1396
 De concordia inter regem Ricardum II. et civitatem Londinensem – um 1393
 Fasciculus zizanorum magistri Johannis Wiclefi cum tritico – vor 1396
 Protectorium pauperis – vor 1396
Richard von St. Victor: De trinitate, De gratia contemplationis seu Beniamin maior – 1153/73
Richer von Metz: Vita s. Martini – nach 1122
Richer von St. Remi: Historiarum libri IV – 995–998
Rigord: Gesta Philippi Augusti – bis 1208
Rimbert (u. a.?): Vita s. Anscarii – 865/888
(Vita des Erzbischofs) Rimbert von Hamburg-Bremen – 888/909
Ripelin von Straßburg, Hugo: Compendium theologicae veritatis – um 1260/70
Robert Grosseteste:
 naturwissenschaftl. und bibelexeget. Schriften – um 1215/35
 Briefe – um 1225–53
 Hexaëmeron – um 1232/35
 Überss. aus dem Griech.
  Aristoteles – um 1215/35
  Ps.-Dionysius Areopagita – um 1235
  Eustratius-Kommentar zur Nikomachischen Ethik – nach 1246/47
  Johannes Damascenus – um 1215/35
Robertus Monachus: Historia Hierosolymitana – 1112/18
Rodrigo Ximenez de Rada:
 Historia Arabum – vor 1247
 Rerum in Hispania gestarum libri IX seu Historia gothica – 1243
Roger von Salerno: Chirurgia – um 1170

Roger von Wendover: Flores historiarum – vor 1234 L
Rolevinck, Werner:
 De laude antiquae Saxoniae nunc Westfaliae dictae – 1474
 De optimo genere gubernandi rem publicam – um 1472
 De origine nobilitatis – um 1472
 De regimine rusticorum – um 1472
 Fasciculus temporum – um 1470
Rolle, Richard: Melos Amoris, Incendium Amoris, Emendatio Vitae
 – 1335–49
Rosla, Heinrich: Herlingsberga – nach 1291
Rudolf von Biberach: De septem itineribus aeternitatis, De septem
 donis spiritus sancti (älteste datierte Hs.) – 1348
Rudolf von Fulda:
 Miracula sanctorum in Fuldensium ecclesiam translatorum – 842/
 847
 Translatio s. Alexandri – 863/865
 Vita s. Leobae – um 836
Rudolf von Schlettstadt: Historie memoriales – um 1300
Rufus, Mutianus: Briefe – 1502–25
Ruodlieb – 2. H. 11. Jh. oder um 1050?
Ruotger: Vita Brunonis – 967/969
Rupert von Deutz:
 Anulus sive Dialogus inter Christianum et Iudaeum – um 1125
 Commentaria in Apocalypsim Johannis apostoli – 1117/20
 Commentaria in Canticum Canticorum de incarnatione Domini
 – 1117/26
 Commentaria in XII prophetas minores – 1123/25
 Commentum in evangelium s. Iohannis – 1115/16
 De calamitatibus ecclesiae Leodiensis opusculum metricum (?) –
 1095
 De gloria et honore filii hominis super Matthaeum – um 1125/27
 De glorificatione Trinitatis et processione Spiritus sancti – 1127/
 1128
 De incendio Tuitiensi – 1128
 De meditatione mortis – 1128/29
 De omnipotentia Dei – 1117
 De sancta trinitate et operibus eius – 1113/17
 De victoria verbi Dei – 1124/25
 De voluntate Dei – 1114/16
 Liber de divinis officiis – 1111/12
 Super quaedam capitula regulae divi Benedicti – um 1125/27
 Vita s. Heriberti Coloniensis archiepiscopi – um 1119

L Salimbene de Adam: Chronica – 1282–87
(Bischof) Salomo III. von Konstanz: Briefe – 875–889
Salutati, Coluccio:
    Briefe
        Privatbriefe – 1360–1406
        Staatsbriefe – 1375–1406
    Conquestio Phyllidis – um 1367
    De fato, fortuna et casu – 1396/99
    De saeculo et religione – 1381
    De sensibus allegoricis fabularum Herculis (De laboribus Herculis) – 1378–1405
    De tyranno – 1400
    De verecundia – 1390
Sannazaro, Jacopo:
    Arcadia – 1483, erw. Fassung 1496
    Eclogae piscatoriae – 1501/04
    Elegien – nach 1505
    Epigramme – nach 1505
Savonarola, Girolamo:
    De simplicitate vitae christianae – 1496
    De veritate fidei in Dominicae crucis triumphum – 1497
Saxo Grammaticus: Gesta Danorum – 1202(1208?)/23
Schedel, Hartmann: Weltchronik – 1493
Sedulius Scotus:
    Carmina – nach 840 – nach 855
    Collectaneum – um 850
    Grammatikerkommentare – um 850
    Kommentare zur Bibel – um 850
    Liber de rectoribus Christianis – 855/859
Serlo von Bayeux: Gedichte – um 1100
Serlo von Wilton: Gedichte – vor 1181
Seuse, Heinrich: Horologium sapientiae – um 1334
Sigebert von Gembloux:
    Catalogus illustrium virorum – 1111/12
    Chronica
        1. Fassung – 1083/1104
        2. Fassung – 1105/12
    Epistola cuiusdam adversus laicorum in presbyteros coniugatos contumeliam – 1075/80
    Epistola de differentia quattuor temporum – um 1101
    Epistola Leodicensium adversus Pascalem papam – 1103
    Gesta abbatum Gemblacensium – 1071/75?

    Liber decennalis – 1092 **L**
    Passio (metrica) s. Luciae virginis – 1051/71
    Passio ss. Thebeorum, Mauricii, Exuperii et sociorum – um 1074
    Vita Deoderici primi Mettensis episcopi – 1051/71
    Vita s. Guicberti Gemblacensis – 1070/99
    Vita Lamberti Leodiensis – 1075/80
    Vita s. Maclovii – 1071/92
Sigehard von Trier: Miracula s. Maximini – 962/963
Siger von Brabant: Aristotel.-averroist. u. a. Schriften – um 1266/76
Sigeward von Fulda: Vita Meinulfi – vor 1043
(Papst) Silvester II. s. Gerbert von Aurillac
Simon de Dacia: Domus grammatice – 1255/70
Simon von Kéza: Gesta Hungarorum – um 1290
Smaragdus von St. Mihiel:
    Carmina – vor 825/830
    De processione sancti spiritus – 809
    Diadema monachorum – vor 825
    Expositio libri comitis – um 812
    Kommentare
        zu Donat – vor 809?
        zur Regula Benedicti – um 816/817
        zu den Psalmen – vor 809?
    Via regia – vor 813?
Somnium Viridarii – 1376
Speculum humanae salvationis [älteste Hs.] – 1324
Speculum prelatorum – um 1300
Speculum sapientiae – 1. H. 14. Jh.
Speculum virginum – 2. V. 12. Jh.
Sprenger, Jakob und Heinrich Institoris: Malleus maleficiarum – 1485/87
Stephan von Landskron: Tractatus de IV novissimis – um 1450?
Stephan von Rouen: Draco Normannicus – um 1169
Stephanardus de Vicomercato: Poema de gestis in civitate Mediolani sub Othone Vicecomite archiepiscopo – um 1292
Stöffler, Johannes und Jakob Pflaum: Almanach nova plurimis annis venturis inservientia – 1499
Strozzi, Tito Vespasiano:
    Borsias – 1460/1505
    Elegien, Epigramme (2. Fassung) – 1450
    Epyllien (Lucilla) – 1443
    Erotica (1. Fassung) – 1443
    Satiren (In Ponerolycon) – 1475

L Suger von St. Denis:
: De consecratione ecclesiae s. Dionysii – 1140
: De rebus in administratione sua gestis – 1145/51
: Vita Ludowici regis – 1138/44
Sunesen, Andreas: Hexaëmeron – 1208/19?

(Erstdruck der Germania des) Tacitus – 1470
Tankred von Bologna: Ordo iudiciarius – 1214–16
Taube von Selbach, Heinrich: Flores Temporum – 1343 (ergänzt bis 1363)
Thangmar: Erster Teil (?) der Vita Bernwards von Hildesheim – um 1015/23?
Thegan: Gesta Hludowici imperatoris – 837/838
Theobaldus: Physiologus – um 1100
Theodericus: Libellus de locis sanctis – um 1172
Theodulf von Orléans:
: Gedichte – um 794–820
: Contra iudices – 798
: De ordine baptismi – um 794–820
: De spiritu sancto – um 794–820
Theophilus presbyter: Schedula diversarum artium – um 1100
Thierry von Chartres: Epatheucon – um 1140
Thietmar von Merseburg: Cronica – 1012–18
Thiofrid von Echternach:
: Flores epitaphii sanctorum – 1098/1105
: Miracula Willibrordi – 1102/06
: Vita Willibrordi prosaica et metrica – 1102/06
Thomas von Aquin:
: De ente et essentia – um 1255
: Kommentare zu Aristoteles – 1269–72
: Pange lingua gloriosi corporis mysterium (?) – 1264
: Summen
:: Summa contra gentiles – 1259 – um 1267
:: Summa theologiae – um 1267/73
Thomas Bradwardine:
: mathemat.-naturwiss. Traktate – nach (?) 1325/33
: De causa Dei contra Pelagium et de virtute causarum – vor 1344
: De proportionibus – 1328
Thomas von Cantimpré:
: Bonum universale de apibus – 1256–63
: De natura rerum – vor 1225 – um 1241

Thomas von Celano: L
  Legenda s. Clarae (?) – 1255/56
  Vita prima s. Francisci – 1228/29
  Vita secunda s. Francisci – 1246/47
Thomas von Erfurt: Tractatus de modis significandi sive Grammatica speculativa – um 1300/10
Thomas del Garbo:
  Pesttraktat – um 1349
  Summa medicinalis – vor 1370
Thomas de Hibernia: Manipulus florum – 1306
Thomas von Kempen: Aszetische Schriften, Viten, Hymnen – A. 15. Jh. – 1471
  s. auch: De imitatione Christi
Tinctoris, Johannes:
  musiktheoretische Traktate – 1472–77
  Terminorum musicae diffinitorium – 1495
Traversari, Ambrogio:
  Hodoeporicon – um 1434
  Übers. von patrist. Schriften und von Schriften des Diogenes Laertios aus dem Griech. – vor 1439
Treveth, Nicolaus: Kommentare
  zu T. Livius (1. und 3. Dekade) – 1316–19
  zu den Declamationes Senecas d. Ä. und zu den Tragödien Senecas d. J. – um 1314/15
Trithemius s. Johannes Trithemius
Tünger, Augustin: Facetiae Latinae et Germanicae – 1486
Tuotilo: Weihnachtstropus – um 900
(Ps.-)Turpin: Historia Karoli Magni et Rotholandi – nach 1139

Ugolino von Orvieto: Declaracio musice discipline – 1430/35
(Versus de) Unibove – E. 10. / A. 11. Jh.?
(Älteste Passio) Ursulae – um 970
Usuard von St. Germain-des-Prés: Martyrologium – vor 877

Valla, Lorenzo:
  De elegantiis lingue Latine – 1444
  De falso credita et ementita Constantini donatione declaratio – 1439
  Encomium s. Thomae Aquinatis – 1455
  Gesta Ferdinandi regis Aragonum – 1445–46
  In Latinam Novi testamenti interpretationem adnotationes – um 1448

L Oratio in principio sui studii – 1455
　Übers. von Thukydides und Herodot aus dem Griech. – um 1448
Vergerio, Pietro Paolo d. Ä.:
　De ingenuis moribus ac liberalibus studiis – um 1402
　Pro redintegranda et unienda ecclesia – 1406
　Übers. der Anabasis Arrians aus dem Griech. – um 1415
Verino, Ugolino:
　Carlias – 1480/93
　De gloria urbis Florentinae – 1487
　Epigrammata – 1485
Vespucci, Amerigo s. Waldseemüller, Martin
Vinzenz von Beauvais:
　De eruditione filiorum nobilium – um 1247/49
　Speculum maius – um 1256/59
Visio Karoli III. – um 900?
Visitatio sepulchri III – um 1120?
　s. auch: Æthelwold von Winchester
Vita beatae virginis Mariae et salvatoris rhythmica – vor 1250
Vitalis von Blois: Geta, Aulularia – 1. H. 12. Jh.

Waifarius (Guaifarius) von Salerno: Viten, Gedichte, Homilien – um 1070
Walahfrid Strabo:
　Carmina – um 825–849
　De cultura hortorum – 838(842?)/848
　De imagine Tetrici – 829
　De vita et fine Mammae monachi – um 827
　Libellus de exordiis et incrementis quarundam in observationibus ecclesiasticis rerum – 840/842
　Psalmenkommentar – vor 849
　Versus de beati Blaithmaic Scoti vita et fine – um 825
　Visio Wettini – um 827
　(Bearbeitung der) Vita et miracula s. Galli – um 833/834
Waldseemüller, Martin: Cosmographiae introductio (im Anhang: Amerigo Vespucci: Quattuor navigationes) – 1507
Walter von Châtillon:
　Gedichte – 2. H. 12. Jh.
　Alexandreis – um 1178/82
Walter von Compiègne: Otia de Machomete – nach 1137?
Walther von Speyer: Vita et passio s. Christophori prosaica et metrica – 984
Walter von St. Victor: Contra IV labyrinthos Franciae – 1178

Waltharius – 9. Jh. (oder um 930 von Ekkehard I. von St. Gallen?)   L
Wandalbert von Prüm:
   Metr. Martyrologium und andere Kalendergedichte – um 848
   Vita et miracula s. Goaris – um 839
Warnerius von Basel: Eklogen – um 1050
Watt, Joachim von:
   De poetica et carminis ratione – 1518
   Gedächtnisbüchlein für Arbogast Strub – 1511
Wenck, Johannes: De ignota litteratura – 1442/43
Wessel von Gansfort, Johannes:
   Exemplum scalae meditatoriae – um 1486/89
   Scala meditatoria – um 1483/86
Wibald von Stablo: Briefe – erhalten zu 1147–54 und 1156–57
Wibert von Toul: Vita Leonis IX. papae – nach 1054
Wicliff, John:
   De blasphemia – 1381
   De eucharistia – 1379
   De officio regis – 1379
   De ordine christiano – 1379
   De potestate – 1379
   Postilla super totam Bibliam – 1371–76
   Summa theologiae (darin: De dominio divino, De dominio civili) – 1374–76
   Trialogus – 1382
Wido von Amiens: Carmen de Hastingae proelio – 1066/76
Widukind von Corvey: Res gestae Saxonicae – um 967–973
Wilhelm von St. Amour: Tractatus de periculis novissimorum temporum ex Scripturis sumptis – 1255/56
Wilhelm von Apulien: Gesta Roberti Guiscardi – 1095/99
Wilhelm von Auvergne: Magisterium primum sapientiale et divinale – 1223/40
Wilhelm von Auxerre:
   Glossen zum Anticlaudian des Alanus von Lille – vor 1210
   Summa aurea – um 1215/20
Wilhelm von Blois: Comedia de Alda – vor 1170
Wilhelm Brito:
   Gesta Philippi II regis Francorum – um 1220
   Philippidos libri XII – 1224
Wilhelm von Conches:
   Dragmaticon – 1144/49
   Moralium dogma philosophorum (?) – 2. V. 12. Jh.?
   Philosophia mundi – um 1124

L Wilhelm von Hirsau:
: Constitutiones Hirsaugienses – um 1077
: Musica – vor 1069
Wilhelm von Jumièges: Historia Normannorum – um 1070
Wilhelm von Malmesbury:
: Gesta regum Anglorum – um 1120–42
: Historia novella – nach 1140
Wilhelm von Moerbeke:
: Überss. aus dem Griech. – 1260–86
: : Archimedes – 1278/80
: : Aristoteles (Politik) – 1260/65
Wilhelm von Ockham:
: Philosoph. und theolog. Schriften – 1321/48
: An princeps Anglie – 1337/40
: Compendium errorum papae Johannis XXII – 1335/38
: De imperatorum ac pontificum potestate – 1346/47
: Dialogus inter magistrum et discipulum (I) – 1332/33
: Dialogus inter magistrum et discipulum (III) – 1341/48
: Epistola ad fratres minores – 1334
: Kommentar zu den Sentenzen – um 1318/20
: Octo quaestiones super potestate ac dignitate papali – 1340/41
: Opus nonaginta dierum – 1332
: Tractatus de dogmatibus Johannis XXII papae – 1333/34
: Tractatus de potestate imperiali – 1339/40
Wilhelm von Poitiers: Gesta Guilelmi ducis Normannorum – 1073/1074
Wilhelm von Rubruck: Itinerarium ad partes orientales – um 1252
Wilhelm von Saliceto: Ars chirurgica – 1275
Wilhelm von St. Thièrry:
: Commentarius in Cantica Canticorum e scriptis s. Ambrosii – nach 1119
: De contemplando Deo – um 1119/20
: De natura et dignitate amoris – um 1119/20
: Epistola ad fratres de Monte Dei – 1144
: Liber de natura corporis et animae – nach 1119
Wilhelm von Tripolis: Liber de statu Saracenorum post Ludowici IX regis de Syria reditum – um 1273
Wilhelm von Tyrus: Historia rerum in partibus transmarinis gestarum – bis 1184
Willibald von Mainz: Vita s. Bonifatii – um 763/765
Williram von Ebersberg: Paraphrase des Hohen Liedes (lat. und dt.) – um 1065

Wimpfeling, Jakob: **L**
   Catalogus episcoporum Argentinensium – 1507
   Defensio Germaniae – 1502
   Epitome rerum Germanicarum – 1505
   Germania – 1501
   Stylpho – 1480
Wipo:
   Carmina – vor 1050
   Gesta Chuonradi II. imperatoris – um 1040/46
   Tetralogus – 1041
   (Ostersequenz) »Victimae paschali laudes« – vor 1050
Wolfger von Prüfening (Anonymus Mellicensis): De scriptoribus ecclesiasticis – um 1150
Wolfher von Hildesheim: Vita Godehardi (1. Fassung) – um 1035
Wulfstan von Winchester:
   Narratio metrica de s. Swinthuno – vor 990
   Vita s. Æthelwoldi episcopi – 984/990
Wynfrid-Bonifatius: Briefwechsel – 716–754

Niederländische Autoren und Texte **Nl**

Abele spelen (Lanseloot ende Sanderijn, Esmoreit, Gloriant, Van den winter ende van den somer) – um 1350
(Maasländ.) Aiol – um 1220
Appelmans, Gherart: Glose op het Vaderons – um 1325
Augustijnken van Dordt: Didakt. und relig. Kleindichtungen – 1358–70

Beatrijs van Nazareth: Seven manieren van minnen – um 1250
Beghijnken van Paris – um 1430/50
Bijbelvertaler van 1360:
   Historiebijbel – 1360–61
   Südmndl. Legenda aurea – 1357
Boec van den houte – um 1290/1330
(sog). Bonaventura-Ludolphiaanse Leven van Jezus – um 1400
Bugmann, Johannes: Predigten und geistl. Lieder – um 1450

Calstaf und Noydekin: Esopet – um 1260/70
Claes ver Brechten sone van Haarlem: Willem van Oringen – um 1250
Coelde, Dirc (Dietrich Kolde von Münster): Der kerstenen spieghel, Predigten – um 1480

Nl Colijn van Rijsele: Spieghel der minnen – 1500

Delfter Bibel (Druck) – 1477
Diederic van Assenede: Floris ende Blancefloer – um 1260
Dietsche doctrinale – 1345
Dirc van Delf: Tafel van der kersten ghelove – 1404
Dirc van Herxen: Dietse collatieboeken – um 1440
Dorlant van Diest, Pieter (?): Spieghel der salicheit van Elckerlijc
 ⟨Spiel von Jedermann⟩ – um 1470/90 (Erstdruck 1495)

Eerste bliscap van Maria – 1448
Esmoreit – um 1350

Ferguut – vor ca. 1250
Flandrijs – 2. H. 13. Jh.
Floris ende Blancefloer (Prosaroman) – um 1490/1500

Gelre: Wapenboec – um 1375/80
Gerhard von Vliederhoven: s. Vier uterste
Gheraert van Lienhout (?): De natuurkunde van het geheelal – um 1275
Gloriant – um 1350
Godeverd van Wevele: Van den twaelf dogheden – um 1370/80
Groote, Geert: Getijdenboec – um 1360/70
Gruuthuse-Liederhs. – um 1400

Haager Lieder- und Minneredenhs. – um 1400
Hadewijch:
 Brieven – nach 1246
 Visioenen – 1239/46
 Lyrik (strofische Gedichten, Mengeldichten) – vor 1239 / nach 1246?
Hein van Aken:
 Die Rose – um 1300
 s. auch: Heinric
Heinric (Hein van Aken?): Heinric ende Margriete van Limborch – 1291–1320
Heinric van Alcmaer: Reynaert die vos – um 1475
Heinrich von Veldeke:
 Eneas-Roman – um 1170–74 und um 1184
 Servatius – um 1165/70
 Lyrik – um 1165/85?

Herbarius Moguntinus (in Dietsche) – 1484
Herp, Hendrik: Spieghel der volcomenheit – um 1455/60
Historie van den vier Heemskinderen – um 1490

Jacob van Maerlant:
    Alexanders yeesten – um 1257/60
    Heimelicheit der heimelicheiden – um 1270
    Historie van den grale / Merlijns boec – um 1257/60
    Historie van Troyen – um 1265
    Der naturen bloeme – 1267
    Rijmbibel – 1267/71
    Sint Franciscus leven – 1273
    Spieghel historiael – um 1282–1300
    Torec (?) – um 1260/65
    Vanden lande van Oversee – nach 1291
Jan de Clerc: Ogier van Denemerken II – um 1250/60
Jan ut den vergiere – 1. H. 14. Jh.
Jan van den Bergh: Dat kaetspel ghemoralizeert – 1431
Jan van Boendale :
    (?) Boec van der wraken – um 1340/50
    Brabantse yeesten – 1316/17 (erw. Fassung 1347)
    Leken spieghel – 1325–28
Jan van Heelu: De slach van Woeringen (Rijmkroniek) – 1288/90
Jan van Leeuwen: Myst. Traktate – um 1350/55
Jan van Ruusbroec: Myst.-aszet. Traktate – um 1340–80
Johann von Brabant: Lyrik – um 1255/70

Karel ende Elegast – um 1250/80
Kolde, Dietrich s. Coelde, Dirc

Lanseloot ende Sanderijn – um 1350
Lantsloot van der Haghedochte – um 1250/60
Legenda aurea s. Südmnl. Bijbelvertaler van 1360, Nordmnl. Legenda aurea
Leidener Williram – um 1100
Leven van Jezus – um 1280/1300
Limburgse Sermoenen – um 1270/1300
Lodewijk van Velthem:
    Boec van coninc Arthur – 1326
    Roman van Lancelot (sog. Lancelot-gral-compilatie) – um 1310/25
    Forts. von Maerlants Spieghel Historiael – um 1315/20
Lunder Hs. (Maasländ. Minnelieder) – 2. V. 13. Jh.

Nl Madelgijs
    ältere Version – um 1250/80
    erw. Version – um 1300
Margarieta van Limborch (Prosaroman) – um 1490/1500
Marieken van Nieumegen – um 1480/85
(Maasländ.) Minnelieder der Lunder Hs. – 2. V. 13. Jh.
Murmellius, Johannes: Pappa puerorum – 1513

Nibelungenlied T (brabant. Bearb.) – um 1280/90
Nordmnl. Legenda aurea – um 1400
Noydekin s. Calstaf

Ogier van Denemerken (1. Teil) – um 1240/50
    s. auch: Jan de Clerc

Paris ende Vienna – um 1480/85
Parthonopeus van Bloys – 1. H. 14. Jh.
Penninc: Roman van Walewein I – um 1210/30
Perchevael – um 1210/30
Potter, Dirc:
    Bloeme der doechden – um 1415/20
    Der minnen loep – 1411/12
    Melibeus-Prosa – um 1415/20

Renout van Montalbaen – 2. V. 13. Jh.
Reynaerts Historie (Reynaert II) – um 1375
Riddere metter mouwen – 2. H. 13. Jh.
Roelantslied – 1. H. 13. Jh.
Roman der Lorreinen – um 1260/90

Scutken, Johann: Übers. bibl. Texte – um 1390
Segher Diengotgaf: Trojaroman – um 1240/50
Sidrac – um 1318/29
Spieghel der sonden – 2. V. 14. Jh.
Stoke, Melis: Rijmkroniek van Holland – 1290–1305
Südmnl. Legenda aurea (vom Bijbelvertaler van 1360) – 1357

Trierer Floyris – um 1170/80
Tristrant – 2. V. 13. Jh.

Utenbroeke, Philip: Spieghel Historiael (2. Partie) – um 1300

Valentijn ende Nameloos – 1. H. 14. Jh.

Van bere Wisselau – um 1190/1220 Nl
Van sente Brandane – um 1190/1210
Van den winter ende van den somer – um 1350
Vier heren wenschen – um 1390/1400
Vier uterste (Übers. von Gerhard von Vliederhoven: De quattuor
    novissimis) – um 1400
Vostaert, Pieter: Roman van Walewein (Tl. II) – 2. V. 13. Jh.

Willem: Van den vos Reinaerde (Reinaert I) – um 1257/71
Willem van Affligem: Leven van sinte Lutgarde – 1274
Willem van Hildegaerdsberch: Didakt. und relig. Kleindichtung –
    1375–1410
Wrake van Ragisel – 2. V. 13. Jh.

Norwegische Autoren und Texte Nw

Ágrip af Nóregs konunga sögum – um 1190
Amícus saga ok Amilíus – um 1300

Barlaams saga ok Josaphats – um 1250
Bevers saga – 1226/63
Bragi Boddason inn gamli: Ragnarsdrápa – 2. H. 9. Jh.
Brandr Jónsson (?): Alexanders saga, Gyðinga saga – 1262/63?

Elis saga ok Rósamundu – 1226/63
Erex saga – 1226/63
Eyvindr Finnsson skáldaspillir: Hákonarmál – bald nach 960

Fagrskinna – um 1230
Flores och Blanzeflor – 1312
Flóres saga ok Blankiflúr – 1226/63
Flóvents saga – 1226/63
Fríssbók – A. 14. Jh.

Hallr Thórarinsson (zus. mit Rögnvaldr kali Kolsson): Háttalykill
    inn forni – um 1140/50
Hertig Fredrik av Normandie – 1308

Ivan Lejonriddaren – 1303
Ívens saga – 1226/63

Karl Jónsson: Sverris saga – A. 13. Jh.

Nw Karlamagnús saga – 1226/63
Konungs skuggsjá – um 1255?

Laxdœla saga – um 1250

Möttuls saga – 1226/63

(Legendarische) Ólafs saga hins helga – A. 13. Jh.

Parcevals saga und Valvers tháttr – 1226/63
Partalopa saga – 1226/63

(Bruder) Robert: Tristrams saga ok Ísondar – 1226
Rögnvaldr kali Kolsson:
 (zus. mit Hallr Thórarinsson) Háttalykill inn forni – um 1140/50
 Lausavísur – 1. H. 12. Jh.

Stjórn – um 1310
Strengleikar – 1226/63
Sturla Thórðarson: Hákonar saga Hákonarsonar – 1264/65

Thiðreks saga – um 1250
Thjóðólfr ór Hvíni: Ynglingatal, Haustlöng – 2. H. 9. Jh.
Thórbjörn hornklofi: Glymdrápa, Haraldskvæði – um 900

Ok Okzitanische Autoren und Texte

Aimeric de Pegulhan: Lyrik – 1190–1221
(Lat.-okzitan.) Alba – 10. Jh.
Albéric de Pisançon: Alexanderroman – um 1120
Albigenserkreuzzug s. Reimchronik des Albigenserkreuzzugs
Arnaut Daniel: Lyrik – 1180–95
Arnaut de Maruelh: Lyrik – E. 12. Jh.

(Roman von) Barlaam und Josaphat – vor 1343
Bernart de Ventadorn: Lyrik – 1147–70
Bertran de Born: Lyrik – 1159–95
Boeci – um 1170

Cercamon: Lyrik – 1137–49
Chanson de Sainte Foy – um 1060

Daurel et Beton – um 1150 **Ok**

Flamenca-Roman – um 1280
Folquet de Marselha: Lyrik – 1178–95

Gaucelm Faidit: Lyrik – 1172–1203
Gavaudan: Lyrik – 1195–1211
Girart de Roussillon – um 1150/75
Giraut de Bornelh: Lyrik – 1162–99
Guilhelm de Bergadà: Lyrik – E. 12. Jh.
Guilhelm de Cabestany: Lyrik – um 1210
Guilhelm de Peitieu: Lyrik – E. 11. Jh. – 1126
Guilhelm de Tudela: Reimchronik des Albigenserkreuzzugs (Teil 1)
  – 1210–13
Guiraut Riquier: Lyrik – um 1260–92

Marcabrú: Lyrik – 1130–1149
Mönch von Montaudon: Lyrik – 1193–1210
Molinier, Guilhelm: Leys d'amors (endg. Fassung) – um 1356

Peire d'Alvernha: Lyrik – 1149–68
Peire Cardenal: Lyrik – 1205–72
Peire Vidal: Lyrik – 1183–1204

Raimbaut d'Aurenga: Lyrik – um 1165?–73
Raimbaut de Vaqueiras: Lyrik – 1180–1205
Raimon de Miraval: Lyrik – 1191–1229
Reimchronik des Albigenserkreuzzugs
  Teil 1 von Guilhelm de Tudela – 1210–13
  Teil 2 – um 1228/50
Roman de Jaufre – 1225/28
Rudel, Jaufre: Lyrik – 1125–48

Sponsus – 11. Jh.

Uc de St. Circ: Lyrik, Trobador-Biographien – um 1210 – um 1253

Polnische Texte **Pl**

Bibel der Königin Sofia – 1455
Bogurodzica dziewica – um 1408?

Pl Kazania świetokrzyskie – um 1300

Rozmowa mistrza Polikarpa ze s'miercia – um 1500

Por Portugiesische Autoren und Texte

Afonso Eanes de Coton: Lyrik – um 1230/70
Afonso de Villasandino: Lyrik – 2. H. 14. Jh.
Amadís de Gaula (Urfassung – nicht erhalten) – um 1350?

Bernal de Bonaval: Lyrik – um 1230/70
Boosco deleytoso – 1515

Cancioneiros
   Cancioneiro de Ajuda – um 1280?
   Cancioneiro da Biblioteca Nacional – um 1500
   Cancioneiro Geral (kompiliert von Garcia de Resende) – 1516
   Cancioneiro da Vaticana – um 1500

(König) Dinis: Lyrik – um 1280–1325
(König) Duarte: Leal Conselheiro – um 1430

Eanes de Zurara, Gomes:
   Crónica de Dom Duarte de Meneses – 1464–68
   Crónica do Infante Dom Henrique – 1452/53
   Crónica de Dom Pedro de Meneses – 1458–63
   Crónica da Tomada de Ceuta – 1450

Garcia de Resende: Kompilation des Cancioneiro Geral – 1516

Handschriften s. Cancioneiros

Johan Soarez de Pavia: Lyrik – um 1200

Livro de Esopo – A. 15. Jh.
Lopes, Fernaõ: Crónicas – 1434–60

Macias o Namorado: Lyrik – 2. H. 14. Jh.
Martim Codax: Cantigas de amigo – um 1300
Martim Soarez: Lyrik – um 1230/70

Nunes de Santiago, Airas: Lyrik – E. 13. Jh.

Pedro, Graf von Barcelos: Livro de Linhagens – um 1330 **Por**
Pero Meogo: Lyrik – um 1230/70
Pero Garcia Burgalês: Lyrik – um 1230/70
Pero da Ponte : Lyrik – um 1235–56

Rui Queimado: Lyrik – E. 13. Jh.

Vicente, Gil: dramatisches Werk – um 1502–36

Russische Autoren und Texte **Ru**

Afanasij Nikitin: Hoženie za tri morja – um 1472
(Vita des Fürsten) Alexander Nevskij – um 1263

Galizianer Evangelium – 1144

Hoženie Daniila Rus'kija zemli igumena – 1106/07

Igorlied – um 1185/87
Ilarion von Kiev: Slovo o zakone i blagodati – 1051

Kievo-Pečerskij paterik – um 1200/25

Mamasevo pobojšče – um 1400

Nestorchronik – um 1133
Nestor-Iskander: Povest' o vzjati Cargrada – um 1453

O pskovskom vzjati – um 1510
Ostromirs Evangelium – 1056/57

Slovo o polku Igoreve ⟨Igorlied⟩ – um 1185/87
Svjatoslav Izbornik – 1073

Schwedische Autoren und Texte **Schw**

Äldre Västgötalagen – um 1220

(Übers. der Revelationes der Hl.) Birgitta – nach 1380

Schw Budde, Jöns:
>Ena bok aff andelighe nadh 1469
>Jöns Buddes bok – 1487–91

Codex Oxenstiernianus mit geistl. Texten – um 1385/1400

Didrik av Bern – um 1450

Engelbrektskrönikan – um 1450
Erikskrönikan – um 1322/32

Flores och Blanzeflor – 1312
Fornsvenska Legendariet – um 1300

Gudeliga snilles väckare – 1461–91
Gunnari, Olaus (?): Siælinna thrøst – um 1440
Gutasaga – um 1319?

Hertig Fredrik av Normandie – 1308

Ivan Lejonriddaren – 1303

Karl Magnus – um 1400
Karlskrönikan – 1450
Konung Alexander – um 1380

Linköping-legendarium – um 1500
Lucidarius – 2. H. 15. Jh.

Nådendals klosterbok – um 1442
Namlös och Valentin – um 1450
(Prosaübers. des) Nikodemusevangeliums – 2. H. 15. Jh.

Östgötalagen – um 1290

Pentateukparafrasen – um 1330

Ragvaldi, Philippus (?): Konungastyrelsen – um 1350
Runenstein von Rök – 1. H. 9. Jh.

Schacktafvelslek – um 1460
Sju vise mästare
>A – 1420
>B – um 1445
>C – 1492

Sturekrönikan – 1496/97 **Schw**

Trohetsvisa – um 1440

(Red. des) Uppländischen Rechts – um 1296
(Große) Vadstena-Legendenhs. – 1502

Serbische Autoren und Texte **Ser**

Domentijan: Vita des Hl. Stefan-Simeon Nemanja – 1264

Sava: Vita des Hl. Stefan-Simeon Nemanja – um 1208

Teodosije aus Hilander: Vita des Hl. Sava – 1300

Spanische Autoren und Texte **Sp**

Alfonso el Sabio:
    Cantigas de amor, Cantigas d'escarnho, Cantigas de Santa Maria
      – um 1240–84
    General Estoria – 1272–84
    Lapidario – um 1250
    Primera crónica general de España – um 1270/90
    Siete partidas – 1256–65
Amadís de Gaula (Amadís-Roman)
    Urfassung (nicht erhalten) – um 1350?
    ältestes Fragment – um 1420
    s. auch: Rodríguez de Montalvo
Antonio de Nebrija:
    Diccionario latino-español – 1492
    Gramática de la lengua castellana – 1492

Barlaam y Josapha – um 1300
Bocados de oro – um 1250

Calila e Dimna – 1251
Cancionero de Baena – 1445–54
Castigos e documentos del rey Don Sancho – 1292/93

Dança general de la muerte – um 1500

Sp Diego de San Pedro: Cárcel de Amor – 1492
Disputa del alma y el corpo – E. 12. Jh.
Disputa de Elena y Maria – um 1280

Enrique de Villena: Los doze trabajos de Hércules – vor 1417
Fernando de Rojas: La Celestina – 1499
Fuero juzgo – 1. H. 13. Jh.

Gonzalo de Berceo:
    Libro de Alexandre (?) – um 1230
    Milagros de Nuestra Señora – vor 1246
    Vida de Santo Domingo de Silos – um 1236
    Vida de San Millán de la Cogolla – um 1230
Gonzo – um 1506
(Post-Vulgata-)Graal-Roman – nach 1240
Gran Conquista de Ultramar – E. 13. Jh. (Endg. Fassung um 1350)

Harǧas – 11.–12. Jh.
Historia troyana polimétrica – um 1270

(Fray) Iñigo de Mendoza: Coplas de vita Christi
    1. Fassung – 1467/68
    2. Fassung – 1482

Juan Manuel:
    El Conde Lucanor – 1335
    Libro de las armas – um 1330
    Libro del cavallero e del escudero – 1326
    Libro enfenido – um 1330
    Libro de los estados – um 1330
Juan de Mena:
    Coplas contra los pecados mortales – um 1455
    Laberinto de Fortuna – 1444
Juan Rodríguez del Padrón: Siervo libre de amor – 1. H. 15. Jh.
Juan Ruiz: Libro de buen amor
    1. Fassung – um 1330
    2. Fassung – um 1343

Libro de Apolonio – um 1260
Libro de los engaños e los asayamientos de las mugeres – 1253
López de Ayala, Pero: Rimado de palaçio – nach 1378

López de Mendoza, Iñigo: **Sp**
  Comedieta de Ponza – 1436
  Serranillas – um 1423/40
  Sonetos – 1438–58

Manrique, Jorge: Coplas por la muerte de su padre – um 1475
Martínez, Alfonso: El Corbacho – 1438
Martínez, Ferrán (?): Libro del cavallero Zifar – um 1300
Mocedades de Rodrigo – 2. H. 14. Jh.

Pérez de Guzmán, Fernán: Generaciones y semblanzas – um 1450
Poema de mio Cid – um 1207
Poema de Fernán González – um 1250
Poridat de poridades – um 1250

Razón de amor – um 1250
Rodríguez de Montalvo, Garci: Amadís de Gaula – um 1508

Santob de Carrión: Proverbios morales – um 1350/70
Siete infantes de Lara
  älteste Fassung (nicht erhalten) – um 1000?
  Prosaauflösung in der Primera crónica general de España von
    Alfonso el Sabio – um 1270/90

Tablas alfonsíes – 1262–72
Tristán de Leonís – 1501

Vida de Santa Maria Egipciaca – um 1220/40
Vocabulario español-latino – 1495

Yáñez, Rodrigo: Poema de Alfonso XI – 1348
Ysopete ystoriado – 1489

Tschechische Autoren und Texte **Tsch**

Alexanderroman (Prosa) – um 1400
Alexandreida – um 1290/1300
Apostellegenden – um 1306

Bible Olomoucká – vor 1417
Bruncvík – um 1400

Tsch Chelčický, Petr: Sieť viery – um 1440/43

Dalimilova kronika – um 1314

Hospodine pomiluj ny – 10. Jh.
Hus, Jan: Kniežky o svatokupectví – 1413

Jenský kodex – um 1500
Jistebnický kancionál – um 1450

Kronika trojánská – um 1400

Lorenz von Březová: Cestopis tzv. Mandevilla – um 1400

Mála Růžová zahrada – um 1380
Marienlegende – um 1306
Mastičkář – um 1320/30
Modlitba Kunhutina – um 1290

Ostrovská píseň – 13. Jh.

Podkoní a žák – um 1380/1400
Přibík Pulkava z Radenína: Böhmische Kronik [tschech. Fassung] – um 1374

Šašek z Bířkova, Václav: Bericht über die Pilgerreise des Leo von Rožmital [nur in lat. Übers. von 1577 erhalten] – um 1467
Smil Flaška z Pardubic: Nová rada – um 1394
Stilfríd – um 1400
Svatý Václave – um 1300

Tandariáš a Floribella – um 1380
Tkadleček – um 1407/09
Tomáš ze Štítného: Knížky šestery o obecných věcech křesťanských – 1376
Tristram a Izalda – um 1380/1400

Védova Arnošt – um 1350
Velká Růžová zahrada – um 1380

Život svaté Kateřiny – um 1360/75